prépabac

Mes SPÉCIALITÉS

▶ Maths
Michel Abadie • Jacques Delfaud • Pierre Larivière • Annick Meyer
• Jean-Dominique Picchiottino • Sophie Dupuy-Touzet • Martine Salmon

▶ Physique-chimie
Nathalie Benguigui • Patrice Brossard • Joël Carrasco
• Gaëlle Cormerais • Éric Langlois • Jacques Royer

▶ Maths expertes
Michel Abadie • Pierre Larivière • Martine Salmon

▶ Grand Oral
Michel Abadie • Martine Salmon • Jacques Royer
Avec la collaboration de Denise Maréchal

Le site de vos révisions

L'achat de ce Prépabac vous permet de bénéficier d'un **ACCÈS GRATUIT***
à toutes les **ressources** d'annabac.com (fiches, quiz, sujets corrigés…)
et à ses **parcours de révision** personnalisés.

Pour profiter de cette offre, rendez-vous sur **www.annabac.com** dans
la rubrique « Je profite de mon avantage client ».

* Selon les conditions précisées sur le site.

Maquette de principe : Frédéric Jély
Mise en pages : STDI
Schémas : STDI et Nord Compo
Iconographie : Hatier illustration
Édition : Béatrix Lot

© Hatier, Paris, 2020   ISBN 978-2-401-06453-9

Sous réserve des exceptions légales, toute représentation ou reproduction intégrale ou partielle, faite, par quelque procédé que ce soit, sans le consentement de l'auteur ou de ses ayants droit, est illicite et constitue une contrefaçon sanctionnée par le Code de la Propriété Intellectuelle. Le CFC est le seul habilité à délivrer des autorisations de reproduction par reprographie, sous réserve en cas d'utilisation aux fins de vente, de location, de publicité ou de promotion de l'accord de l'auteur ou des ayants droit.

AVANT-PROPOS

VOUS ÊTES EN TERMINALE générale et vous avez choisi les deux spécialités :

Maths et Physique-chimie

Vous savez que la réussite dans ces matières demande un travail régulier tout au long de l'année ?
Alors ce Prépabac est pour vous !

■ **Dans chacune de ces deux disciplines**, l'ouvrage vous permet en effet :
– de mémoriser les connaissances essentielles sur chacun des thèmes du nouveau programme,
– d'acquérir progressivement les compétences clés et de réviser efficacement.

Cet objectif est rendu possible grâce à un **ensemble de ressources très complet :** des fiches de cours et de méthode synthétiques et visuelles, mais aussi un entraînement, incluant des sujets guidés, pour vous préparer à vos deux épreuves écrites de spécialité.

■ Si vous avez choisi l'**option Maths expertes**, vous trouverez également dans cet ouvrage des contenus de cours et des exercices sur ce programme spécifique.

■ L'ouvrage comprend enfin une **section consacrée au Grand Oral** pour vous aider à préparer des questions en lien avec vos spécialités et réussir votre exposé, ainsi que l'entretien qui suivra.

Nous vous recommandons d'utiliser l'ouvrage régulièrement, en fonction de vos besoins. Ainsi vous pourrez aborder vos contrôles en toute sérénité et réussir vos différentes épreuves de spécialités.

Bonnes révisions !

Les auteurs

SOMMAIRE GÉNÉRAL

Pour trouver un chapitre précis dans une matière, reportez-vous au sommaire de chaque partie.

MATHS
SOMMAIRE	9
■ Algèbre et géométrie	12
■ Analyse	66
■ Probabilités	140

PHYSIQUE-CHIMIE
SOMMAIRE	179
■ Constitution et transformations de la matière	182
■ Mouvement et interactions	272
■ L'énergie : conversions et transferts	304
■ Ondes et signaux	318

MATHS EXPERTES
SOMMAIRE	353
■ Nombres complexes : points de vue algébriques et géométrique	354
■ Application des nombres complexes	372
■ Arithmétique	388
■ Graphes et matrices	404

GRAND ORAL
SOMMAIRE	422
■ Préparer le Grand Oral	424
■ Les sujets guidés et corrigés	440

MATHS

TOUT LE PROGRAMME
- 39 fiches de cours
- Exercices et sujets corrigés

SOMMAIRE

Quand vous en avez fini avec une fiche ou un entraînement, cochez la case □ correspondante !

Algèbre et géométrie

1. Combinatoire et dénombrement
1. Réunion, produit cartésien et parties d'ensembles . . . . 12 □
2. Arrangements, factorielle et combinaisons . . . . 14 □
3. Démonstration par récurrence . . . . 16 □
EXERCICES, SUJETS & CORRIGÉS . . . . 18 □

2. Vecteurs, droites et plans de l'espace
4. Les vecteurs de l'espace. . . . . 24 □
5. Positions relatives de deux droites de l'espace . . . . 26 □
6. Positions relatives d'une droite et d'un plan de l'espace . . . . 28 □
7. Positions relatives de deux plans de l'espace . . . . 30 □
8. Étude vectorielle du parallélisme dans l'espace . . . . 32 □
EXERCICES, SUJETS & CORRIGÉS . . . . 34 □

3. Orthogonalité et distances dans l'espace
9. Produit scalaire de deux vecteurs de l'espace. . . . . 40 □
10. Orthogonalité et produit scalaire . . . . 42 □
11. Projeté orthogonal d'un point sur une droite ou un plan de l'espace . . . . 44 □
EXERCICES, SUJETS & CORRIGÉS . . . . 46 □

4. Équations de droites et de plans
12. Forme générale de l'équation d'un plan de l'espace . . . . 54 □
13. Représentation paramétrique d'une droite de l'espace . . . . 56 □
14. Coordonnées des points d'intersection de droites et de plans . . . . 58 □
EXERCICES, SUJETS & CORRIGÉS . . . . 60 □

Analyse

5. Suites numériques
15. Définitions, comparaison et encadrement . . . . 66 □
16. Limites : opérations et suites monotones . . . . 68 □
17. Suites géométriques et fonction exponentielle . . . . 70 □
EXERCICES, SUJETS & CORRIGÉS . . . . 72 □

MATHS

PHYSIQUE-CHIMIE

MATHS EXPERTES

GRAND ORAL

SOMMAIRE

6. Compléments sur la dérivation
- **18** Dérivée de la composée de deux fonctions 80
- **19** Fonctions convexes 82
- **EXERCICES, SUJETS & CORRIGÉS** 84

7. Limites et continuité des fonctions d'une variable réelle
- **20** Limites et asymptotes 90
- **21** Opérations sur les limites, comparaison 92
- **22** Limites et continuité 94
- **EXERCICES, SUJETS & CORRIGÉS** 96

8. Fonctions de référence : logarithme, sinus et cosinus
- **23** Définition et propriétés analytiques de la fonction logarithme népérien 102
- **24** Propriétés algébriques de la fonction logarithme népérien 104
- **25** Comparaison des fonctions puissance, ln et exp 106
- **26** Fonctions trigonométriques 108
- **EXERCICES, SUJETS & CORRIGÉS** 110

9. Primitives, équations différentielles
- **27** Notions d'équation différentielle et de primitive 116
- **28** Équation différentielle $y' = ay + f$ 118
- **29** Calculs de primitives 120
- **EXERCICES, SUJETS & CORRIGÉS** 122

10. Calcul intégral
- **30** Définition de l'intégrale 128
- **31** Propriétés de l'intégrale 130
- **EXERCICES, SUJETS & CORRIGÉS** 132

Probabilités

11. Schéma de Bernoulli, loi binomiale
32	Schéma de Bernoulli 140
33	Succession d'épreuves 142
34	Loi binomiale 144

EXERCICES, SUJETS & CORRIGÉS 146

12. Sommes de variables aléatoires
35	Somme de deux variables aléatoires 152
36	Application à la loi binomiale 154
37	Échantillon de taille *n* d'une loi de probabilité ... 156

EXERCICES, SUJETS & CORRIGÉS 158

13. Concentration, loi des grands nombres
| 38 | Inégalité de Bienaymé-Tchebychev – Inégalité de concentration .... 166 |
| 39 | Loi des grands nombres .... 168 |

EXERCICES, SUJETS & CORRIGÉS 170

1 Réunion, produit et parties d'ensembles

En bref Décrire un ensemble d'objets à l'aide de réunions, de produits ou de parties d'ensembles permet de les dénombrer rigoureusement.

I Réunion de deux ensembles

■ **Définition :** La réunion de deux ensembles A et B est l'ensemble des éléments appartenant à A ou à B ; elle est notée A ∪ B.

> **À NOTER**
> L'**intersection** de deux ensembles A et B est l'ensemble des éléments appartenant à A et à B ; elle est notée **A ∩ B**.

■ **Principe additif :** Soient A et B deux ensembles disjoints (d'intersection vide). Si m et n sont les nombres d'éléments respectifs de A et de B, alors la réunion de A et B comporte $m + n$ éléments.

> **À NOTER**
> Si les deux ensembles ne sont pas disjoints, il faut ôter au résultat le nombre d'éléments r de leur intersection.

II Produit cartésien

■ **Définitions :** Le produit cartésien de deux ensembles A et B est l'ensemble des couples (a,b) tels que $a \in A$ et $b \in B$. Il est noté A × B.

On note A^k l'ensemble $\underbrace{A \times A \times \ldots \times A}_{k \text{ termes}}$, ces éléments sont des k-uplets.

■ **Principe multiplicatif :** Si m et n (entiers naturels non nuls) sont les nombres d'éléments respectifs de deux ensembles A et B, alors le produit cartésien A × B comporte $m \times n$ éléments.

Soit A un ensemble à n éléments et k un entier naturel non nul. L'ensemble A^k des k-uplets (k-listes) d'éléments de A comporte n^k éléments.

III Parties d'un ensemble

■ **Définition :** Un ensemble A est une partie d'un ensemble E si et seulement si tous les éléments de A sont des éléments de E. On écrit alors A ⊂ E.

On dit également que A est un sous-ensemble de E.

■ **Théorème :** Le nombre de parties d'un ensemble à n éléments est 2^n.

> **À NOTER**
> C'est également le nombre de n-uplets de l'ensemble {0 ; 1}.

Méthode

1. Déterminer le nombre d'éléments d'une réunion d'ensembles

Déterminer le nombre d'entiers naturels inférieurs à 199 dont l'écriture décimale comporte le chiffre 0.

CONSEILS
Regroupez les nombres considérés en plusieurs ensembles facilement dénombrables.

SOLUTION

On considère les ensembles disjoints suivants :
A = {0 ; 10 ; … ; 90}, le sous-ensemble de ces entiers inférieurs à 99 ;
B = {100 ; … ; 109}, le sous-ensemble de ces entiers compris entre 100 et 109
et C = {110 ; … ; 190} le sous-ensemble de ces entiers supérieurs à 109.

A et B ont chacun 10 éléments et C en a 9. Il y a donc en tout 29 entiers naturels inférieurs à 199 dont l'écriture décimale comporte le chiffre 0.

2. Utiliser le produit cartésien

Les cartes d'un jeu sont numérotées de 1 à 3 et coloriées en rouge, vert, bleu, jaune ou noir. Toutes les cartes de ce jeu sont différentes et ce jeu contient toutes les cartes possibles.

Combien y a-t-il de cartes dans ce jeu ?

CONSEILS
Caractérisez chaque carte par un couple.

Considérons $N = \{1 ; 2 ; 3\}$ et $C = \{\text{rouge} ; \text{vert} ; \text{bleu} ; \text{jaune} ; \text{noir}\}$. Alors chaque couple de $N \times C$ définit une unique carte du jeu complet.
Il y a donc $3 \times 5 = 15$ cartes dans ce jeu.

3. Dénombrer le nombre de parties d'un ensemble

Un caractère Braille est représenté par deux colonnes de trois points chacune, chaque point étant ou non en relief.

Combien peut-on former de caractères différents, sachant qu'au moins un des points doit être en relief ?

CONSEILS
Considérez un caractère comme une partie d'un ensemble à six éléments.

SOLUTION

Considérons l'ensemble B des six points des deux colonnes, tous ces points étant en relief. Fabriquer un caractère braille, c'est choisir les points qui seront en relief, c'est-à-dire choisir une partie de B différente de la partie vide (un au moins des points est en relief) : il y a donc $2^6 - 1$ choix possibles, soit 63 caractères brailles.

2 Arrangements, factorielle et combinaisons

En bref *Le nombre de listes de k objets deux à deux distincts pris parmi n, ordonnées ou non, se détermine en fonction de k et de n.*

I Arrangements et factorielle

■ **Définition :** Soit $k \in \mathbb{N}^*$. On appelle **arrangement** de k éléments d'un ensemble E comportant n éléments, tout k-uplet d'éléments deux à deux distincts de E.

■ **Théorème :** Le nombre d'arrangements de k éléments d'un ensemble à n éléments est $n(n-1)(n-2)...(n-k+1)$.

■ **Définition :** La **factorielle** d'un entier naturel non nul n est le produit des entiers naturels non nuls inférieurs ou égaux à n ; elle est notée $n!$.
On convient de plus que $0! = 1$.

Remarque : Un arrangement des n éléments d'un ensemble E à n éléments est appelé une **permutation** des éléments de E. Il y a $n!$ permutations de E.

> **À NOTER**
> Pour tout entier naturel n :
> $(n+1)! = (n+1) \times n!$

II Combinaisons

■ **Définition :** Soit $k \in \mathbb{N}^*$. On appelle **combinaison** de k éléments d'un ensemble E comportant n éléments, toute partie de E possédant k éléments.

■ **Théorème :** Soit $n \in \mathbb{N}$ et k entier, $0 \le k \le n$. Le nombre de combinaisons de k éléments d'un ensemble à n éléments est $\dfrac{n(n-1)(n-2)...(n-k+1)}{k!}$ ou encore $\dfrac{n!}{k!(n-k)!}$.

Ce nombre est noté $\binom{n}{k}$ qu'on lit « k parmi n ».

■ **Valeurs particulières et propriétés**
Pour tous entiers naturels n et k, $0 \le k \le n$:
- $\binom{n}{0} = 1$; $\binom{n}{1} = n$; $\binom{n}{2} = \dfrac{n(n-1)}{2}$ et $\binom{n}{k} = \binom{n}{n-k}$

- **Relation de Pascal**
Si $k+1 \le n$, $\binom{n+1}{k+1} = \binom{n}{k} + \binom{n}{k+1}$.

Cette relation permet de construire le **triangle de Pascal** qui donne la valeur des $\binom{n}{k}$ pour des petites valeurs de n :

n \ k	0	1	2	3	4
0	1				
1	1	1			
2	1	2	1		
3	1	3	3	1	
4	1	4	6	4	1

COURS & MÉTHODES

Méthode

1 │ Déterminer un nombre de k-uplets

On dispose de 10 couleurs pour fabriquer un drapeau tricolore de trois bandes horizontales. Combien de drapeaux différents pourra-t-on fabriquer ?

CONSEILS

Identifiez la taille des *k*-uplets, c'est-à-dire *k*, et l'ensemble des éléments pouvant former ces *k*-uplets.

SOLUTION

Pour fabriquer un drapeau tricolore il faut choisir trois couleurs différentes parmi les 10 couleurs et colorier les bandes du drapeau, par exemple de haut en bas, à l'aide de ces trois couleurs.

Il y a $10 \times 9 \times 8$ triplets de trois couleurs distinctes, soit **720 drapeaux** tricolores possibles.

2 │ Calculer à l'aide de combinaisons

a. On désire former une équipe de 15 élèves dans une classe qui en comporte 20. Combien d'équipes différentes pourrait-on former ?

b. Calculer $\binom{9}{4}$ et $\binom{9}{6}$. En déduire $\binom{9}{5}$, $\binom{10}{5}$, $\binom{10}{6}$ et $\binom{11}{6}$.

CONSEILS

On rappelle que $\binom{n}{k}$ est le nombre de choix de *k* objets parmi *n*.

SOLUTION

a. Il y a $\binom{20}{15}$ manières de choisir 15 élèves cartes parmi 20.

Or, $\binom{20}{15} = \binom{20}{5}$ par symétrie et $\binom{20}{15} = \dfrac{20 \times 19 \times 18 \times 17 \times 16}{5 \times 4 \times 3 \times 2 \times 1} = \mathbf{15\,504}$.

b. On a $\binom{9}{4} = \dfrac{9 \times 8 \times 7 \times 6}{4 \times 3 \times 2 \times 1} = \mathbf{126}$ et, par symétrie, $\binom{9}{6} = \binom{9}{3} = \dfrac{9 \times 8 \times 7}{3 \times 2 \times 1} = \mathbf{84}$.

En utilisant la symétrie puis la relation de Pascal :

$\binom{9}{5} = \binom{9}{4} = \mathbf{126}$;

$\binom{10}{5} = \binom{9}{4} + \binom{9}{5} = \mathbf{252}$;

$\binom{10}{6} = \binom{9}{5} + \binom{9}{6} = \mathbf{210}$;

et $\binom{11}{6} = \binom{10}{5} + \binom{10}{6} = \mathbf{462}$.

1 • Combinatoire et dénombrement

3 Démonstration par récurrence

En bref *Une démonstration par récurrence consiste à démontrer qu'une infinité de propositions dépendantes d'un entier naturel n sont vraies.*

I Le principe de récurrence

Soit n_0 un entier naturel et soit $\mathcal{P}_{n_0}$, $\mathcal{P}_{n_0+1}$, $\mathcal{P}_{n_0+2}$, ..., $\mathcal{P}_n$, ... une suite de propositions.

Si la $\mathcal{P}_{n_0}$ est vraie et si, pour n'importe quel entier naturel n tel que $n \geq$, la vérité de $\mathcal{P}_n$ entraîne celle de $\mathcal{P}_{n+1}$, alors on peut conclure que pour tout entier naturel n tel que $n \geq n_0$, $\mathcal{P}_n$ est vraie.

> **À NOTER**
> Dans la grande majorité des cas, n_0 vaut 0 ou 1.

II La démonstration par récurrence

1 Mise en œuvre

Soit n_0 un entier naturel. Pour démontrer par récurrence qu'une proposition $\mathcal{P}_n$ est vraie pour tout entier $n \geq n_0$, on procède en deux étapes qui permettront de conclure :

- l'**initialisation** pour vérifier que la proposition $\mathcal{P}_{n_0}$ est vraie ;

- l'**hérédité** montrant que si la proposition $\mathcal{P}_n$ est vraie pour un entier naturel n *quelconque* tel que $n \geq n_0$, alors la proposition $\mathcal{P}_{n+1}$ doit être également vraie.

Le principe de récurrence permettra alors de conclure que pour tout entier naturel n tel que $n \geq n_0$, la proposition $\mathcal{P}_n$ est vraie.

> **À NOTER**
> Lors de la seconde étape, on suppose la proposition $\mathcal{P}_n$ vraie pour un certain rang n : c'est l'**hypothèse de récurrence**, souvent notée HR.

2 Quelques pièges à éviter

■ Oublier l'initialisation : par exemple la proposition « $10^n + (-1)^n$ est un multiple de 11 » est héréditaire, puisque $10^{n+1} + (-1)^{n+1} = 10(10^n + (-1)^n) - 11(-1)^n$, mais elle est fausse pour tout entier n.

■ Supposer, pour montrer l'hérédité, que la proposition est vraie pour **tout** entier naturel n, puisque c'est ce que l'on veut justement démontrer !
On supposera donc la proposition vraie pour **un** entier naturel.

Méthode

Démontrer une égalité

Démontrer par récurrence que pour tout entier n strictement positif :
$$\sum_{k=1}^{n}(k+1)\times 2^{k-1} = n\times 2^n.$$

 CONSEILS

Lorsque l'on exprime la propriété au rang $n+1$, il faut penser à remplacer « tous les n » par des « $n+1$ ». Pour la notation Σ, se référer au mémo visuel.

SOLUTION

■ **Initialisation :** Pour $n = 1$,
$$\sum_{k=1}^{n}(k+1)\times 2^{k-1} = \sum_{k=1}^{1}(k+1)\times 2^{k-1}$$
$$= 2\times 2^0 = 2.$$

Et, $n\times 2^n = 2$.
La proposition est donc vraie au rang 1.

■ **Hérédité :** Supposons que pour un entier naturel non nul n :
$$\sum_{k=1}^{n}(k+1)\times 2^{k-1} = n\times 2^n.$$

(C'est l'hypothèse de récurrence : HR.)

On veut en déduire que $\sum_{k=1}^{n+1}(k+1)\times 2^{k-1} = (n+1)\times 2^{n+1}$.

 CONSEILS

Lors de cette étape, tout d'abord, établissez un lien entre les propositions aux rangs n et $n+1$, puis utilisez l'hypothèse de récurrence.

On a :
$$\sum_{k=1}^{n+1}(k+1)\times 2^{k-1} = \sum_{k=1}^{n}(k+1)\times 2^{k-1} + (n+2)2^n$$
$$= n\times 2^n + (n+2)2^n \quad \text{(HR)}$$
$$= (2n+2)\times 2^n$$
$$= (n+1)\times 2\times 2^n$$
$$= (n+1)\times 2^{n+1}.$$

La propriété est donc héréditaire.

■ **Conclusion :** Le principe de récurrence permet de conclure que :
$$\forall n \in \mathbb{N}^*,\ \sum_{k=1}^{n}(k+1)\times 2^{k-1} = n\times 2^n.$$

▶ SE TESTER QUIZ

*Vérifiez que vous avez bien compris les points clés des **fiches 1 à 3**.*

1 Réunions, produit et parties d'ensembles → FICHE 1

1. Un code est composé de 2 lettres de l'alphabet suivies de 3 chiffres. Le nombre de codes différents est :
☐ **a.** supérieur à 8×5^7 ☐ **b.** 676 000 ☐ **c.** 82

2. Le nombre de carrés dont les côtés sont des segments du quadrillage de la figure ci-contre est :
☐ **a.** 1 ☐ **b.** 16 ☐ **c.** 30

3. Quatre personnes se présentent à un casting à l'issue duquel jusqu'à quatre personnes peuvent être retenues.
Le nombre de situations différentes produites est :
☐ **a.** 4 ☐ **b.** 5 ☐ **c.** 16

2 k-uplets, factorielle, combinaisons → FICHE 2

1. En utilisant chaque lettre du mot MATHS une et une seule fois, le nombre de mots que l'on peut former, sans tenir compte de leur signification, est :
☐ **a.** 24 ☐ **b.** 120 ☐ **c.** 5^5

2. Le code d'un cadenas est composé de 3 chiffres (de 0 à 9) deux à deux distincts. Le nombre de codes possibles est :
☐ **a.** 720 ☐ **b.** 30 ☐ **c.** 1 000

3. Les élèves de première générale d'un lycée doivent choisir trois spécialités parmi les 12 proposées. Le nombre de groupes d'élèves ayant choisi les trois mêmes spécialités vaut au maximum :
☐ **a.** 36 ☐ **b.** 1 320 ☐ **c.** 220

4. Pour tous entiers naturels n, p et k tels que $k > 1$, on a :
☐ **a.** $\binom{n+p}{p} = \binom{n+p}{n}$ ☐ **b.** $\binom{k \times n}{k \times p} = \binom{n}{p}$ ☐ **c.** $\binom{k+n}{k+p} = \binom{n}{p}$

3 Récurrence et sommes → FICHE 3

1. La somme $\sum_{k=0}^{10} (-1)^k$ vaut :
☐ **a.** 1 ☐ **b.** −1 ☐ **c.** 0

2. On peut démontrer par récurrence que la somme des mesures des angles intérieurs (en degrés) d'un polygone convexe à n sommets vaut :
☐ **a.** 180 ☐ **b.** $60n$ ☐ **c.** $180(n-2)$

OBJECTIF BAC

4 Comparer les mains au Poker → FICHES **1** et **2**

Ce sujet permet de classer les mains au poker suivant leur fréquence d'apparition et montre pourquoi certaines mains sont plus favorables que d'autres.

LE SUJET

Une main au poker est formée de 5 cartes extraites d'un jeu de 52 cartes. Chaque carte a une couleur – Trèfle, Carreau, Cœur ou Pique – et une valeur – As, Roi, Dame, Valet, dix, neuf, huit, sept, six, cinq, quatre, trois et deux – de la plus haute à la plus basse. L'As est la plus haute carte, il ne vaut pas un. Pour chaque couleur, il y a donc 13 cartes et pour chaque hauteur, 4 cartes.

On prend cinq cartes parmi les 52 cartes composant le jeu. On obtient ce qu'on appelle une *main*.

1. a. Combien de mains différentes existe-t-il ?

2. On appelle *carré* 4 cartes de la même valeur. Combien de mains (de 5 cartes) différentes contenant un carré peut-on obtenir ?

3. Combien peut-on obtenir de mains contenant :

a. *Quinte flush royale* : cinq cartes consécutives de même couleur dont la plus haute est l'As ?

b. *Quinte flush* : 5 cartes consécutives de même couleur qui ne soit pas royale ?

c. *Full* : 3 cartes de même valeur et 2 autres cartes de même valeur (par exemple, 3 Valets et 2 dix) ?

d. *Brelan* : 3 cartes de même valeur mais ni un carré, ni un full (par exemple, 3 Rois, 1 cinq et 1 trois) ?

e. *Double paire* : 2 cartes de même valeur et 2 autres cartes de même valeur, mais ni carré ni full (par exemple, 2 Valets, 2 dix et 1 sept) ?

f. *Paire* : 2 cartes de même valeur, mais ni carré ni full ni brelan (par exemple, 2 dix, 1 As, 1 Roi, 1 quatre) ?

g. *Quinte* : 5 cartes consécutives mais pas de même couleur.

h. *Couleur* : cinq cartes de même couleur non consécutives.

4. Combien y a-t-il de mains qui n'ont aucune des caractéristiques précédentes ?

5. Classer tous ces types de mains par ordre d'abondance.

👁 LIRE LE SUJET

2. Un carré peut être par exemple un carré d'As, ou un carré de Rois, etc. N'oubliez pas qu'une main contient 5 cartes. Il faut donc choisir une carte supplémentaire !

3. a. à g. Prenez un exemple pour chaque question et tentez de généraliser.

4. On a calculé le nombre total de mains possibles. Il s'agit maintenant de retrancher celles qui ont les caractéristiques précédentes.

5. Il y a 9 types de mains. Il s'agit de les ranger par leur nombre.

▶▶▶ LA FEUILLE DE ROUTE

1. Dénombrer une partie d'un ensemble → FICHE 2

On sait qu'une main est constituée de 5 objets (cartes) choisis parmi 52 : c'est donc une combinaison.

2. Dénombrer une réunion d'ensembles → FICHE 1

Chaque main comprend un carré et une des autres 48 cartes. On applique le principe additif à chaque carré possible.

3. a. à h. Dénombrer des parties spécifiques d'un ensemble → FICHES 1 et 2

Pour un brelan de hauteur donnée, par exemple, il faut choisir 3 cartes parmi 4 de même hauteur, trois autres hauteurs et les couleurs de ces 3 cartes. On applique alors le principe multiplicatif.

On procède de même pour les autres questions.

4. et 5. Dénombrer et ordonner les mains possibles → FICHES 1 et 2

Il suffit de faire la différence du résultat de la question **1.** avec la somme des résultats des autres questions et enfin de ranger les résultats.

CORRIGÉS

▶ SE TESTER QUIZ

1 Réunions, produit et parties d'ensembles

1. Réponse b. Il y a 26^2 couples de deux lettres et 1 000 triplets de 3 chiffres, soit en tout $26 \times 26 \times 10 \times 10 \times 10 = 676\,000$ codes différents.

2. Réponse c. Il y a 16 carrés 1×1, 9 carrés de taille 2×2, 4 carrés de taille 3×3 et 1 carré de taille 4×4, soit en tout 30 carrés.

3. Réponse c. L'issue du casting est l'ensemble des personnes choisies (s'il y en a). C'est donc une partie d'un ensemble à quatre éléments : il y en a $2^4 = 16$.

2 k-uplets, factorielle, combinaisons

1. Réponse b. Un mot ainsi formé est une permutation des 5 **lettres** différentes du mot MATHS, il y en a $5! = 120$.

> **À NOTER**
> Il est essentiel que les lettres du mot de départ soient toutes différentes.

2. Réponse a. Il s'agit ici de triplets d'éléments deux à deux distincts (arrangements) pris dans un ensemble à 10 éléments : il y en a $10 \times 9 \times 8 = 720$.

3. Réponse c. Il y a $\binom{12}{3}$ manières de choisir 3 spécialités parmi 12, soit 220. Il y a donc 220 groupes possibles *a priori*.

4. Réponse a. Pour tous entiers naturels n et p, on a par symétrie :
$$\binom{n+p}{p} = \binom{n+p}{n} \text{ puisque } (n+p) - p = n.$$
De plus, 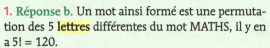 mais $\binom{5}{4} = 5$: cela donne des contre-exemples pour les autres égalités.

3 Récurrence et sommes

1. Réponse a.
On a $\sum_{k=0}^{10}(-1)^k = (-1)^0 + (-1)^1 + \ldots + (-1)^{10}$
$= (1-1) + (1-1) + \ldots + (1-1) + 1$
$= 1.$

> **À NOTER**
> Si k est pair, $(-1)^k = 1$ et si k est impair, $(-1)^k = -1$.

2. Réponse c. On démontre par récurrence que, pour tout entier $n \geq 3$, la somme des mesures des angles intérieurs d'un polygone convexe à n sommets vaut, en degré, $180(n-2)$.

■ **Initialisation :** Pour $n = 3$, $180(n-2) = 180$ qui est bien la somme des mesures en degrés des angles intérieurs d'un triangle.

■ **Hérédité :** Soit un entier $n \geq 3$ et supposons que la somme des mesures, en degrés, des angles intérieurs à tout polygone convexe à n sommets soit égale à $180(n-2)$ (hypothèse de récurrence).

1 • Combinatoire et dénombrement

Notons A_1, A_2, ... A_n, A_{n+1} les sommets d'un polygone P_{n+1} convexe à $n + 1$ sommets. Considérons alors le triangle $\mathcal{T} = A_1 A_n A_{n+1}$ intérieur au polygone P_{n+1} et le **polygone** P_n de sommets A_1, A_2, ... A_n.

> **À NOTER**
> Si le **polygone** P_{n+1} est convexe alors le polygone P_n l'est aussi, donc on peut utiliser l'hypothèse de récurrence.

La somme des mesures des angles intérieurs à P_{n+1} est égale à la somme des mesures de P_n augmentée de celle des mesures du triangle $\mathcal{T}$ soit, d'après l'hypothèse de récurrence, $(n - 2) \times 180 + 180 = (n - 1) \times 180$.
Le principe de récurrence permet de conclure.

▶ OBJECTIF BAC

4 Comparer les mains au Poker

1. Le nombre de mains de 5 cartes choisies parmi 52 cartes est le nombre de combinaisons de 5 éléments d'un ensemble à 52 éléments.
Il y en a $\binom{52}{5}$, soit **2 598 960 mains différentes de 5 cartes.**

2. Le nombre de mains de 5 cartes comportant un carré d'As est 48, puisque la cinquième carte est à choisir parmi les 48 cartes du jeu qui ne sont pas des As.
Il y a 13 hauteurs différentes, donc 13 carrés différents, puis 13×48, soit **624 mains contenant un carré.**

3. a. Il y a **4 quintes flush royales**, une par couleur.
b. Le nombre de quintes flush non royale à pique est 8 (la plus haute carte peut être une des 8 cartes allant du six au Roi). Il y a donc $4 \times 8 = 32$ **quintes flush différentes** (8 par couleur).

> **À NOTER**
> On ne compte pas ici la quinte As, deux, trois, quatre, cinq.

c. Le nombre de full de 3 as et de 2 rois est $\binom{4}{3} \times \binom{4}{2}$ car il faut choisir 3 as parmi les 4 as et 2 rois parmi les 4 rois.
Un full étant formé d'**un brelan et d'une paire**, soit 13×12 possibilités, finalement il y a $13 \times 12 \times \binom{4}{3} \times \binom{4}{2} = 3\,744$ **mains de 5 cartes contenant un full.**

> **À NOTER**
> La série de 3 cartes et celle de 2 cartes ne peuvent pas être de la même hauteur !

d. Le nombre de mains qui contiennent un brelan d'as sans paire est $\binom{4}{3} \times \binom{12}{2} \times 4 \times 4$ car il faut choisir 3 as parmi 4 puis 2 hauteurs différentes parmi les 12 restantes et enfin les couleurs de chacune des deux dernières cartes. Puisqu'il y a 13 hauteurs de brelan possibles, il y a en tout $13 \times \binom{4}{3} \times \binom{12}{2} \times 4 \times 4$, soit

54 912 mains de 5 cartes contenant seulement un brelan.

e. Pour deux paires sans brelan, il faut choisir deux hauteurs parmi 13, 2 cartes dans chaque hauteur, et 1 carte parmi les **44 restantes**.

Il y en a donc $\binom{13}{2} \times \binom{4}{2} \times \binom{4}{2} \times 44$, soit **123 552 mains de 5 cartes contenant 2 paires seulement**.

> **À NOTER**
> Il reste $52 - 8 = 44$ cartes, car on ne peut prendre aucune des hauteurs choisies pour les paires.

f. Pour une paire sans brelan ni autre paire, il y a 13 hauteurs possibles de la paire et $\binom{4}{2}$ choix de deux cartes dans cette hauteur, 3 hauteurs à choisir parmi les 12 autres hauteurs et 4 couleurs possibles pour chacune de ces hauteurs, d'où $13 \times \binom{4}{2} \times \binom{12}{3} \times 4^3$, soit **1 098 240 mains de 5 cartes comprenant seulement une paire**.

g. Une quinte est définie par sa plus haute carte et par la couleur de chacune de ces cartes, sachant que la dernière carte ne peut pas être un as. Il y en a 9×4^5, desquelles il faut soustraire les 36 quintes flush et quintes flush royales. Il y a donc $9 \times 4^5 - 36$, soit **9 180 quintes qui ne sont pas des quintes flush ni des quintes flush royales**.

h. Enfin, le nombre de mains dont toutes les cartes sont des piques et qui ne sont pas consécutives est $\binom{13}{5} - 9$.

Il y a donc en tout $4\left(\binom{13}{5} - 9\right)$, soit **5 112 mains de 5 cartes de la même couleur non consécutives**.

4. Le nombre de mains de 5 cartes ayant une des caractéristiques précédentes est :
$624 + 4 + 32 + 3\ 744 + 54\ 912 + 123\ 552 + 1\ 098\ 240 + 9\ 180 + 5\ 112$
Soit 1 295 400, et **le nombre de mains n'en ayant aucune est** :
$$2\ 598\ 960 - 1\ 295\ 400 = 1\ 303\ 560$$

5. On a alors le classement suivant, en partant des mains les plus rares jusqu'au mains les plus fréquentes :
- **Quinte flush royale** ($\approx$ **0,0001 %**)
- **Quinte flush** ($\approx$ **0,001 %**)
- **Carré** ($\approx$ **0,02 %**)
- **Full** ($\approx$ **0,1 %**)
- **Couleur** ($\approx$ **0,2 %**)
- **Quinte** ($\approx$ **0,4 %**)
- **Brelan** ($\approx$ **2 %**)
- **Double paire** ($\approx$ **5 %**)
- **Paire** ($\approx$ **42 %**)
- **Autres** ($\approx$ **50 %**)

4 Les vecteurs de l'espace

En bref On peut étendre à l'espace, qui est muni d'un repère orthonormé $(O\,;\vec{i},\vec{j},\vec{k})$, la notion de vecteur vue dans le plan, et les opérations associées.

I Définitions et opérations

1 Vecteurs de l'espace

■ Soit A et B deux points de l'espace. Le vecteur $\overrightarrow{AB}$ est défini par :
- sa **direction**, celle de la droite (AB) ;
- son **sens**, de A vers B ;
- sa **norme**, notée $\|\overrightarrow{AB}\|$, qui est la distance AB = $\|\overrightarrow{AB}\|$.

■ Comme en géométrie plane, on peut définir la translation de vecteur $\overrightarrow{AB}$ (notée $t_{\overrightarrow{AB}}$) qui transforme le point A en le point B.

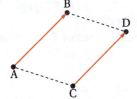

■ Pour tous points A, B, C, D :
$\overrightarrow{AB} = \overrightarrow{CD} \Leftrightarrow$ ABDC est un parallélogramme.

2 Addition de deux vecteurs

■ Soit $\vec{u}$ et $\vec{v}$ deux vecteurs. On définit le vecteur $\vec{u}+\vec{v}$ en construisant un parallélogramme : si $\vec{u} = \overrightarrow{AB}$ et $\vec{v} = \overrightarrow{AC}$, alors $\vec{u}+\vec{v} = \overrightarrow{AD}$ tel que ABDC est un parallélogramme. L'image du point C par la translation de vecteur $\overrightarrow{AB}$ est D.

■ Pour tous les points A, B et C : $\overrightarrow{AB} + \overrightarrow{BC} = \overrightarrow{AC}$ (relation de Chasles).

3 Multiplication d'un vecteur par un réel

■ Soit $\vec{u}$ un vecteur de l'espace, , et α un réel, $\alpha \neq 0$.
Le produit du vecteur $\vec{u}$ par le réel α est le vecteur noté $\alpha\vec{u}$ qui a :
- la même direction que $\vec{u}$;
- le même sens que $\vec{u}$ si $\alpha > 0$, le sens contraire si $\alpha < 0$;
- pour norme $\|\alpha\vec{u}\| = |\alpha| \times \|\vec{u}\|$.

■ Si $\vec{u} = \vec{0}$ ou $\alpha = 0$, alors $\alpha\vec{u} = \vec{0}$.

■ Pour tous nombres réels α et β, et tous vecteurs $\vec{u}$ et $\vec{v}$ de l'espace :
$\alpha(\vec{u}+\vec{v}) = \alpha\vec{u} + \alpha\vec{v}$ et $(\alpha+\beta)\vec{u} = \alpha\vec{u} + \beta\vec{u}$.

> **À NOTER**
> Comme dans le plan, le **vecteur nul**, noté $\vec{0}$, est le vecteur dont la norme est égal à 0.
> L'**opposé** d'un vecteur $\vec{u}$ est le vecteur $-\vec{u}$.

COURS & MÉTHODES

II — Vecteurs colinéaires et points alignés, coordonnées

■ Soit A, B et C trois points de l'espace.
A, B, C alignés ⇔ $\vec{AB}$ et $\vec{AC}$ colinéaires ⇔ Il existe α ∈ ℝ tel que $\vec{AC} = \alpha \vec{AB}$.

■ Pour tous vecteurs $\vec{u}(x;y;z)$ et $\vec{v}(x';y';z')$ de l'espace, et tout α ∈ ℝ :
$\vec{u} + \vec{v}(x + x'; y + y'; z + z')$ et $\alpha\vec{u}(\alpha x; \alpha y; \alpha z)$.

■ Soit $A(x_A; y_A; z_A)$ et $B(x_B; y_B; z_B)$ deux points de l'espace. On note I le milieu de [AB].

$$\vec{AB}(x_B - x_A; y_B - y_A; z_B - z_A)$$

$$I\left(\frac{x_A + x_B}{2}; \frac{y_A + y_B}{2}; \frac{z_A + z_B}{2}\right)$$

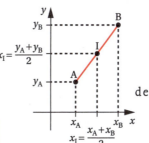

■ Pour tous points $A(x_A; y_A; z_A)$ et $B(x_B; y_B; z_B)$ de l'espace :

$$\|\vec{AB}\| = \sqrt{(x_B - x_A)^2 + (y_B - y_A)^2 + (z_B - z_A)^2} = AB$$

Méthode

Utiliser les propriétés des vecteurs de l'espace

Dans l'espace muni d'un repère orthonormé $(O; \vec{i}, \vec{j}, \vec{k})$, on considère les points A(2;−1;3), B(−1;−2;5) et C(8;1;−1).

a. Démontrer que les points A, B et C sont alignés.
b. Calculer les coordonnées du milieu I du segment [AC].

 CONSEILS

a. Commencez par calculer les coordonnées des vecteurs $\vec{AB}$ et $\vec{AC}$, puis cherchez un nombre réel α tel que $\vec{AC} = \alpha\vec{AB}$.
b. Appliquez la formule $I\left(\frac{x_A + x_B}{2}; \frac{y_A + y_B}{2}; \frac{z_A + z_B}{2}\right)$.

SOLUTION

a. $\vec{AB}(-1 - 2; -2 - (-1); 5 - 3)$, soit $\vec{AB}(-3; -1; 2)$.
$\vec{AC}(8 - 2; 1 - (-1); -1 - 3)$, soit $\vec{AC}(6; 2; -4)$.
Ainsi $\vec{AC} = -2\vec{AB}$, donc les vecteurs $\vec{AB}$ et $\vec{AC}$ sont colinéaires.
Les points A, B et C sont donc **alignés**.

b. $I\left(\frac{2+8}{2}; \frac{-1+1}{2}; \frac{3+(-1)}{2}\right)$, soit I(5;0;1).

2 • Vecteurs, droites et plans de l'espace

5. Positions relatives de deux droites de l'espace

En bref *Dans l'espace, deux droites ne sont pas nécessairement coplanaires. Il en résulte une nouvelle classification des positions relatives de deux droites de l'espace.*

I. Étude des positions relatives de deux droites

1. Droites coplanaires

Si deux droites $\mathcal{D}$ et Δ de l'espace sont coplanaires, alors elles sont **soit sécantes soit parallèles**.

$\mathcal{D}$ et Δ parallèles		$\mathcal{D}$ et Δ sécantes
strictement parallèles	confondues	
Aucun point commun	$\mathcal{D} = \Delta$	Un unique point commun

2. Droites non coplanaires

■ Si deux droites $\mathcal{D}$ et Δ ne sont pas coplanaires, aucun plan ne les contient toutes les deux et elles n'ont aucun point d'intersection.

■ Deux droites de l'espace sont **orthogonales** lorsque les parallèles à ces droites passant par un point donné sont **perpendiculaires** (dans le plan qu'elles forment).

> **MOT CLÉ**
> Dans l'espace, deux droites sont **perpendiculaires** si et seulement si elles sont orthogonales et sécantes. Attention à bien faire la différence avec l'orthogonalité.

II. Propriétés des droites de l'espace

■ Si deux droites sont parallèles, toute droite parallèle à l'une est parallèle à l'autre, et toute droite orthogonale à l'une est orthogonale à l'autre.

■ Si deux droites sont orthogonales, alors toute droite parallèle à l'une est orthogonale à l'autre. Mais, toute droite orthogonale à l'une n'est pas forcément parallèle à l'autre.

■ Deux droites perpendiculaires à un même plan sont parallèles.

Méthode

Étudier la position relative de deux droites dans un cube

Dans le cube ABCDEFGH représenté ci-contre :
– le point I est le milieu du segment [AB] ;
– le point J est le milieu du segment [GH].

Donner la position relative des droites :

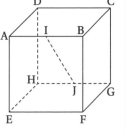

a. (IJ) et (BG)
b. (AD) et (CG)
c. (AD) et (DH)
d. (FG) et (IJ)
e. (IF) et (AB)
f. (AB) et (IJ)
g. (EF) et (IJ)

CONSEILS

Utilisez le fait que ABCDEFGH est un cube et les propriétés des faces et des arêtes d'un cube.

SOLUTION

a. Les droites (IJ) et (BG) sont **parallèles** dans le plan (ABG) qui est aussi le plan (ABGH).

 À NOTER
Si deux droites sont **parallèles**, alors toute droite orthogonale (donc en particulier perpendiculaire) à l'une est orthogonale à l'autre.

b. Les droites (AD) et (CG) sont orthogonales.
En effet : (AD) // (BC) et (BC) et (CG) sont perpendiculaires en C car BCGF est un carré.

c. Les droites (AD) et (DH) sont perpendiculaires en D, car la face ADHE du cube est un carré.

d. Les droites (FG) et (IJ) sont non coplanaires car aucun plan ne les contient toutes les deux.

e. Les droites (IF) et (AB) sont sécantes.
En effet, elles sont coplanaires (plan (ABF)) et se coupent en I.

f. Les droites (AB) et (IJ) sont perpendiculaires car elles sont sécantes en I et orthogonales.
En effet : (IJ) // (BG), et (AB) et (BG) sont perpendiculaires car le quadrilatère ABGH est un rectangle.

g. Les droites (EF) et (IJ) sont orthogonales.
En effet : (AB) // (EF), et (AB) et (IJ) sont perpendiculaires (d'après la question **f.**).

6 Positions relatives d'une droite et d'un plan de l'espace

En bref *Lorsqu'une droite et un plan de l'espace ne sont pas parallèles, ils sont sécants, éventuellement perpendiculaires. Ces différentes positions relatives font l'objet de plusieurs propriétés.*

I Étude des positions relatives d'une droite et d'un plan

■ Dans l'espace, une droite et un plan sont **soit parallèles, soit sécants**.

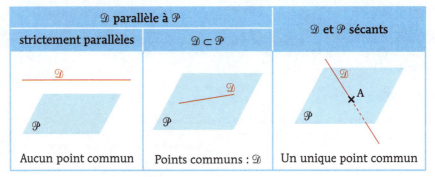

$\mathcal{D}$ parallèle à $\mathcal{P}$		$\mathcal{D}$ et $\mathcal{P}$ sécants
strictement parallèles	$\mathcal{D} \subset \mathcal{P}$	
Aucun point commun	Points communs : $\mathcal{D}$	Un unique point commun

II Propriétés des droites et des plans de l'espace

1 Droite parallèle à un plan

■ Si deux points distincts appartiennent à un plan, alors la droite qui passe par ces deux points est incluse dans ce plan.

■ Si deux droites sont parallèles, alors l'une est parallèle à tout plan contenant l'autre.

■ Si une droite est parallèle à une droite d'un plan, alors elle est parallèle à ce plan.

2 Droite perpendiculaire à un plan

■ Pour qu'une droite $\mathcal{D}$ et un plan $\mathcal{P}$ soient perpendiculaires, il suffit que $\mathcal{D}$ soit orthogonale à deux droites **sécantes** de $\mathcal{P}$.

■ Si une droite $\mathcal{D}$ et un plan $\mathcal{P}$ sont perpendiculaires, alors $\mathcal{D}$ est orthogonale à toutes les droites de $\mathcal{P}$.

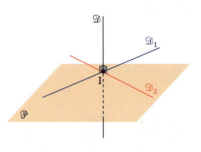

Méthode

Étudier la position relative d'une droite et d'un plan

On considère le cube ABCDEFGH représenté ci-dessous.
Déterminer la position relative :
a. de la droite (CG) et du plan (ABD).
b. de la droite (HF) et du plan (CAD).
c. de la droite (HF) et du plan (DEG).
d. de la droite (EH) et du plan (ADF).
e. de la droite (AB) et du plan (DEG).
f. de la droite (HF) et du plan (ACG).

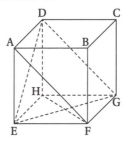

 CONSEILS

- Observez la figure et utilisez les positions relatives des arêtes et des faces du cube pour répondre par le terme le plus précis possible.
- Pour chaque question, vous pouvez commencer par expliciter le plan qui est déterminé par trois points, en fonction, par exemple, des faces du cube.

SOLUTION

a. La droite (CG) est **perpendiculaire** au plan (ABD), c'est-à-dire (ABCD).

b. La droite (HF) est strictement parallèle au plan (CAD).
En effet : (HF) // (DB) et (DB) appartient au plan (CAD) ; donc d'après la propriété rappelée dans le cours, (HF) est parallèle au plan (CAD).

c. La droite (HF) et le plan (DEG) sont sécants mais ne sont pas perpendiculaires car (HF) n'est pas orthogonale à (DE).

d. (EH) // (GF) et (GF) appartient au plan (ADF), donc la droite (EH) est parallèle au plan (ADF).

e. (AB) // (EF) et (EF) coupe le plan (DEG) en E, donc la droite (AB) et le plan (DEG) sont sécants.
En effet, raisonnons par l'absurde : si la droite (AB) et le plan (DEG) n'étaient pas sécants, ils seraient strictement parallèles, puis la droite (EF) et plan (DEG) aussi. Ce qui n'est pas le cas.

f. La droite (HF) est perpendiculaire, donc orthogonale, à la droite (EG) car EFGH est un carré. De plus, (HF) est perpendiculaire à la droite (BF), qui est elle-même parallèle à la droite (CG), donc les droites (HF) et (CG) sont orthogonales.
Ainsi, la droite (HF) est orthogonale à deux droites sécantes du plan (ACG), donc elle est perpendiculaire à ce plan.

 MOT CLÉ

Dans l'espace, deux droites sont **perpendiculaires** si et seulement si elles sont orthogonales et sécantes.

2 • Vecteurs, droites et plans de l'espace

7 Positions relatives de deux plans de l'espace

En bref Lorsque deux plans de l'espace ne sont pas parallèles, ils sont sécants, éventuellement perpendiculaires. Ces différentes positions relatives font l'objet de plusieurs propriétés.

I Étude des positions relatives de deux plans de l'espace

Dans l'espace, deux plans sont soit parallèles, soit sécants.

$\mathcal{P}$ et Q parallèles		$\mathcal{P}$ et Q sécants
strictement parallèles	confondus	
Aucun point commun	$\mathcal{P}$ = Q	Une droite d'intersection

II Propriétés des plans de l'espace

1 Plans parallèles

■ Si deux plans sont parallèles, alors tout plan parallèle à l'un est parallèle à l'autre.

■ Si deux plans $\mathcal{P}_1$ et $\mathcal{P}_2$ sont perpendiculaires à une même droite $\mathcal{D}$, alors les deux plans $\mathcal{P}_1$ et $\mathcal{P}_2$ sont parallèles.

■ Soit $\mathcal{D}_1$ et $\mathcal{D}_2$ deux droites parallèles. Si un plan $\mathcal{P}_1$ est perpendiculaire à $\mathcal{D}_1$ et un plan $\mathcal{P}_2$ est perpendiculaire à $\mathcal{D}_2$, alors $\mathcal{P}_1$ et $\mathcal{P}_2$ sont parallèles.

2 Plans perpendiculaires

■ Si deux plans sont perpendiculaires :
– tout plan parallèle à l'un est perpendiculaire à l'autre ;
– tout plan perpendiculaire à l'un est parallèle à l'autre.

■ Soit $\mathcal{D}_1$ et $\mathcal{D}_2$ deux droites orthogonales. Si un plan $\mathcal{P}_1$ est perpendiculaire à $\mathcal{D}_1$ et un plan $\mathcal{P}_2$ est perpendiculaire à $\mathcal{D}_2$, alors les plans $\mathcal{P}_1$ et $\mathcal{P}_2$ sont perpendiculaires.

COURS & MÉTHODES

Méthode

Étudier la position relative de deux plans de l'espace

On considère le cube ABCDEFGH représenté ci-dessous.

Déterminer la position relative des plans donnés. Lorsque deux plans sont sécants, préciser leur intersection.

a. Les plans (DEG) et (GBE).
b. Les plans (DCG) et (HGD).
c. Les plans (DCG) et (AFE).
d. Les plans (EFG) et (GFB).
e. Les plans (DEG) et (DCG).
f. Les plans (AEG) et (DCG).
g. Les plans (EHG) et (BCG).

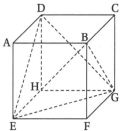

CONSEILS
- Répondez en employant le terme le plus précis possible.
- Pour chaque question, vous pouvez commencer par expliciter le plan qui est déterminé par trois points, en fonction, par exemple, des faces du cube.

SOLUTION

a. Les plans (DEG) et (GBE) sont **sécants** et leur **intersection** est la droite (EG). En effet, les points E et G appartiennent à chacun des deux plans donc la droite (EG) appartient à ces deux plans.

> **À NOTER**
> L'**intersection** deux plans sécants (et non parallèles) est une droite.

b. Les plans (DCG) et (HGD) sont **confondus**.

c. Les plans (DCG) et (AFE) sont **strictement** parallèles, car les faces opposées d'un cube sont parallèles.

d. Les plans (EFG) et (GFB) sont **perpendiculaires**.
En effet, les faces d'un cube qui ont une arête commune sont perpendiculaires car toutes les faces d'un cube sont des carrés.

e. Les plans (DEG) et (DCG) sont **sécants** et leur intersection est la droite **(DG)**. En effet, les points D et G appartiennent à chacun des deux plans donc la droite (DG) appartient à ces deux plans.

f. Les plans (AEG) et (DCG) sont **sécants** et leur intersection est la droite **(CG)**. En effet, les points C et G appartiennent à chacun des deux plans donc la droite (CG) appartient à ces deux plans.

g. Les plans (EHG) et (BCG) sont **perpendiculaires**.

8 Étude vectorielle du parallélisme dans l'espace

En bref *Après l'étude des positions relatives de droites et de plans dans l'espace, cette fiche propose d'étudier vectoriellement le cas particulier du parallélisme entre droites et plans de l'espace.*

I Caractérisation vectorielle d'une droite et d'un plan de l'espace

1 Droites de l'espace

Soit A un point et $\vec{u}$ un vecteur non nul.
La droite passant par A et de vecteur directeur $\vec{u}$ est l'ensemble des points M de l'espace pour lesquels il existe $t \in \mathbb{R}$ tel que $\overrightarrow{AM} = t\vec{u}$.

2 Plan de l'espace

■ Un vecteur $\vec{n}$ non nul de l'espace est un **vecteur normal** à un plan $\mathcal{P}$ lorsqu'il est orthogonal à deux vecteurs non colinéaires du plan $\mathcal{P}$.

■ Le plan passant par A et de vecteur normal $\vec{n}$ est l'ensemble des points M de l'espace tels que les vecteurs $\overrightarrow{AM}$ et $\vec{n}$ sont orthogonaux, c'est-à-dire que $\overrightarrow{AM} \cdot \vec{n} = 0$. → FICHE 9

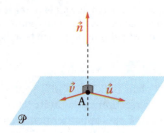

II Étude vectorielle du parallélisme dans l'espace

■ **Parallélisme de deux droites de l'espace**

Soit $\mathcal{D}$ et Δ des droites ayant pour vecteurs directeurs $\vec{u} \neq \vec{0}$ et $\vec{v} \neq \vec{0}$.

> $\mathcal{D} \parallel \Delta \Leftrightarrow \vec{u}$ et $\vec{v}$ sont colinéaires $\Leftrightarrow$ Il existe $\alpha \in \mathbb{R}$ tel que $\vec{v} = \alpha \vec{u}$.

■ **Parallélisme d'une droite et d'un plan de l'espace**

Soit $\mathcal{D}$ une droite et $\mathcal{P}$ un plan de l'espace, $\vec{u} \neq \vec{0}$ un vecteur directeur de $\mathcal{D}$ et $\vec{n} \neq \vec{0}$ un vecteur normal à $\mathcal{P}$.

> $\mathcal{D} \parallel \mathcal{P} \Leftrightarrow \vec{u}$ et $\vec{n}$ sont orthogonaux $\Leftrightarrow \vec{n} \cdot \vec{u} = 0$ → FICHE 9

■ **Parallélisme de deux plans de l'espace**

Soit $\mathcal{P}$ et $\mathcal{P}'$ deux plans de l'espace, $\vec{n} \neq \vec{0}$ un vecteur normal à $\mathcal{P}$ et $\vec{n}' \neq \vec{0}$ un vecteur normal à $\mathcal{P}'$.

> $\mathcal{P} \parallel \mathcal{P}' \Leftrightarrow \vec{n}$ et $\vec{n}'$ sont colinéaires $\Leftrightarrow$ Il existe $\alpha \in \mathbb{R}$ tel que $\vec{n}' = \alpha \vec{n}$.

Méthode

1 | Établir le parallélisme de deux droites de l'espace

Dans l'espace muni d'un repère orthonormé $(O\,;\vec{i},\vec{j},\vec{k})$, on considère :
- une droite $\mathcal{D}$ de vecteur directeur $\vec{u}(2\,;1\,;-3)$;
- une droite $\mathcal{D}'$ de vecteur directeur $\vec{v}(-4\,;-2\,;6)$.

Démontrer que les droites $\mathcal{D}$ et $\mathcal{D}'$ sont parallèles.

 CONSEILS

Démontrez que les vecteurs $\vec{u}$ et $\vec{v}$, vecteurs directeurs respectifs de la droite $\mathcal{D}$ et de la droite $\mathcal{D}'$, sont colinéaires.

SOLUTION

$\vec{u}(2\,;1\,;-3)$ et $\vec{v}(-4\,;-2\,;6)$, donc $\vec{v}=-2\vec{u}$.
En effet : $-4=(-2)\times 2$; $-2=(-2)\times 1$; $6=(-2)\times(-3)$.
Les vecteurs $\vec{u}$ et $\vec{v}$ sont colinéaires, donc **les droites $\mathcal{D}$ et $\mathcal{D}'$ sont parallèles**.

2 | Établir le parallélisme de deux plans de l'espace

Dans l'espace muni d'un repère orthonormé $(O\,;\vec{i},\vec{j},\vec{k})$, on considère le plan $\mathcal{P}_1$ d'équation cartésienne $-2x+y+z-6=0$ et le plan $\mathcal{P}_2$ d'équation cartésienne $4x-2y-2z+1=0$.

Démontrer que les plans $\mathcal{P}_1$ et $\mathcal{P}_2$ sont parallèles.

 CONSEILS

Étape 1 Dans tous les cas, déterminez un vecteur normal aux plans considérés à partir de leur équation cartésienne. → FICHE **12**

Étape 2 Démontrez ensuite qu'un vecteur normal à $\mathcal{P}_2$ est colinéaire à un vecteur normal à $\mathcal{P}_1$.

SOLUTION

Étape 1 Le plan $\mathcal{P}_1$ a pour équation cartésienne $-2x+y+z-6=0$, donc $\vec{n}_1(-2\,;1\,;1)$ est un vecteur normal à ce plan.
Le plan $\mathcal{P}_2$ a pour équation cartésienne $4x-2y-2z+1=0$, donc $\vec{n}_2(4\,;-2\,;-2)$ est un vecteur normal à ce plan.

Étape 2 $\vec{n}_2=-2\vec{n}_1$ car $4=(-2)\times(-2)$; $-2=(-2)\times 1$; $-2=(-2)\times 1$.
Les vecteurs $\vec{n}_1$ et $\vec{n}_2$ sont colinéaires, donc **les plans $\mathcal{P}_1$ et $\mathcal{P}_2$ sont parallèles**.

▶ SE TESTER QUIZ

*Vérifiez que vous avez bien compris les points clés des **fiches 4 à 8**.*

On munit l'espace d'un repère orthonormé $(O\,;\vec{i},\vec{j},\vec{k})$.

1 Les vecteurs de l'espace → FICHE 4

On considère les points $A(1\,;-1\,;3)$, $B(1\,;1\,;3)$ et $C(1\,;1\,;-3)$.
Les points A, B et C sont alignés.
☐ **a.** Vrai
☐ **b.** Faux

2 Positions relatives de deux droites de l'espace → FICHE 5

Si deux droites sont parallèles, alors :
☐ **a.** toute droite orthogonale à l'une est orthogonale à l'autre.
☐ **b.** toute droite orthogonale à l'une est parallèle à l'autre.
☐ **c.** toute droite parallèle à l'une est orthogonale à l'autre.

3 Positions relatives d'une droite et d'un plan de l'espace → FICHE 6

Si une droite est perpendiculaire à un plan, alors elle est orthogonale à toutes les droites incluses dans ce plan.
☐ **a.** Vrai
☐ **b.** Faux

4 Positions relatives de deux plans de l'espace → FICHE 7

Parmi les affirmations suivantes, lesquelles sont vraies ?
☐ **a.** Deux plans sécants sont perpendiculaires.
☐ **b.** Si deux plans sont parallèles, alors tout plan sécant à l'un est sécant à l'autre.

5 Étude vectorielle du parallélisme dans l'espace → FICHE 8

Parmi les affirmations suivantes, lesquelles sont vraies ?
☐ **a.** $\mathcal{D}$ est une droite de vecteur directeur $\vec{u}(-4\,;4\,;0)$ et Δ une droite de vecteur directeur $\vec{v}(1\,;1\,;0)$. Les droites $\mathcal{D}$ et Δ sont parallèles.
☐ **b.** $\mathcal{P}$ est un plan de vecteur normal $\vec{n}(2\,;-2\,;-4)$ et Q un plan de vecteur normal $\vec{n}'(-1\,;1\,;2)$. Les plans $\mathcal{P}$ et Q sont parallèles.

COURS & MÉTHODES EXERCICES & SUJETS CORRIGÉS

▶ OBJECTIF BAC

 6 Positions relatives de plans de l'espace, et d'une droite et d'un plan de l'espace
50 min
→ FICHES 4, 6, 7, 8 et 12

Voici un sujet qui va vous aider à mieux « voir dans l'espace ». L'étude des positions relatives de plans s'effectue de façon très active car on vous demande notamment de réaliser des tracés sur un graphique.

📄 LE SUJET

L'espace est muni d'un repère orthonormé $(O\,;\vec{i},\vec{j},\vec{k})$.

Sur la figure page suivante, on a placé les points $A(0\,;2\,;0)$, $B(0\,;0\,;6)$, $C(4\,;0\,;0)$, $D(0\,;4\,;0)$ et $E(0\,;0\,;4)$.

Le plan $\mathcal{P}$ d'équation cartésienne $3y + z = 6$ est représenté par son intersection avec les trois plans de bases.

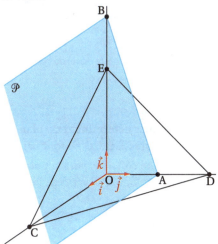

1. a. Démontrer que les points C, D et E déterminent un plan que l'on notera (CDE).

b. Vérifier que le plan (CDE) a pour équation $x + y + z = 4$.

2. a. Expliquer pourquoi les plans $\mathcal{P}$ et (CDE) sont sécants. On note Δ leur intersection.

b. Sans justifier, représenter Δ en couleur (ou à défaut en traits pointillés) sur la figure.

2 • Vecteurs, droites et plans de l'espace

3. On considère les points F(2 ; 0 ; 0) et G(0 ; 3 ; 0). On note Q le plan parallèle à l'axe $(O\,;\vec{k})$ et contenant les points F et G.

a. Placer sur la figure les points F et G. Sans justifier, représenter le plan Q par ses intersections avec les plans de base, d'une autre couleur (ou à défaut en larges pointillés).

b. Déterminer les réels a et b tels que $ax + by = 6$ est une équation du plan Q.

4. L'intersection des plans (CDE) et Q est une droite Δ'. Sans justifier, représenter la droite Δ', d'une troisième couleur (à défaut en très larges pointillés).

👁 LIRE LE SUJET

1. a. Pour déterminer un plan de l'espace, il faut trois points non alignés.
b. D'après la question **1. a.**, on vous demande de vérifier que le plan d'équation donnée passe bien par les points C, D et E.

2. a. Deux plans sécants de l'espace sont deux plans non parallèles.
b. On vous demande de tracer l'intersection de deux plans, qui existe et qui est une droite de l'espace.

3. a. Comme à la question **2. b.**, on vous demande de tracer les intersections du plan Q avec les plans de base, d'équations cartésiennes respectives $x = 0$, $y = 0$ et $z = 0$.
b. On vous donne l'équation cartésienne du plan Q, mais elle dépend de a et b qu'il faut déterminer.

4. On vous demande de tracer l'intersection de deux plans de l'espace, qui existe et qui est une droite de l'espace.

▶▶▶ LA FEUILLE DE ROUTE

1. a. Démontrer que trois points donnés déterminent un plan → FICHE 4
Démontrez, par exemple, que les vecteurs $\vec{CE}$ et $\vec{CD}$ ne sont pas colinéaires.

b. Vérifier qu'une équation cartésienne convient pour un plan → FICHE 12
Montrez que les coordonnées des points C, D et E vérifient l'équation donnée.

2. a. Démontrer que deux plans sont sécants → FICHES 8 et 12
Determinez des vecteurs normaux des plans $\mathcal{P}$ et (CDE) et démontrez que ces vecteurs normaux ne sont pas colinéaires.

b. Représenter l'intersection de deux plans → FICHE 7
Trouvez deux points appartenant à la droite Δ et tracez la droite passant par ces deux points.

3. a. Placer des points et représenter un plan → FICHE 6
Utilisez le fait que le plan Q est parallèle à l'axe $(O\,;\vec{k})$.

b. Déterminer une équation cartésienne d'un plan → FICHE 12
Traduisez le fait que F et G appartiennent à ce plan puis résolvez les équations obtenues pour trouver a et b.

4. Représenter l'intersection de deux plans → FICHE 7
Trouvez deux points appartenant à la droite Δ' et tracez la droite passant par ces deux points.

CORRIGÉS

▶ SE TESTER QUIZ

1 Les vecteurs de l'espace

Réponse b.
Le vecteur $\vec{AB}$ a pour coordonnées $(1-1\,;1-(-1)\,;3-3)$, soit $\vec{AB}(0\,;2\,;0)$.
Le vecteur $\vec{AC}$ a pour coordonnées $(1-1\,;1-(-1)\,;-3-3)$, soit $\vec{AC}(0\,;2\,;-6)$.
Les vecteurs $\vec{AB}$ et $\vec{AC}$ ne sont pas colinéaires, donc les points A, B et C ne sont pas alignés.

2 Positions relatives de deux droites de l'espace

Réponse a.
La propriété « Si deux droites sont parallèles, alors toute droite orthogonale à l'une est orthogonale à l'autre » est la seule vraie.
On peut la démontrer en utilisant les vecteurs directeurs de ces droites et le produit scalaire.

3 Positions relatives d'une droite et d'un plan de l'espace

Réponse a.
La propriété « Si une droite est perpendiculaire à un plan, alors elle est orthogonale à toutes les droites incluses dans ce plan » est la seule vraie.
On peut la démontrer en utilisant les vecteurs directeurs de la droite et du plan et le produit scalaire.

4 Positions relatives de deux plans de l'espace

Réponse b.
La propriété a. « Deux plans sécants sont perpendiculaires » est fausse : deux plans sécants ne sont pas nécessairement perpendiculaires.
La propriété b. « Si deux plans sont parallèles, alors tout plan sécant avec l'un est sécant avec l'autre » est vraie. On peut la démonter en utilisant un raisonnement par l'absurde.
Soit $\mathcal{P}_1$ et $\mathcal{P}_2$ deux plans parallèles, et $\mathcal{P}_3$ un plan sécant avec le plan $\mathcal{P}_1$.
Supposons que le plan $\mathcal{P}_3$ n'est pas sécant avec le plan $\mathcal{P}_2$: les plans $\mathcal{P}_3$ et $\mathcal{P}_2$ sont donc parallèles.
Les plans $\mathcal{P}_1$ et $\mathcal{P}_2$ étant parallèles, les plans $\mathcal{P}_1$ et $\mathcal{P}_3$ sont parallèles car « Si deux plans sont parallèles, alors tout plan parallèle à l'un est parallèle à l'autre ».
C'est impossible car, par hypothèse, les plans $\mathcal{P}_1$ et $\mathcal{P}_3$ sont sécants.
Le plan $\mathcal{P}_3$ est donc sécant avec le plan $\mathcal{P}_2$ et la propriété est vraie.

5 **Étude vectorielle du parallélisme dans l'espace**

Réponse b.
Les vecteurs $\vec{u}(-4\,;4\,;0)$ et $\vec{v}(1\,;1\,;0)$ ne sont pas colinéaires. Les droites $\mathcal{D}$ et Δ dont les vecteurs $\vec{u}$ et $\vec{v}$ sont des vecteurs directeurs ne sont pas parallèles donc la proposition **a.** est fausse.
Les vecteurs $\vec{n}(2\,;-2\,;-4)$ et $\vec{n}'(-1\,;1\,;2)$ sont colinéaires car $\vec{n}=-2\vec{n}'$. En effet, $2=-2\times(-1)\,;-2=(-2)\times 1\,;-4=-2\times 2$. Les plans $\mathcal{P}$ et Q dont les vecteurs $\vec{n}$ et $\vec{n}'$ sont des vecteurs normaux sont donc parallèles.
La proposition **b.** est vraie.

▶ OBJECTIF BAC

6 **Positions relatives de plans de l'espace, et d'une droite et d'un plan de l'espace**

1. a. $\overrightarrow{CD}(0-4\,;4-0\,;0-0)$, soit $\overrightarrow{CD}(-4\,;4\,;0)\neq(0\,;0\,;0)$;
$\overrightarrow{CE}(0-4\,;0-0\,;4-0)$, soit $\overrightarrow{CE}(-4\,;0\,;4)\neq(0\,;0\,;0)$.
Les vecteurs $\overrightarrow{CD}$ et $\overrightarrow{CE}$ ne sont pas **colinéaires** car il n'existe pas de réel α tel que $\overrightarrow{CE}=\alpha\overrightarrow{CD}$. Les points C, D et E ne sont donc **pas alignés** et ils déterminent un plan, noté (CDE).
b. Notons $\mathcal{R}$ le plan d'équation $x+y+z=4$ et vérifions que les points C, D et E appartiennent à $\mathcal{R}$: $C(4\,;0\,;0)$ et $4+0+0=4$; $D(0\,;4\,;0)$ et $0+4+0=4$; $E(0\,;0\,;4)$ et $0+0+4=4$.
Ainsi, les plans $\mathcal{R}$ et (CDE) ont trois points communs non alignés, donc ils sont confondus et $x+y+z=4$ est une équation de (CDE).

2. a. Un vecteur normal au plan $\mathcal{P}$ d'équation $3y+z=6$ est $\vec{n}'(0\,;3\,;1)$.
Les vecteurs $\vec{n}(1\,;1\,;1)$ et $\vec{n}'(0\,;3\,;1)$ ne sont pas colinéaires, donc les plans (CDE) et $\mathcal{P}$ ne sont pas parallèles. Ils sont donc **sécants**.

> **À NOTER**
>
> Soit $\mathcal{P}$ et $\mathcal{P}'$ deux plans de l'espace, $\vec{n}\neq\vec{0}$ un vecteur normal à $\mathcal{P}$ et $\vec{n}'\neq\vec{0}$ un vecteur normal à $\mathcal{P}'$. $\mathcal{P}\,//\,\mathcal{P}' \Leftrightarrow \vec{n}$ et $\vec{n}'$ sont colinéaires $\Leftrightarrow$ Il existe $\alpha\in\mathbb{R}$ tel que $\vec{n}'=\alpha\vec{n}$.

b. Pour dessiner l'intersection de deux plans sécants, qui est une droite, il suffit de déterminer deux points qui appartiennent à ces deux plans, puis de tracer la droite passant par ces deux points. *Voir la figure ci-après.*

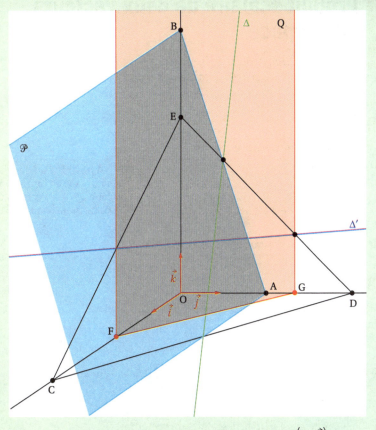

3. a. Le plan Q passe par les points F et G, et est parallèle à l'axe $(O\,;\vec{k})$.
Ses traces sur les plans $(O\,;\vec{j},\vec{k})$ et $(O\,;\vec{i},\vec{k})$ sont parallèles à l'axe $(O\,;\vec{k})$.
Voir la figure p. 38.

b. D'après l'énoncé, le plan Q a une équation cartésienne de la forme $ax + by = 6$ avec $(a\,;b) \in \mathbb{R}^2$.
Or, $F(2\,;0\,;0) \in Q$ est équivalent à $a \times 2 + b \times 0 = 6$ donc à $a = 3$,
et $G(0\,;3\,;0) \in Q$ est équivalent à $a \times 0 + b \times 3 = 6$ donc à $b = 2$.
Donc une équation cartésienne du plan Q est $3x + 2y = 6$.

4. Pour dessiner l'intersection de deux plans non parallèles, qui est une droite, il suffit de déterminer deux points qui appartiennent à ces deux plans, puis de tracer la droite passant par ces deux points.

2 • Vecteurs, droites et plans de l'espace

9 Produit scalaire de deux vecteurs de l'espace

En bref *La définition du produit scalaire donnée dans le plan peut être étendue à l'espace. On retrouve alors les mêmes propriétés que dans le plan.*

I Définition

Soit $\vec{u}$ et $\vec{v}$ deux vecteurs de l'espace.
- Si $\vec{u} = \vec{0}$ ou $\vec{v} = \vec{0}$, alors $\vec{u} \cdot \vec{v} = 0$.
- Si $\vec{u} \neq \vec{0}$ et $\vec{v} \neq \vec{0}$, alors :

$$\vec{u} \cdot \vec{v} = \|\vec{u}\| \times \|\vec{v}\| \times \cos(\vec{u}\,;\vec{v})$$

À NOTER Comme dans le plan, le **produit scalaire** de deux vecteurs de l'espace est un nombre réel.

où l'angle $(\vec{u}\,;\vec{v})$ est défini comme en géométrie plane.

II Propriétés

Soit $\vec{u}, \vec{v}$ et $\vec{w}$ des vecteurs de l'espace, et α un nombre réel.

■ **Commutativité et distributivité**
- $\vec{u} \cdot \vec{v} = \vec{v} \cdot \vec{u}$
- $(\alpha\vec{u}) \cdot \vec{v} = \alpha(\vec{u} \cdot \vec{v}) = \vec{u} \cdot (\alpha\vec{v})$
- $\vec{u} \cdot (\vec{v} + \vec{w}) = \vec{u} \cdot \vec{v} + \vec{u} \cdot \vec{w}$
- $(\vec{u} + \vec{v}) \cdot \vec{w} = \vec{u} \cdot \vec{w} + \vec{v} \cdot \vec{w}$

■ **Norme**
- $\vec{u} \cdot \vec{u} = \|\vec{u}\|^2$, noté aussi $\vec{u}^2$ (carré scalaire du vecteur $\vec{u}$)
- $\|\vec{u} + \vec{v}\|^2 = \|\vec{u}\|^2 + 2\vec{u} \cdot \vec{v} + \|\vec{v}\|^2$
- $\|\vec{u} - \vec{v}\|^2 = \|\vec{u}\|^2 - 2\vec{u} \cdot \vec{v} + \|\vec{v}\|^2$
- $\vec{u} \cdot \vec{v} = \dfrac{1}{2}\left(\|\vec{u}\|^2 + \|\vec{v}\|^2 - \|\vec{u} - \vec{v}\|^2\right) = \dfrac{1}{2}\left(\|\vec{u} + \vec{v}\|^2 - \|\vec{u}\|^2 - \|\vec{v}\|^2\right)$

■ **Orthogonalité**

$$\vec{u} \cdot \vec{v} = 0 \Leftrightarrow \vec{u} = \vec{0} \text{ ou } \vec{v} = \vec{0} \text{ ou } \vec{u} \perp \vec{v}$$

III Expression analytique du produit scalaire

L'espace est muni d'un repère orthonormé $(O\,;\vec{i},\vec{j},\vec{k})$.
Soit $\vec{u}(x\,;y\,;z)$ et $\vec{v}(x'\,;y'\,;z')$ deux vecteurs de l'espace.

- $\vec{u} \cdot \vec{v} = xx' + yy' + zz'$
- $\|\vec{u}\| = \sqrt{x^2 + y^2 + z^2}$
- $AB = \|\overrightarrow{AB}\| = \sqrt{(x_B - x_A)^2 + (y_B - y_A)^2 + (z_B - z_A)^2}$

(avec $\vec{u} = \overrightarrow{AB}$ et $A(x_A\,;y_A\,;z_A)$ et $B(x_B\,;y_B\,;z_B)$).

Méthode

Calculer des distances dans l'espace

Dans l'espace muni d'un repère orthonormé $(O\,;\vec{i},\vec{j},\vec{k})$, on considère le tétraèdre ABCD de sommets :
$A(0\,;0\,;3)$, $B(2\sqrt{2}\,;0\,;-1)$, $C(-\sqrt{2}\,;-\sqrt{6}\,;-1)$, $D(-\sqrt{2}\,;\sqrt{6}\,;-1)$.
R, S, T et U sont les milieux respectifs des arêtes [AC], [AD], [BD] et [BC].

1. Démontrer que le tétraèdre ABCD est régulier, c'est-à-dire que toutes ses arêtes sont de même longueur.

2. a. Démontrer que le quadrilatère RSTU est un parallélogramme.

b. Ce parallélogramme a-t-il des propriétés supplémentaires ? Expliquer.

CONSEILS

1. Identifiez les arêtes et montrez qu'elles sont de même longueur.

SOLUTION

1. $AB = \sqrt{(2\sqrt{2})^2 + (-1-3)^2} = \sqrt{8+16} = \sqrt{24}$
On démontre de même que $AC = AD = BC = BD = CD = \sqrt{24}$.
Le tétraèdre ABCD est **un tétraèdre régulier**.

2. a. Le point R est le milieu de [AC], donc il a pour coordonnées $\left(\dfrac{0-\sqrt{2}}{2}\,;\dfrac{0-\sqrt{6}}{2}\,;\dfrac{3-1}{2}\right)$, soit $R\left(-\dfrac{\sqrt{2}}{2}\,;-\dfrac{\sqrt{6}}{2}\,;1\right)$. On obtient de même :
$S\left(-\dfrac{\sqrt{2}}{2}\,;\dfrac{\sqrt{6}}{2}\,;1\right)$; $T\left(\dfrac{\sqrt{2}}{2}\,;\dfrac{\sqrt{6}}{2}\,;-1\right)$; $U\left(\dfrac{\sqrt{2}}{2}\,;-\dfrac{\sqrt{6}}{2}\,;-1\right)$ → FICHE 4.

On en déduit que :
$\vec{RS}\left(-\dfrac{\sqrt{2}}{2}-\left(-\dfrac{\sqrt{2}}{2}\right)\,;\dfrac{\sqrt{6}}{2}-\left(-\dfrac{\sqrt{6}}{2}\right)\,;1-1\right)$, soit $\vec{RS}(0\,;\sqrt{6}\,;0)$.

$\vec{UT}\left(\dfrac{\sqrt{2}}{2}-\dfrac{\sqrt{2}}{2}\,;\dfrac{\sqrt{6}}{2}-\left(-\dfrac{\sqrt{6}}{2}\right)\,;-1-(-1)\right)$, soit $\vec{UT}(0\,;\sqrt{6}\,;0)$.

Ainsi, $\vec{RS} = \vec{UT}$, donc le quadrilatère **RSTU est un parallélogramme**.

b. On a $\vec{RS}(0\,;\sqrt{6}\,;0)$.
De même $\vec{ST}\left(\dfrac{\sqrt{2}}{2}-\left(-\dfrac{\sqrt{2}}{2}\right)\,;\dfrac{\sqrt{6}}{2}-\dfrac{\sqrt{6}}{2}\,;-1-1\right)$, soit $\vec{ST}(\sqrt{2}\,;0\,;-2)$.

$RS = \sqrt{0^2 + (\sqrt{6})^2 + 0^2} = \sqrt{6}$ et $ST = \sqrt{(\sqrt{2})^2 + 0^2 + (-2)^2} = \sqrt{6}$.
De plus, $\vec{RS} \cdot \vec{ST} = 0 \times \sqrt{2} + \sqrt{6} \times 0 + 0 \times (-2) = 0$.
Ainsi, les côtés consécutifs [RS] et [ST] sont perpendiculaires et égaux. Un parallélogramme qui a un angle droit est un rectangle et un rectangle dont deux côtés consécutifs sont égaux est un carré, donc **RSTU est un carré**.

10 Orthogonalité et produit scalaire

En bref *Le produit scalaire permet de traduire analytiquement l'orthogonalité dans le plan, mais aussi dans l'espace.*

I Droites orthogonales

Soit $\mathcal{D}$ une droite de vecteur directeur $\vec{u} \neq \vec{0}$, et Δ une droite de vecteur directeur $\vec{v} \neq \vec{0}$.

$$\mathcal{D} \perp \Delta \Leftrightarrow \vec{u} \text{ et } \vec{v} \text{ sont orthogonaux}$$
$$\Leftrightarrow \vec{u} \cdot \vec{v} = 0$$

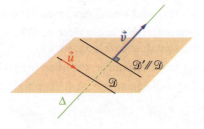

II Droites et plans perpendiculaires

■ Un plan $\mathcal{P}$ de l'espace peut être défini par la donnée d'un point A et de deux vecteurs $\vec{v}$ et $\vec{w}$ non colinéaires et non nuls : ce plan est l'ensemble des points M de l'espace tels que $\overrightarrow{AM} = t_1\vec{v} + t_2\vec{w}$ avec $(t_1 ; t_2) \in \mathbb{R}^2$.

On dit que $\vec{v}$ et $\vec{w}$ sont des **vecteurs directeurs** du plan $\mathcal{P}$.

 À NOTER
Le couple $(\vec{v} ; \vec{w})$ détermine la **direction** du plan $\mathcal{P}$.

■ Soit $\mathcal{D}$ une droite de vecteur directeur $\vec{u} \neq \vec{0}$, et $\mathcal{P}$ un plan de vecteurs directeurs non colinéaires $\vec{v} \neq \vec{0}$ et $\vec{w} \neq \vec{0}$.

$$\mathcal{D} \perp \mathcal{P} \Leftrightarrow \vec{u} \cdot \vec{v} = 0 \text{ et } \vec{u} \cdot \vec{w} = 0$$

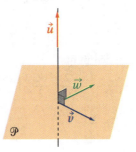

À NOTER
Le vecteur $\vec{u}$ est alors un vecteur normal au plan $\mathcal{P}$.

III Plans perpendiculaires

Soit $\mathcal{P}$ un plan de vecteur normal $\vec{n} \neq \vec{0}$ et $\mathcal{P}'$ un plan de vecteur normal $\vec{n}' \neq \vec{0}$.

$$\mathcal{P} \perp \mathcal{P}' \Leftrightarrow \vec{n} \text{ et } \vec{n}' \text{ orthogonaux} \Leftrightarrow \vec{n} \cdot \vec{n}' = 0$$

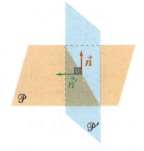

Méthode

Démontrer l'orthogonalité à l'aide du produit scalaire

Dans l'espace muni d'un repère orthonormé $(O\,;\vec{i},\vec{j},\vec{k})$, on considère le plan $\mathcal{P}$ passant par le point B(1 ; –2 ; 1) et de vecteur normal $\vec{n}$(–2 ; 1 ; 5), et le plan $\mathcal{R}$ dont $x + 2y - 7 = 0$ est une équation cartésienne.

a. Démontrer que les plans $\mathcal{P}$ et $\mathcal{R}$ sont perpendiculaires.

b. Démontrer que l'intersection des plans $\mathcal{P}$ et $\mathcal{R}$ est la droite passant par le point C(–1 ; 4 ; –1) et de vecteur directeur $\vec{u}$(2 ; –1 ; 1).

CONSEILS

a. Commencez par déterminer un vecteur normal au plan $\mathcal{R}$. → FICHE 12

b. Vérifiez que C appartient à $\mathcal{P}$ et à $\mathcal{R}$, puis que $\vec{u}$ est orthogonal à un vecteur normal au plan $\mathcal{P}$ et à un vecteur normal au plan $\mathcal{R}$.

SOLUTION

a. Le plan $\mathcal{R}$ a pour équation cartésienne $x + 2y - 7 = 0$, donc $\vec{n}'(1\,;2\,;0)$ est un vecteur normal à $\mathcal{R}$. Or $\vec{n} \cdot \vec{n}' = -2 \times 1 + 1 \times 2 + 5 \times 0 = 0$, donc les plans $\mathcal{P}$ et $\mathcal{R}$ **sont perpendiculaires**.

À NOTER

$\vec{n}(a\,;b\,;c)$ est un vecteur normal au plan $\mathcal{P}$ d'équation $ax + by + cz + d = 0$.
→ FICHE 12

b. Des plans sécants et non confondus se coupent selon une droite. Notons Δ la droite d'intersection de $\mathcal{P}$ et $\mathcal{R}$.

■ $-1 + 2 \times 4 - 7 = 0$, donc les coordonnées de C vérifient une équation cartésienne du plan $\mathcal{R}$, ce qui prouve que C appartient à $\mathcal{R}$.

■ Déterminons une équation cartésienne du plan $\mathcal{P}$. $\vec{n}(-2\,;1\,;5)$ est un vecteur normal au plan $\mathcal{P}$, donc $\mathcal{P}$ admet une équation cartésienne de la forme : $-2x + y + 5z + d = 0$ avec $d \in \mathbb{R}$.
Le point B(1 ; –2 ; 1) appartient à $\mathcal{P}$ donc : $-2 \times 1 - 2 + 5 \times 1 + d = 1 + d = 0$, soit $d = -1$. Finalement, une équation cartésienne de $\mathcal{P}$ est $-2x + y + 5z - 1 = 0$. Or, $-2 \times (-1) + 4 + 5 \times (-1) - 1 = 0$, donc C appartient à $\mathcal{P}$.

On en déduit que C appartient à Δ = $\mathcal{P} \cap \mathcal{R}$.

■ Le vecteur $\vec{u}(2\,;-1\,;1)$ est orthogonal à $\vec{n}$ et à $\vec{n}'$. En effet :
$\vec{n} \cdot \vec{u} = -2 \times 2 + 1 \times (-1) + 5 \times 1 = 0$ et $\vec{n}' \cdot \vec{u} = 1 \times 2 + 2 \times (-1) + 0 \times 1 = 0$.
Donc le vecteur $\vec{u}$ est un vecteur directeur de la droite Δ.

■ **Conclusion :** L'intersection des plans $\mathcal{P}$ et $\mathcal{R}$ est la droite Δ passant par le point C(–1 ; 4 ; –1) et de vecteur directeur $\vec{u}(2\,;-1\,;1)$.

3 • Orthogonalité et distances dans l'espace

11 Projeté orthogonal d'un point sur une droite ou un plan de l'espace

En bref *Pour un point donné, on peut avoir besoin de connaître la distance de ce point à une droite ou à un plan de l'espace. Pour calculer cette distance, on utilise le projeté orthogonal de ce point sur la droite ou le plan.*

I Projeté orthogonal d'un point sur une droite de l'espace

■ Définition
Pour une droite Δ et un point $A \notin \Delta$, le **projeté orthogonal du point A sur la droite** Δ est le point $H \in \Delta$ tel que le vecteur $\overrightarrow{AH}$ est orthogonal à la droite Δ, c'est-à-dire que $\overrightarrow{AH}$ est un vecteur normal à la droite Δ.

■ Propriété
Si la droite Δ admet pour vecteur directeur le vecteur $\vec{u}$, alors : $\boxed{\overrightarrow{AH} \cdot \vec{u} = 0}$.

■ Distance d'un point à une droite
Si le projeté orthogonal du point A sur la droite Δ est le point H, alors la distance du point A à la droite Δ est : $\boxed{d(A;\Delta) = AH}$.

II Projeté orthogonal d'un point sur un plan de l'espace

■ Définition
Pour un plan $\mathcal{P}$ et un point $A \notin \mathcal{P}$, le **projeté orthogonal du point A sur le plan $\mathcal{P}$** est le point $H \in \mathcal{P}$ tel que le vecteur $\overrightarrow{AH}$ est orthogonal au plan $\mathcal{P}$, c'est-à-dire que $\overrightarrow{AH}$ est un vecteur normal au plan $\mathcal{P}$.

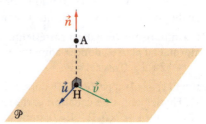

■ Propriétés
Si le plan $\mathcal{P}$ est défini par la donnée d'un point et de deux vecteurs $\vec{u}$ et $\vec{v}$ non colinéaires, ou bien du vecteur normal $\vec{n}$, alors : $\overrightarrow{AH} \cdot \vec{u} = \overrightarrow{AH} \cdot \vec{v} = 0$ et les vecteurs $\overrightarrow{AH}$ et $\vec{n}$ sont colinéaires.

■ Distance d'un point à un plan
Si le projeté orthogonal du point A sur le plan $\mathcal{P}$ est le point H, alors la distance du point A au plan $\mathcal{P}$ est : $d(A;\mathcal{P}) = AH$.

Méthode

Déterminer le projeté orthogonal d'un point sur un plan

ABCDEFGH est le cube représenté ci-contre. L'espace est rapporté au repère orthonormal $(A\,;\,\vec{AB},\,\vec{AD},\,\vec{AE})$.

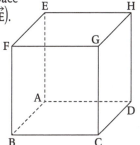

1. Soit I le point défini par :
$$\vec{IB}+\vec{ID}+\vec{IE}=\vec{0}.$$
I est appelé *centre de gravité* du triangle BDE.

a. Démontrer que $\vec{AI}=\dfrac{1}{3}\vec{AG}$.

b. Calculer les coordonnées du point I.

2. Prouver que I est le projeté orthogonal du point A sur le plan (BDE).

 CONSEILS

1. a. Utilisez la relation de Chasles en faisant apparaître le vecteur $\vec{IA}$.
b. Déduisez les coordonnées du point I de celles du point G. → FICHE 12
2. Montrez que $\vec{AI}$ est un vecteur normal au plan (BDE).

SOLUTION

1. a. En décomposant les trois vecteurs, on a $\vec{IA}+\vec{AB}+\vec{IA}+\vec{AD}+\vec{IA}+\vec{AE}=\vec{0}$, puis $3\vec{IA}+\vec{AB}+\vec{AD}+\vec{AE}=\vec{0}$, donc $3\vec{AI}=\vec{AB}+\vec{AD}+\vec{AE}$.
Or, $\vec{AD}=\vec{BC}$ et $\vec{AE}=\vec{CG}$ car les faces du cube sont des carrés, donc $3\vec{AI}=\vec{AB}+\vec{BC}+\vec{CG}=\vec{AG}$ et $\vec{AI}=\dfrac{1}{3}\vec{AG}$.

1. b. On a $\vec{AG}=\vec{AB}+\vec{AD}+\vec{AE}$, donc les coordonnées du point G dans le repère orthonormal $(A\,;\,\vec{AB},\,\vec{AD},\,\vec{AE})$ sont G(1 ; 1 ; 1).
Par ailleurs $\vec{AI}=\dfrac{1}{3}\vec{AG}$, donc les coordonnées du point I sont $I\left(\dfrac{1}{3}\,;\,\dfrac{1}{3}\,;\,\dfrac{1}{3}\right)$.

2. Puisque le point I appartient au plan (BDE), il suffit de montrer que le vecteur $\vec{AI}$ est un vecteur normal au plan (BDE).
$\vec{AI}\left(\dfrac{1}{3}\,;\,\dfrac{1}{3}\,;\,\dfrac{1}{3}\right)$ et $\vec{BD}(-1\,;\,1\,;\,0)$ car B(1 ; 0 ; 0) et D(0 ; 1 ; 0), donc :
$\vec{AI}\cdot\vec{BD}=\dfrac{1}{3}\times(-1)+\dfrac{1}{3}\times 1+\dfrac{1}{3}\times 0=0$ et $\vec{AI}$ et $\vec{BD}$ sont orthogonaux.
$\vec{AI}\left(\dfrac{1}{3}\,;\,\dfrac{1}{3}\,;\,\dfrac{1}{3}\right)$ et $\vec{BE}(-1\,;\,0\,;\,1)$ car E(0 ; 0 ; 1) donc :
$\vec{AI}\cdot\vec{BE}=\dfrac{1}{3}\times(-1)+\dfrac{1}{3}\times 0+\dfrac{1}{3}\times 1=0$ et $\vec{AI}$ et $\vec{BE}$ sont orthogonaux.
Le vecteur $\vec{AI}$ est donc un vecteur normal au plan (BDE) puisqu'il est orthogonal à deux vecteurs non colinéaires de ce plan.

Le point I est donc le projeté orthogonal du point A sur le plan (BDE).

▶ SE TESTER QUIZ

*Vérifiez que vous avez bien compris les points clés des **fiches 9 à 11**.*

On munit l'espace d'un repère orthonormé $(O\,;\vec{i},\vec{j},\vec{k})$.

1 Produit scalaire de deux vecteurs de l'espace → FICHE 9

On considère les points $A(2\,;4\,;1)$, $B(1\,;4\,;-3)$ et $C(3\,;1\,;-3)$.

1. $\vec{AB} \cdot \vec{AC} = \ldots$

☐ a. 15 ☐ b. −2 ☐ c. 7

2. $AC = \|\vec{AC}\| = \ldots$

☐ a. 26 ☐ b. $\sqrt{8}$ ☐ c. $\sqrt{26}$

3. Soit $\vec{u}$ et $\vec{v}$ deux vecteurs de l'espace. $\|\vec{u}+\vec{v}\|^2 = \ldots$

☐ a. $\|\vec{u}\|^2 + \|\vec{v}\|^2$

☐ b. $\|\vec{u}\|^2 + 2\|\vec{u}\|\cdot\|\vec{v}\| + \|\vec{v}\|^2$

☐ c. $\|\vec{u}\|^2 + 2\vec{u}\cdot\vec{v} + \|\vec{v}\|^2$

2 Orthogonalité et produit scalaire → FICHE 10

Les droites $\mathcal{D}$ et Δ admettent respectivement $\vec{u}(2\,;-1\,;3)$ et $\vec{u}'(2\,;-5\,;-3)$ pour vecteurs directeurs et les plans $\mathcal{P}$ et Q admettent respectivement pour vecteurs normaux $\vec{n}(-2\,;1\,;-3)$ et $\vec{n}'(2\,;-1\,;3)$.

Parmi les affirmations suivantes, lesquelles sont vraies ?

☐ **a.** Les droites $\mathcal{D}$ et Δ sont orthogonales.
☐ **b.** La droite $\mathcal{D}$ et le plan $\mathcal{P}$ sont perpendiculaires.
☐ **c.** Les plans $\mathcal{P}$ et Q sont perpendiculaires.

3 Projeté orthogonal d'un point sur une droite ou un plan de l'espace → FICHE 11

Soit $\mathcal{P}$ un plan de l'espace défini par la donnée d'un point et d'un vecteur normal $\vec{n}$.

On donne un point $A \notin \mathcal{P}$ et H son projeté orthogonal sur le plan $\mathcal{P}$.

Que peut-on dire à propos des vecteurs $\vec{AH}$ et $\vec{n}$?

☐ **a.** $\vec{AH} = \vec{n}$
☐ **b.** $\vec{AH}$ et $\vec{n}$ sont colinéaires.
☐ **c.** $\vec{AH}$ et $\vec{n}$ sont orthogonaux.

OBJECTIF BAC

4 Démontrer la formule de la distance d'un point à un plan de l'espace

→ FICHES 4, 9 à 13

Dans ce sujet, on démontre tout d'abord la formule de la distance d'un point à un plan de l'espace d'équation cartésienne donnée. Ensuite, on applique cette formule sur un exemple et on la démontre avec une autre méthode.

LE SUJET

L'espace est muni d'un repère orthonormé $\left(O\,;\vec{i},\vec{j},\vec{k}\right)$.

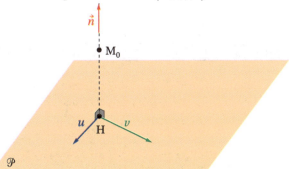

Partie A

On désigne par $\mathcal{P}$ le plan d'équation cartésienne $ax + by + cz + d = 0$ et par M_0 le point de coordonnées $(x_0\,;y_0\,;z_0)$.

On appelle H le projeté orthogonal du point M_0 sur le plan $\mathcal{P}$.

On rappelle la propriété suivante :
le vecteur $\vec{n} = a\vec{i} + b\vec{j} + c\vec{k}$ est un vecteur normal au plan $\mathcal{P}$.

Le but de cette partie est de démontrer que la distance $d(M_0\,;\mathcal{P})$ du point M_0 au plan $\mathcal{P}$, c'est-à-dire la distance M_0H, est telle que :

$$d(M_0\,;\mathcal{P}) = \frac{|ax_0 + by_0 + cz_0 + d|}{\sqrt{a^2 + b^2 + c^2}}.$$

a. Justifier que $\left|\vec{n} \cdot \overrightarrow{M_0H}\right| = M_0H \times \sqrt{a^2 + b^2 + c^2}$.

b. Démontrer que $\vec{n} \cdot \overrightarrow{M_0H} = -ax_0 - by_0 - cz_0 - d$.

c. Conclure.

3 • Orthogonalité et distances dans l'espace

Partie B

On considère les points A(4 ; 1 ; 5), B(–3 ; 2 ; 0), C(1 ; 3 ; 6) et F(–7 ; 0 ; 4).

1. a. Démontrer que les points A, B et C définissent un plan $\mathcal{P}$ et que ce plan a pour équation cartésienne $x + 2y - z - 1 = 0$.

b. À l'aide de la **partie A**, déterminer la distance $d(F ; \mathcal{P})$ du point F au plan $\mathcal{P}$.

2. Le but de cette question est de calculer la distance $d(F ; \mathcal{P})$ par une autre méthode. On appelle Δ la droite qui passe par le point F et qui est perpendiculaire au plan $\mathcal{P}$.

a. Déterminer une représentation paramétrique de la droite Δ.

b. Déterminer les coordonnées du point H, projeté orthogonal du point F sur le plan $\mathcal{P}$.

c. Retrouver le résultat de la question **1. b.**

👁 LIRE LE SUJET

Partie A
a. La valeur absolue permet d'éviter les questions de signe du résultat.
b. On vous demande de donner une deuxième expression du produit scalaire.
c. Il s'agit de donner une expression de la distance M_0H.

Partie B
1. a. Il s'agit de vérifier que le plan (ABC) a pour équation cartésienne $x + 2y - z - 1 = 0$.
b. Vous devez calculer une distance en appliquant une formule.

2. a. Il s'agit de donner une représentation de Δ dépendant d'un paramètre t.
b. La question revient à déterminer les coordonnées du point F, intersection de la droite Δ et du plan $\mathcal{P}$.
c. Il s'agit de calculer $d(F ; \mathcal{P})$ avec les coordonnées de F connues.

▶▶▶ LA FEUILLE DE ROUTE

Partie A

a. Exprimer un produit scalaire à l'aide d'une formule → FICHE 9
Utilisez l'expression du produit scalaire utilisant le cosinus et remarquez que la valeur absolue de ce cosinus a une valeur particulière.

b. Exprimer un produit scalaire à l'aide d'une formule → FICHE 9
Utilisez l'expression du produit scalaire dans une base orthonormée.

c. Établir une formule à partir de deux expressions → FICHE 11
Utilisez les deux formules démontrées au **1.** et **2.** pour établir la formule demandée de la distance d'un point à un plan de l'espace.

Partie B

1. a. Montrer qu'une équation cartésienne est celle d'un plan donné → FICHES **4** et **12**

Démontrez que les vecteurs $\vec{AB}$ et $\vec{AC}$ ne sont pas colinéaires, puis que les coordonnées des points A, B et C vérifient l'équation cartésienne du plan donné.

b. Appliquer une formule

Calculez la distance demandée en appliquant la formule obtenue à la **partie A** avec les valeurs numériques de la **partie B**.

2. a. Donner une représentation paramétrique d'une droite → FICHE **13**

Pour donner une représentation paramétrique de la droite Δ dont on connaît un point, il faut en déterminer un vecteur directeur.

b. Déterminer les coordonnées d'un point → FICHES **12** et **13**

Remarquez que le point F appartient à la droite Δ et au plan 𝒫, donc qu'il vérifie à la fois la représentation paramétrique de la droite Δ pour une certaine valeur réelle du paramètre *t* et l'équation cartésienne du plan 𝒫.

c. Calculez une distance

Calculez la distance FH avec les coordonnées de F et H connues.

CORRIGÉS

▶ SE TESTER QUIZ

1 Produit scalaire de deux vecteurs de l'espace

1. Réponse a.
Le vecteur $\overrightarrow{AB}$ a pour coordonnées $(1-2\,;4-4\,;-3-1)$, soit $\overrightarrow{AB}(-1\,;0\,;-4)$.
Le vecteur $\overrightarrow{AC}$ a pour coordonnées $(3-2\,;1-4\,;-3-1)$, soit $\overrightarrow{AC}(1\,;-3\,;-4)$.
$\overrightarrow{AB} \cdot \overrightarrow{AC} = (-1) \times 1 + 0 \times (-3) + (-4) \times (-4) = -1 + 16 = 15$.

2. Réponse c.
Le vecteur $\overrightarrow{AC}$ a pour coordonnées $\overrightarrow{AC}(1\,;-3\,;-4)$ donc :
$AC = \left\|\overrightarrow{AC}\right\| = \sqrt{1^2 + (-3)^2 + (-4)^2} = \sqrt{1+9+16} = \sqrt{26}$.

3. Réponse c.
Pour tous vecteurs de l'espace $\vec{u}$ et $\vec{v}$:
$\left\|\vec{u}+\vec{v}\right\|^2 = (\vec{u}+\vec{v}) \cdot (\vec{u}+\vec{v}) = \vec{u}\cdot\vec{u} + \vec{u}\cdot\vec{v} + \vec{v}\cdot\vec{u} + \vec{v}\cdot\vec{v}$
donc $\left\|\vec{u}+\vec{v}\right\|^2 = \left\|\vec{u}\right\|^2 + 2\vec{u}\cdot\vec{v} + \left\|\vec{v}\right\|^2$ car $\vec{u}\cdot\vec{u} = \left\|\vec{u}\right\|^2$, $\vec{v}\cdot\vec{u} = \vec{u}\cdot\vec{v}$ et $\vec{v}\cdot\vec{v} = \left\|\vec{v}\right\|^2$.

2 Orthogonalité et produit scalaire

Réponses a et b.
■ La réponse **a.** est correcte. Les droites $\mathcal{D}$ et Δ admettent respectivement $\vec{u}(2\,;-1\,;3)$ et $\vec{u}'(2\,;-5\,;-3)$ pour vecteur directeur.
$\vec{u}\cdot\vec{u}' = 2\times 2 + (-1)\times(-5) + 3\times(-3) = 4+5-9 = 0$, donc $\mathcal{D} \perp \Delta$.
■ La réponse **b.** est correcte. La droite $\mathcal{D}$ admet le vecteur $\vec{u}(2\,;-1\,;3)$ pour vecteur directeur et le plan $\mathcal{P}$ admet pour vecteur normal le vecteur $\vec{n}(-2\,;1\,;-3)$.
Or $\vec{n} = -\vec{u}$, donc les vecteurs $\vec{n}$ et $\vec{u}$ sont colinéaires et par conséquent la droite $\mathcal{D}$ et le plan $\mathcal{P}$ sont perpendiculaires.
■ L'affirmation **c.** est fausse. Les plans $\mathcal{P}$ et Q admettent respectivement pour vecteur normal $\vec{n}(-2\,;1\,;-3)$ et $\vec{n}'(2\,;-1\,;3)$.
$\vec{n}\cdot\vec{n}' = (-2)\times 2 + 1\times(-1) + (-3)\times 3 = -4-1-9 = -14 \neq 0$, donc les vecteurs $\vec{n}$ et $\vec{n}'$ ne sont pas orthogonaux.
Les plans $\mathcal{P}$ et Q ne sont donc pas perpendiculaires.

3 Projeté orthogonal d'un point sur une droite ou un plan de l'espace

Réponse b.
D'après le cours, la droite (AH) est perpendiculaire au plan $\mathcal{P}$, donc les vecteurs $\overrightarrow{AH}$ et $\vec{n}$ sont colinéaires.

COURS & MÉTHODES EXERCICES & SUJETS CORRIGÉS

▶ OBJECTIF BAC

4 Démontrer la formule de la distance d'un point à un plan de l'espace

Partie A

a. Par définition du projeté orthogonal d'un point sur un plan de l'espace, le vecteur $\overrightarrow{M_0H}$ est un vecteur normal au plan $\mathcal{P}$.

De plus le vecteur $\vec{n} = a\vec{i} + b\vec{j} + c\vec{k}$ est un vecteur normal au plan $\mathcal{P}$, donc les vecteurs $\vec{n}$ et $\overrightarrow{M_0H}$ sont colinéaires.

On a donc :
$$|\vec{n} \cdot \overrightarrow{M_0H}| = \left|\|\vec{n}\| \times \|\overrightarrow{M_0H}\| \times \cos(\vec{n}\,;\overrightarrow{M_0H})\right|$$
$$= \|\vec{n}\| \times \|\overrightarrow{M_0H}\| \times |\cos(\vec{n}\,;\overrightarrow{M_0H})| \text{ car } \|\vec{n}\| \text{ et } \|\overrightarrow{M_0H}\| \text{ sont des nombres positifs.}$$

> **À NOTER**
> Pour deux vecteurs $\vec{u} \neq \vec{0}$ et $\vec{v} \neq \vec{0}$:
> $$\vec{u} \cdot \vec{v} = \|\vec{u}\| \times \|\vec{v}\| \times \cos(\vec{u}\,;\vec{v}).$$

De plus, les vecteurs $\vec{n}$ et $\overrightarrow{M_0H}$ sont colinéaires donc $\cos(\vec{n}\,;\overrightarrow{M_0H}) = \pm 1$ et donc $|\cos(\vec{n}\,;\overrightarrow{M_0H})| = 1$.

Finalement : $|\vec{n} \cdot \overrightarrow{M_0H}| = \|\vec{n}\| \times \|\overrightarrow{M_0H}\|$
$$= M_0H \times \sqrt{a^2 + b^2 + c^2}$$

car $\vec{n}$ a pour coordonnées $(a\,;b\,;c)$.

> **À NOTER**
> Pour $\vec{u}(x\,;y\,;z)$ un vecteur de l'espace, $\|\vec{u}\| = \sqrt{x^2 + y^2 + z^2}$.

b. Notons $H(x_H\,;y_H\,;z_H)$ les coordonnées du point H.
Le point M_0 a pour coordonnées $M_0(x_0\,;y_0\,;z_0)$ donc : $\overrightarrow{M_0H}(x_H - x_0\,;y_H - y_0\,;z_H - z_0)$.
De plus, le vecteur $\vec{n}$ a pour coordonnées $\vec{n}(a\,;b\,;c)$ donc :
$$\vec{n} \cdot \overrightarrow{M_0H} = a(x_H - x_0) + b(y_H - y_0) + c(z_H - z_0)$$
$$= ax_H - ax_0 + by_H - by_0 + cz_H - cz_0$$
$$= -ax_0 - by_0 - cz_0 + ax_H + by_H + cz_H.$$

> **À NOTER**
> Pour $\vec{u}(x\,;y\,;z)$ et $\vec{v}(x'\,;y'\,;z')$ deux vecteurs, $\vec{u} \cdot \vec{v} = xx' + yy' + zz'$.

Or $H \in \mathcal{P}$, donc ses coordonnées vérifient l'équation du plan, c'est-à-dire $ax_H + by_H + cz_H + d = 0$, puis $ax_H + by_H + cz_H = -d$.
On obtient donc : $\vec{n} \cdot \overrightarrow{M_0H} = -ax_0 - by_0 - cz_0 - d$.

c. D'après les questions **a.** et **b.** :
$$|\vec{n} \cdot \overrightarrow{M_0H}| = M_0H \times \sqrt{a^2 + b^2 + c^2}$$
et $|\vec{n} \cdot \overrightarrow{M_0H}| = |-ax_0 - by_0 - cz_0 - d| = |ax_0 + by_0 + cz_0 + d|$.

On a donc $M_0H \times \sqrt{a^2 + b^2 + c^2} = |ax_0 + by_0 + cz_0 + d|$, puis :
$$M_0H = d(M_0\,;\mathcal{P}) = \frac{|ax_0 + by_0 + cz_0 + d|}{\sqrt{a^2 + b^2 + c^2}}.$$

3 • Orthogonalité et distances dans l'espace

Partie B

1. a. ■ $\overrightarrow{AB}$ a pour coordonnées $(-3-4\,;2-1\,;0-5)$, soit $\overrightarrow{AB}(-7\,;1\,;-5)$.
$\overrightarrow{AC}$ a pour coordonnées $(1-4\,;3-1\,;6-5)$, soit $\overrightarrow{AC}(-3\,;2\,;1)$.
Les vecteurs $\overrightarrow{AB}$ et $\overrightarrow{AC}$ ne sont pas colinéaires, donc les points A, B et C ne sont pas alignés. **Ils définissent donc un plan**, noté $\mathcal{P}$.

> **À NOTER**
> Soit A, B et C trois points de l'espace.
> A, B, C alignés $\Leftrightarrow$ $\overrightarrow{AB}$ et $\overrightarrow{AC}$ colinéaires $\Leftrightarrow$ $\overrightarrow{AC} = \alpha\overrightarrow{AB}$ avec $\alpha \in \mathbb{R}$.

■ Montrons que les trois points $A(4\,;1\,;5)$, $B(-3\,;2\,;0)$ et $C(1\,;3\,;6)$ vérifient l'équation cartésienne $x+2y-z-1=0$ d'un plan. Cela montrera qu'il s'agit d'une équation cartésienne du plan (ABC), noté $\mathcal{P}$.
$4+2\times 1-5-1=0$ donc $A \in \mathcal{P}$.
$-3+2\times 2-0-1=0$ donc $B \in \mathcal{P}$.
$1+2\times 3-6-1=0$ donc $C \in \mathcal{P}$.
Finalement, le plan d'équation cartésienne $x+2y-z-1=0$ est le plan (ABC), noté $\mathcal{P}$.

b. D'après la **partie A**, on a $d(F\,;\mathcal{P})=\dfrac{|ax_0+by_0+cz_0+d|}{\sqrt{a^2+b^2+c^2}}$ avec $F(-7\,;0\,;4)$, donc $x_0=-7, y_0=0$ et $z_0=4$; l'équation cartésienne du plan $\mathcal{P}$ est $x+2y-z-1=0$ donc $a=1, b=2, c=-1$ et $d=-1$.
On a : $d(F\,;\mathcal{P})=\dfrac{|1\times(-7)+2\times 0+(-1)\times 4-1|}{\sqrt{1^2+2^2+(-1)^2}}=\dfrac{|-7-4-1|}{\sqrt{1+4+1}}=\dfrac{12}{\sqrt{6}}=\dfrac{12\sqrt{6}}{6}=2\sqrt{6}$.

2. a. La droite Δ passe par le point $F(-7\,;0\,;4)$ et a pour vecteur directeur un vecteur normal au plan $\mathcal{P}$, car la droite Δ est perpendiculaire au plan $\mathcal{P}$.
Une équation cartésienne du plan $\mathcal{P}$ est $x+2y-z-1=0$, donc le vecteur $\vec{n}(1\,;2\,;-1)$ est un vecteur normal au plan $\mathcal{P}$, donc un vecteur directeur de la droite Δ.
Une représentation paramétrique de la droite Δ est donc :
$$\begin{cases} x = t-7 \\ y = 2t \\ z = -t+4 \end{cases} \text{avec } t \in \mathbb{R}.$$

> **À NOTER**
> Soit $\mathcal{D}$ la droite passant par le point $A(x_A\,;y_A\,;z_A)$ et de vecteur directeur
> $\vec{u}(a\,;b\,;c) \neq \vec{0}$. $M(x\,;y\,;z) \in \mathcal{D} \Leftrightarrow$ il existe un réel t tel que $\begin{cases} x = ta+x_A \\ y = tb+y_A \\ z = tc+z_A \end{cases}$ → **FICHE 14**

b. ■ La droite Δ et le plan $\mathcal{P}$ étant, par définition, perpendiculaires, ils sont sécants en un seul point H.

■ Déterminer les coordonnées $(x_H\,;y_H\,;z_H)$ de H revient à déterminer le réel t tel que : $\begin{cases} x_H = t - 7 \\ y_H = 2t \\ z_H = -t + 4 \\ x_H + 2y_H - z_H - 1 = 0 \end{cases}$

c'est-à-dire tel que : $\begin{cases} x_H = t - 7 \\ y_H = 2t \\ z_H = -t + 4 \\ (t-7) + 2 \times 2t - (-t+4) - 1 = 0 \end{cases}$.

La dernière équation donne $t - 7 + 4t + t - 4 - 1 = 0$, soit $6t - 12 = 0$.
D'où $t = \dfrac{12}{6} = 2$.

En remplaçant t par 2 dans les 3 premières équations, on a :
$\begin{cases} x_H = 2 - 7 = -5 \\ y_H = 2 \times 2 = 4 \\ z_H = -2 + 4 = 2 \end{cases}$.

Donc le point **H a pour coordonnées** $(-5\,;4\,;2)$.

c. F$(-7\,;0\,;4)$ et H$(-5\,;4\,;2)$, donc le vecteur $\overrightarrow{FH}$ a pour coordonnées $(-5 - (-7)\,;4 - 0\,;2 - 4)$, soit $\overrightarrow{FH}(2\,;4\,;-2)$.
On a donc :
$d(F\,;\mathcal{P}) = FH = \sqrt{2^2 + 4^2 + (-2)^2}$
$\phantom{d(F\,;\mathcal{P}) = FH} = \sqrt{4 + 16 + 4}$
$\phantom{d(F\,;\mathcal{P}) = FH} = \sqrt{24}$
$\phantom{d(F\,;\mathcal{P}) = FH} = \sqrt{4 \times 6}$.
Soit : $d(F\,;\mathcal{P}) = 2\sqrt{6}$.

12 Forme générale de l'équation d'un plan de l'espace

En bref On se place dans un repère orthonormé $(O\,;\vec{i},\vec{j},\vec{k})$ de l'espace et on caractérise un plan à l'aide d'une équation à trois inconnues : x, y, z.

I Équation cartésienne d'un plan

■ **Théorème** Tout plan dont un vecteur normal a pour coordonnées $(a\,;b\,;c)$ a une équation cartésienne de la forme :

$$ax + by + cz + d = 0$$

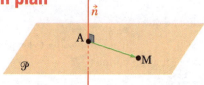

■ **Réciproquement** : si a, b, c et d sont quatre nombres tels que $(a, b, c) \neq (0, 0, 0)$, toute équation de la forme $ax + by + cz + d = 0$ est celle d'un plan dont $\vec{n}(a\,;b\,;c)$ est un vecteur normal.

■ Un plan a une **infinité d'équations** cartésiennes. Si $ax + by + cz + d = 0$ est l'une d'elle, alors $k(ax + by + cz + d) = 0$ en est une autre pour tout réel $k \neq 0$.

■ Deux plans d'équations respectives $ax + by + cz + d = 0$ et $a'x + b'y + c'z + d' = 0$ sont **perpendiculaires** si et seulement si leurs vecteurs normaux le sont, c'est-à-dire si et seulement si $aa' + bb' + cc' = 0$. → FICHE 9

II Intersections de deux plans

■ **Théorème** Tout système de la forme
$\begin{cases} ax + by + c + d = 0 \\ a'x + b'y + c'z + d' = 0 \end{cases}$

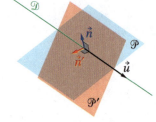

où les deux équations sont celles de deux plans *distincts* $\mathcal{P}$ et $\mathcal{P}'$, admet une infinité de solutions si et seulement si $\mathcal{P}$ et $\mathcal{P}'$ ont des vecteurs normaux $\vec{n}$ et $\vec{n}'$ **non** colinéaires.

■ Les **solutions** de ce système sont les coordonnées des points de la droite d'intersection $\mathcal{D}$ des deux plans. → FICHE 9

 À NOTER
Un vecteur directeur $\vec{u}$ de $\mathcal{D}$ est orthogonal à chaque vecteur normal de $\mathcal{P}$ et $\mathcal{P}'$.

Remarque : Le système a des solutions si et seulement si $\vec{n}$ et $\vec{n}'$ ne sont pas colinéaires, c'est-à-dire si les triplets (a, b, c) et (a', b', c') ne sont pas proportionnels. En effet, dans le cas contraire, $\mathcal{P}$ et $\mathcal{P}'$ sont parallèles.

COURS & MÉTHODES

Méthode

1 | Écrire une équation cartésienne d'un plan

a. On donne les points A(−1 ; 2 ; 0), B(2 ; 3 ; −1) et C(0 ; −4 ; 2).
Écrire une équation cartésienne du plan $\mathcal{P}$ passant par A et orthogonal à la droite (BC).

b. Écrire une équation cartésienne des plans (xOy), (yOz) et (zOx).

  CONSEILS

a. Calculez les coordonnées de $\vec{BC}$ normal au plan $\mathcal{P}$, puis traduisez analytiquement le fait qu'un point M appartient à $\mathcal{P}$ si et seulement si $\vec{AM} \cdot \vec{BC} = 0$.

b. Déterminez un vecteur normal aux plans, sachant qu'ils contiennent l'origine O.

SOLUTION

a. ■ Un vecteur normal au plan $\mathcal{P}$ est $\vec{BC}$. Celui-ci a pour coordonnées $(0 − 2 ; −4 − 3 ; 2 − (−1))$, soit $\vec{BC}(−2 ; −7 ; 3)$.

■ Un point M appartient à $\mathcal{P}$ si et seulement si $\vec{AM} \cdot \vec{BC} = 0$, donc si et seulement si $(x + 1) \times (−2) + (y − 2) \times (−7) + (z − 0) \times 3 = 0 \Leftrightarrow \mathbf{−2x − 7y + 3z + 12 = 0}$.

b. $\vec{k}(0 ; 0 ; 1)$ est un vecteur normal au plan (xOy), qui a donc pour équation $0x + 0y + 1z + d = 0$ soit $\mathbf{z = 0}$ car le plan contient O.
De même pour le plan (yOz) : $\mathbf{x = 0}$ et pour le plan (zOx) : $\mathbf{y = 0}$.

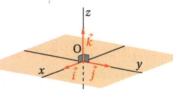

2 | Étudier l'intersection de deux plans

On considère les plans $\mathcal{P}$ et Q d'équations cartésiennes respectives $−2x − 7y + 3z + 12 = 0$ et $2x + 7y − 3z − 11 = 0$.
Examiner la nature de l'intersection de $\mathcal{P}$ et Q.

  CONSEILS

Étudier l'intersection de $\mathcal{P}$ et Q revient à résoudre un système d'équations.

SOLUTION

■ $2x + 7y − 3z − 11 = 0 \Leftrightarrow −2x − 7y + 3z + 11 = 0$.
Un point M(x ; y ; z) appartient à l'intersection des deux plans si et seulement si le système $\begin{cases} −2x − 7y + 3z = −12 \\ −2x − 7y + 3z = −11 \end{cases}$ a des solutions.

■ Ce n'est pas le cas car $−12 \neq −11$. L'intersection des deux plans est donc vide. C'est pourquoi ces plans sont **parallèles**. → FICHE 7

4 • Équations de droites et de plans 55

13 Représentation paramétrique d'une droite de l'espace

En bref *On se place dans un repère orthonormé $(O\,;\vec{i},\vec{j},\vec{k})$ de l'espace et on caractérise une droite par un système d'équations.*

I Définition d'une représentation paramétrique

■ **Définition** On considère une droite $\mathcal{D}$ passant par $A(x_A\,;y_A\,;z_A)$ et dont un vecteur directeur est $\vec{u}(\alpha\,;\beta\,;\gamma)$.

$M(x\,;y\,;z) \in \mathcal{D} \Leftrightarrow \overrightarrow{AM}$ et $\vec{u}$ sont colinéaires $\Leftrightarrow$ Il existe $t \in \mathbb{R}$ tel que $\overrightarrow{AM} = t\vec{u}$

$$\Leftrightarrow \begin{cases} x - x_A = t\alpha \\ y - y_A = t\beta \\ z - z_A = t\gamma \end{cases} \text{ avec } t \in \mathbb{R} \Leftrightarrow \begin{cases} x = x_A + t\alpha \\ y = y_A + t\beta \\ z = z_A + t\gamma \end{cases}$$

Ce système est une **représentation paramétrique** de la droite $\mathcal{D}$ caractérisée par la donnée du point A et du vecteur $\vec{u}$.

À NOTER On peut choisir pour $\mathcal{D}$ un autre repère.

On écrit en abrégé $\mathcal{D}(A\,;\vec{u})$. On dit aussi que $(A\,;\vec{u})$ est un repère de $\mathcal{D}$.

■ Lorsqu'aucune coordonnée de $\vec{u}$ n'est nulle, une représentation paramétrique de $\mathcal{D}$ est équivalente aux équations : $\dfrac{x - x_A}{\alpha} = \dfrac{y - y_A}{\beta} = \dfrac{z - z_A}{\gamma}$.

II Droite définie par l'intersection de deux plans

■ En résolvant le système formé par les équations cartésiennes de deux plans sécants, on obtient une représentation paramétrique de la **droite d'intersection**.

■ En effet, le système $\begin{cases} ax + by + cz + d = 0 \\ a'x + b'y + c'z + d' = 0 \end{cases}$ caractérise la droite d'intersection.

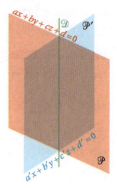

Si on choisit l'une des trois inconnues comme paramètre, par exemple en posant $z = t$ si cela est possible, on obtient le système suivant :

$\begin{cases} ax + by = -d - ct \\ a'x + b'y = -d' - c't. \\ z = t \end{cases}$

En résolvant les deux premières équations, on exprime ***x* et *y*** en fonction de t et on obtient une représentation paramétrique de $\mathcal{D}$.

À NOTER Bien entendu, on peut choisir x ou y comme paramètre.

Méthode

1 | Écrire des équations paramétriques d'une droite

Déterminer deux représentations paramétriques différentes de la droite (AB) passant par les points A(1 ; –2 ; 1) et B(–1 ; 1 ; 3).

CONSEILS

Donnez un vecteur directeur de la droite (AB), puis traduisez l'appartenance d'un point M à la droite (AB) en termes de colinéarité de vecteurs.
On obtient une autre représentation de $\mathcal{D}$, en choisissant le point B au lieu du point A.

SOLUTION

 On représente $\mathcal{D}$ avec A et $\overrightarrow{AB}$. Un vecteur directeur de la droite (AB) est $\overrightarrow{AB}$. Ses coordonnées sont (–2 ; 3 ; 2).
$M(x ; y ; z) \in \mathcal{D} \Leftrightarrow$ il existe $t \in \mathbb{R}$ tel que $\overrightarrow{AM} = t\overrightarrow{AB}$.

On obtient ainsi : $\begin{cases} x - 1 = -2t \\ y + 2 = 3t \\ z - 1 = 2t \end{cases}$ avec $t \in \mathbb{R} \Leftrightarrow \begin{cases} x = 1 - 2t \\ y = -2 + 3t \\ z = 1 + 2t \end{cases}$ avec $t \in \mathbb{R}$.

 On représente maintenant $\mathcal{D}$ avec B et $\overrightarrow{AB}$.
$M(x ; y ; z) \in \mathcal{D} \Leftrightarrow$ il existe $t' \in \mathbb{R}$ tel que $\overrightarrow{BM} = t'\overrightarrow{AB}$.

On obtient ainsi : $\begin{cases} x + 1 = -2t' \\ y - 1 = 3t' \\ z - 3 = 2t' \end{cases}$ avec $t' \in \mathbb{R} \Leftrightarrow \begin{cases} x = -1 - 2t' \\ y = 1 + 3t' \\ z = 3 + 2t' \end{cases}$ avec $t' \in \mathbb{R}$.

2 | Déterminer si un point appartient à une droite

Parmi les points suivants, indiquer ceux qui appartiennent à la droite (AB) de la **méthode 1** ci-dessus : $X(5 ; -8 ; -3)$, $Y\left(0, -\dfrac{1}{2}, 1\right)$.

CONSEILS

Choisissez d'abord une représentation paramétrique de la droite (AB).

SOLUTION

 Choisissons la représentation $\mathcal{D}(A, \overrightarrow{AB})$. Pour le point X, on cherche t de telle sorte que $\begin{cases} 5 = 1 - 2t \\ -8 = -2 + 3t \\ -3 = 1 + 2t \end{cases}$. La valeur $t = -2$ convient, donc $X \in \mathcal{D}$.

 Pour le point Y, le système $\begin{cases} 0 = 1 - 2t \\ -\dfrac{1}{2} = -2 + 3t \\ 1 = 1 + 2t \end{cases}$ n'a pas de solution car la troi-

sième équation fournit $t = 0$ alors que 0 n'est pas solution de la première équation. **Donc $Y \notin \mathcal{D}$**.

4 • Équations de droites et de plans

14 Coordonnées de points d'intersection de droites et de plans

En bref *Une représentation paramétrique d'une droite fournit un outil pour obtenir les coordonnées de points d'intersection, en particulier du projeté orthogonal d'un point sur une droite ou sur un plan.*

I Projeté orthogonal d'un point sur une droite

■ Étant donné un point M et une droite $\mathcal{D}(A, \vec{u})$, où $\vec{u}$ a pour coordonnées $(a; b; c)$, on veut déterminer les coordonnées du **projeté orthogonal H** de M sur $\mathcal{D}$. On sait que H est l'intersection de $\mathcal{D}$ avec le plan $\mathcal{P}$ perpendiculaire à $\mathcal{D}$ passant par M (→ FICHE 11).

■ Pour trouver les **coordonnées de H**, on procède par étapes.

Étape 1 Le vecteur $\overrightarrow{AH}$ est colinéaire à $\vec{u}$, donc il existe t tel que $\overrightarrow{AH} = t\vec{u}$.

On en déduit le système : $\begin{cases} x_H - x_A = ta \\ y_H - y_A = tb \\ z_H - z_A = tc \end{cases}$ avec $t \in \mathbb{R} \Leftrightarrow \begin{cases} x_H = x_A + ta \\ y_H = y_A + tb \\ z_H = z_A + tc \end{cases}$ avec $t \in \mathbb{R}$.

Étape 2 Déterminer l'équation du plan $\mathcal{P}$, sachant que $M \in \mathcal{P}$ et que $\vec{u}$ est un vecteur normal à $\mathcal{P}$.

Étape 3 Traduire l'appartenance de $H(x_H; y_H; z_H)$ à $\mathcal{P}$ pour déterminer t, donc les coordonnées du point H.

II Projeté orthogonal d'un point sur un plan

Soit M un point et $\mathcal{P}$ un plan dont une équation est $ax + by + cz + d = 0$.

Pour déterminer les coordonnées du projeté orthogonal $H(x_H; y_H; z_H)$ de M sur $\mathcal{P}$ (→ FICHE 11), on procède par étapes.

Étape 1 Le vecteur $\overrightarrow{MH}$ est colinéaire à $\vec{n}$.
Il existe donc $t \in \mathbb{R}$ tel que $\overrightarrow{MH} = t\vec{n}$, c'est-à-dire :
$\begin{cases} x_H - x_M = ta \\ y_H - y_M = tb \\ z_H - z_M = tc \end{cases}$ avec $t \in \mathbb{R} \Leftrightarrow \begin{cases} x_H = x_M + ta \\ y_H = y_M + tb \\ z_H = z_M + tc \end{cases}$ avec $t \in \mathbb{R}$

Étape 2 $H \in \mathcal{P}$, donc t est solution de l'équation
$a(x_M + ta) + b(y_M + tb) + c(z_M + tc) + d = 0$.

Étape 3 On trouve t, donc les coordonnées du point H.

COURS & MÉTHODES

Méthode

Trouver les coordonnées du point d'intersection d'un plan et d'une droite

On considère le plan $\mathcal{P}$ dont une équation cartésienne est $x + 2y + z - 1 = 0$ et la droite $\mathcal{D}$ dont une représentation paramétrique est :
$$\begin{cases} x = 2 + \lambda \\ y = 1 + \lambda \text{ avec } \lambda \in \mathbb{R}. \\ z = 5 + \lambda \end{cases}$$

a. Déterminer un vecteur directeur et un point de $\mathcal{D}$.

b. Déterminer les coordonnées du point d'intersection de $\mathcal{D}$ et $\mathcal{P}$.

CONSEILS

a. Identifiez un point A et un vecteur directeur $\vec{u}$ de $\mathcal{D}$ en utilisant le fait que M appartient à $\mathcal{D}$ si et seulement s'il existe un réel λ tel que $\overrightarrow{AM} = \lambda \vec{u}$.

b. Les coordonnées du point d'intersection de $\mathcal{D}$ et $\mathcal{P}$ vérifient à la fois l'équation de $\mathcal{P}$ et les équations paramétriques de $\mathcal{D}$.

SOLUTION

a. On peut écrire les équations paramétriques ainsi :
$$\begin{cases} x = 2 + \lambda \times 1 \\ y = 1 + \lambda \times 1 \text{ avec } \lambda \in \mathbb{R}. \\ z = 5 + \lambda \times 1 \end{cases}$$

C'est pourquoi un vecteur directeur de $\mathcal{D}$ a pour coordonnées $\vec{u}(1\,;1\,;1)$.

De plus, le point $A(2\,;1\,;5)$ appartient à $\mathcal{D}$.

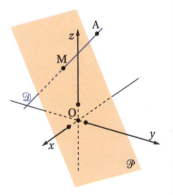

b. $M \in \mathcal{P} \cap \mathcal{D}$ si, et seulement si, ses coordonnées vérifient simultanément les équations paramétriques de $\mathcal{D}$ et l'équation cartésienne de $\mathcal{P}$, c'est-à-dire si il existe un réel λ tel que :
$$(2 + \lambda) + 2(1 + \lambda) + (5 + \lambda) - 1 = 0.$$
Ce qui équivaut à $4\lambda + 8 = 0$, soit à $\lambda = -2$.
En remplaçant λ par -2 dans les équations paramétriques de $\mathcal{D}$, on obtient :
$$\begin{cases} x = 0 \\ y = -1. \\ z = 3 \end{cases}$$
Ainsi $\mathcal{D}$ perce $\mathcal{P}$ en $M(0\,;-1\,;3)$.

▶ SE TESTER QUIZ

*Vérifiez que vous avez bien compris les points clés des **fiches 12 à 14**.*

1 Équation cartésienne d'un plan de l'espace → FICHE 12

Parmi les affirmations suivantes, lesquelles sont vraies ?

☐ **a.** L'équation $3x - 2y - 1 = 0$ est l'équation d'une droite de l'espace passant par les points $(1\,;1\,;0)$ et $(-1\,;-2\,;1)$.

☐ **b.** Un vecteur normal au plan d'équation $x + y + z = 0$ a pour coordonnées $(1\,;1\,;1)$.

☐ **c.** L'ensemble des points de l'espace dont les coordonnées x, y, z vérifient le système $\begin{cases} x - y - z = 2 \\ 2x + y - z = 1 \end{cases}$ est une droite.

2 Représentations d'une droite de l'espace → FICHE 13

Soit le cube unité ci-contre, où I est le milieu de $[OB]$ et J celui de $[CG]$.

Parmi les affirmations suivantes, lesquelles sont vraies ?

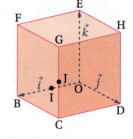

☐ **a.** Une représentation paramétrique de la droite (IJ) est $\begin{cases} x = \dfrac{1}{2}t + 1 \\ y = t + 1 \\ z = \dfrac{1}{2}t + \dfrac{1}{2} \end{cases}$ avec $t \in \mathbb{R}$.

☐ **b.** Une équation cartésienne de la droite (IJ) est $2x - y - 1 = 0$ car les coordonnées de I et J vérifient cette équation.

☐ **c.** Le système $\begin{cases} x = t + 1 \\ y = -2 \\ z = -4t + 3 \end{cases}$ $(t \in \mathbb{R})$ est une représentation paramétrique d'une droite $\mathcal{D}$ de l'espace.

☐ **d.** L'ensemble des points $M(x\,;y\,;z)$ tels que $\dfrac{4x - 3}{5} = \dfrac{6y + 5}{3} = \dfrac{z}{10}$ est une droite de l'espace.

3 Intersection de droites et plans de l'espace → FICHE 14

Parmi les affirmations suivantes, laquelle est vraie ?

☐ **a.** L'intersection du plan d'équation $x + y + z = 0$ avec chacun des axes de coordonnées est le point O.

☐ **b.** La droite $\mathcal{D}$ dont une représentation paramétrique est $\begin{cases} x = 2t \\ y = 1 + t \\ z = 2 - t \end{cases}$ $(t \in \mathbb{R})$ perce le plan $\mathcal{P}$ d'équation $x - y + z - 3 = 0$.

COURS & MÉTHODES   EXERCICES & SUJETS   CORRIGÉS

▶ OBJECTIF BAC

 4 Écrire une équation cartésienne d'un plan connaissant trois de ses points non alignés
→ FICHES **4** et **12**

> Ce sujet vous offre une méthode différente de celle du cours pour déterminer une équation cartésienne d'un plan. Lorsqu'on ne connaît pas de vecteur normal à un plan, il suffit de connaître trois points non alignés de ce plan.

📄 LE SUJET

On donne trois points : $A(-1\,;2\,;3)$, $B(0\,;4\,;1)$, $C(2\,;1\,;3)$. L'objectif est d'écrire une équation cartésienne du plan (ABC).

1. a. Déterminer les coordonnées des vecteurs $\vec{AB}$ et $\vec{AC}$.

b. Justifier le fait que les trois points A, B et C ne sont pas alignés.

2. Soit $\vec{n}(2\,;b\,;c)$ un vecteur normal au plan (ABC). Déterminer b et c.

3. a. Montrer qu'une équation cartésienne du plan (ABC) est de la forme $2x + 6y + 7z + d = 0$.

b. Trouver d.

c. Conclure.

4. Utiliser la méthode précédente pour écrire une équation du plan passant par les points $A(1\,;1\,;0)$, $B(0\,;2\,;2)$ et $C(3\,;0\,;3)$.

👁 LIRE LE SUJET

1. a. On vous demande de calculer les coordonnées de vecteurs connaissant leurs origines et leurs extrémités.
b. Dire que les trois points A, B et C ne sont pas alignés revient à dire que les vecteurs $\vec{AB}$ et $\vec{AC}$ ne sont pas colinéaires.

2. Il s'agit de trouver les coordonnées d'un vecteur orthogonal à deux vecteurs du plan (ABC). Ici, pour simplifier les calculs, on fixe l'abscisse de ce vecteur.

3. a. On vous demande de donner la forme de l'équation cartésienne d'un plan dont un vecteur normal est connu.
b. Parmi tous les plans de la question précédente, on vous demande de déterminer celui qui passe par les points donnés.
c. Une fois que la valeur de d est trouvée, on a une équation cartésienne du plan, ce qui est l'objectif de l'exercice.

4. On adapte les calculs précédents aux nouvelles coordonnées des points.

4 • Équations de droites et de plans   **61**

▶▶▶ **LA FEUILLE DE ROUTE**

1. a. Calculer les coordonnées de vecteurs → FICHE 4

Appliquez les formules usuelles pour calculer les coordonnées de vecteurs : $\overrightarrow{AB}\begin{pmatrix} x_B - x_A \\ y_B - y_A \\ z_B - z_A \end{pmatrix}$, etc.

b. Montrer que deux vecteurs ne sont pas colinéaires

Montrez que les coordonnées des deux vecteurs $\overrightarrow{AB}$ et $\overrightarrow{AC}$ ne sont pas proportionnelles.

2. Déterminer un vecteur normal à un plan → FICHE 12

Déterminez b et c en écrivant que $\vec{n}$ est normal au plan (ABC) si et seulement si $\vec{n} \cdot \overrightarrow{AB} = \vec{n} \cdot \overrightarrow{AC} = 0$.

3. Déterminer une équation cartésienne d'un plan → FICHE 12

a. La forme de l'équation cartésienne d'un plan dont un vecteur normal a pour coordonnées $(a\,;b\,;c)$ est $ax + by + cz + d = 0$.

b. Utilisez le fait que l'un des points donnés appartient au plan (ABC).

c. Remplacez la valeur de d trouvée dans l'équation $2x + 6y + 7z + d = 0$.

4. Il suffit de reproduire pas à pas les trois questions précédentes.

5 Déterminer les coordonnées d'une projection orthogonale
30 min → FICHES 12 à 14

> Voici un exercice classique qui brasse l'ensemble des connaissances de ce chapitre, un classique du genre à ne pas manquer : représentations paramétriques et équations cartésiennes de droites et de plans dans l'espace, tout y est !

📄 **LE SUJET**

a. Déterminer une équation du plan $\mathcal{P}$ passant par $A(1\,;0\,;1)$ et dont un vecteur normal est $\vec{n}(1\,;1\,;1)$.

b. Soit $\mathcal{P}'$ le plan d'équation $x + 2y - z + 1 = 0$. Démontrer que $\mathcal{P}$ et $\mathcal{P}'$ sont perpendiculaires.

c. Donner une représentation paramétrique de la droite $\mathcal{D}$, intersection des plans $\mathcal{P}$ et $\mathcal{P}'$.

d. Soit B le point de $\mathcal{D}$ de cote 0. Déterminer les coordonnées de B.

👁 LIRE LE SUJET

a. Le plan 𝒫 passe par un point donné et un vecteur directeur est donné, ce qui suffit à déterminer son équation.

b. Deux plans sont perpendiculaires si et seulement si leurs vecteurs normaux le sont.

c. Il s'agit de déterminer des équations paramétriques d'une droite, intersection de deux plans, connaissant des équations cartésiennes de ces plans.

d. La cote d'un point de coordonnées $(x\,;y\,;z)$ est le nombre z.

▶▶▶ LA FEUILLE DE ROUTE

a. Déterminer une équation cartésienne d'un plan → FICHE 12

Utilisez le produit scalaire. Un point M appartient au plan si et seulement si $\overrightarrow{AM} \cdot \vec{n} = 0$.

b. Démontrer que deux plans sont perpendiculaires → FICHES 10 et 12

Examinez l'orthogonalité des vecteurs normaux des deux plans, à l'aide du produit scalaire.

c. Déterminer une représentation paramétrique d'une droite → FICHE 13

Choisissez l'une des trois inconnues comme paramètre, puis exprimez les deux autres inconnues en fonction de ce paramètre, à l'aide des équations cartésiennes de 𝒫 et 𝒫′.

d. Déterminer un point appartenant à une droite → FICHE 13

À l'aide des équations paramétriques de 𝒟, déterminez la valeur du paramètre t pour laquelle on a $z = 0$.

CORRIGÉS

▶ SE TESTER QUIZ

1 Équation cartésienne d'un plan de l'espace

Réponses b et c.

■ L'affirmation **a.** est fausse. L'équation $3x - 2y - 1 = 0$ est l'équation du plan passant par les deux points donnés et dont un vecteur normal a pour coordonnées $(3\,;-2\,;0)$.

■ L'affirmation **b.** est vraie. $x + y + z = 0 \Leftrightarrow 1x + 1y + 1z = 0$.

■ L'affirmation **c.** est vraie. En effet les deux équations représentent deux plans dont des vecteurs normaux ont pour coordonnées respectives $(1\,;-1\,;-1)$ et $(2\,;1\,;-1)$. Ces deux vecteurs n'étant pas colinéaires car leurs coordonnées ne sont pas proportionnelles, les deux plans sont sécants selon une droite caractérisée par le système.

4 • Équations de droites et de plans

2 Représentations d'une droite de l'espace

Réponses a, c et d.

■ L'affirmation **a.** est vraie. Les points I et J ont pour coordonnées respectives $\left(\dfrac{1}{2};0;0\right)$ et $\left(1;1;\dfrac{1}{2}\right)$, donc $\vec{IJ}$ a pour coordonnées $\left(\dfrac{1}{2};1;\dfrac{1}{2}\right)$. On a choisi de représenter la droite (IJ) avec le repère $(J;\vec{IJ})$.

À NOTER
Avec $t = -1$, on obtient les coordonnées de I et avec $t = 0$, celles de J.

■ L'affirmation **b.** est fausse. Il s'agit de l'équation cartésienne d'un plan passant par I et J.

■ L'affirmation **c.** est vraie. En effet, pour t réel : $\begin{cases} x = t+1 \\ y = -2 \\ z = -4t+3 \end{cases} \Leftrightarrow \begin{cases} x = 1 \times t + 1 \\ y = 0 \times t - 2 \\ z = -4 \times t + 3 \end{cases}$.

Un vecteur directeur de $\mathcal{D}$ a pour coordonnées $(1;0;-4)$ et elle passe par A$(1;-2;3)$.

■ L'affirmation **d.** est vraie.

Posons $\dfrac{4x-3}{5} = t$. On obtient alors : $\begin{cases} 4x - 3 = 5t \\ 6y + 5 = 3t \\ \dfrac{z}{10} = t \end{cases} \Leftrightarrow \begin{cases} x = \dfrac{3}{4} + \dfrac{5}{4}t \\ y = -\dfrac{5}{6} + \dfrac{1}{2}t \\ z = 10t \end{cases}$

Ce sont les équations paramétriques d'une droite passant par le point de coordonnées $\left(\dfrac{3}{4};-\dfrac{5}{6};0\right)$ et dont un vecteur directeur a pour coordonnées $\left(\dfrac{5}{4};\dfrac{1}{2};10\right)$.

3 Intersection de droites et plans de l'espace

Réponse a.

■ L'affirmation **a.** est vraie. L'axe des abscisses est caractérisé par le système $\begin{cases} y = 0 \\ z = 0 \end{cases}$, donc le point d'intersection du plan avec cet axe est O. On procède de même avec les deux autres axes.

■ L'affirmation **b** est fausse. En effet, un vecteur directeur $\vec{u}$ de $\mathcal{D}$ a pour coordonnées $(2;1;-1)$ et un vecteur normal $\vec{n}$ à $\mathcal{P}$ a pour coordonnées $(1;-1;1)$. Comme $\vec{u} \cdot \vec{n} = 2 \times 1 + 1 \times (-1) + (-1) \times 1 = 0$, ces deux vecteurs sont orthogonaux, donc $\mathcal{D}$ et $\mathcal{P}$ sont parallèles.

4 Écrire une équation cartésienne d'un plan connaissant trois de ses points non alignés

1. a. On trouve $\vec{AB}(1;2;-2)$ et $\vec{AC}(3;-1;0)$.

b. Les deux vecteurs ne sont pas colinéaires car leurs coordonnées ne sont pas proportionnelles. C'est pourquoi **les trois points ne sont pas alignés**.

2. $\vec{n}$ est normal au plan (ABC) si et seulement si $\vec{n} \cdot \vec{AB} = \vec{n} \cdot \vec{AC} = 0$, c'est-à-dire :

$\begin{cases} 2 \times 1 + 2b - 2c = 0 \\ 2 \times 3 - b + 0 = 0 \end{cases} \Leftrightarrow \begin{cases} b - c = -1 \\ b = 6 \end{cases} \Leftrightarrow \begin{cases} c = 7 \\ b = 6 \end{cases}$.

3. a. On sait alors qu'une équation cartésienne d'un plan dont un vecteur normal a pour coordonnées $(2;6;7)$ est de la forme $2x + 6y + 7z + d = 0$.

b. Le plan (ABC) contient B, donc $2 \times 0 + 6 \times 4 + 7 \times 1 + d = 0 \Rightarrow d = -31$.

c. Une équation cartésienne du plan (ABC) est donc $2x + 6y + 7z - 31 = 0$.

4. On trouve $\vec{AB}(-1\,;1\,;2)$ et $\vec{AC}(2\,;-1\,;3)$. Les deux vecteurs ne sont pas colinéaires car leurs coordonnées ne sont pas proportionnelles. C'est pourquoi **les trois points ne sont pas alignés**.

• $\vec{n}(2\,;b\,;c)$ est normal au plan (ABC) si et seulement si $\vec{n} \cdot \vec{AB} = \vec{n} \cdot \vec{AC} = 0$, c'est-à-dire :
$$\begin{cases} 2 \times (-1) + b + 2c = 0 \\ 2 \times 2 - b + 3c = 0 \end{cases} \Leftrightarrow \begin{cases} b + 2c = 2 \\ b - 3c = 4 \end{cases} \Rightarrow 5c = -2 \text{ (par soustraction)} \Rightarrow c = -\frac{2}{5}.$$

On trouve alors $b = 2 - 2c = \frac{14}{5}$.

Une équation cartésienne du plan (ABC) est donc de la forme :
$$2x + \frac{14}{5}y - \frac{2}{5}z + d = 0 \Leftrightarrow 10x + 14y - 2z + 5d = 0.$$

• Le plan (ABC) contient A, donc $10 + 14 + 5d = 0 \Rightarrow d = -\frac{24}{5}$.

• Une équation cartésienne du plan (ABC) est donc $10x + 14y - 2z - 24 = 0$.

5 Déterminer les coordonnées d'une projection orthogonale

1. $M\begin{pmatrix} x \\ y \\ z \end{pmatrix} \in \mathcal{P} \Leftrightarrow \vec{AM} \cdot \vec{n} = 0 \Leftrightarrow (x - 1) + y + (z - 1) = 0 \Leftrightarrow x + y + z - 2 = 0.$

2. Un vecteur normal à $\mathcal{P}'$ est $\vec{n}'(1\,;2\,;-1)$. Comme $\vec{n} \cdot \vec{n}' = 1 \times 1 + 1 \times 2 + 1 \times (-1) = 0$, les deux vecteurs sont orthogonaux.
C'est pourquoi **les deux plans sont perpendiculaires**.

3. La droite $\mathcal{D}$, intersection de $\mathcal{P}$ et $\mathcal{P}'$, est représentée par le système $\begin{cases} x + y + z - 2 = 0 \\ x + 2y - z + 1 = 0 \end{cases}$.

En posant $z = t$ on obtient : $\begin{cases} x + y = 2 - t \\ x + 2y = -1 + t \\ z = t \end{cases}$.

Par soustraction, les deux premières équations fournissent $y = -3 + 2t$, donc $x = 2 - t - y = 5 - 3t$.

Des équations paramétriques de $\mathcal{D}$ sont donc : $\begin{cases} x = 5 - 3t \\ y = -3 + 2t \\ z = t \end{cases}$ avec t réel.

4. On doit avoir $z_B = 0$, donc $t = 0$. Alors : $x_B = 5$ et $y_B = -3$.

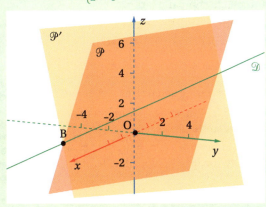

4 • Équations de droites et de plans

15 Définitions, comparaison et encadrement

En bref *Étudier la limite d'une suite permet d'avoir une idée de son comportement en l'infini. Pour trouver la limite (si elle existe) d'une suite, une méthode consiste à la comparer aux comportements de suites que l'on connait.*

I Suites de limites finie et infinie

1 Limite infinie

Soient A et B des réels.

■ On dit qu'une suite u admet pour limite $+\infty$ si tout intervalle de la forme $[A\,;+\infty[$ contient tous les termes de la suite à partir d'un certain rang.
On note $\lim\limits_{n\to+\infty} u_n = +\infty$ et on dit que la suite **diverge vers $+\infty$**.

■ On dit qu'une suite u admet pour limite $-\infty$ si tout intervalle de la forme $]-\infty\,;B]$ contient tous les termes de la suite à partir d'un certain rang.
On note $\lim\limits_{n\to+\infty} u_n = -\infty$ et on dit que la suite **diverge vers $-\infty$**.

À NOTER
La suite de terme général u_n admet pour limite $-\infty$ si et seulement si la suite de terme général $-u_n$ admet pour limite $+\infty$.

2 Limite finie

Soit ℓ un réel.

On dit qu'une suite u admet pour limite ℓ si tout intervalle ouvert contenant ℓ contient tous les termes de la suite à partir d'un certain rang.
On note $\lim\limits_{n\to+\infty} u_n = \ell$ et on dit que la suite **converge** vers ℓ.

II Comparaison et encadrement

■ **Théorème de comparaison**

Soit N un entier naturel et soient (u_n) et (r_n) des suites réelles.
Si pour tout entier $n \geqslant N$, $u_n \geqslant r_n$ et $\lim\limits_{n\to+\infty} r_n = +\infty$, alors $\lim\limits_{n\to+\infty} u_n = +\infty$.
Si pour tout entier $n \geqslant N$, $u_n \leqslant r_n$ et $\lim\limits_{n\to+\infty} r_n = -\infty$, alors $\lim\limits_{n\to+\infty} u_n = -\infty$.

■ **Théorème d'encadrement (dit « théorème des gendarmes »)**

Soient ℓ un réel, N un entier naturel, et (u_n), (r_n) et (s_n) des suites réelles.
Si pour tout entier $n \geqslant N$, $s_n \leqslant u_n \leqslant r_n$ et si $\lim\limits_{n\to+\infty} s_n = \ell$ et $\lim\limits_{n\to+\infty} r_n = \ell$, alors $\lim\limits_{n\to+\infty} u_n = \ell$.

À NOTER
Pour démontrer qu'une suite diverge vers $+\infty$ ou $-\infty$, il est inutile d'encadrer les termes de la suite car un théorème de comparaison suffit.

COURS & MÉTHODES

Méthode

1 | Déterminer la limite d'une suite par comparaison

Déterminer la limite de la suite de terme général $u_n = n + (-1)^n$.

> **CONSEILS**
>
> Pensez à encadrer $(-1)^n$ pour déterminer la limite de (u_n).

SOLUTION

Pour tout entier naturel n, $-1 \leq (-1)^n \leq 1$. Donc $n - 1 \leq u_n$.

Or $\lim\limits_{n \to +\infty} (n-1) = +\infty$ donc $\lim\limits_{n \to +\infty} u_n = +\infty$.

2 | Déterminer la limite d'une suite par encadrement

Déterminer la limite des suites de termes généraux u_n et s_n, avec
$u_n = \dfrac{(-1)^n - n}{n}$ et $s_n = \dfrac{1}{n^2} + \dfrac{1}{n^2 + 1} + \ldots + \dfrac{1}{n^2 + n}$.

> **CONSEILS**
>
> Encadrez le numérateur de u_n. Pour s_n, remarquez que chacun des $n+1$ termes de la somme est compris entre $\dfrac{1}{n^2 + n}$ et $\dfrac{1}{n^2}$.

SOLUTION

■ Pour tout entier naturel n, on a $-1 \leq (-1)^n \leq 1$.

Donc $-1 - n \leq (-1)^n - n \leq 1 - n$, puis $\dfrac{-1-n}{n} \leq u_n \leq \dfrac{1-n}{n}$.

On a $\dfrac{-1-n}{n} = -\dfrac{1}{n} - 1$ et $\dfrac{1-n}{n} = \dfrac{1}{n} - 1$.

Or $\lim\limits_{n \to +\infty} \dfrac{-1-n}{n} = -1$ et $\lim\limits_{n \to +\infty} \dfrac{1-n}{n} = -1$.

Donc $\lim\limits_{n \to +\infty} u_n = -1$.

■ Pour tout entier naturel n non nul,

$\dfrac{1}{n^2 + n} + \dfrac{1}{n^2 + n} + \ldots + \dfrac{1}{n^2 + n} \leq \dfrac{1}{n^2} + \dfrac{1}{n^2 + 1} + \ldots + \dfrac{1}{n^2 + n} \leq \dfrac{1}{n^2} + \dfrac{1}{n^2} + \ldots + \dfrac{1}{n^2}$,

donc $\dfrac{n+1}{n^2 + n} \leq s_n \leq \dfrac{n+1}{n^2}$ d'où $\dfrac{1}{n+1} \leq s_n \leq \dfrac{1}{n} + \dfrac{1}{n^2}$.

Or $\lim\limits_{n \to +\infty} \dfrac{1}{n+1} = 0$ et $\lim\limits_{n \to +\infty} \left(\dfrac{1}{n} + \dfrac{1}{n^2}\right) = 0$.

Donc $\lim\limits_{n \to +\infty} s_n = 0$.

5 • Suites numériques

16 Limites : opérations et suites monotones

En bref *Pour déterminer la limite d'une suite, il peut être utile de la décomposer en somme, différence ou encore en quotient de deux suites dont on sait calculer les limites.*

I Limites et opérations

■ Dans les tableaux ci-dessous, ℓ et ℓ' sont des réels, et « F. I. » désigne une forme indéterminée, c'est-à-dire les cas où l'on ne peut pas déterminer d'emblée la limite de la suite.

Limite de u	ℓ	ℓ	ℓ	$+\infty$	$-\infty$	$+\infty$
Limite de v	ℓ'	$+\infty$	$-\infty$	$+\infty$	$-\infty$	$-\infty$
Limite de $u+v$	$\ell+\ell'$	$+\infty$	$-\infty$	$+\infty$	$-\infty$	F. I.

Limite de u	ℓ	$\ell > 0$	$\ell < 0$	0	0	$+\infty$	$-\infty$
Limite de v	ℓ'	$+\infty$	$+\infty$	$+\infty$	0	$+\infty$	$+\infty$
Limite de uv	$\ell \times \ell'$	$+\infty$	$-\infty$	F. I.	0	$+\infty$	$-\infty$
Limite de $\dfrac{1}{u}$	Si $\ell \neq 0$: $1/\ell$	$1/\ell$	$1/\ell$	Si $u > 0$: $+\infty$	Si $u < 0$: $-\infty$	0	0
Limite de $\dfrac{u}{v}$	Si $\ell' \neq 0$: ℓ/ℓ'	0	0	0	F. I.	F. I.	F. I.

■ Sans plus de renseignement sur les suites, on ne peut pas déterminer la limite :
– de la différence de deux suites de même limite infinie (« $\infty - \infty$ ») ;
– du quotient de deux suites de limites infinies (« ∞/∞ ») ;
– du quotient de deux suites de limites nulles (« $0/0$ ») ;
– du produit de deux suites de limites respectivement *nulle* et *infinie* (« $0 \times \infty$ »).

Pour lever l'indétermination, dans les deux premiers cas, on peut factoriser chaque terme du quotient ou de la différence par des termes prépondérants.

 À NOTER
Certaines suites n'admettent pas de limites, par exemple les suites de termes généraux $(-1)^n$ et $(-10)^n$.

II Suites monotones

■ **Théorèmes :** Toute suite croissante non majorée diverge vers $+\infty$.

Toute suite décroissante non minorée diverge vers $-\infty$.

■ **Théorèmes :** Soient M et m des réels.

Toute suite croissante majorée par M converge vers un réel ℓ tel que $\ell \leq M$.

Toute suite décroissante minorée par m converge vers un réel ℓ tel que $\ell \geq m$.

COURS & MÉTHODES

Méthode

1 | Déterminer des limites de somme, produit, inverse, quotient

Déterminer la limite des suites de termes généraux $\dfrac{1}{(1-n)(n^2-7)}$ et $\dfrac{1+\dfrac{1}{n}}{n+5}$.

 CONSEILS

Décomposez chacune des suites en somme, produit, inverse ou quotient de suites dont les limites sont connues.

SOLUTION

■ On a $\lim\limits_{n\to+\infty} n = +\infty$ donc $\lim\limits_{n\to+\infty} n^2 = +\infty$ et $\lim\limits_{n\to+\infty}(n^2-7) = +\infty$;

$\lim\limits_{n\to+\infty}(1-n) = -\infty$, ainsi $\lim\limits_{n\to+\infty}(1-n)(n^2-7) = -\infty$ (limite d'un produit).

Par limite de l'inverse, on a $\lim\limits_{n\to+\infty} \dfrac{1}{(1-n)(n^2-7)} = 0$.

■ On a $\lim\limits_{n\to+\infty} \dfrac{1}{n} = 0$ donc $\lim\limits_{n\to+\infty}\left(1+\dfrac{1}{n}\right) = 1$. De plus, $\lim\limits_{n\to+\infty}(n+5) = +\infty$, donc

par limite d'un quotient $\lim\limits_{n\to+\infty} \dfrac{1+\dfrac{1}{n}}{n+5} = 0$.

2 | Déterminer les limites de suites monotones

Soit la suite v définie par $v_0 = 5$ et $v_{n+1} = \sqrt{v_n + 12}$ pour tout $n \in \mathbb{N}$.
a. Montrer que, pour tout $n \in \mathbb{N}$, $v_n \geq 4$.
b. On admet que la suite v est décroissante. En déduire que la suite v converge.

 CONSEILS

On suivra un raisonnement par récurrence, qui se fait en trois étapes.
Étape 1 Initialisation : elle consiste à montrer que la propriété à démontrer ($v_n \geq 4$) est vraie au rang 0.
Étape 2 Hérédité : on suppose la propriété vraie à un rang quelconque n ($v_n \geq 4$), puis on en déduit qu'elle est vraie au rang suivant ($v_{n+1} \geq 4$).
Étape 3 Conclusion

SOLUTION

a. **Étape 1** On a $v_0 \geq 4$.

Étape 2 Si $n \in \mathbb{N}$ tel que $v_n \geq 4$, alors $v_n + 12 \geq 16$. Ainsi $v_{n+1} \geq 4$.

Étape 3 Le principe de récurrence permet de conclure que, **pour tout $n \in \mathbb{N}$, $v_n \geq 4$**.

b. La suite v est décroissante et minorée par 4. Donc **elle converge vers un réel ℓ tel que $\ell \geq 4$**.

5 • Suites numériques

17 Suites géométriques et fonction exponentielle

En bref *La limite d'une suite géométrique dépend de sa raison. La fonction exponentielle et les suites géométriques se comportent de manière analogue en l'infini.*

I Limites des suites géométriques

■ **Définitions :**
- Une suite **divergente** est une suite qui admet une limite infinie ou qui n'admet pas de limite.
- Une suite **convergente** est une suite qui admet une limite finie.

■ **Théorème :** Soient q un réel différent de 1 et u la suite de terme général q^n.
- Si $q > 1$, alors $\lim\limits_{n \to +\infty} q^n = +\infty$ (u diverge vers $+\infty$) ;
- si $-1 < q < 1$, alors $\lim\limits_{n \to +\infty} q^n = 0$ (u converge vers 0) ;
- si $q \leq -1$, alors la suite de terme général q^n n'admet pas de limite (u diverge).

> **À NOTER**
> - **Si $q = 1$**, alors la suite de terme général q^n est constante de limite 1.
> - **Si $q = -1$**, alors la suite de terme général q^n est bornée et vaut alternativement -1 et 1.
> - **Si $q < -1$**, alors la suite de terme général q^n n'est pas bornée est prend alternativement des valeurs positives et négatives de valeurs absolues de plus en plus grandes.

II Limite de la fonction exponentielle

■ **Limite en $+\infty$**

On a : $\lim\limits_{x \to +\infty} e^x = +\infty$

On rappelle que $e \approx 2{,}718$ donc $e > 1$. Ainsi la suite géométrique (e^n), $n \in \mathbb{N}$, a pour limite $+\infty$: $\lim\limits_{n \to +\infty} e^n = +\infty$.

■ **Limite en $-\infty$**

On a : $\lim\limits_{x \to -\infty} e^x = 0$

On a, pour tout $n \in \mathbb{N}$, $e^{-n} = \left(\dfrac{1}{e}\right)^n$. Puisque $-1 < \dfrac{1}{e} < 1$, alors la suite géométrique (e^{-n}) a pour limite 0. En effet, $\lim\limits_{n \to +\infty} \left(\dfrac{1}{e}\right)^n = 0$, soit $\lim\limits_{n \to +\infty} e^{-n} = 0$.

Méthode

1 | Étudier la limite de suites géométriques

a. Étudier la limite des suites de termes généraux :
$u_n = (\sqrt{5} - 5)^n$; $v_n = \left(\dfrac{\pi}{4}\right)^n$ et $w_n = -3^n$.

b. Étudier la limite de la suite de terme général $x_n = \dfrac{1 - 3^n}{2^n}$.

> **CONSEILS**
>
> **a.** Comparez la raison de chaque suite géométrique aux réels −1 et 1 et appliquez le théorème.

SOLUTION

a. ■ L'arrondi au dixième de $\sqrt{5} - 5$ est −2,8, donc $\sqrt{5} - 5 < -1$. La suite u diverge sans admettre de limite.

■ On a $0 < \dfrac{\pi}{4} < 1$, donc $\lim\limits_{n \to +\infty} v_n = 0$.

■ On a $3 > 1$, donc $\lim\limits_{n \to +\infty} 3^n = +\infty$ d'où $\lim\limits_{n \to +\infty} w_n = -\infty$.

b. Pour tout $n \in \mathbb{N}$, $x_n = \left(\dfrac{1}{2}\right)^n - \left(\dfrac{3}{2}\right)^n$.

Or $0 < \dfrac{1}{2} < 1$, donc $\lim\limits_{n \to +\infty} \left(\dfrac{1}{2}\right)^n = 0$ et $\dfrac{3}{2} > 1$ donc $\lim\limits_{n \to +\infty} \left(\dfrac{3}{2}\right)^n = +\infty$.

Par différence, on obtient $\lim\limits_{n \to +\infty} x_n = -\infty$.

2 | Utiliser les limites de la fonction exponentielle

Déterminer la limite en $+\infty$ et en $-\infty$ des fonctions définies sur $\mathbb{R}$ par $f(x) = e^x + e^{-x}$ et $g(x) = x + e^{2x}$.

> **CONSEILS**
>
> Les théorèmes d'opérations sur les limites sont analogues à ceux relatifs aux limites de suites (voir le chapitre 7).

SOLUTION

On étudie dans chaque cas la limite d'une somme.

■ On a $\lim\limits_{x \to +\infty} e^x = +\infty$ et $\lim\limits_{x \to +\infty} e^{-x} = 0$. D'où $\lim\limits_{x \to +\infty} f(x) = +\infty$.

On a $\lim\limits_{x \to -\infty} e^x = 0$ et $\lim\limits_{x \to -\infty} e^{-x} = +\infty$. D'où $\lim\limits_{x \to -\infty} f(x) = +\infty$.

■ On a $\lim\limits_{x \to +\infty} e^x = +\infty$ donc $\lim\limits_{x \to +\infty} e^{2x} = +\infty$. D'où $\lim\limits_{x \to +\infty} g(x) = +\infty$.

On a $\lim\limits_{x \to -\infty} e^x = 0$ donc $\lim\limits_{x \to -\infty} e^{2x} = 0$. D'où $\lim\limits_{x \to -\infty} g(x) = -\infty$.

5 • Suites numériques

▶ SE TESTER QUIZ

*Vérifiez que vous avez bien compris les points clés des **fiches 15 à 17**.*

1 Comparaison et encadrement → FICHE 15

1. La suite de terme général $n + \sin n$:

☐ **a.** n'admet pas de limite   ☐ **b.** diverge vers $+\infty$ ☐ **c.** converge

2. La suite de terme général $\dfrac{(-1)^n}{n}$:

☐ **a.** n'admet pas de limite   ☐ **b.** diverge vers $+\infty$ ☐ **c.** converge vers 0

2 Limites de suites et opérations → FICHES 16 et 17

1. La suite de terme général $u_n = n + n^2 - 300\,000$:

☐ **a.** diverge vers $-\infty$ ☐ **b.** diverge vers $+\infty$ ☐ **c.** converge

2. La suite de terme général $u_n = n - n^2$:

☐ **a.** diverge vers $-\infty$ ☐ **b.** diverge vers $+\infty$ ☐ **c.** n'a pas de limite

3. Si u est une suite strictement positive de limite nulle, alors :

☐ **a.** $\lim\limits_{n \to +\infty} \dfrac{1}{u_n} = 0$ ☐ **b.** $\lim\limits_{n \to +\infty} \dfrac{1}{u_n} = +\infty$ ☐ **c.** $\lim\limits_{n \to +\infty} \dfrac{1}{u_n} = 1$

4. Si u est une suite positive de limite nulle, alors :

☐ **a.** $\lim\limits_{n \to +\infty} \dfrac{n}{u_n} = 0$ ☐ **b.** $\lim\limits_{n \to +\infty} \dfrac{n}{u_n - 1} = +\infty$ ☐ **c.** $\lim\limits_{n \to +\infty} \dfrac{u_n}{n} = 0$

3 Avec des suites géométriques → FICHES 16 et 17

1. La suite de terme général $u_n = 1 - \sqrt{2}^n$ admet pour limite :

☐ **a.** 1   ☐ **b.** $-\infty$ ☐ **c.** $+\infty$

2. La suite de terme général $u_n = (1 - \sqrt{2})^n$:

☐ **a.** n'admet pas de limite   ☐ **b.** diverge vers $-\infty$ ☐ **c.** converge vers 0

3. La suite de terme général $u_n = 200{,}1^n - 200^n$:

☐ **a.** converge vers 0   ☐ **b.** diverge vers $+\infty$ ☐ **c.** n'a pas de limite

4 Avec la fonction exponentielle → FICHES 16 et 17

La suite de terme général $u_n = n + e^{-n}$:

☐ **a.** diverge vers $+\infty$ ☐ **b.** n'a pas de limite   ☐ **c.** converge vers 0

OBJECTIF BAC

5. Modéliser l'évolution d'une population → FICHE 16

Ce sujet vous propose d'étudier le modèle d'évolution d'une population de coccinelles selon différents modèles qui dépendent d'un paramètre traduisant l'influence de l'environnement.

LE SUJET

On se propose d'étudier l'évolution d'une population de coccinelles à l'aide d'un modèle utilisant la fonction logistique f définie par $f(x) = kx(1-x)$, k étant un paramètre qui dépend de l'environnement ($k \in \mathbb{R}$).

Dans le modèle choisi, on admet que le nombre des coccinelles reste inférieur à un million. L'effectif des coccinelles, exprimé en million d'individus, est donné pour l'année n par un nombre réel u_n.

On admet que l'évolution obéit à la relation $u_{n+1} = f(u_n)$.

On admet la proposition suivante : si la suite (u_n) converge, alors sa limite ℓ vérifie la relation $f(\ell) = \ell$.

1. On suppose que $u_0 = 0{,}4$ et $k = 1$.
a. Étudier le sens de variation de la suite (u_n).
b. Montrer par récurrence que, pour tout entier naturel n, $0 \leq u_n \leq 1$.
c. La suite (u_n) est-elle convergente ? Si oui, quelle est sa limite ?
d. Que peut-on dire de l'évolution à long terme de la population de coccinelles avec ces hypothèses ?

2. On suppose maintenant que $u_0 = 0{,}3$ et $k = 1{,}8$.
a. Étudier les variations de la fonction f sur $[0\,;1]$ et montrer qu'elle est bornée par 0 et $\dfrac{1}{2}$.

b. Démontrer par récurrence que, pour tout entier naturel n, on a :
$$0 \leq u_n \leq u_{n+1} \leq \frac{1}{2}.$$
c. La suite (u_n) est-elle convergente ? Si oui, quelle est sa limite ?
d. Que peut-on dire de l'évolution à long terme de la population de coccinelles avec ces hypothèses ?

3. On a représenté la fonction f dans le cas où $k = 3{,}2$ avec $u_0 = 0{,}6$.
En utilisant ce graphique, formuler une conjecture sur l'évolution de la population dans ce cas.

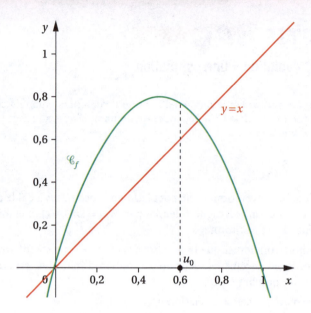

👁 LIRE LE SUJET

1. a. Il s'agit de comparer deux termes consécutifs de la suite u_n définie par la relation de récurrence $u_{n+1} = u_n(1 - u_n)$ et par son premier terme $u_0 = 0,4$.

1. b. Une démonstration par récurrence se fait en trois étapes : initialisation, hérédité et conclusion.

1. c. La convergence se déduit d'un théorème sur les suites monotones ; pour la limite, on utilise la propriété admise dans l'énoncé.

1. d. Il s'agit d'interpréter la limite en nombre d'individus au bout d'un grand nombre d'années.

2. a. On peut par exemple étudier le signe de la fonction dérivée de f, puis utiliser les variations de f pour trouver l'encadrement.

2. b. c. et d. On procède comme aux questions **1. b. c. et d**.

3. On peut représenter les premiers termes de la suite sur l'axe des abscisses en utilisant la courbe représentative de f et la droite d'équation $y = x$.

▶▶▶ LA FEUILLE DE ROUTE

1. a. Étudier les variations d'une suite
On étudie le signe de $u_{n+1} - u_n$.

b. Encadrer une suite en raisonnant par récurrence
L'initialisation est immédiate, l'hérédité s'obtient en encadrant $1 - u_n$, puis $u_n(1 - u_n)$.

c. Démontrer qu'une suite converge   → FICHE 16
Toute suite monotone et bornée converge. Pour déterminer la limite ℓ, on utilise l'égalité admise : $f(\ell) = \ell$.

d. Interpréter une limite
La limite obtenue est le nombre de coccinelles restantes au bout d'un grand nombre d'années.

2. a. Étudier les variations d'une fonction pour pouvoir l'encadrer
On calcule par exemple la fonction dérivée de f, dont on détermine le signe.
La monotonie de la fonction permet d'encadrer $f(x)$ pour $x \in [0\,;1]$.
2. b. c. et d. On procède comme aux questions **1. b. c. et d.**

3. Conjecturer une limite
$u_1 = f(u_0)$ donc u_1 est l'ordonnée du point de $\mathcal{C}_f$ d'abscisse u_0, la droite d'équation $y = x$ permet de reporter u_1 sur l'axe des abscisses puis de déterminer graphiquement u_2 et ainsi de suite...
On conjecture alors la limite de la suite u.

CORRIGÉS

▶ SE TESTER QUIZ

1 Comparaison et encadrement

1. Réponse b. On a, pour tout $n \in \mathbb{N}$, $\sin n \geq -1$ donc $n + \sin n \geq n - 1$. Or $\lim\limits_{n \to +\infty}(n-1) = +\infty$, donc d'après un théorème de comparaison : $\lim\limits_{n \to +\infty}(n + \sin n) = +\infty$.

2. Réponse c. Pour tout $n \in \mathbb{N}^*$, $-1 \leq (-1)^n \leq 1$ donc $-\dfrac{1}{n} \leq \dfrac{(-1)^n}{n} \leq \dfrac{1}{n}$.

Or $\lim\limits_{n \to +\infty} \dfrac{1}{n} = 0$. D'après le théorème des gendarmes, on a $\lim\limits_{n \to +\infty} \dfrac{(-1)^n}{n} = 0$.

2 Limites de suites et opérations

1. Réponse b. On a $\lim\limits_{n \to +\infty} n = +\infty$ donc $\lim\limits_{n \to +\infty} n^2 = +\infty$ et $\lim\limits_{n \to +\infty} u_n = +\infty$.

2. Réponse a. Pour tout $n \in \mathbb{N}$, $u_n = n(1-n)$; $\lim\limits_{n \to +\infty}(1-n) = -\infty$

À NOTER
On aurait pu factoriser par n^2.

donc $\lim\limits_{n \to +\infty} u_n = -\infty$.

3. Réponse b. $\lim\limits_{n \to +\infty} u_n = 0$ et $u_n > 0$, alors d'après la limite de l'inverse d'une suite,

on a $\lim\limits_{n \to +\infty} \dfrac{1}{u_n} = +\infty$.

4. Réponse c. $\lim\limits_{n \to +\infty} u_n = 0$ et $\lim\limits_{n \to +\infty} \dfrac{1}{n} = 0$, alors $\lim\limits_{n \to +\infty} u_n \times \dfrac{1}{n} = 0$, soit $\lim\limits_{n \to +\infty} \dfrac{u_n}{n} = 0$.

3 Avec des suites géométriques

1. Réponse b. On a $\sqrt{2} > 1$, donc $\lim\limits_{n \to +\infty} \sqrt{2}^n = +\infty$. Par conséquent $\lim\limits_{n \to +\infty} u_n = -\infty$.

2. Réponse c. On a $-0{,}42 < 1 - \sqrt{2} < -0{,}41$, donc $1 - \sqrt{2} \in \,]-1\,;1[$ et $\lim\limits_{n \to +\infty} u_n = 0$.

3. Réponse b. Pour tout $n \in \mathbb{N}$, $u_n = 200{,}1^n \left(1 - \left(\dfrac{200}{200{,}1}\right)^n\right)$.

On a $200{,}1 > 1$, donc $\lim\limits_{n \to +\infty} 200{,}1^n = +\infty$ et $\dfrac{200}{200{,}1} \in \,]-1\,;1[$ donc $\lim\limits_{n \to +\infty}\left(\dfrac{200}{200{,}1}\right)^n = 0$.

On a ainsi $\lim\limits_{n \to +\infty}\left(1 - \left(\dfrac{200}{200{,}1}\right)^n\right) = 1$ et $\lim\limits_{n \to +\infty} u_n = +\infty$.

4 Avec la fonction exponentielle

Réponse a. On a $\lim\limits_{n \to +\infty} e^{-n} = 0$. Ainsi $\lim\limits_{n \to +\infty} n + e^{-n} = +\infty$.

OBJECTIF BAC

5 Modéliser l'évolution d'une population

1. a. Puisque $k = 1$, pour tout entier naturel n, $u_{n+1} = u_n(1 - u_n)$, donc :
$u_{n+1} - u_n = u_n(1 - u_n) - u_n = u_n - u_n^2 - u_n = -u_n^2 \leq 0$
La suite (u_n) est donc décroissante.

b. Montrons par récurrence que, pour tout entier naturel n, $0 \leq u_n \leq 1$.
Initialisation : Pour $n = 0$: $u_0 = 0,4$ donc $0 \leq u_0 \leq 1$.
Hérédité : Supposons la proposition vraie pour un entier naturel n, soit $0 \leq u_n \leq 1$.
On a $u_{n+1} = u_n(1 - u_n)$. D'après l'hypothèse de récurrence,
$0 \leq u_n \leq 1$, donc $-1 \leq -u_n \leq 0$, puis $0 \leq 1 - u_n \leq 1$.
D'où $0 \leq u_n(1 - u_n) \leq 1$, c'est-à-dire $0 \leq u_{n+1} \leq 1$.

 À NOTER
La double inégalité a été obtenue en multipliant les membres de deux doubles inégalités à termes **positifs**.

Le principe de récurrence permet de conclure que, pour tout entier naturel n, $0 \leq u_n \leq 1$.

c. La suite (u_n) est décroissante et minorée par 0, donc cette suite **converge** vers un réel positif.
D'après la proposition admise dans l'énoncé, la limite ℓ de la suite (u_n) vérifie $f(\ell) = \ell$, soit $\ell(1 - \ell) = \ell$ ou encore $-\ell^2 = 0$.
Finalement $\ell = 0$.
La suite (u_n) admet pour limite 0.

 À NOTER
Pour montrer qu'une suite converge, il n'est pas nécessaire de trouver sa limite.

 À NOTER
En effet, puisque $\lim\limits_{n \to +\infty} u_n = \ell$, on a également $\lim\limits_{n \to +\infty} u_{n+1} = \ell$.
Mais $u_{n+1} = u_n(1 - u_n)$ donc on a aussi, par opération sur les limites, $\lim\limits_{n \to +\infty} u_{n+1} = \ell(1 - \ell)$, c'est-à-dire $f(\ell) = \ell$.

d. On en déduit qu'à long terme, la population de coccinelles tend à s'éteindre.

2. a. Puisque $k = 1,8$, pour tout réel $x \in [0\,;1]$, $f(x) = 1,8x(1 - x)$ et $f'(x) = 1,8(1 - 2x)$.
Ainsi $f'(x) \geq 0 \Leftrightarrow x \in \left[0\,;\dfrac{1}{2}\right]$. Donc la fonction f est croissante sur $\left[0\,;\dfrac{1}{2}\right]$ et décroissante sur $\left[\dfrac{1}{2}\,;1\right]$. Elle atteint son maximum en $\dfrac{1}{2}$ où $f\left(\dfrac{1}{2}\right) = 0,45$.
De plus, $f(0) = f(1) = 0$, donc son minimum est 0.
Ainsi, pour tout $x \in [0\,;1]$, on a $f(x) \in \left[0\,;\dfrac{1}{2}\right]$.

5 • Suites numériques 77

b. Démontrons par récurrence que, pour tout entier naturel n, $0 \leq u_n \leq u_{n+1} \leq \frac{1}{2}$.

Initialisation: Pour $n = 0$, on a $u_0 = 0{,}3$ et $u_1 = 1{,}8 \times 0{,}3 \times 0{,}7 = 0{,}378$ donc $0 \leq u_0 \leq u_1 \leq \frac{1}{2}$.

Hérédité: On suppose que, pour un entier naturel n, $0 \leq u_n \leq u_{n+1} \leq \frac{1}{2}$.
Puisque la fonction f est croissante sur $\left[0\,;\frac{1}{2}\right]$, on a $f(0) \leq f(u_n) \leq f(u_{n+1}) \leq f\left(\frac{1}{2}\right)$.
Or $f(0) = 0$, $f(u_n) = u_{n+1}$, $f(u_{n+1}) = u_{n+2}$ et $f\left(\frac{1}{2}\right) = 0{,}45$.
Donc $0 \leq u_{n+1} \leq u_{n+2} \leq 0{,}45 \leq \frac{1}{2}$.

Le principe de récurrence permet de conclure que, pour tout entier naturel n, $0 \leq u_n \leq u_{n+1} \leq \frac{1}{2}$.

c. D'après les inégalités démontrées précédemment, la suite u est croissante et majorée par 1 donc elle converge vers un réel ℓ inférieur ou égal à 1.
On a $f(\ell) = \ell \Leftrightarrow 1{,}8\ell(1-\ell) = \ell$
$f(\ell) = \ell \Leftrightarrow \ell(1{,}8(1-\ell) - 1) = 0$
$f(\ell) = \ell \Leftrightarrow \ell(0{,}8 - 1{,}8\ell) = 0$
$f(\ell) = \ell \Leftrightarrow \ell = 0$ ou $\ell = \frac{0{,}8}{1{,}8} = \frac{4}{9}$.

La suite u étant croissante et puisque $u_0 = 0{,}3$, on doit avoir $\ell \geq 0{,}3$ d'où $\ell = \frac{4}{9}$.

d. La population de coccinelles va croître et tendre vers $\frac{4}{9}$ million d'individus, soit 444 400 arrondi à la centaine d'individus.

3. On conjecture après avoir représenté u_0, u_1, u_2 et u_3 sur l'axe des abscisses qu'il y aura de plus en plus de coccinelles les années impaires, et de moins en moins les années paires.

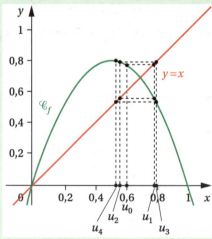

On obtient les valeurs arrondies au centième de la suite u à l'aide d'un tableur après avoir saisi dans la cellule A2 : = 3,2*A1*(1-A1), puis l'avoir copiée vers le bas.

	A
1	0,6
2	0,77
3	0,57
4	0,78
5	0,54
6	0,79
7	0,52
8	0,80
9	0,52
10	0,80
11	0,51
12	0,80
13	0,51
14	0,80

18 Dérivée de la composée de deux fonctions

En bref *Écrire une fonction comme composée de fonctions usuelles permet de simplifier certains calculs, notamment celui des dérivées.*

I Composée de deux fonctions

■ **Définition :** Soient u et v deux fonctions définies respectivement sur les intervalles I et J telles que, pour tout x de I, $u(x) \in J$. On appelle **composée de u suivie de v** la fonction notée $v \circ u$ et définie par : pour tout x de I, $v \circ u(x) = v(u(x))$.
$v \circ u$ se lit « v rond u ».

À NOTER
Dans la notation $v \circ u$, il est important de noter que c'est la fonction u qui opère en premier, ce qui justifie l'appellation « u suivie de v ».

■ *Remarque :* Cette définition peut être mémorisée à l'aide du schéma suivant :

$$x \xrightarrow{u} u(x) \xrightarrow{v} v(u(x))$$
$$\xrightarrow{\qquad v \circ u \qquad}$$

■ *Exemple :* Soient u et v les fonctions définies sur $\mathbb{R}$ par $u(x) = x^2 + 1$ et $v(x) = 2x - 4$. La fonction $v \circ u$ est définie sur $\mathbb{R}$ par
$(v \circ u)(x) = v(x^2 + 1) = 2(x^2 + 1) - 4$, soit $(v \circ u)(x) = 2x^2 - 2$.

II Dérivée d'une composée de deux fonctions

■ **Théorème :** Soient u et v deux fonctions définies respectivement sur les intervalles I et J telles que, pour tout x de I, $u(x)$ est dans J. Soient x_0 un élément de I et $y_0 = u(x_0)$ un élément de J. Si la fonction u est dérivable en x_0 et si v est dérivable en $y_0 = u(x_0)$, alors la fonction $v \circ u$ est **dérivable** en x_0 et
$(v \circ u)'(x_0) = v'(u(x_0)) \times u'(x_0)$.

À NOTER
$v \circ u$ est **dérivable** sur I si $v \circ u$ est dérivable en tout point de I.

■ *Exemple :* Soit f la fonction définie sur $\mathbb{R}$ par $f(x) = (2x + 1)^5$.
f est la composée de u suivie de v avec $u(x) = 2x + 1$ et $v(x) = x^5$.
On a donc $f = v \circ u$.
u et v sont dérivables sur $\mathbb{R}$ et, pour tout x réel, $v'(x) = 5x^4$ et $u'(x) = 2$.
f est donc dérivable sur $\mathbb{R}$ et on a :
$f'(x) = (v \circ u)'(x)$
$ = v'(u(x)) \times u'(x)$
$ = 5(2x + 1)^4 \times 2 = 10(2x + 1)^4$.

Méthode

1 | Déterminer une composée de fonctions

Soient u et v les fonctions définies par $v : x \mapsto \sqrt{x}$ et $u : x \mapsto x^2 - 4$.
Comparer les fonctions $v \circ u$ et $u \circ v$.

CONSEILS

Commencez par déterminer l'ensemble de définition de la composée, c'est-à-dire les valeurs de x pour lesquelles cette composée est définie. Déterminez ensuite l'expression de cette composée.

SOLUTION

■ La fonction $v \circ u$ est définie si, pour tout x de l'ensemble de définition de u, $u(x)$ est bien dans l'ensemble de définition de v. Ici, $u(x)$ est définie sur $\mathbb{R}$ car c'est un polynôme du second degré. $v(x)$ est définie sur $]0\,;+\infty[$
Donc $(v \circ u)(x)$ est définie si et seulement si $u(x)$ appartient à $]0\,;+\infty[$.
Nous sommes donc amenés à résoudre l'inéquation $u(x) \geq 0$.
$u(x) \geq 0 \Leftrightarrow x^2 - 4 \geq 0$ soit $x \in D =]-\infty\,;-2] \cup [2\,;+\infty[$.
Pour tout x de D, on a $v \circ u\,(x) = v(u(x)) = \sqrt{u(x)} = \sqrt{x^2 - 4}$.

■ $u \circ v(x)$ est définie si x appartient à $\mathbb{R}^+$ et si $v(x)$ appartient à l'ensemble de définition de u, soit $\mathbb{R}$.
Ainsi $u \circ v$ est définie sur $\mathbb{R}^+$. On a alors
$u \circ v(x) = u(v(x)) = (v(x))^2 - 4 = (\sqrt{x})^2 - 4 = x - 4$.

■ On s'aperçoit que $v \circ u \neq u \circ v$.

À NOTER
La composée de fonctions n'est pas commutative, c'est-à-dire, en général, $v \circ u \neq u \circ v$.

2 | Déterminer la dérivée d'une composée

Déterminer la dérivée de la fonction f définie par $f : x \mapsto \sqrt{x^2 - 3x + 5}$.

CONSEILS

Écrivez f sous la forme $f = v \circ u$. Cherchez ensuite l'ensemble D_f sur lequel f est dérivable et appliquez la formule donnant la dérivée de $v \circ u$.

SOLUTION

$f(x)$ est définie si et seulement si $x^2 - 3x + 5 \geq 0$. Le discriminant Δ de $x^2 - 3x + 5$ est $\Delta = -11$. $\Delta < 0$ donc $x^2 - 3x + 5$ est strictement positif, f est donc dérivable sur $\mathbb{R}$.
On a $f = v \circ u$ avec $u(x) = x^2 - 3x + 5$ et $v(x) = \sqrt{x}$.
Pour tout x réel, $f'(x) = v'(u(x)) \times u'(x)$. Ici, $u'(x) = 2x - 3$ et
$v'(x) = \dfrac{1}{2\sqrt{x}}$, d'où $f'(x) = \dfrac{1}{2\sqrt{u(x)}} \times u'(x) = \dfrac{1}{2\sqrt{x^2 - 3x + 5}} \times (2x - 3)$.

6 • Compléments sur la dérivation

19 Fonctions convexes

En bref *L'étude de la convexité d'une fonction permet d'apporter des précisions sur la position de la courbe par rapport à ses tangentes.*

I Convexité d'une fonction

■ **Définition :** Une fonction f définie sur un intervalle I est dite **convexe** si la courbe $\mathcal{C}_f$ représentant f est située au-dessous de chacune de ses **cordes**.

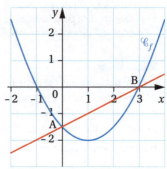

> **À NOTER**
> On appelle **corde** de la courbe $\mathcal{C}_f$ représentant f tout segment [AB] où A et B sont deux points de $\mathcal{C}_f$.

■ *Remarque :* Une fonction f est dite **concave** sur un intervalle I si $-f$ est convexe sur I. Attention, si f n'est pas convexe sur I alors f n'est pas forcément concave sur I.

■ **Définitions équivalentes :** Soit f une fonction dérivable sur un intervalle ouvert I et soit $\mathcal{C}$ sa courbe représentative.
• f est convexe sur I si et seulement si $\mathcal{C}$ est au-dessus de ses tangentes.
• f est convexe sur I si et seulement si f' est croissante sur I.

II Dérivée seconde d'une fonction

■ **Définition :** Soient f une fonction dérivable sur un intervalle I et f' sa dérivée sur I. Si f' est dérivable sur I, on appelle **dérivée seconde** de f sur I, la dérivée de f' sur I. On note cette dérivée seconde f''.

■ **Propriété :** f est convexe sur un intervalle I si et seulement si f'' est positive sur I.

III Point d'inflexion d'une courbe

■ **Définition :** Soient f une fonction définie sur un intervalle I et $\mathcal{C}$ sa courbe représentative. On appelle **point d'inflexion** de $\mathcal{C}$, tout point de $\mathcal{C}$ en lequel f change de convexité (elle passe de convexe à concave ou inversement).

■ **Théorèmes :**
• Soit a un réel de l'ensemble de définition de f. Si f est une fonction deux fois dérivable sur I, le point $I(a\,;\,f(a))$ est un point d'inflexion de $\mathcal{C}$ si et seulement si f'' s'annule et change de signe en a.
• Si f est dérivable sur I, le point $I(a\,;\,f(a))$ est un **point d'inflexion** de $\mathcal{C}$ si et seulement si $\mathcal{C}$ traverse sa tangente en I.

Méthode

1 | Étudier la convexité d'une fonction

On considère la fonction f définie sur $\mathbb{R}$ par $f(x) = 3x^2 - 4x + 1$.
Étudier la convexité de f sur $\mathbb{R}$.

CONSEILS
Étudiez la dérivabilité de f et f' sur $\mathbb{R}$ et le signe de f''.

SOLUTION

f est une fonction polynôme donc f est deux fois dérivable sur $\mathbb{R}$.
Pour tout x réel, on a $f'(x) = 6x - 4$ et $f''(x) = 6$.
$f''(x) > 0$ pour tout x réel, la fonction f est donc convexe sur $\mathbb{R}$.

2 | Déterminer des points d'inflexion

Soit f la fonction définie sur $\mathbb{R}$ par $f(x) = \dfrac{2x}{x^2 + 2}$ et soit $\mathscr{C}$ sa courbe représentative. Étudier l'existence éventuelle de points d'inflexion.

CONSEILS
Pour déterminer les éventuels points d'inflexion de la courbe représentative d'une fonction f dérivable deux fois sur un intervalle I, il suffit de :
Étape 1 calculer $f''(x)$;
Étape 2 résoudre l'équation $f''(x) = 0$;
Étape 3 étudier le signe de $f''(x)$ et déterminer si f'' change de signe en chacune des éventuelles solutions de l'équation $f''(x) = 0$.

SOLUTION

Étape 1 f est deux fois dérivable sur $\mathbb{R}$. Pour tout réel x :
$$f'(x) = \frac{2(x^2+2) - 2x(2x)}{(x^2+2)^2} = \frac{-2x^2+4}{(x^2+2)^2}$$
et $f''(x) = \dfrac{-4x(x^2+2)^2 - (-2x^2+4)(2 \times 2x(x^2+2))}{(x^2+2)^4} = \dfrac{4x(x^2-6)}{(x^2+2)^3}$.

Étape 2 $f''(x) = 0$ équivaut à : $4x(x^2 - 6) = 0$, soit $x = 0$ ou $x^2 = 6$.
L'équation $f''(x) = 0$ a donc trois solutions : 0 ; $\sqrt{6}$ et $-\sqrt{6}$.
La courbe possède au maximum trois points d'inflexion.

Étape 3 $f''(x)$ s'annule et change de signe en $-\sqrt{6}$, en 0 et en $\sqrt{6}$. $\mathscr{C}$ admet donc trois points d'inflexion dont les abscisses sont $-\sqrt{6}$, 0 et $\sqrt{6}$.

x	$-\infty$		$-\sqrt{6}$		0		$\sqrt{6}$		$+\infty$
$f''(x)$		$-$	0	$+$	0	$-$	0	$+$	

6 • Compléments sur la dérivation

▶ SE TESTER QUIZ

Vérifiez que vous avez bien compris les points clés des **fiches 18 à 19**.

1 Composée de fonctions → FICHE 18

On considère les fonctions $f : x \mapsto x^2$ et $g : x \mapsto x+1$.
La fonction $f \circ g$ est définie par :
- **a.** $f \circ g : x \mapsto (x+1)^2$
- **b.** $f \circ g : x \mapsto x^2 + 1$
- **c.** $f \circ g : x \mapsto x^2(x+1)$

2 Dérivée d'une fonction composée → FICHE 18

1. Soient f et g deux fonctions. On suppose que g est définie et dérivable sur un intervalle I, f définie et dérivable sur J et que, pour tout x de I, $g(x)$ appartient à J. La fonction $f \circ g$ est dérivable sur J et sa dérivée est :
- **a.** $(f \circ g)' : x \mapsto f' \circ g'(x)$
- **b.** $(f \circ g)' : x \mapsto g'(f(x)) \times f'(x)$
- **c.** $(f \circ g)' : x \mapsto f'(g(x)) \times g'(x)$

2. Soit h la fonction définie par $h : x \mapsto (2x+1)^2$. La dérivée de h est :
- **a.** $h' : x \mapsto 2(2x+1)$
- **b.** $h' : x \mapsto 4(2x+1)$
- **c.** $h' : x \mapsto 2^2$

3 Étude de la convexité → FICHE 19

1. La fonction cube : $x \mapsto x^3$ est :
- **a.** convexe sur $\mathbb{R}$
- **b.** convexe sur $]-\infty\,;0[$ et concave sur $]0\,;+\infty[$
- **c.** concave sur $]-\infty\,;0[$ et convexe sur $]0\,;+\infty[$

2. Soient I un intervalle de $\mathbb{R}$, et f et g deux fonctions convexes et deux fois dérivables sur I. Pour tout x de I, on pose $h(x) = f(x) + g(x)$. Alors :
- **a.** h est convexe sur I
- **b.** h est concave sur I
- **c.** On ne peut rien dire sur la concavité ou la convexité de h

4 Recherche de points d'inflexion → FICHE 19

Soient f la fonction définie sur $\mathbb{R}$ par $f(x) = x^3 + 3x^2$ et $\mathscr{C}$ sa courbe représentative. La courbe $\mathscr{C}$:
- **a.** a un point d'inflexion d'abscisse -1
- **b.** a un point d'inflexion d'abscisse 1
- **c.** n'a aucun point d'inflexion

▶ DÉMONSTRATION CLÉ

5 Établir un lien entre la convexité et la dérivée seconde → FICHE 19

Soit f une fonction deux fois dérivable sur un intervalle I. Montrer que, si sa dérivée seconde est positive sur I, alors la courbe représentant f est au-dessus de ses tangentes sur I.

> **À NOTER**
> Si la courbe est au-dessus de ses tangentes sur I, alors elle est convexe.

▶ OBJECTIF BAC

6 Étudier une production (40 min) → FICHES 18 et 19

Ce sujet montre comment on peut utiliser la convexité dans un cas concret. Sa résolution permet de revoir l'essentiel des notions de ce chapitre.

🗎 LE SUJET

Dans une usine, une machine est utilisée chaque jour pendant 10 heures consécutives. Pour t le temps en heures appartenant à [0 ; 10], la quantité totale de produit (production totale) fabriquée pendant les t premières heures est donnée par la fonction f telle que :

$$f(t) = (4 - t)^3 + 120t - 64.$$

1. Montrer que la production totale est croissante sur [0 ; 10].

2. On appelle production marginale après t heures d'utilisation le nombre dérivé de f en t, c'est-à-dire $f'(t)$.

a. Déterminer la dérivée de la production marginale.

b. Étudier les variations de la production marginale sur [0 ; 10] et montrer qu'elle admet un maximum en une valeur t_0 que l'on déterminera.

3. Soit $\mathcal{C}$ la courbe représentative de la fonction f.

a. Montrer que le point I de $\mathcal{C}$ d'abscisse t_0 est un point d'inflexion de $\mathcal{C}$.

b. Déterminer l'équation réduite de la tangente $\mathcal{T}$ à $\mathcal{C}$ au point I.

c. Étudier la position relative de $\mathcal{T}$ et $\mathcal{C}$. Quelle propriété retrouve-t-on ?

👁 LIRE LE SUJET

1. La production totale est une fonction qui dépend du temps. On demande de montrer que la fonction donnée par $f(t) = (4 - t)^3 + 120t - 64$ est une fonction croissante sur l'intervalle [0 ; 10].

2. a. La production marginale est le nombre dérivé de f en t. Il faut donc déterminer la dérivée d'une dérivée.

3. a. Il faut savoir vérifier les deux critères définissant un point d'inflexion.
b. On demande de déterminer l'équation réduite de la tangente à $\mathcal{C}$ en t_0.
c. On demande de déterminer sur quels intervalles la courbe représentant la fonction f est au-dessus ou en-dessous de $\mathcal{T}$.

▶▶▶ LA FEUILLE DE ROUTE

1. Déterminer une dérivée → FICHE 18
Pour montrer qu'une fonction est croissante, on détermine sa dérivée f', et on étudie son signe. Ici, on remarque que $t \mapsto (4 - t)^3$ est la composée de deux fonctions simples ; on utilisera les dérivées des fonctions usuelles.

2. a. Déterminer la dérivée de la production marginale → FICHE 19
Pour déterminer la dérivée de la production marginale, on calcule f' puis f''.

2. b. Étudier les variations de la production marginale
On étudie le signe de la dérivée seconde de f sur [0 ; 10] et on dresse le tableau de variations de f'.

3. a. Reconnaître un point d'inflexion → FICHE 19
On vérifie que f'' s'annule et change de signe en t_0.

3. b. Déterminer l'équation réduite d'une tangente
Si f est une fonction dérivable en a, la tangente au point d'abscisse a à la courbe représentative de f a pour équation réduite $y = f'(a)(x - a) + f(a)$.

3. c. Étudier la position relative de deux courbes
Étudiez le signe de la différence $f(t) - (at + b)$ où $y = at + b$ est l'équation de la tangente obtenue en **3.b.** Pour étudier le signe de cette différence, on ne développera pas $(4 - t)^3$.

CORRIGÉS

▶ SE TESTER QUIZ

1 Composée de fonctions

Réponse a. f et g sont définies sur $\mathbb{R}$, $f \circ g$ est donc définie sur $\mathbb{R}$ et, pour tout x de $\mathbb{R}$, on a $f \circ g(x) = f(g(x)) = g(x)^2 = (x+1)^2$.

2 Dérivée d'une fonction composée

1. **Réponse c.** On sait que $f \circ g$ est dérivable sur J et pour tout x de J, on a :
$(f \circ g)'(x) = f'(g(x)) \times g'(x)$.

2. **Réponse b.** On remarque que h est la composée de u suivie de v avec
$u : x \mapsto 2x + 1$ et $v : x \mapsto x^2$.
On a donc, pour tout x de $\mathbb{R}$, $h'(x) = v'(u(x)) \times u'(x)$.
Or $v'(x) = 2x$ et $u'(x) = 2$ ainsi $h'(x) = 2(2x+1) \times 2 = 4(2x+1)$.

3 Étude de la convexité

1. **Réponse c.**
Pour tout x de $\mathbb{R}$, on a $f'(x) = 3x^2$ et $f''(x) = 6x$. Le signe de $f''(x)$ dépend donc du signe de $6x$. $6x$ est positif sur $]0\,;+\infty[$ et négatif sur $]-\infty\,;0[$, ainsi f est concave sur $]-\infty\,;0[$ et convexe sur $]0\,;+\infty[$.

À NOTER
f est deux fois dérivable sur $\mathbb{R}$, on étudie donc le signe de $f''(x)$.

2. **Réponse a.** f et g étant deux fois dérivables sur I, h est également deux fois dérivable sur I. Ainsi, pour tout x de I, on a $h'(x) = f'(x) + g'(x)$ et $h''(x) = f''(x) + g''(x)$.
De plus, f et g étant convexes sur I, leurs dérivées secondes sont positives sur I. On en déduit que $h''(x) \geqslant 0$, donc h est convexe sur I.

4 Recherche de points d'inflexion

Réponse a. f est deux fois dérivable sur $\mathbb{R}$. On détermine donc f''.
Pour tout x réel, $f'(x) = 3x^2 + 6x$ et $f''(x) = 6x + 6$.
$f''(x) = 0 \Leftrightarrow x = -1$. On a $f''(x) \geqslant 0 \Leftrightarrow x \geqslant -1$ et $\mathscr{C}$ $f''(x) \leqslant 0 \Leftrightarrow x \leqslant -1$.
f'' s'annule et change de signe en -1, $\mathscr{C}$ admet donc un point d'inflexion d'abscisse -1.

6 • Compléments sur la dérivation

▶ DÉMONSTRATION CLÉ

5 Établir un lien entre la convexité et la dérivée seconde

Soit f une fonction deux fois dérivable sur un intervalle $I = [\alpha\,;\beta]$, et soit $\mathscr{C}$ sa courbe représentative. Pour montrer que, si f'' est positive sur I, alors $\mathscr{C}$ est au-dessus de ses tangentes sur I, on montre que la différence notée Δ définie par $\Delta(x) = f(x) - (ax + b)$ est positive, où $y = ax + b$ est l'équation réduite de la tangente $\mathscr{T}$ à $\mathscr{C}$ en un point $A(x_0\,;f(x_0))$ avec $x_0 \in I$.

Par définition, le point A est un point de $\mathscr{C}$ et un point de la tangente $\mathscr{T}$.
On a donc $\Delta(x_0) = f(x_0) - (ax_0 + b) = 0$.
Δ est dérivable sur I et, pour tout x de I, on a $\Delta'(x) = f'(x) - a$.
Ici, $f'(x_0) = a$ car a est le coefficient directeur de la tangente en A. Donc $\Delta'(x_0) = 0$.
Par hypothèse, f'' est positive sur I, f' est croissante sur I et donc Δ' est aussi croissante sur I.

> **À NOTER**
> Le coefficient directeur de la tangente au point A de $\mathscr{C}$ d'abscisse x_0 est $f'(x_0)$.

De plus, Δ' s'annule en x_0 donc $\Delta'(x) \leq 0$ sur $[\alpha\,;x_0]$ et $\Delta'(x) > 0$ sur $]x_0\,;\beta]$.
On obtient donc le tableau de variations suivant pour Δ.

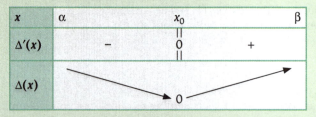

On déduit de ce tableau de variations que, pour tout x de I, $\Delta(x) \geq 0$, ce qui traduit que la courbe $\mathscr{C}$ est au-dessus de ses tangentes. On en déduit donc que f est convexe sur I.

▶ OBJECTIF BAC

6 Étudier une production

1. La fonction f est dérivable sur $[0\,;10]$ car f est une fonction polynôme.
On remarque que f est formée d'une somme de deux fonctions $h : t \mapsto (4-t)^3$ et $g : t \mapsto 120t - 64$. La fonction h est la composée de la fonction $v : t \mapsto t^3$ et $u : t \mapsto 4 - t$.
On a $v'(t) = 3t^2$ et $u'(t) = -1$.
Puisque $f = v \circ u + g$, on a, pour tout t de $[0\,;10]$,
$f'(t) = v' \circ u(t) \times u'(t) + g'(t)$
$= v'(u(t)) \times u'(t) + g'(t)$
$= -3(u(t))^2 + 120 = -3(4-t)^2 + 120.$

Pour tout $t \in [0\,;10]$, $f'(t) = -3t^2 + 24t - 48 + 120 = 3(-t^2 + 8t + 24)$.
Le trinôme $-t^2 + 8t + 24$ a deux racines réelles : en effet le discriminant du trinôme est égal à $\Delta = 8^2 - 4 \times (-1) \times 24 = 160 = \left(4\sqrt{10}\right)^2$.
Les solutions de l'équation $-t^2 + 8t + 24 = 0$ sont $t_1 = 4 + 2\sqrt{10} \approx 10{,}3$ et $t_2 = 4 - 2\sqrt{10} \approx -2{,}3$.
Ainsi $-t^2 + 8t + 24 > 0$ pour tout $t \in \,]t_2\,;t_1[$, en particulier $-t^2 + 8t + 24 > 0$ si $t \in [0\,;10]$.
On en déduit que $f'(t) > 0$ pour tout $t \in [0\,;10]$, donc que **la production totale est croissante sur $[0\,;10]$**.

>  **À NOTER**
> Un trinôme $at^2 + bt + c$ qui a deux racines réelles t_1 et t_2 est « du signe de $-a$ » pour toute valeur de t comprise entre les racines.

2. a. La fonction f' est dérivable sur $[0\,;10]$. La dérivée de la production marginale est
$f''(t) = -6t + 24 = 6(-t + 4)$.
b. $f''(t) = 0$ si et seulement si $t = 4$.
$f''(t) > 0$ si $t \in [0\,;4[$; $f''(t) < 0$ si $t \in \,]4\,;10]$.
La production marginale est donc croissante sur $[0\,;4]$ et décroissante sur $[4\,;10]$.
Elle admet un maximum en $t = t_0 = 4$.
La production marginale est maximale **au bout de 4 heures**.

3. a. f'' s'annule et change de signe en $t = 4$, donc le point I de $\mathscr{C}$ d'abscisse $t_0 = 4$ est un point d'inflexion de $\mathscr{C}$.
b. La tangente $\mathscr{T}$ à $\mathscr{C}$ au point I a pour équation réduite $y = f'(4)(x - 4) + f(4)$.
Or $f(4) = 416$ et $f'(4) = 120$, donc $\mathscr{T}$ a pour équation réduite $y = 120x - 64$.
c. Pour étudier la position relative de $\mathscr{T}$ et $\mathscr{C}$, on étudie le signe de la différence $f(t) - (120t - 64)$.
$f(t) - (120t - 64) = (4 - t)^3 + 120t - 64 - 120t + 64 = (4 - t)^3$
$(4 - t)^3 = (4 - t)(4 - t)^2$ a le même signe que $4 - t$.
On en déduit que :
• Si $t < 4$, alors $(4 - t)^3 > 0$ et $f(t) - (120t - 64) > 0 \Leftrightarrow f(t) > 120t - 64$.
La courbe $\mathscr{C}$ est au-dessus de $\mathscr{T}$.
• Si $t > 4$, alors $(4 - t)^3 < 0$ et $f(t) - (120t - 64) < 0 \Leftrightarrow f(t) < 120t - 64$.
La courbe $\mathscr{C}$ est en-dessous de $\mathscr{T}$.
• $\mathscr{T}$ et $\mathscr{C}$ ont en commun le point I d'abscisse 4.
On retrouve une propriété vue dans le cours : **en un point d'inflexion, la courbe traverse sa tangente**.

20 Limites et asymptotes

En bref *La notion de limite vue pour les suites peut s'étendre aux fonctions, que x tende vers $+\infty$, $-\infty$ ou vers un nombre fini.*

I Limite finie en l'infini

■ **Définition** : Dire que ℓ est la limite de $f(x)$ quand x tend vers $+\infty$ signifie qu'il existe un nombre x_0 tel que, pour tout $x > x_0$, tout intervalle ouvert contenant ℓ contient tous les nombres $f(x)$.

Autrement dit, ℓ est la limite de $f(x)$ quand x tend vers $+\infty$ (resp. $-\infty$) si tout intervalle ouvert contenant ℓ contient tous les nombres $f(x)$ pourvu que x soit suffisamment grand (resp. pourvu que x soit négatif et suffisamment grand en valeur absolue).

On note $\lim_{x\to+\infty} f(x) = \ell$ (resp. $\lim_{x\to-\infty} f(x) = \ell$).

■ *Exemples* : $\lim_{x\to+\infty} \dfrac{1}{x} = 0$; $\lim_{x\to-\infty} \dfrac{1}{x} = 0$; $\lim_{x\to-\infty} e^x - 1 = -1$.

■ **Définition** : Soit ℓ un nombre réel.
Dire que la droite d'équation $y = \ell$ est **asymptote** à la courbe représentant f en $+\infty$ (resp. en $-\infty$) signifie que $\lim_{x\to+\infty} f(x) = \ell$ (resp. $\lim_{x\to-\infty} f(x) = \ell$).

À NOTER
La courbe se rapproche de « plus en plus » de son asymptote.

II Limite infinie en l'infini

■ **Définition** : Soit A un nombre réel. Dire qu'une fonction f **tend vers $+\infty$** (resp. $-\infty$) quand x tend vers $+\infty$ signifie que tout intervalle de la forme $]A\,;+\infty[$ contient tous les nombres $f(x)$ pourvu que x soit suffisamment grand.

On note $\lim_{x\to+\infty} f(x) = +\infty$ et $\lim_{x\to+\infty} f(x) = -\infty$ (resp. $\lim_{x\to-\infty} f(x) = \pm\infty$).

■ *Exemples* : Soit n un entier naturel. On a $\lim_{x\to+\infty} x^n = +\infty$; $\lim_{x\to-\infty} x^n = +\infty$ ou $-\infty$ selon la parité de n ; $\lim_{x\to+\infty} \sqrt{x} = +\infty$; $\lim_{x\to+\infty} e^x = +\infty$.

III Limite infinie en un point

■ **Définition** : Dire que f a pour limite $+\infty$ (resp. $-\infty$) en x_0 signifie que tout intervalle du type $]A\,;+\infty[$ (resp. $]-\infty\,;A[$) contient tous les nombres $f(x)$, pourvu que x soit suffisamment proche de x_0.

■ *Exemples* : $\lim_{x\to 0^+} \dfrac{1}{x} = +\infty$ et $\lim_{x\to 0^-} \dfrac{1}{x} = -\infty$

■ **Définition** : Soit ℓ un nombre réel. La droite d'équation $x = \ell$ est asymptote à la courbe représentant f si $\lim_{x\to\ell} f(x) = \pm\infty$.

COURS & MÉTHODES

Méthode

Lire et interpréter une limite

On considère une fonction f dont le tableau de variations est donné ci-dessous.

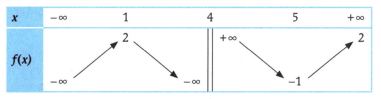

a. Quel est l'ensemble de définition de f ?

b. Quelles sont les limites données dans ce tableau ? Les interpréter graphiquement, puis donner une allure de la courbe représentant f.

 CONSEILS
Les limites de f se lisent en $+\infty$, $-\infty$ et aux points en lesquels la fonction n'est pas définie.

a. L'ensemble de définition de f est $]-\infty, 4[\cup]4, +\infty[$.

b. On lit les limites suivantes : $\lim\limits_{x \to -\infty} f(x) = -\infty$ et $\lim\limits_{x \to +\infty} f(x) = 2$.

Lorsque x tend vers 4 en restant inférieur à 4, on a $\lim\limits_{x \to 4^-} f(x) = -\infty$.

Lorsque x tend vers 4 en restant supérieur à 4, on a $\lim\limits_{x \to 4^+} f(x) = +\infty$.

 A NOTER
$\lim\limits_{x \to 4^-} f(x)$ peut également se noter $\lim\limits_{\substack{x \to 4 \\ x < 4}} f(x)$. Cette écriture montre bien que x se rapproche de 4 en étant dans l'intervalle $]-\infty\,; 4[$.

La courbe représentant f admet donc pour asymptote horizontale la droite d'équation $y = 2$ en $+\infty$ et pour asymptote verticale la droite d'équation $x = 4$.

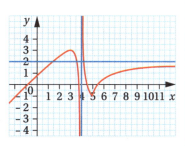

7 • Limites et continuité des fonctions d'une variable réelle

21 Opérations sur les limites, comparaison

En bref On peut déterminer les limites de fonctions en utilisant les opérations sur les limites ou en comparant les fonctions.

I Opérations sur les limites

Les résultats des opérations sur les limites sont admis. La limite d'une somme de fonctions se calcule de la même façon que la limite d'une somme de suites → FICHE 16. Dans les tableaux ci-dessous, « F. I. » désigne une forme indéterminée.

1 Limite d'un produit

Limite de f	ℓ	$\ell \neq 0$	$+\infty$	$-\infty$	$-\infty$	0
Limite de g	ℓ'	$+\infty$ ou $-\infty$	$+\infty$	$+\infty$	$-\infty$	$+\infty$ ou $-\infty$
Limite de $f \times g$	$\ell\ell'$	$+\infty$ ou $-\infty$ selon le signe de ℓ	$+\infty$	$-\infty$	$+\infty$	F. I.

2 Limite d'un quotient

Limite de f	ℓ	ℓ	$\ell > 0$		$\ell < 0$	
Limite de g	$\ell' \neq 0$	$+\infty$ ou $-\infty$	0^+	0^-	0^+	0^-
Limite de $\dfrac{f}{g}$	$\dfrac{\ell}{\ell'}$	0	$+\infty$	$-\infty$	$-\infty$	$+\infty$

Limite de f	$+\infty$		$+\infty$		$-\infty$		0	$+\infty$ ou $-\infty$
Limite de g	$\ell' \neq 0$		0^+	0^-	0^+	0^-	0	$+\infty$ ou $-\infty$
Limite de $\dfrac{f}{g}$	$+\infty$ ou $-\infty$ selon le signe de ℓ		$+\infty$	$-\infty$	$-\infty$	$+\infty$	F. I.	F. I.

II Comparaison et encadrement

■ **Théorème 1** : Soient f, g, h trois fonctions définies sur un intervalle I telles que pour tout x de I : $f(x) \leq g(x) \leq h(x)$ ou $f(x) < g(x) < h(x)$.

Si $\lim\limits_{x \to x_0} f(x) = \ell$ et $\lim\limits_{x \to x_0} h(x) = \ell'$, alors $\ell \leq \lim\limits_{x \to x_0} g(x) \leq \ell'$.

■ **Théorème 2** : Soient f, g, h trois fonctions définies sur un intervalle I telles que pour tout x de I : $f(x) \leq g(x) \leq h(x)$ ou $f(x) < g(x) < h(x)$.

Si $\lim\limits_{x \to x_0} f(x) = \ell$ et $\lim\limits_{x \to x_0} h(x) = \ell$, alors $\lim\limits_{x \to x_0} g(x) = \ell$.

Méthode

Déterminer la limite en l'infini d'une fraction rationnelle

a. Déterminer la limite lorsque x tend vers $+\infty$ de $3x^2 + 3x + 1$, puis celle de $2x - 1$.

b. Déterminer la limite en $+\infty$ de $f(x) = \dfrac{2x - 1}{3x^2 + 3x + 1}$.

CONSEILS

b. Pour lever la forme indéterminée, factorisez le numérateur et le dénominateur par les termes de plus haut degré.

SOLUTION

a. $\lim\limits_{x \to +\infty} 3x^2 = +\infty$; $\lim\limits_{x \to +\infty} 3x = +\infty$ et $\lim\limits_{x \to +\infty} 1 = 1$. Ainsi $\lim\limits_{x \to +\infty} (3x^2 + 3x + 1) = +\infty$.

De même, $\lim\limits_{x \to +\infty} (2x - 1) = +\infty$.

b. Le numérateur et le dénominateur de cette fraction ont pour limite $+\infty$: il s'agit d'une forme indéterminée.

Pour lever cette indétermination, on factorise le numérateur et le dénominateur par les termes de plus haut degré. On a alors :

$$f(x) = \dfrac{2x - 1}{3x^2 + 3x + 1} = \dfrac{2x\left(1 - \dfrac{1}{2x}\right)}{3x^2\left(1 + \dfrac{3x}{3x^2} + \dfrac{1}{3x^2}\right)} = \dfrac{2\left(1 - \dfrac{1}{2x}\right)}{3x\left(1 + \dfrac{3}{3x} + \dfrac{1}{3x^2}\right)}.$$

$\lim\limits_{x \to +\infty} 2\left(1 - \dfrac{1}{2x}\right) = 2$ car $\lim\limits_{x \to +\infty} \dfrac{1}{2x} = 0$ et $\lim\limits_{x \to +\infty} \left(1 - \dfrac{1}{2x}\right) = 1$.

De plus, $\lim\limits_{x \to +\infty} \left(1 + \dfrac{3}{3x} + \dfrac{1}{3x^2}\right) = 1$ et $\lim\limits_{x \to +\infty} 3x = +\infty$,

donc $\lim\limits_{x \to +\infty} 3x\left(1 + \dfrac{3}{3x} + \dfrac{1}{3x^2}\right) = +\infty$. Ainsi, d'après le tableau donnant la limite d'un quotient, on déduit que $\lim\limits_{x \to +\infty} f(x) = 0$.

À NOTER

On remarque que $\lim\limits_{x \to +\infty} f(x) = \lim\limits_{x \to +\infty} \dfrac{2}{3x}$. D'une façon générale, la limite en $+\infty$ (ou $-\infty$) d'une fraction rationnelle est égale à la limite en $+\infty$ (ou $-\infty$) du rapport de ses termes prépondérants, c'est-à-dire de plus haut degré.

7 • Limites et continuité des fonctions d'une variable réelle

22 Limites et continuité

En bref *Certaines courbes peuvent être tracées sans lever le crayon, d'autres pas. On peut retrouver ce critère grâce à l'étude de la continuité de la fonction associée à la courbe.*

I Définitions – Propriétés

■ **Définition** : Soit x_0 un réel appartenant à un intervalle I. Une fonction f définie sur I est **continue** en x_0 si f admet une limite finie en x_0. Cette limite est alors $f(x_0)$.

■ Une fonction f définie sur un intervalle I est **continue sur I** si f est continue en tout point de I.

Contre-exemple : La fonction ci-contre est continue sur $]-2\,;0]$ et sur $]0\,;2]$ mais pas sur tout l'intervalle $[-2\,;2]$.

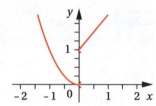

■ **Exemples** :
• Les fonctions polynômes sont continues sur $\mathbb{R}$.
• La fonction $x \mapsto \sqrt{x}$ est continue sur $]0\,;+\infty[$.
• La fonction exponentielle est continue sur $\mathbb{R}$.
• Les fonctions rationnelles sont continues sur tout intervalle inclus dans leur domaine de définition.
• Toute fonction dérivable sur un intervalle I est continue sur I.

II Théorèmes des valeurs intermédiaires et de la bijection

■ **Théorème des valeurs intermédiaires**

Soient f une fonction définie et continue sur un intervalle I, et a et b deux réels de I.

Pour tout réel k compris entre $f(a)$ et $f(b)$, il existe **au moins** un réel c compris entre a et b tel que $f(c) = k$.

Remarque : Cela revient à dire que, si k est compris entre $f(a)$ et $f(b)$, l'équation $f(x) = k$ admet au moins une solution comprise entre a et b.

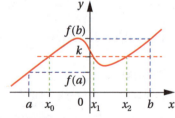

Dans ce cas, $f(x) = k$ a trois solutions.

■ **Corollaire : théorème de la bijection**

Si f est une fonction continue et strictement monotone sur un intervalle $[a\,;b]$, alors pour tout réel k compris entre $f(a)$ et $f(b)$, l'équation $f(x) = k$ a une solution **unique** dans $[a\,;b]$.

Méthode

Déterminer une solution de l'équation $f(x) = 0$

Montrer que l'équation (E) $-x^3 + x^2 - x + 2 = 0$ admet une unique solution dans l'intervalle $[1\,;\,2]$.

CONSEILS
Pour démontrer ce résultat, appliquez le théorème de la bijection avec $k = 0$.
Étape 1 Explicitez la fonction f à laquelle on souhaite appliquer ce théorème.
Étape 2 Vérifiez toutes les hypothèses nécessaires :
f est continue sur $[a\,;\,b]$; f est strictement monotone sur $[a\,;\,b]$ et 0 est compris entre $f(a)$ et $f(b)$.
Étape 3 Appliquez le théorème de la bijection et conclure.

SOLUTION

Étape 1 On introduit la fonction f définie par $f(x) = -x^3 + x^2 - x + 2$.
Résoudre l'équation (E) revient à résoudre $f(x) = 0$.

Étape 2 ■ f est une fonction polynôme donc f est continue sur $\mathbb{R}$, et en particulier sur $[1\,;\,2]$.

■ Pour montrer que f est strictement monotone, on commence par déterminer la dérivée de f. Étant une fonction polynôme, f est dérivable sur $[1\,;\,2]$ et, pour tout x de $[1\,;\,2]$, on a $f'(x) = -3x^2 + 2x - 1$.
Le discriminant du polynôme du second degré $f'(x)$ est $2^2 - 4 \times (-3) \times (-1) = -8$. Il est négatif, donc $f'(x)$ est toujours du signe du coefficient de x^2 ($a = -3$), c'est-à-dire négatif. La fonction f est donc strictement décroissante sur $[1\,;\,2]$.

■ $f(1) = -1 + 1 - 1 + 2 = 1$ et $f(2) = -8 + 4 - 2 + 2 = -4$.
Donc 0 est bien compris entre $f(1)$ et $f(2)$.

D'après le théorème de la bijection, **l'équation $f(x) = 0$ admet une unique solution sur $[1\,;\,2]$**.

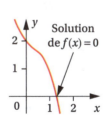

 À NOTER
On peut remarquer ici que f étant décroissante sur $[1\,;\,2]$, l'image par f de $[1\,;\,2]$ est $[f(2)\,;\,f(1)] = [-4\,;\,1]$.

▶ SE TESTER QUIZ

Vérifiez que vous avez bien compris les points clés des **fiches 20 à 22**.

1 Limites et asymptote → FICHE 20

1. Si f est une fonction vérifiant $\lim\limits_{x \to +\infty} f(x) = 2$, alors :

☐ **a.** la droite d'équation $x = 2$ est asymptote à la courbe représentant f.
☐ **b.** la droite d'équation $y = 2$ est asymptote à la courbe représentant f.
☐ **c.** la courbe représentant f n'admet pas d'asymptote.

2 Limites et inégalités → FICHE 21

1. Si une fonction f est négative sur un intervalle I et si x_0 est une borne de I ou un point en lequel f n'est pas définie, alors il est possible que :

☐ **a.** $\lim\limits_{x \to x_0} f(x) = 1$ ☐ **b.** $\lim\limits_{x \to x_0} f(x) = -2$ ☐ **c.** $\lim\limits_{x \to x_0} f(x) = +\infty$

2. Si, pour tout x de l'ensemble de définition de f, $f(x) > 0$, alors :

☐ **a.** $\lim\limits_{x \to x_0} f(x) > 0$ ☐ **b.** $\lim\limits_{x \to x_0} f(x) \geq 0$ ☐ **c.** $\lim\limits_{x \to x_0} f(x) = 0$

3 Opérations sur les limites → FICHE 21

On considère deux fonctions f et g définies sur le même ensemble de définition. On suppose que $\lim\limits_{x \to x_0} f(x)$ existe, c'est-à-dire que la limite est un nombre réel. Si $\lim\limits_{x \to x_0} g(x) = 0$, alors nécessairement :

☐ **a.** $\lim\limits_{x \to x_0} \dfrac{f(x)}{g(x)}$ est infinie ☐ **b.** $\lim\limits_{x \to x_0} \dfrac{f(x)}{g(x)} = 0$

☐ **c.** $\lim\limits_{x \to x_0} \dfrac{f(x)}{g(x)}$ aboutit à une forme indéterminée

4 Théorème des valeurs intermédiaires → FICHE 22

Soit f une fonction définie sur $[-5\,;5]$ dont le tableau de variations est :

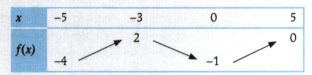

L'équation $f(x) = 0$ admet :

☐ **a.** trois solutions sur $[-5\,;5]$
☐ **b.** deux solutions sur $[-5\,;5]$
☐ **c.** une solution sur $[-3\,;5]$

COURS & MÉTHODES   EXERCICES & SUJETS   CORRIGÉS

▶ OBJECTIF BAC

 5 Obtenir l'allure d'une courbe à l'aide d'une fonction auxiliaire

→ FICHES 21 et 22

Parfois, il n'est pas possible d'étudier les variations d'une fonction directement à partir du signe de sa dérivée. On introduit alors une fonction auxiliaire qui permettra d'exprimer la dérivée de la fonction d'une autre façon.

LE SUJET

Le but de l'exercice est l'étude de la fonction f définie sur $\mathbb{R}$ par $f(x) = \dfrac{x}{1+e^x} + 2$.

1. Étude d'une fonction auxiliaire

Soit g la fonction définie sur $\mathbb{R}$ par $g(x) = 1 + e^x - xe^x$.

a. Étudier les limites de g en $-\infty$ et en $+\infty$.

b. Déterminer la fonction dérivée g' de g et dresser le tableau de variations de g sur $\mathbb{R}$.

c. Montrer que l'équation $g(x) = 0$ admet une unique solution α sur $\mathbb{R}$. À l'aide de la calculatrice, donner une valeur approchée de α à 10^{-2} près.

d. En déduire le signe de $g(x)$ pour tout x réel.

2. Étude de la fonction f

a. Étudier les variations de f sur $\mathbb{R}$. On montrera que $f'(x)$ et $g(x)$ ont le même signe. Dresser alors le tableau de variations de f sur $\mathbb{R}$.

b. Montrer que $f(\alpha) = \alpha + 1$.

c. Déterminer la limite de f en $-\infty$.

> 👍 **CONSEILS**
> Pensez à utiliser la définition de α, c'est-à-dire $g(\alpha) = 0$.

d. Montrer que, pour tout x réel, $f(x) = \dfrac{xe^{-x}}{1+e^{-x}} + 2$.

En déduire la limite de f en $+\infty$. Que peut-on en déduire ?

e. Tracer la courbe représentant f. On fera apparaître tous les éléments vus au cours de l'exercice.

👁 LIRE LE SUJET

1. a. On demande d'étudier deux cas : la limite de g quand x tend vers $+\infty$ et quand x tend vers $-\infty$.
b. La dérivée g' de g permettra de déterminer les variations de g sur $\mathbb{R}$.
c. On veut montrer que l'équation $g(x) = 0$ admet une unique solution en utilisant le théorème de la bijection.

2. a. On détermine la fonction dérivée f' de f et on vérifie que $f'(x)$ et $g(x)$ ont le même signe.
b. On exprime $f(\alpha)$ en fonction de α en utilisant le fait que $g(\alpha) = 0$.
d. On souhaite obtenir une nouvelle expression de f pour pouvoir calculer plus facilement sa limite en $+\infty$. On en déduira l'existence d'une asymptote.

▶▶▶ LA FEUILLE DE ROUTE

1. a. Déterminer des limites → FICHE 21
Pour déterminer la limite de $g(x)$ en $-\infty$, utilisez les théorèmes des croissances composées (exercice 5) et les opérations sur les limites → FICHE 21.
Pour déterminer la limite de g en $+\infty$, commencez par factoriser par e^x.

b. Étudier les variations d'une fonction
Déterminez la dérivée g' de g, puis étudiez son signe.

c. Donner une valeur approchée de la solution d'une équation
Considérez les intervalles sur lesquels la fonction g est strictement monotone, vérifiez les hypothèses puis appliquez le théorème des valeurs intermédiaires à g. Utilisez la calculatrice pour déterminer une valeur approchée de cette solution.

2. a. Déterminer le signe d'une dérivée
Calculez la dérivée f' de f et étudiez son signe en remarquant que $f(x) = k(x) \times g(x)$ avec $k(x) > 0$ pour tout x. On pourra alors affirmer que $f(x)$ et $g(x)$ ont le même signe.

b. Transformer une expression
Calculez $f(\alpha)$ en remplaçant x par α dans l'expression de f. L'expression obtenue peut être simplifiée en utilisant le fait que $g(\alpha) = 0$ qui exprimera e^α à l'aide de α.

c. Déterminer une limite
Utilisez la limite d'un quotient.

d. Transformer une expression
En partant de l'expression $\dfrac{xe^{-x}}{1+e^{-x}} + 2$, remplacez e^{-x} par $\dfrac{1}{e^x}$ et simplifiez pour arriver à l'expression de $f(x)$ donnée au début de l'exercice.
Utilisez alors cette nouvelle expression pour déterminer la limite de f en $+\infty$. Traduisez le résultat obtenu en termes d'asymptote.

e. Tracer une courbe représentative
Positionnez α et tracez les asymptotes éventuelles.

CORRIGÉS

▶ SE TESTER QUIZ

1 Limites et asymptote

1. Réponse b.
On sait, par définition, que si $\lim_{x \to +\infty} f(x) = 2$, alors la droite d'équation $y = 2$ est asymptote à la courbe représentant f.

2 Limites et inégalités

1. Réponse b.
Si f est négative, alors nécessairement $\lim_{x \to x_0} f(x) \leq 0$. Ainsi, la seule réponse possible est la réponse b.

2. Réponse b.
Si pour tout x de l'ensemble de définition de f, on a $f(x) > 0$, alors $\lim_{x \to x_0} f(x) \geq 0$. La réponse a. ne convient pas car f pourrait tendre vers 0 même sans jamais l'atteindre ainsi, lorsque l'on passe aux limites, les inégalités strictes deviennent des inégalités larges.

3 Opérations sur les limites

Réponse c.
La limite de $f(x)$ est un nombre réel qui n'est pas précisé, donc ce réel peut être nul. On obtient alors une forme indéterminée.

4 Théorème des valeurs intermédiaires

Réponse a.
Il y a une solution évidente sur $\mathbb{R}$ qui est $x = 5$. Sur l'intervalle $[-5\,;-3]$, f est strictement monotone. 0 est compris entre $f(-5) = -4$ et $f(-3) = 2$ et la fonction est continue, donc d'après le théorème de la bijection l'équation $f(x) = 0$ admet une unique solution sur $[-5\,;-3]$.
On fait le même raisonnement sur $[-3\,;0]$. Ainsi l'équation $f(x) = 0$ admet trois solutions sur $[-5\,;5]$.

▶ OBJECTIF BAC

5 Obtenir l'allure d'une courbe à l'aide d'une fonction auxiliaire

1. a. On sait que $\lim\limits_{x\to-\infty} e^x = 0$. De plus $\lim\limits_{x\to-\infty} xe^x = 0$ (voir exercice 5), donc $\lim\limits_{x\to-\infty} g(x) = 1$.

En $+\infty$, on obtient une forme indéterminée car $\lim\limits_{x\to+\infty} e^x = +\infty$ et $\lim\limits_{x\to+\infty} -xe^x = -\infty$.
On lève l'indétermination en utilisant une factorisation par e^x :
$g(x) = 1 + e^x(1-x)$.
Puisque $\lim\limits_{x\to+\infty}(1-x) = -\infty$, par produit, $\lim\limits_{x\to+\infty} e^x(1-x) = -\infty$.
Ainsi $\lim\limits_{x\to+\infty} g(x) = -\infty$.

b. g est dérivable sur $\mathbb{R}$ comme somme et produit de fonctions dérivables sur $\mathbb{R}$.
Pour tout x réel, on a $g'(x) = e^x - (e^x + xe^x) = -xe^x$.

e^x étant toujours positif, $g'(x)$ est du signe de $-x$ sur $\mathbb{R}$.
g est donc **croissante sur** $]-\infty\,;0]$ et **décroissante sur** $[0\,;+\infty[$.

c. Sur $]-\infty\,;0]$, g est croissante et a pour limite 1 en $-\infty$, donc $g(x) > 0$.
Donc l'équation $g(x) = 0$ n'a pas de solution.
Sur $[0\,;+\infty[$, g est continue et strictement décroissante, $g(0) = 2$ et $\lim\limits_{x\to+\infty} g(x) = -\infty$, donc $0 \in \left]\lim\limits_{x\to+\infty} g(x)\,;g(0)\right]$, et l'équation $g(x) = 0$ admet ainsi une unique solution α sur $[0\,;+\infty[$.
Avec la calculatrice, on obtient $\alpha = 1{,}27$ à 10^{-2} près par défaut.

d. On en déduit que $g(x) \geq 0$ sur $]-\infty\,;\alpha]$ et $g(x) < 0$ sur $]\alpha\,;+\infty[$.

2. a. f est dérivable sur $\mathbb{R}$ comme quotient de fonctions dérivables sur $\mathbb{R}$ dont le dénominateur ne s'annule pas.
Pour tout x réel, on a $f'(x) = \dfrac{(1+e^x) - xe^x}{(1+e^x)^2} = \dfrac{g(x)}{(1+e^x)^2}$.

$(1+e^x)^2$ est toujours positif donc $f'(x)$ est du signe de $g(x)$ sur $\mathbb{R}$, c'est-à-dire $f'(x) \geq 0$ sur $]-\infty\,;\alpha]$ et $f'(x) \leq 0$ sur $[\alpha, +\infty[$.
f est donc croissante sur $]-\infty\,;\alpha]$ et décroissante sur $[\alpha\,;+\infty[$.

b. α est la solution de $g(x) = 0$, α vérifie donc l'équation $g(\alpha) = 0$.
$g(\alpha) = 0 \Leftrightarrow 1 + e^\alpha - \alpha e^\alpha = 0 \Leftrightarrow 1 + e^\alpha(1-\alpha) = 0 \Leftrightarrow e^\alpha = \dfrac{-1}{1-\alpha}$
Ainsi, $f(\alpha) = \dfrac{\alpha}{1+e^\alpha} + 2 = \dfrac{\alpha}{1+\dfrac{-1}{1-\alpha}} + 2 = \dfrac{\alpha}{\dfrac{-\alpha}{1-\alpha}} + 2 = -(1-\alpha) + 2 = 1 + \alpha$.

c. $\lim\limits_{x \to -\infty} 1 + e^x = 1$ car $\lim\limits_{x \to -\infty} e^x = 0$, donc $\lim\limits_{x \to -\infty} f(x) = -\infty$.

d. $\dfrac{xe^{-x}}{1+e^{-x}} + 2 = \dfrac{x\dfrac{1}{e^x}}{1+\dfrac{1}{e^x}} + 2 = \dfrac{x}{e^x+1} + 2 = f(x)$

On sait que $\lim\limits_{x \to +\infty} e^{-x} = \lim\limits_{x \to +\infty} \dfrac{1}{e^x} = 0$.

De plus $\lim\limits_{x \to +\infty} xe^{-x} = \lim\limits_{x \to +\infty} \dfrac{x}{e^x} = 0$ (démontré à l'exercice 5) donc $\lim\limits_{x \to +\infty} f(x) = 2$.

La droite d'équation $y = 2$ est donc asymptote à la courbe représentant f.

e.

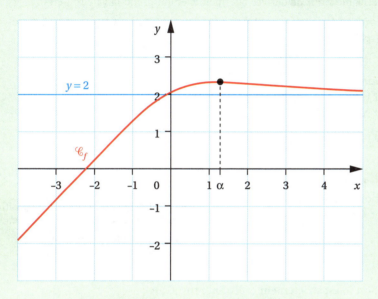

23 Définition et propriétés analytiques de la fonction logarithme népérien

En bref La fonction logarithme népérien est la fonction réciproque de la fonction exponentielle étudiée en Première.

I Définition et notations

■ **Définition :** La fonction exponentielle vue en Première, notée exp, est l'unique fonction dérivable sur $\mathbb{R}$ de dérivée elle-même, et qui prend la valeur 1 en 0.

■ **Définition :** La fonction logarithme népérien, notée ln est la fonction définie sur $]0\,;+\infty[$ par :

$$\text{pour tout } x \in]0\,;+\infty[, \ln x = y \Leftrightarrow x = e^y$$

■ *Conséquences :*
- Pour tout réel x strictement positif, $e^{\ln x} = x$.
- Pour tout réel y, $\ln(e^y) = y$.

■ On a en particulier $\ln 1 = 0$ et $\ln e = 1$.

II Propriétés analytiques

■ La fonction ln est **dérivable** sur $]0\,;+\infty[$, et pour tout $x \in]0\,;+\infty[$:

$$\ln'(x) = \frac{1}{x}$$

> **À NOTER**
> Pour toute fonction u strictement positive et dérivable sur un intervalle I, la fonction $\ln u$ est dérivable sur I et $(\ln u)' = \dfrac{u'}{u}$.

■ La fonction ln est **strictement croissante** sur $]0\,;+\infty[$.

■ $\lim\limits_{x \to 0^+} \ln x = -\infty$ et $\lim\limits_{x \to +\infty} \ln x = +\infty$.

III Tableau de variations et courbe

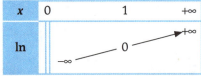

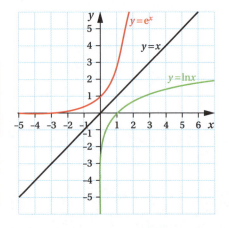

> **À NOTER**
> Les courbes représentatives des fonctions exp et ln sont symétriques par rapport à la droite d'équation $y = x$.

Méthode

Étudier une fonction contenant des logarithmes

Étudier la fonction f définie par $f(x) = \ln(1 + e^{-x})$.

CONSEILS

Étape 1 Déterminez l'ensemble de définition de f.
Étape 2 Étudiez la dérivabilité de f et déterminez sa fonction dérivée.
Étape 3 Déduisez-en les variations de f sur son domaine de définition.
Étape 4 Étudiez les limites de f aux bornes de son domaine de définition.
Étape 5 Dressez le tableau de variations de f.

SOLUTION

Étape 1 La fonction ln est définie sur $]0\,;+\infty[$. Or, pour tout réel x, $e^{-x} > 0$ donc $1 + e^{-x} > 0$. Donc f est **définie sur $\mathbb{R}$**.

Étape 2 Comme composée de fonctions dérivables, f est **dérivable sur $\mathbb{R}$** (→ FICHE 18).
f est de la forme $\ln u$ avec $u(x) = 1 + e^{-x}$, pour tout réel x. Or $(\ln u)' = \dfrac{u'}{u}$, avec $u'(x) = -e^{-x}$.
Donc pour tout réel x, $f'(x) = \dfrac{-e^{-x}}{1+e^{-x}}$.

Étape 3 La fonction exponentielle est strictement positive, d'où $\dfrac{e^{-x}}{1+e^{-x}} > 0$ et $f'(x) < 0$ pour tout réel x. Donc f est **strictement décroissante sur $\mathbb{R}$**.

Étape 4 On sait que $\lim\limits_{x\to -\infty}(e^{-x}) = +\infty$, donc $\lim\limits_{x\to -\infty}(1+e^{-x}) = +\infty$.
Or $\lim\limits_{X\to +\infty} \ln X = +\infty$, donc, par composition, $\lim\limits_{x\to -\infty} f(x) = +\infty$.
On sait que $\lim\limits_{x\to +\infty}(e^{-x}) = 0$, donc $\lim\limits_{x\to +\infty}(1+e^{-x}) = 1$. Or $\lim\limits_{X\to 1} \ln X = \ln 1 = 0$, donc, par composition, $\lim\limits_{x\to +\infty} f(x) = 0$.

Étape 5

x	$-\infty$	$+\infty$
$f'(x)$		$-$
f	$+\infty$	0

8 • Fonctions de référence : logarithme, sinus et cosinus

24 Propriétés algébriques de la fonction logarithme népérien

En bref *Historiquement, la fonction ln a été inventée pour simplifier les calculs, car elle permet de convertir les multiplications, longues à effectuer et souvent sources d'erreurs, en de simples additions.*

I Propriétés algébriques

■ Pour tous réels strictement positifs a et b, et pour tout entier n, on a :

- $\ln(ab) = \ln(a) + \ln(b)$
- $\ln\left(\dfrac{1}{a}\right) = -\ln(a)$
- $\ln\left(\dfrac{a}{b}\right) = \ln(a) - \ln(b)$
- $\ln(a^n) = n\ln(a)$

■ *Conséquence* : Pour tout réel strictement positif a, on a :

$$\ln(\sqrt{a}) = \frac{1}{2}\ln(a)$$

II Équations et inéquations

■ Pour tous réels a et b strictement positifs, on a :

- $\ln(a) = \ln(b) \Leftrightarrow a = b$
- $\ln(a) < \ln(b) \Leftrightarrow a < b$

Exemple : $\ln(3x) = \ln 6 \Leftrightarrow 3x = 6 \Leftrightarrow x = 2$.

■ *Conséquence* :

Pour tout réel m et tout réel strictement positif x, on a :

- $\ln(x) = m \Leftrightarrow x = e^m$
- $\ln(x) < m \Leftrightarrow x < e^m$

Exemple : $\ln(1+x) = 4 \Leftrightarrow 1+x = e^4 \Leftrightarrow x = e^4 - 1$.

En particulier : $\ln(a) < 0 \Leftrightarrow 0 < a < 1$.

Remarque : Si q et a sont des réels strictement positifs et si n est un entier naturel, alors $q^n > a \Leftrightarrow n\ln(q) > \ln(a)$.

À NOTER
Cette remarque permet de déterminer un seuil dans l'étude d'une suite géométrique.

COURS & MÉTHODES

Méthode

1. Simplifier ou transformer une expression

On pose $A = \dfrac{\ln 12 - 3\ln 2}{2\ln 3 - \ln 6}$ et $B = e^{-\ln 2} + \ln(e^{-2})$.

Montrer que A est un entier et que B est un rationnel.

CONSEILS

Pour simplifier A, utilisez la propriété sur le logarithme d'un produit.
Pour simplifier B, utilisez la définition du logarithme.

SOLUTION

 $A = \dfrac{\ln(3 \times 2^2) - 3\ln 2}{2\ln 3 - \ln(3 \times 2)} = \dfrac{\ln 3 + 2\ln 2 - 3\ln 2}{2\ln 3 - (\ln 3 + \ln 2)} = \dfrac{\ln 3 - \ln 2}{\ln 3 - \ln 2} = 1.$

Donc A est entier.

 $B = \dfrac{1}{e^{\ln 2}} + \ln(e^{-2}) = \dfrac{1}{2} - 2 = -\dfrac{3}{2}$. Donc B est rationnel.

2. Résoudre une inéquation

On considère la suite géométrique de terme général $u_n = \dfrac{1}{2^n}$.

Déterminer à partir de quel rang n on a $u_n \leq 10^{-5}$.

CONSEIL

Modifiez la condition $u_n \leq 10^{-5}$ en prenant le logarithme népérien de chaque membre, pour faire passer l'inconnue n d'exposant à coefficient.

SOLUTION

Pour tout $n \in \mathbb{N}$, $u_n > 0$. On peut donc utiliser la croissance de la fonction ln puisque les deux membres de l'inégalité sont positifs. On obtient :

$0 < u_n \leq 10^{-5} \Leftrightarrow \ln(u_n) \leq \ln(10^{-5}) \Leftrightarrow \ln\left(\dfrac{1}{2^n}\right) \leq \ln(10^{-5})$

$\Leftrightarrow -\ln(2^n) \leq \ln(10^{-5}) \Leftrightarrow -n\ln 2 \leq \ln(10^{-5})$

$\Leftrightarrow n \geq \dfrac{-\ln(10^{-5})}{\ln 2}$ (car **$-\ln 2 < 0$**) avec $\dfrac{-\ln(10^{-5})}{\ln 2} \approx 16{,}6$

Donc $u_n \leq 10^{-5}$ à partir du rang $n = 17$.

À NOTER

Attention aux signes dans les résolutions d'inéquations !

25 Comparaison des fonctions puissance, ln et exp

En bref *Parmi les fonctions puissance, exponentielle et logarithme népérien, c'est la fonction logarithme népérien qui modélise les croissances les plus lentes.*

I Théorème des croissances comparées

■ Soit n un entier naturel non nul. On a :

$$\lim_{x \to 0^+} x^n \ln x = 0 \text{ et } \lim_{x \to +\infty} \frac{\ln x}{x^n} = 0$$

■ *Conséquence* : Compte tenu des croissances comparées des fonctions puissance et exponentielle, on a également :

$$\lim_{x \to +\infty} \frac{\ln x}{e^x} = 0$$

À NOTER

$\lim\limits_{x \to 0} \dfrac{\ln(1+x)}{x}$ est la limite du taux d'accroissement en 0 de la fonction u définie sur $]-1\,;+\infty[$ par $u(x) = \ln(1+x)$, dont la dérivée est $u'(x) = \dfrac{1}{1+x}$.

Donc $\lim\limits_{x \to 0} \dfrac{\ln(1+x)}{x} = u'(0) = 1$ (il faut connaître cette limite !).

II Courbes représentatives

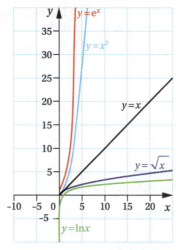

Méthode

Lever une forme indéterminée

a. Calculer la limite en $+\infty$ de la fonction $f : x \mapsto e^x - x + \ln x$.

b. Calculer les limites de la fonction $g : x \mapsto x\ln\left(1 + \dfrac{1}{x}\right)$ aux bornes de l'intervalle $]0\,;+\infty[$.

CONSEILS

a. Pour f, factorisez par le terme qui « l'emporte » pour faire apparaître des croissances comparées.
b. Pour g, utilisez une propriété de la fonction ln pour vous ramener à une croissance comparée.

SOLUTION

a. Pour tout réel x strictement positif, $f(x) = e^x\left(1 - \dfrac{x}{e^x} + \dfrac{\ln x}{e^x}\right)$.

Par croissances comparées, on a $\lim\limits_{x \to +\infty} \dfrac{x}{e^x} = 0$ et $\lim\limits_{x \to +\infty} \dfrac{\ln(x)}{e^x} = 0$.

Donc, par somme, $\lim\limits_{x \to +\infty}\left(1 - \dfrac{x}{e^x} + \dfrac{\ln x}{e^x}\right) = 1$.

De plus, $\lim\limits_{x \to +\infty} e^x = +\infty$.

Donc, par produit, on obtient $\lim\limits_{x \to +\infty} f(x) = +\infty$.

b. Pour tout réel x strictement positif, $g(x) = x\ln\left(\dfrac{x+1}{x}\right) = x\ln(x+1) - x\ln x$.

Par croissances comparées, $\lim\limits_{x \to 0^+} x\ln x = 0$, donc par somme, $\lim\limits_{x \to 0^+} g(x) = 0$.

En effectuant le changement de variable $X = \dfrac{1}{x}$, on a

$\lim\limits_{x \to +\infty} x\ln\left(1 + \dfrac{1}{x}\right) = \lim\limits_{X \to 0} \dfrac{\ln(1+X)}{X} = 1$, donc $\lim\limits_{x \to +\infty} g(x) = 1$.

À NOTER

On reconnaît $\lim\limits_{X \to 0} \dfrac{\ln(1+X)}{X}$ qui n'est pas une croissance comparée, mais la limite d'un taux d'accroissement.

8 • Fonctions de référence : logarithme, sinus et cosinus

26 Fonctions trigonométriques

En bref *Les fonctions trigonométriques interviennent souvent en physique. Elles s'étudient comme n'importe quelle fonction, et le recours au cercle trigonométrique permet de résoudre rapidement des équations et inéquations.*

I Fonction cosinus

- La fonction cosinus, notée cos, est définie sur $\mathbb{R}$.
- Pour tout réel x, $\cos(-x) = \cos x$, la fonction cosinus est paire, l'axe des ordonnées est axe de symétrie de sa courbe représentative.
- Pour tout réel x, $\cos(x + 2\pi) = \cos x$, la fonction cosinus est périodique de période 2π, sa courbe représentative est invariante par translation de vecteur $2\pi\vec{i}$.
- Tableau de variations sur $[0\,;\pi]$
- Courbe représentative

x	0		$\dfrac{\pi}{2}$		π
$\cos x$	1	↘	0	↘	-1

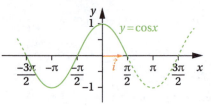

II Fonction sinus

- La fonction sinus, notée sin, est définie sur $\mathbb{R}$.
- Pour tout réel x, $\sin(-x) = -\sin x$, la fonction sinus est impaire, l'origine O du repère est centre de symétrie de sa courbe représentative.
- Pour tout réel x, $\sin(x + 2\pi) = \sin x$, la fonction sinus est périodique de période 2π, sa courbe représentative est invariante par translation de vecteur $2\pi\vec{i}$.
- Tableau de variations sur $[0\,;\pi]$
- Courbe représentative

x	0		$\dfrac{\pi}{2}$		π
$\sin x$	0	↗	1	↘	0

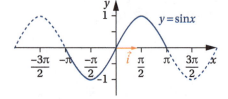

COURS & MÉTHODES

III Dérivée des fonctions cosinus et sinus

■ Les fonctions cosinus et sinus sont dérivables sur $\mathbb{R}$, et pour tout réel x :

$$\cos'(x) = -\sin x \text{ et } \sin'(x) = \cos x$$

■ Les limites des taux d'accroissement en 0 des fonctions sinus et cosinus donnent :

$$\lim_{x \to 0} \frac{\sin x}{x} = 1 \text{ et } \lim_{x \to 0} \frac{\cos x - 1}{x} = 0$$

> **À NOTER**
> Si u est une fonction dérivable sur I, alors $\cos u$ et $\sin u$ sont dérivables sur I, et $(\cos u)' = -u' \times \sin u$ et $(\sin u)' = u' \times \cos u$. (→ FICHE 18)

Méthode

Résoudre une inéquation

Résoudre dans l'intervalle $]-\pi\,;\pi]$ l'inéquation $\cos x \geq \frac{1}{2}$.

> **CONSEIL**
> Aidez-vous d'un cercle trigonométrique et utilisez les variations de la fonction cos.

SOLUTION

La fonction cos est croissante sur $]-\pi\,;0]$ et décroissante sur $[0\,;\pi]$.

De plus, $\cos\frac{-\pi}{3} = \cos\frac{\pi}{3} = \frac{1}{2}$.

Sur $]-\pi\,;0]$, $\cos x \geq \frac{1}{2} \Leftrightarrow -\frac{\pi}{3} \leq x \leq 0$;

Sur $[0\,;\pi]$, $\cos x \geq \frac{1}{2} \Leftrightarrow 0 \leq x \leq \frac{\pi}{3}$.

Finalement, sur $]-\pi\,;\pi]$,

$\cos x \geq \frac{1}{2} \Leftrightarrow x \in \left[-\frac{\pi}{3}\,;\frac{\pi}{3}\right]$.

Donc $\mathcal{S} = \left[-\frac{\pi}{3}\,;\frac{\pi}{3}\right]$.

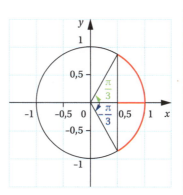

8 • Fonctions de référence : logarithme, sinus et cosinus

▶ SE TESTER QUIZ

*Vérifiez que vous avez bien compris les points clés des **fiches 23 à 26**.*

1 Calculs d'images → FICHES 23 et 26

1. Si f est définie par $f(x) = x\ln x - x$, alors :
- ☐ **a.** $f(1) = 1$
- ☐ **b.** $f(1) = 0$
- ☐ **c.** $f(1) = -1$

2. Si f est définie par $f(x) = \cos\left(\dfrac{\pi}{2\ln x}\right)$, alors :
- ☐ **a.** $f(e) = 0$
- ☐ **b.** $f(e) = 1$
- ☐ **c.** $f(e) = \dfrac{1}{2}$

2 Résolutions d'équations → FICHES 23 et 24

Pour tout réel x, on a :
- ☐ **a.** $3e^{-x} = 1 \Leftrightarrow x = \ln 3$
- ☐ **b.** $\ln x + \ln(x+1) = \ln 2 \Leftrightarrow x = 1$ ou $x = -2$
- ☐ **c.** $\ln(x^2 + 4x + 1) = \ln(x - 1) \Leftrightarrow x = -1$ ou $x = -2$

3 Calculs de dérivées → FICHE 23

La fonction $x \mapsto x\ln x - x$ admet pour dérivée sur $]0\,;+\infty[$:
- ☐ **a.** $x \mapsto 0$
- ☐ **b.** $x \mapsto 1 - x$
- ☐ **c.** $x \mapsto \ln x$

> **CONSEIL**
> On rappelle que si u et v sont des fonctions dérivables, alors $(u \circ v)' = (u' \circ v) \times v'$.
> → FICHE 18

4 Calculs de limites → FICHE 25

- ☐ **a.** $\displaystyle\lim_{x \to 0^+} \dfrac{\ln x}{x} = 0$
- ☐ **b.** $\displaystyle\lim_{x \to 0^+} \dfrac{\ln x}{x} = -\infty$
- ☐ **c.** $\displaystyle\lim_{x \to 0^+} \dfrac{\ln x}{x} = +\infty$

5 Fonction trigonométrique → FICHE 26

Si la fonction f est définie sur $\mathbb{R}$ par $f(x) = \sin(2x) - \cos^2 x$, alors :
- ☐ **a.** f est impaire
- ☐ **b.** $f'(x) = 2\cos x + 2\sin^2 x$, pour tout réel x
- ☐ **c.** la courbe représentative de f admet en 0 une tangente d'équation $y = 2x - 1$

OBJECTIF BAC

6 Résoudre une équation après conjecture
⏱ 45 min   → FICHES 23, 24 et 25

La calculatrice a-t-elle toujours raison ? Peut-on se fier aveuglément à ce que l'on observe sur l'écran ? Si, la plupart du temps, les informations qu'elle nous donne sont une aide précieuse, nous allons voir qu'il est indispensable de toujours chercher à démontrer une affirmation, même si elle semble évidente.

📄 LE SUJET

On considère l'équation (E) d'inconnue x réelle : $e^x = 3(x^2 + x^3)$.

Partie A Conjecture graphique

Le graphique ci-contre donne la courbe représentative de la fonction exponentielle et celle de la fonction f définie sur $\mathbb{R}$ par $f(x) = 3(x^2 + x^3)$, telles que les affiche une

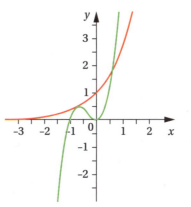

calculatrice dans un repère orthogonal.
À l'aide de ce graphique, conjecturer le nombre de solutions de l'équation (E) et leur encadrement par deux entiers consécutifs.

Partie B Étude de la validité de la conjecture graphique

1. a. Étudier, selon les valeurs de x, le signe de $x^2 + x^3$.

b. En déduire que l'équation (E) n'a pas de solution dans $]-\infty\,;-1]$.

c. Vérifier que 0 n'est pas solution de (E).

2. On considère la fonction h, définie pour tout $x \in\,]-1\,;0[\,\cup\,]0\,;+\infty[$ par $h(x) = \ln 3 + \ln(x^2) + \ln(1+x) - x$.

a. Montrer que, sur $]-1\,;0[\,\cup\,]0\,;+\infty[$, l'équation (E) équivaut à $h(x) = 0$.

b. Montrer que pour tout $x \in\,]-1\,;0[\,\cup\,]0\,;+\infty[$, $h'(x) = \dfrac{-x^2 + 2x + 2}{x(x+1)}$.

c. Déterminer les variations de h.

d. Calculer les limites de h aux bornes de son domaine de définition.

e. Déduire des questions précédentes le nombre de solutions de l'équation $h(x) = 0$, et donner une valeur arrondie au centième de chaque solution.

f. Conclure quant à la conjecture de la partie A.

👁 LIRE LE SUJET

Partie A
Sans justification, par simple lecture graphique, il s'agit de formuler une hypothèse relative au nombre de solutions et à leur encadrement.

Partie B
1. a. Étudiez le signe d'un polynôme de degré 3.
b. Votre réponse doit s'appuyer sur l'étude de signe de la question précédente.

2. a. Transformez l'équation (E).
b. Remarquez que $h(x)$ est la somme de plusieurs expressions contenant des logarithmes népériens.
c. Étudier les variations d'une fonction revient à étudier le signe de sa dérivée.
d. Les limites à droite et à gauche de 0 étant les mêmes, il y a trois limites à déterminer, dont l'une est une forme indéterminée.
e. Le déroulement même de l'exercice doit vous faire penser à l'utilisation du théorème des valeurs intermédiaires.

▶▶▶ LA FEUILLE DE ROUTE

Partie A Conjecture graphique
D'après le graphique, déterminez le nombre de points d'intersection que semblent avoir les deux courbes.

Partie B Étude de la validité de la conjecture graphique

1. Vérifier l'absence de solutions d'une équation dans un intervalle
a. Factorisez l'expression $x^2 + x^3$ en remarquant que x^2 est un facteur commun.

b. Pensez au fait qu'une exponentielle est toujours positive.

c. Remplacez x par 0 dans les deux membres de l'égalité, et comparez.

À NOTER
Se rappeler que $e^0 = 1$.

2. Prouver l'existence de solutions d'une équation dans un intervalle
a. Transformez l'expression en composant par la fonction logarithme népérien grâce à l'équivalence $y = e^x \Leftrightarrow \ln y = x$. → FICHE 23

b. Utilisez la relation $(\ln u)' = \dfrac{u'}{u}$. → FICHE 23

c. Faites un tableau de signes en remarquant que le numérateur de $h'(x)$ est un trinôme du second degré dont vous déterminerez le signe.

d. Les limites en −1 et en 0 sont obtenues par composition et somme.
Pour la limite en +∞, qui est une forme indéterminée, factorisez puis appliquez le théorème des croissances comparées. → FICHE 25

e. La fonction h étant continue, pensez au corollaire du théorème des valeurs intermédiaires pour déterminer le nombre de solutions. Grâce au tableur de la calculatrice, trouvez une valeur approchée de ces solutions.

f. Faites la synthèse des résultats précédents.

CORRIGÉS

▶ SE TESTER QUIZ

1 Calculs d'images

1. Réponse c.
$\ln 1 = 0$, donc $f(1) = 1 \times 0 - 1 = -1$.

2. Réponse a.
$\ln e = 1$, donc $f(e) = \cos\left(\dfrac{\pi}{2 \times 1}\right) = \cos\dfrac{\pi}{2} = 0$.

2 Résolutions d'équations

Réponse a.
Pour tout x réel, on a $3e^{-x} = 1 \Leftrightarrow e^{-x} = \dfrac{1}{3}$ qui est toujours strictement positif.
Donc $3e^{-x} = 1 \Leftrightarrow \ln(e^{-x}) = \ln\left(\dfrac{1}{3}\right) \Leftrightarrow -x = -\ln 3 \Leftrightarrow x = \ln 3$.

> **À NOTER**
> L'expression $\ln(x) + \ln(x+1)$ n'est pas définie pour $x = -2$. De même, $\ln(x^2 + 4x + 1) = \ln(x - 1)$ n'est définie ni pour $x = -1$ ni pour $x = -2$.

3 Calculs de dérivées

Réponse c.
La fonction $u : x \mapsto x \ln x$ est dérivable sur $]0\,;+\infty[$ (produit de deux fonctions dérivables) et $u'(x) = 1 \times \ln x + x \times \dfrac{1}{x} = \ln x + 1$.

4 Calculs de limites

Réponse b.
$\lim\limits_{x \to 0^+} \ln x = -\infty$ et $\lim\limits_{x \to 0^+} \dfrac{1}{x} = +\infty$ donc, par produit,
$\lim\limits_{x \to 0^+} \dfrac{\ln x}{x} = \lim\limits_{x \to 0^+} (\ln x) \times \dfrac{1}{x} = -\infty$.

> **À NOTER**
> Pour que le logarithme soit défini, la limite est nécessairement une limite à droite.

5 Fonction trigonométrique

Réponse c.
Pour tout réel x, $f'(x) = 2\cos(2x) - 2 \times (-\sin x) \times \cos x = 2\cos(2x) + 2\sin x \cos x$.
Or la tangente à la courbe au point d'abscisse 0 a pour équation $y = f'(0)(x - 0) + f(0)$ avec $f'(0) = 2 \times 1 + 0 = 2$, et $f(0) = 0 - 1^2 = -1$. Donc elle a pour équation $y = 2x - 1$.

▶ OBJECTIF BAC

6 Résoudre une équation après conjecture

Partie A Conjecture graphique

Les courbes semblent avoir deux points d'intersection, donc (E) semble avoir **deux solutions**, l'une comprise **entre −1 et 0**, et l'autre **entre 0 et 1**.

Partie B Étude de la validité de la conjecture graphique

1. a. Pour tout réel x, $x^2 + x^3 \geq 0 \Leftrightarrow x^2(1+x) \geq 0 \Leftrightarrow 1+x \geq 0 \Leftrightarrow x \geq -1$. Donc $x^2 + x^3$ est négatif sur $]-\infty\,;-1]$, positif sur $[-1\,;+\infty[$.
b. Pour $x \leq -1$, on a $3(x^2 + x^3) \leq 0$. Or $e^x > 0$, donc (E) n'a **pas de solution sur l'intervalle** $]-\infty\,;-1]$.
c. On a $e^0 = 1$ et $3(0^2 + 0^3) = 0$ donc **0 n'est pas solution de (E)**.

2. a. Pour tout $x \in \,]-1\,;0[\,\cup\,]0\,;+\infty[$,
(E) $\Leftrightarrow \ln(e^x) = \ln(3(x^2 + x^3)) = \ln 3 + \ln(x^2(1+x)) = \ln 3 + \ln(x^2) + \ln(1+x)$ car $x^2 > 0$ et $x+1 > 0$ sur $]-1\,;0[\,\cup\,]0\,;+\infty[$.
Donc (E) $\Leftrightarrow x = \ln 3 + \ln(x^2) + \ln(1+x) \Leftrightarrow \ln 3 + \ln(x^2) + \ln(1+x) - x = 0$.
On a donc, pour tout $x \in \,]-1\,;0[\,\cup\,]0\,;+\infty[$, **(E) $\Leftrightarrow h(x) = 0$**.

> 📝 **À NOTER**
>
> Attention : pour $x > 0$, $\ln(x^2) = 2\ln(x)$, mais cette dernière égalité n'est pas valide pour $x < 0$ (car la fonction ln n'est définie que sur $]0\,;+\infty[$).

b. Pour tout réel $x \in \,]-1\,;0[\,\cup\,]0\,;+\infty[$, on a
$h'(x) = 0 + \dfrac{2x}{x^2} + \dfrac{1}{1+x} - 1 = \dfrac{2}{x} + \dfrac{1-1-x}{1+x} = \dfrac{2(1+x) - x^2}{x(1+x)}$,
donc $h'(x) = \dfrac{-x^2 + 2x + 2}{x(x+1)}$.

c. Pour tout réel $x \in \,]-1\,;0[\,\cup\,]0\,;+\infty[$, $x(x+1)$ est du signe de x et $-x^2 + 2x + 2$ est négatif à l'extérieur des racines qui sont $1 - \sqrt{3}$ et $1 + \sqrt{3}$.

x	−1		$1-\sqrt{3}$		0		$1+\sqrt{3}$		$+\infty$
$-x^2 + 2x + 2$		−	0		+		0	−	
$x(x+1)$	0	−			0	+			
$h'(x)$	‖	+	0	−	‖	+	0	−	

La fonction h est donc **strictement croissante sur** $]-1\,;1-\sqrt{3}]$ et sur $]0\,;1+\sqrt{3}]$; elle est **strictement décroissante sur** $[1-\sqrt{3}\,;0[$ et $[1+\sqrt{3}\,;+\infty[$.

d. • $\lim\limits_{x \to -1^+}(x+1) = 0^+$ et $\lim\limits_{X \to 0^+} \ln X = -\infty$ donc, par composition, $\lim\limits_{x \to -1} \ln(x+1) = -\infty$.
Par somme, on en déduit $\lim\limits_{x \to -1} h(x) = -\infty$.

• De même, $\lim\limits_{x \to 0^+} \ln(x^2) = \lim\limits_{x \to 0^-} \ln(x^2) = -\infty$ donc, par somme,
$\lim\limits_{x \to 0^+} h(x) = \lim\limits_{x \to 0^-} h(x) = -\infty$.

• Pour tout réel $x > 0$, $h(x) = \ln 3 + 2\ln x + \ln(1+x) - x = \ln 3 + x\left(2\dfrac{\ln x}{x} + \dfrac{\ln(1+x)}{x} - 1\right)$

$h(x) = \ln 3 + x\left(2\dfrac{\ln x}{x} + \dfrac{\ln(x+1)}{x+1} \times \dfrac{x+1}{x} - 1\right)$.

On sait que $\lim\limits_{x \to +\infty} \dfrac{\ln x}{x} = 0$, $\lim\limits_{x \to +\infty} \dfrac{\ln(x+1)}{x+1} = 0$ (par croissances comparées et composition). De plus, $\lim\limits_{x \to +\infty}\left(\dfrac{x+1}{x}\right) = \lim\limits_{x \to +\infty}\left(1 + \dfrac{1}{x}\right) = 1$, donc par produit et somme, on obtient $\lim\limits_{x \to +\infty} h(x) = -\infty$.

e. On a le tableau de variations suivant :

x	-1		$1-\sqrt{3}$		0		$1+\sqrt{3}$		$+\infty$
$h'(x)$		$+$	0	$-$		$+$	0	$-$	
h	$-\infty$	↗		↘ $-\infty$	$-\infty$	↗		↘	$-\infty$

■ Sur $]-1\,;0[$, h admet un maximum en $1-\sqrt{3}$. Or $h(1-\sqrt{3}) \approx -0{,}11 < 0$ donc l'équation $h(x) = 0$ n'admet pas de solution sur $]-1\,;0[$.
■ La fonction h est continue (car dérivable) strictement monotone sur $]0\,;1+\sqrt{3}]$. De plus, $\lim\limits_{x \to 0^+} h(x) = -\infty$ et $h(1+\sqrt{3}) \approx 1{,}69 > 0$, donc d'après le corollaire du théorème des valeurs intermédiaires, l'équation $h(x) = 0$ admet sur $]0\,;1+\sqrt{3}]$ une solution unique $\alpha \approx 0{,}62$.
■ De la même façon, on montre que l'équation $h(x) = 0$ admet, sur $]1+\sqrt{3}\,;+\infty[$ une solution unique $\beta \approx 7{,}12$.
Donc l'équation $h(x) = 0$ admet **deux solutions** $\alpha \approx 0{,}62$ et $\beta \approx 7{,}12$ sur $]-1\,;0[\,\cup\,]0\,;+\infty[$.

f. L'équation (E) admet **deux solutions** dont l'une est **entre 0 et 1** et l'autre **entre 7 et 8** qui n'était pas visible sur le graphique.

8 • Fonctions de référence : logarithme, sinus et cosinus

27 Notions d'équation différentielle et de primitive

En bref Les équations différentielles permettent de relier une fonction et ses dérivées, alors que la recherche de primitives est l'opération inverse de la dérivation.

I Solution d'une équation différentielle

■ **Définition** : On appelle **équation différentielle** une équation liant une fonction (qui est donc l'inconnue de l'équation) et ses dérivées.
Exemples : $y' = y$; $y' = y^2$; $y'' + \omega^2 y = 0$.

■ On appelle **solution de l'équation différentielle** (E) sur un intervalle I une fonction définie sur I qui vérifie (E) pour tous les réels de I.
Exemples : La fonction $x \mapsto -\dfrac{1}{x}$ est solution sur $]0\,;+\infty[$ de l'équation différentielle $y' = y^2$. Les fonctions $t \mapsto \cos(\omega t)$ et $t \mapsto \sin(\omega t)$ sont solutions sur $\mathbb{R}$ de l'équation différentielle $y'' + \omega^2 y = 0$.

■ **Résoudre** une équation différentielle (E) sur un intervalle I revient à trouver l'ensemble des solutions de (E) sur I.
Exemple : Les solutions sur $\mathbb{R}$ de l'équation différentielle $y' = y$ sont les fonctions de la forme $x \mapsto Ce^x$ où C est un réel quelconque.

À NOTER
La fonction exponentielle est l'unique solution f de l'équation différentielle $y' = y$, qui vérifie $f(0) = 1$.

II Notion de primitive et propriétés

Soit f une fonction continue sur un intervalle I.

■ **Définition** : On appelle **primitive** de f sur I toute solution sur I de l'équation différentielle $y' = f$.

■ **Conséquence** : F est une primitive de f sur I si et seulement si F est dérivable sur I et :

$$\text{pour tout réel } x \text{ de I, } F'(x) = f(x)$$

■ **Propriétés** :

• Toute fonction continue sur un intervalle I admet des primitives sur I.

• Si F et G sont deux primitives d'une même fonction f sur I, alors il existe un réel k tel que pour tout $x \in I$, $F(x) = G(x) + k$.

À NOTER
Deux primitives d'une même fonction diffèrent d'une constante.

Méthode

Approcher une solution par la méthode d'Euler

On considère l'équation différentielle (E) : $y' = -y + 2$.

On note f la solution de (E) telle que $f(x_0) = y_0$ (on admet qu'il en existe une et une seule).

Pour $a > x_0$, écrire un algorithme qui permet de déterminer, par la méthode d'Euler, une approximation de $f(a)$, avec un pas h.

Rappel : La courbe représentative de f admet une tangente en chacun de ses points $M(\alpha; f(\alpha))$, et pour h très petit, on a $f(\alpha + h) \approx f(\alpha) + h \times f'(\alpha)$. On peut ainsi obtenir des valeurs approchées de $f(x)$ pour x proche de α.

CONSEILS

Étape 1 On définit les suites (x_n) et (y_n) pour $n \geq 1$ par $x_n = x_{n-1} + h$ et $y_n = f(x_n)$. Donnez une approximation du terme général y_n.

Étape 2 Écrivez l'algorithme demandé.

SOLUTION

Étape 1 On pose $M_0(x_0; y_0)$. On construit une suite de points $M_n(x_n; y_n)$ tels que, pour $n \geq 1$, $x_n = x_{n-1} + h$ et $y_n = f(x_n) = f(x_{n-1} + h)$.

On a donc $y_n \approx f(x_{n-1}) + h \times f'(x_{n-1})$. Or $f(x_{n-1}) = y_{n-1}$ et f est solution de (E) donc $f'(x_{n-1}) = -f(x_{n-1}) + 2 = -y_{n-1} + 2$. D'où $y_n \approx y_{n-1}(1-h) + 2h$.

Étape 2

```
Entrer a, h
Entrer x₀, y₀

x, y = x₀, y₀

Tant que x < a :
    x = x + h
    y = y × (1 – h) + 2h
Fin Tant que
Afficher y
```

9 • Primitives, équations différentielles

28 Équation différentielle $y' = ay + f$

En bref On connaît la forme des solutions des équations différentielles $y' = ay + f$, selon la nature de f, ce qui n'est pas le cas pour la plupart des autres équations.

I Équation différentielle $y' = ay$, a réel

Les solutions sur $\mathbb{R}$ de l'équation différentielle $y' = ay$ sont les fonctions de la forme :

$$x \mapsto C e^{ax}, \text{ où } C \text{ est une constante réelle}$$

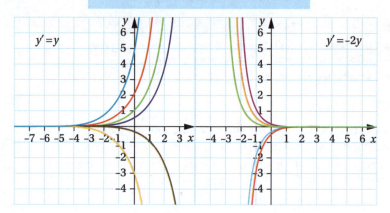

II Équation différentielle $y' = ay + b$, a réel non nul, b réel

Les solutions sur $\mathbb{R}$ de l'équation différentielle $y' = ay + b$ sont les fonctions de la forme :

$$x \mapsto C e^{ax} - \frac{b}{a}, \text{ où } C \text{ est une constante réelle}$$

À NOTER Lorsque $b = 0$, on retrouve le cas précédent.

III Équation différentielle $y' = ay + f$, a réel non nul, f fonction continue

Si l'on connaît une solution particulière y_0 sur un intervalle I de l'équation différentielle $y' = ay + f$, alors toutes les autres solutions sont de la forme :

$$x \mapsto C e^{ax} + y_0 \text{ où } C \text{ est une constante réelle}$$

À NOTER Lorsque f est une fonction constante, on retrouve le cas précédent.

COURS & MÉTHODES

Méthode

Résoudre une équation différentielle de la forme $y' = ay + b$

On considère l'équation différentielle (E) : $2y' + y = 0$.

1. Déterminer les solutions de (E) sur $\mathbb{R}$.

2. Déterminer la (ou les) solution(s) éventuelle(s) de (E) vérifiant la condition précisée dans chacun des cas suivants :

a. $f(1) = 1$
b. $f(2) = (f(1))^2$
c. $\lim_{x \to +\infty} f(x) = +\infty$

CONSEILS

1. On se ramène à la forme $y' = ay + b$; c'est alors une question de cours.
2. Exprimez la contrainte par une condition sur la constante C de la solution générale.

SOLUTION

1. y solution de (E) $\Leftrightarrow y' = -\dfrac{1}{2}y$. Donc $\mathscr{S} = \left\{x \mapsto Ce^{-\frac{x}{2}}, C \in \mathbb{R}\right\}$.

2. f est solution de (E) donc f est de la forme $f(x) = Ce^{-\frac{x}{2}}$ avec $C \in \mathbb{R}$.

a. $f(1) = 1 \Leftrightarrow Ce^{-\frac{1}{2}} = 1 \Leftrightarrow C = e^{\frac{1}{2}}$. Donc l'unique fonction f solution de (E) vérifiant $f(1) = 1$ est définie par $f_0(x) = e^{\frac{1}{2}} \times e^{-\frac{x}{2}}$ et $\mathscr{S} = \left\{f_0 : x \mapsto e^{\frac{1-x}{2}}\right\}$.

b. $f(2) = (f(1))^2 \Leftrightarrow Ce^{-1} = \left(Ce^{-\frac{1}{2}}\right)^2 \Leftrightarrow Ce^{-1} = C^2 e^{-1} \Leftrightarrow C = C^2$

$\Leftrightarrow C - C^2 = 0 \Leftrightarrow C(C-1) = 0 \Leftrightarrow C = 0$ ou $C = 1$

On a donc deux solutions et $\mathscr{S} = \left\{f_0 : x \mapsto 0 ; f_1 : x \mapsto e^{-\frac{x}{2}}\right\}$.

À NOTER

$e^{-1} \neq 0$, on peut donc bien simplifier par e^{-1}. En revanche, on ne sait rien de C. Il ne faut donc surtout pas « simplifier » par C dans d'égalité $C = C^2$ (on remarque d'ailleurs que $C = 0$ donne une solution).

c. On sait que $\lim_{x \to +\infty} e^{-\frac{x}{2}} = 0$. Donc quel que soit C, $\lim_{x \to +\infty} f(x) = 0$. Il n'y a donc **pas de solution** vérifiant la condition $\lim_{x \to +\infty} f(x) = +\infty$.

9 • Primitives, équations différentielles

29 Calculs de primitives

En bref La recherche d'une primitive d'une fonction est l'opération inverse de la dérivation.

I Primitives usuelles

On déduit du tableau des dérivées, le tableau des primitives usuelles.

Fonction f	Une primitive F	
$x \mapsto a$ (a réel)	$x \mapsto ax$	sur $\mathbb{R}$
$x \mapsto x^n$ ($n \in \mathbb{Z} \setminus \{-1\}$)	$x \mapsto \dfrac{x^{n+1}}{n+1}$	sur $\mathbb{R}$ si $n \geq 0$ sur $]0\,;+\infty[$ si $n < -1$
$x \mapsto \dfrac{1}{x}$	$x \mapsto \ln x$	sur $]0\,;+\infty[$
$x \mapsto \dfrac{1}{\sqrt{x}}$	$x \mapsto 2\sqrt{x}$	sur $]0\,;+\infty[$
$x \mapsto e^x$	$x \mapsto e^x$	sur $\mathbb{R}$
$x \mapsto \cos x$	$x \mapsto \sin x$	sur $\mathbb{R}$
$x \mapsto \sin x$	$x \mapsto -\cos x$	sur $\mathbb{R}$

II Opérations et composition

Soient u et v deux fonctions dérivables sur un intervalle I.

Fonction f	Une primitive F (sur I)
ku' (k réel)	ku
$u' + v'$	$u + v$
$u'u^n$ ($n \in \mathbb{Z} \setminus \{-1\}$)	$\dfrac{u^{n+1}}{n+1}$
$\dfrac{u'}{u}$	$\ln\|u\|$ c'est-à-dire : $\ln u$ si u strictement positive sur I $\ln(-u)$ si u strictement négative sur I
$\dfrac{u'}{\sqrt{u}}$	$2\sqrt{u}$
$u'e^u$	e^u
$u' \cos u$	$\sin u$
$u' \sin u$	$-\cos u$

Méthode

Déterminer des primitives

Déterminer les primitives des fonctions suivantes :

a. $f(x) = 2x^3 + \dfrac{3}{x}$, pour tout $x \in]0\,;+\infty[$;

b. $g(x) = \dfrac{x}{(1+x^2)^3}$, pour tout $x \in \mathbb{R}$.

CONSEILS

Étape 1 Justifiez l'existence des primitives.
Étape 2 Déterminez s'il s'agit d'une primitive de référence ou reconnaissez une opération ou une fonction composée (dans ce cas, définir u et exprimer u'). Concluez.

SOLUTION

a. Étape 1 La fonction f est continue sur $]0\,;+\infty[$ comme somme de fonctions continues ; elle y admet donc des primitives.

Étape 2 $x \mapsto \dfrac{x^4}{4}$ est une primitive de $x \mapsto x^3$ et $x \mapsto \ln x$ est une primitive de $x \mapsto \dfrac{1}{x}$ sur $]0\,;+\infty[$, donc les primitives de f sur $]0\,;+\infty[$ sont de la forme $F(x) = 2 \times \dfrac{x^4}{4} + 3\ln x + C = \dfrac{x^4}{2} + 3\ln x + C$, où C est une constante réelle.

b. Étape 1 La fonction g est continue sur $\mathbb{R}$ comme quotient de fonctions continues dont le dénominateur ne s'annule pas ; elle admet donc des primitives sur $\mathbb{R}$.

Étape 2 Posons $u(x) = 1 + x^2$. La fonction u est dérivable sur $\mathbb{R}$ et $u'(x) = 2x$. Pour tout $x \in \mathbb{R}$, $g(x) = \dfrac{1}{2} \times \dfrac{2x}{(1+x^2)^3} = \dfrac{1}{2} u'(x)(u(x))^{-3}$.

Donc les primitives de g sur $\mathbb{R}$ sont de la forme
$G(x) = \dfrac{1}{2}\dfrac{(1+x^2)^{-3+1}}{-3+1} + C = \dfrac{1}{2}\dfrac{(1+x^2)^{-2}}{-2} + C = -\dfrac{1}{4(1+x^2)^2} + C$ où C est une constante réelle.

▶ SE TESTER QUIZ

*Vérifiez que vous avez bien compris les points clés des **fiches 27 à 29**.*

C désigne une constante réelle.

1 Résolution d'une équation différentielle → FICHES 27 et 28

1. Les solutions sur $\mathbb{R}$ de l'équation différentielle $2y' - 3y = 0$ sont :

☐ **a.** $x \mapsto Ce^{\frac{2}{3}x}$ ☐ **b.** $x \mapsto Ce^{-\frac{3}{2}x}$ ☐ **c.** $x \mapsto Ce^{\frac{3}{2}x}$

2. Les solutions sur $\mathbb{R}$ de l'équation différentielle $3y' - 2y = 6$ sont :

☐ **a.** $x \mapsto Ce^{\frac{2}{3}x} - 3$ ☐ **b.** $x \mapsto Ce^{\frac{2}{3}x} - \frac{1}{3}$ ☐ **c.** $x \mapsto Ce^{-\frac{2}{3}x} - 1$

2 Solutions d'une équation différentielle → FICHES 27 et 28

1. Si f et g sont des solutions non nulles de l'équation différentielle (E) : $y' - 3y = 0$, alors est aussi solution de (E) :

☐ **a.** $f + g$

☐ **b.** $f \times g$

☐ **c.** $f + C$ avec $C \neq 0$

2. On considère l'équation différentielle (E) : $y' = ay$, où a est un réel non nul. Parmi les affirmations suivantes, lesquelles sont vraies ?

☐ **a.** Aucune des solutions de (E) ne s'annule.
☐ **b.** Il existe une unique solution f de (E) vérifiant $f(0) = f(1)$.
☐ **c.** Deux solutions de (E) diffèrent d'une constante.

3 Reconnaissance d'une primitive → FICHES 27 et 29

1. La fonction définie sur $]0\,;+\infty[$ par $F(x) = x\ln x - x$ est une primitive de :

☐ **a.** $x \mapsto \dfrac{1}{x} - 1$

☐ **b.** $x \mapsto \ln x$

☐ **c.** la fonction nulle

2. La fonction définie sur $\mathbb{R}$ par $F(x) = \dfrac{1}{1+e^{-x}}$ admet pour primitive :

☐ **a.** $x \mapsto \ln(1+e^x)$

☐ **b.** $x \mapsto -\ln(1+e^{-x})$

☐ **c.** $x \mapsto -\dfrac{\ln(1+e^{-x})}{e^{-x}}$

▶ DÉMONSTRATION CLÉ

4 **Solutions de l'équation différentielle $y' = ay$** → FICHE 28

Soit a un réel. On note (E) l'équation différentielle $y' = ay$.
a. Justifier que la fonction $x \mapsto e^{ax}$ est solution de (E).
b. Soit f une solution de (E). Montrer que la fonction $x \mapsto f(x)e^{-ax}$ est constante.
c. En déduire l'ensemble des solutions de (E).

> **CONSEILS**
> Les fonctions constantes sont les primitives de la fonction nulle.

▶ OBJECTIF BAC

5 **Résoudre une équation différentielle de la forme $y' = ay + f$** → FICHES 27 et 28

45 min

Il s'agit d'un sujet classique de l'épreuve du baccalauréat : déterminer tout d'abord une solution particulière de l'équation différentielle, puis en déduire la solution générale.

📄 LE SUJET

1. Question de cours

On admet que la fonction $x \mapsto e^x$ est l'unique fonction ϕ dérivable sur $\mathbb{R}$ telle que $\phi' = \phi$ et $\phi(0) = 1$. On considère un réel a.

a. Montrer que la fonction $f : x \mapsto e^{ax}$ définie sur $\mathbb{R}$ est solution de l'équation différentielle $y' = ay$.

b. On considère une fonction g solution de l'équation différentielle $y' = ay$. On note h la fonction définie sur $\mathbb{R}$ par $h(x) = g(x)e^{-ax}$.
Montrer que h est une fonction constante.

c. En déduire l'ensemble des solutions de $y' = ay$.

2. On considère l'équation différentielle (E) : $y' = 2y + \cos x$.

a. Déterminer les réels a et b pour que la fonction f_0 définie sur $\mathbb{R}$ par $f_0(x) = a\cos x + b\sin x$ soit solution de (E).

b. Résoudre l'équation différentielle (E_0) : $y' = 2y$.

c. Démontrer que f est solution de (E) si et seulement si $f - f_0$ est solution de (E_0).

d. En déduire les solutions de (E).

e. Déterminer la solution φ de (E) vérifiant $\varphi\left(\dfrac{\pi}{2}\right) = 0$.

👁 LIRE LE SUJET

1. a. Dire que f est solution de $y' = ay$ revient à dire que $f'(x) = af(x)$.
b. Une fonction est constante lorsque sa dérivée est nulle.
c. On veut maintenant toutes les solutions de l'équation différentielle.

2. a. Pour que f_0 soit solution de (E), déterminez a et b de telle sorte que $f_0'(x) = 2f_0(x) + \cos x$, pour tout réel x.
b. C'est un résultat de cours (d'ailleurs redémontré à la question **1.**)
c. Montrez une équivalence.
d. Déterminez toutes les solutions de (E).
e. Déterminez une solution sachant que l'on a une condition particulière.

▶▶▶ LA FEUILLE DE ROUTE

1. Déterminer toutes les solutions de l'équation $y' = ay$ → FICHE 27

a. Déterminez f' en remarquant que f est de la forme e^u avec $u(x) = ax$ (on rappelle que $(e^u)' = u'e^u$). Faites apparaître f dans l'expression de f'.

b. Montrez que $h'(x) = 0$, en utilisant la relation $(u \cdot v)' = u'v + uv'$.

c. Déduisez de la question précédente la forme que devront nécessairement avoir les solutions de l'équation. Puis vérifiez que ce sont bien des solutions.

2. a. Trouver une solution particulière de l'équation (E) initiale
Écrivez l'égalité $f_0'(x) = 2f_0(x) + \cos x$ pour des valeurs particulières de x afin de trouver les relations devant être vérifiées par a et b. Résolvez ce système pour déterminer les valeurs de ces coefficients.

b. Trouver toutes les solutions de l'équation annexe (E_0) → FICHE 28
Utilisez le résultat de la question **1. c.** (question de cours).

c. Ramener la résolution de (E) à celle de (E_0)
En utilisant le fait que f_0 est solution de (E_0), veillez à conserver l'équivalence d'un bout à l'autre de la question.

d. Trouver toutes les solutions de (E)
Utilisez les questions **2. b.** et **2. c.** pour déterminer toutes les solutions de (E).

e. Trouver une solution de (E) vérifiant une condition particulière
Appliquez la condition afin de déterminer la valeur de la constante.

CORRIGÉS

▶ SE TESTER QUIZ

1 Résolution d'une équation différentielle

1. Réponse c. $2y' - 3y = 0 \Leftrightarrow y' = \dfrac{3}{2}y$. On applique le résultat du cours avec $a = \dfrac{3}{2}$.

2. Réponse a. $3y' - 2y = 6 \Leftrightarrow y' = \dfrac{2}{3}y + 2$. On applique le résultat du cours avec $a = \dfrac{2}{3}$ et $b = 2$.

2 Solutions d'une équation différentielle

1. Réponse a.
a. Vrai. Si f et g sont solutions de (E), alors $f' = 3f$ et $g' = 3g$. On a donc $(f+g)' = f' + g' = 3f + 3g = 3(f+g)$ et $f + g$ est solution de (E).
b. Faux. *Contre-exemple* : $f(x) = e^{3x}$ et $g(x) = 2e^{3x}$ sont solutions de (E). On a $(f \times g)(x) = 2e^{3x+3x} = 2e^{6x}$ et $(f \times g)'(x) = 12e^{6x} \neq 3 \times (f \times g)(x)$ pour $x \neq 0$. Donc $f \times g$ n'est pas solution de (E).

À NOTER
Pour montrer qu'une affirmation est fausse, il suffit de trouver un contre-exemple.

c. Faux. *Contre-exemple* : $f(x) = e^{3x}$ est solution de (E). On a donc $f(x) + 1 = e^{3x} + 1$ et $(f(x) + 1)' = f'(x) = 3e^{3x} \neq 3 \times (f(x) + 1)$. Donc $f + C$ n'est pas solution de (E).

2. Réponse b.
a. Faux. *Contre-exemple* : la fonction nulle est solution de (E).
b. Vrai. Soit f une solution de (E) telle que $f(0) = f(1)$. On a f de la forme $f(x) = Ce^{ax}$ et $f(0) = f(1) \Leftrightarrow C = Ce^a \Leftrightarrow C = 0$ (car $a \neq 0$). Donc la fonction nulle est la seule solution vérifiant ces conditions.
c. Faux. $f(x) = e^{ax}$ et la fonction nulle sont solutions de (E). Pourtant leur différence n'est pas constante.

3 Reconnaissance d'une primitive

1. Réponse b. $F'(x) = 1 \times \ln x + x \times \dfrac{1}{x} - 1 = \ln x$.

2. Réponse a. La fonction $f : x \mapsto \ln(1 + e^x)$ est dérivable sur $\mathbb{R}$, de dérivée $f'(x) = \dfrac{e^x}{1 + e^x} = \dfrac{e^x}{e^x(e^{-x} + 1)} = \dfrac{1}{1 + e^{-x}} = F(x)$. f est bien une primitive de F.

À NOTER
On montre de la même façon avec les fonctions en b. et c. que leurs dérivées ne sont pas égales à F. Elles ne peuvent donc pas en être des primitives.

▶ DÉMONSTRATION CLÉ

4 Solutions de l'équation différentielle $y' = ay$

a. La fonction $u : x \mapsto e^{ax}$ est dérivable sur $\mathbb{R}$, de dérivée $u'(x) = ae^{ax} = au(x)$. C'est donc bien une **solution de (E)**.

b. Soit g la fonction définie pour tout réel x par $g(x) = f(x)e^{-ax}$.
g est dérivable sur $\mathbb{R}$ comme produit de fonctions dérivables, et pour tout réel x,
$g'(x) = f'(x)e^{-ax} - af(x)e^{-ax} = (f'(x) - af(x))e^{-ax} = 0$ (car f est solution de (E) donc $f'(x) = af(x) \Leftrightarrow f'(x) - af(x) = 0$).
g ayant une dérivée nulle, on en déduit que c'est une **fonction constante**.

c. D'après la question **b.**, si f est une solution de (E) alors il existe une constante réelle C telle que pour tout réel x, $f(x)e^{-ax} = C \Leftrightarrow f(x) = Ce^{ax}$.
(On s'assure facilement qu'une telle fonction vérifie bien (E)).
Les solutions de (E) sont donc de la forme $x \mapsto Ce^{ax}$ avec $C \in \mathbb{R}$.

▶ OBJECTIF BAC

5 Résoudre une équation différentielle de la forme $y' = ay + f$

1. a. La fonction f est de la forme e^u avec $u(x) = ax$ dérivable sur $\mathbb{R}$, donc la fonction f est dérivable sur $\mathbb{R}$ et $f'(x) = ae^{ax} = af(x)$. Donc f est bien solution de l'équation différentielle $y' = ay$.

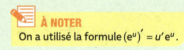
À NOTER
On a utilisé la formule $(e^u)' = u'e^u$.

b. La fonction h est dérivable sur $\mathbb{R}$ (comme produit de fonctions dérivables sur $\mathbb{R}$),
et $h'(x) = g'(x)e^{-ax} + g(x) \times (-a)e^{-ax} = (g'(x) - ag(x))e^{-ax}$.
Or g est solution de $y' = ay$, donc pour tout réel x, $g'(x) = ag(x)$.
Donc pour tout réel x, $h'(x) = 0$ et h **est une fonction constante sur** $\mathbb{R}$.

c. D'après ce qui précède, on a montré que si g est solution de $y' = ay$ alors il existe un réel C, tel que pour tout réel x, $C = g(x)e^{-ax}$, soit $g(x) = Ce^{ax}$.
On vérifie facilement que les fonctions g ainsi définies sont solutions de l'équation différentielle.
Donc $\mathscr{S} = \{x \mapsto Ce^{ax}, C \in \mathbb{R}\}$.

À NOTER
On rappelle que l'on a $\dfrac{1}{e^{-ax}} = e^{ax}$.

2. a. La fonction f_0 est dérivable sur $\mathbb{R}$ et $f_0'(x) = -a\sin x + b\cos x$.
f_0 est solution de (E) si pour tout réel x, $f_0'(x) = 2f_0(x) + \cos x$.
Il faut donc que pour tout réel x, $-a\sin x + b\cos x = 2a\cos x + 2b\sin x + \cos x$, c'est-à-dire $(-a - 2b)\sin x + (b - 2a - 1)\cos x = 0$.
En particulier, pour $x = \dfrac{\pi}{2}$, on a $-a - 2b = 0$.
En particulier, pour $x = 0$, on a $b - 2a - 1 = 0$.

À NOTER
On prend des valeurs particulières de x pour trouver des relations entre les coefficients.
Deux valeurs suffisent pour obtenir un système de deux équations avec a et b.

On a donc $\begin{cases} -a - 2b = 0 \\ b - 2a - 1 = 0 \end{cases} \Leftrightarrow \begin{cases} a = -2b \\ b + 4b - 1 = 0 \end{cases} \Leftrightarrow \begin{cases} b = \dfrac{1}{5} \\ a = -\dfrac{2}{5} \end{cases}$.

Réciproquement, on vérifie que $f_0 : x \mapsto -\dfrac{2}{5}\cos x + \dfrac{1}{5}\sin x$ est bien solution de $y' = 2y + \cos x$.

b. En utilisant la question **1. c.** avec $a = 2$, on trouve que les solutions de (E_0) sont $\mathcal{S} = \{x \mapsto Ce^{2x}, C \in \mathbb{R}\}$.

c. On sait que f_0 solution de (E) donc $f_0'(x) = 2f_0(x) + \cos x$ (1)
On a $f - f_0$ solution de (E_0)
$\Leftrightarrow$ pour tout réel x, $(f - f_0)'(x) = 2(f - f_0)(x)$
$\Leftrightarrow$ pour tout réel x, $f'(x) = f_0'(x) + 2f(x) - 2f_0(x)$
$\Leftrightarrow$ pour tout réel x, $f'(x) = 2f_0(x) + \cos x + 2f(x) - 2f_0(x)$ d'après (1)
$\Leftrightarrow$ pour tout réel x, $f'(x) = 2f(x) + \cos x$
$\Leftrightarrow$ f est solution de (E).

À NOTER
Une équivalence peut se démontrer dans un sens ou dans l'autre. Il est souvent plus aisé de démarrer par l'expression la plus « compliquée » car il est plus facile de simplifier une expression que de faire apparaître des termes.

d. On déduit de ce qui précède les équivalences suivantes :
f est solution de (E)
$\Leftrightarrow$ $f - f_0$ solution de (E_0)
$\Leftrightarrow$ il existe un réel C tel que $f(x) - f_0(x) = Ce^{2x}$, pour tout réel x
$\Leftrightarrow$ il existe un réel C tel que $f(x) = Ce^{2x} + f_0(x)$, pour tout réel x
$\Leftrightarrow$ il existe un réel C tel que $f(x) = Ce^{2x} - \dfrac{2}{5}\cos x + \dfrac{1}{5}\sin x$, pour tout réel x

Donc les solutions de (E) sont $\mathcal{S} = \left\{x \mapsto Ce^{2x} - \dfrac{2}{5}\cos x + \dfrac{1}{5}\sin x, C \in \mathbb{R}\right\}$.

e. La fonction φ est solution de (E) donc il existe un réel C tel que, pour tout réel x, $\varphi(x) = Ce^{2x} - \dfrac{2}{5}\cos x + \dfrac{1}{5}\sin x$.
Or $\varphi\left(\dfrac{\pi}{2}\right) = Ce^{\pi} - \dfrac{2}{5}\cos\dfrac{\pi}{2} + \dfrac{1}{5}\sin\dfrac{\pi}{2} = Ce^{\pi} + \dfrac{1}{5}$ et $\varphi\left(\dfrac{\pi}{2}\right) = 0$.
On a donc $Ce^{\pi} + \dfrac{1}{5} = 0 \Leftrightarrow C = -\dfrac{e^{-\pi}}{5}$.
Donc φ est la fonction définie sur $\mathbb{R}$ par $\varphi(x) = \dfrac{-e^{2x-\pi} - 2\cos x + \sin x}{5}$.

30 Définition de l'intégrale

En bref *L'intégrale d'une fonction positive sur un intervalle I est l'aire de la surface comprise entre sa courbe et l'axe des abscisses.*

I Intégrale d'une fonction continue positive

Le plan est rapporté à un repère orthogonal $(O\,;\vec{i}\,;\vec{j})$.

■ Soient I et J des points du plan tels que $\vec{OI} = \vec{i}$, $\vec{OJ} = \vec{j}$. On appelle **unité d'aire** (notée u.a.) l'aire du rectangle de longueur OI et de largeur OJ.

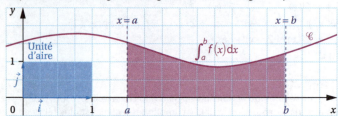

■ **Définition** : Soit f une fonction continue **positive** sur un intervalle $[a\,;b]$, $a \leqslant b$. On note $\mathscr{C}$ la courbe représentative de f dans le repère $(O\,;\vec{i}\,;\vec{j})$.
L'**intégrale de f sur $[a\,;b]$** est l'aire, exprimée en u.a., du domaine délimité par $\mathscr{C}$, l'axe des abscisses et les droites d'équations $x = a$ et $x = b$. On la note $\int_a^b f(t)\,dt$.
a et b s'appellent les bornes de l'intégrale.

■ **Théorème fondamental** : Si f est une fonction continue positive sur un intervalle $[a\,;b]$, la fonction F_a définie sur $[a\,;b]$ par $F_a(x) = \int_a^x f(t)\,dt$ est la primitive de f qui s'annule en a. → FICHE 27

■ **Conséquence** : Si F est une primitive de f sur $[a\,;b]$, on a $\int_a^b f(t)\,dt = F(b) - F(a)$ que l'on note $[F(t)]_a^b$. → FICHE 29

II Intégrale d'une fonction continue de signe quelconque

■ **Définition** : Soit f une fonction continue sur un intervalle I, et F une primitive de f sur I. Pour tous a, b de I, on définit $\int_a^b f(t)\,dt$ par :

$$\int_a^b f(t)\,dt = [F(t)]_a^b = F(b) - F(a)$$

■ **Remarque** : Si f est continue **négative** sur $[a\,;b]$, alors l'intégrale de f sur $[a\,;b]$ est l'opposé de l'aire du domaine défini par $\int_a^b -f(t)\,dt$.

■ **Définition** : Soit f une fonction continue sur un intervalle $[a\,;b]$, $a \leqslant b$. On appelle **valeur moyenne** de f sur $[a\,;b]$ le réel :

$$\mu = \frac{1}{b-a}\int_a^b f(t)\,dt$$

COURS & MÉTHODES

Méthode

Calculer l'aire d'un domaine limité par deux courbes

On considère les fonctions f et g définies sur $]0\,;+\infty[$ par $f(x) = x - 2 + \dfrac{\ln x}{x}$ et $g(x) = x - 2$.

On note $\mathcal{C}$ et $\mathcal{C}'$ leurs courbes respectives dans un repère orthogonal d'unités graphiques 2 cm sur l'axe des abscisses et 1 cm sur l'axe des ordonnées.

Calculer l'aire en cm², du domaine $\mathcal{D}$ du plan limité par les courbes $\mathcal{C}$, $\mathcal{C}'$ et les droites d'équation $x = \dfrac{1}{e}$ et $x = 2$.

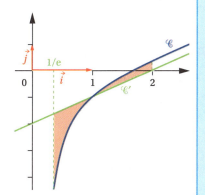

 CONSEILS

Étape 1 Cherchez le signe de la fonction $f - g$ sur l'intervalle $\left[\dfrac{1}{e}\,;2\right]$.

Étape 2 Découpez $\left[\dfrac{1}{e}\,;2\right]$ en intervalles sur lesquels le signe de $f - g$ est constant.
L'aire de chacun des domaines ainsi délimités est égale à l'intégrale de $f - g$ si $f - g$ est positive, et à l'opposé de l'intégrale de $f - g$ si $f - g$ est négative. L'aire de $\mathcal{D}$ (en u.a.) est alors la somme de l'aire de chacun des domaines.

Étape 3 Convertissez le résultat précédent en cm².

SOLUTION

Étape 1 Pour tout $x > 0$, on a $f(x) - g(x) = \dfrac{\ln x}{x} \geq 0 \Leftrightarrow x \geq 1$.

Donc, $f - g$ est négative sur $\left[\dfrac{1}{e}\,;1\right]$, positive sur $[1\,;2]$.

Étape 2 On a $A = A_1 + A_2 = -\int_{\frac{1}{e}}^{1} \left(\dfrac{\ln t}{t}\right)dt + \int_{1}^{2}\left(\dfrac{\ln t}{t}\right)dt$. Or une primitive de $t \mapsto \dfrac{\ln t}{t}$, fonction de la forme $u'u$ avec $u(t) = \ln t$, est $t \mapsto \dfrac{1}{2}(\ln t)^2$. Donc

$A = -\left[\dfrac{1}{2}(\ln t)^2\right]_{\frac{1}{e}}^{1} + \left[\dfrac{1}{2}(\ln t)^2\right]_{1}^{2} = -\left(-\dfrac{1}{2}\left(\ln\dfrac{1}{e}\right)^2\right) + \dfrac{1}{2}(\ln 2)^2 = \dfrac{1}{2} + \dfrac{(\ln 2)^2}{2}$ u.a.

Étape 3 On a 1 u.a. $= 1 \times 2$ cm² $= 2$ cm². Donc $A = 1 + (\ln 2)^2$ cm².

10 • Calcul intégral

31 Propriétés de l'intégrale

En bref *L'intégrale possède des propriétés qui facilitent son calcul ou son encadrement, ce qui permet d'en obtenir une valeur approchée.*

I Propriétés relatives aux bornes

■ Soit f une fonction continue sur un intervalle I. Pour tous a, b de I, on a :

- $\int_a^a f(t)\,dt = 0$
- $\int_b^a f(t)\,dt = -\int_a^b f(t)\,dt$

À NOTER
La variable t est muette. On note indifféremment $\int_a^b f(t)\,dt$, $\int_a^b f(x)\,dx$, etc.

■ **Relation de Chasles :** Soit f une fonction continue sur un intervalle I. Pour tous a, b, c de I, on a :

$$\int_a^c f(t)\,dt = \int_a^b f(t)\,dt + \int_b^c f(t)\,dt$$

II Linéarité de l'intégrale

Soient f et g des fonctions continues sur un intervalle I. Pour tous a, b de I et pour tout λ réel, on a :

- $\int_a^b (f(t) + g(t))\,dt = \int_a^b f(t)\,dt + \int_a^b g(t)\,dt$
- $\int_a^b \lambda f(t)\,dt = \lambda \int_a^b f(t)\,dt$

III Positivité et croissance de l'intégrale

Soient f et g des fonctions continues sur un intervalle $[a\,;b]$, $a \leq b$.

- Si $f(t) \geq 0$ pour tout $t \in [a\,;b]$, alors $\int_a^b f(t)\,dt \geq 0$
- Si $f(t) \geq g(t)$ pour tout $t \in [a\,;b]$, alors $\int_a^b f(t)\,dt \geq \int_a^b g(t)\,dt$

IV Intégration par parties

Soient u et v deux fonctions dérivables à dérivées continues sur un intervalle $[a\,;b]$, $a \leq b$. Alors :

$$\int_a^b u'(t)v(t)\,dt = [u(t)v(t)]_a^b - \int_a^b u(t)v'(t)\,dt$$

COURS & MÉTHODES

Méthode

1 | Majorer ou minorer une intégrale

On pose $A = \int_0^2 \dfrac{t^3}{1+t^2}\,dt$. Montrer que $0 \leqslant A \leqslant 4$.

 CONSEILS

Étape 1 Encadrez la fonction $t \mapsto \dfrac{t^3}{1+t^2}$ sur l'intervalle d'intégration $[0\,;2]$ par des fonctions dont on sait déterminer une primitive.
Étape 2 Utilisez la positivité et la croissance de l'intégrale.

SOLUTION

Étape 1 Pour tout $t \in [0\,;2]$, $1 + t^2 \geqslant 1$ donc $0 \leqslant \dfrac{1}{1+t^2} \leqslant 1$. t étant positif, on en déduit que pour tout $t \in [0\,;2]$, $0 \leqslant \dfrac{t^3}{1+t^2} \leqslant t^3$.

Étape 2 Par positivité et croissance de l'intégrale, on en déduit que
$0 \leqslant \int_0^2 \dfrac{t^3}{1+t^2}\,dt \leqslant \int_0^2 t^3\,dt$.

Or $\int_0^2 t^3\,dt = \left[\dfrac{t^4}{4}\right]_0^2 = 4$.

Donc $0 \leqslant A \leqslant 4$.

2 | Appliquer le théorème d'intégration par parties

Calculer $\int_0^1 t\,e^t\,dt$ à l'aide d'une intégration par parties.

 CONSEILS

Identifiez les fonctions u' et v du théorème, de telle sorte que l'intégrale $\int_0^1 u(t)v'(t)\,dt$ soit facile à calculer.

SOLUTION

Pour tout $t \in [0\,;1]$, on pose $\begin{cases} u'(t) = e^t \\ v(t) = t \end{cases}$, on a alors $\begin{cases} u(t) = e^t \\ v'(t) = 1 \end{cases}$.

Les fonctions u et v ainsi définies sont dérivables sur $[0\,;1]$ à dérivées continues. Le théorème d'intégration par parties donne donc :

$\int_0^1 t\,e^t\,dt = \left[t\,e^t\right]_0^1 - \int_0^1 e^t\,dt = e - (e-1)$ et $\int_0^1 t\,e^t\,dt = 1$.

▶ SE TESTER QUIZ

*Vérifiez que vous avez bien compris les points clés des **fiches 30 à 31**.*

1 Calcul d'une intégrale → FICHE 30

1. Soit $I = \int_0^2 e^2 \, dt$. Alors $I = \ldots$

☐ **a.** $2e^2$
☐ **b.** $e^2 - 1$
☐ **c.** $e^4 - 1$

2. Soit $I = \int_1^x t^2 \, dt$. Alors $I = \ldots$

☐ **a.** $\dfrac{1}{3}x^3$

☐ **b.** $\dfrac{1}{3}x^3 - 1$

☐ **c.** $\dfrac{1}{3}(x^3 - 1)$

2 Valeur moyenne → FICHE 30

1. La valeur moyenne de $x \mapsto 4x + 1$ sur $[-1\,;1]$ est :

☐ **a.** 8 ☐ **b.** 1 ☐ **c.** 0

2. La valeur moyenne de $x \mapsto \cos x$ sur $[0\,;\pi]$ est :

☐ **a.** $\dfrac{\pi}{2}$ ☐ **b.** $\dfrac{2}{\pi}$ ☐ **c.** 0

3. La valeur moyenne de $x \mapsto \sin x$ sur $[0\,;\pi]$ est :

☐ **a.** $\dfrac{2}{\pi}$ ☐ **b.** $\dfrac{\pi}{2}$ ☐ **c.** 0

3 Propriétés de l'intégrale → FICHE 31

Parmi les affirmations suivantes, lesquelles sont vraies ?

☐ **a.** $A = \int_0^3 f(t)\,dt - \int_0^{-3} f(t)\,dt = \int_{-3}^3 f(t)\,dt$ avec f fonction continue sur $\mathbb{R}$.

☐ **b.** $B = \int_2^4 (\ln t)\,dt + \int_4^7 (3\ln t)\,dt = \int_2^7 (4\ln t)\,dt$.

☐ **c.** Soit g une fonction continue positive sur $[2\,;5]$, alors $\int_4^3 g(t)\,dt \geq 0$.

▶ DÉMONSTRATION CLÉ

4 Théorème d'intégration par parties → FICHE 31

Soient u et v deux fonctions dérivables à dérivées continues sur un intervalle $[a\,;b]$, $a \leq b$. Montrer que $\int_a^b u'(t)v(t)\,dt = [u(t)v(t)]_a^b - \int_a^b u(t)v'(t)\,dt$.

CONSEILS
Dérivez la fonction uv.

▶ OBJECTIF BAC

 5 Valeur approchée de e → FICHES 30 et 31
40 min

L'un des mérites de ce sujet est de lier de nombreuses notions issues de plusieurs chapitres : calcul intégral, raisonnement par récurrence, usage de $n!$, théorèmes de convergence des suites, usage du symbole Σ.

📄 LE SUJET

On rappelle que, pour tout entier $n > 0$, on a $n! = 1 \times 2 \times \ldots \times n$ et $0! = 1$.
Soit $(u_n)_{n \in \mathbb{N}}$ la suite définie pour tout entier naturel n par :
$u_n = \dfrac{1}{n!}\int_0^1 (1-t)^n e^t\,dt$.

a. Calculer u_0.

b. Pour tout entier naturel n, calculer la dérivée de la fonction f définie sur $[0\,;1]$ par $f(t) = (1-t)^{n+1} e^t$, puis calculer $u_{n+1} - u_n$.

c. En déduire que $u_n = e - \sum_{p=0}^{n} \dfrac{1}{p!}$.

d. Démontrer que pour tout entier naturel n non nul, $0 \leq u_n \leq \dfrac{e}{n!}$. En déduire que $\lim\limits_{n \to +\infty} \sum_{p=0}^{n} \dfrac{1}{p!} = e$.

10 • Calcul intégral

e. On sait que e ⩽ 3. On donne l'algorithme ci-dessous :

> *Variables* : S est un nombre réel, F est un nombre entier
> *Initialisation* : Affecter à S la valeur 1 ;
> Affecter à F la valeur 1 ;
> Affecter à n la valeur 0 ;
> *Traitement* : Tant que $\dfrac{3}{F} \geqslant 0{,}001$
>
>   Affecter à n la valeur n + 1 ;
>   Affecter à F la valeur F × n ;
>   Affecter à S la valeur $S + \dfrac{1}{F}$;
>   Fin tant que.
> *Sortie* : Afficher S.

Donner un encadrement de S d'amplitude 10^{-3}. Interpréter ce résultat.

👁 LIRE LE SUJET

a. On vous demande de calculer explicitement l'intégrale qui définit u_0, le premier terme de la suite (n = 0).
b. Dérivez f et déduisez-en $u_{n+1} - u_n$.
c. Exprimez u_n sous forme de somme, en utilisant le résultat précédent.
d. Encadrez u_n et déduisez-en e sous forme d'une limite.
e. Utilisez l'algorithme pour encadrer S et expliquez le résultat.

▶▶▶ LA FEUILLE DE ROUTE

a. Calculer le premier terme d'une suite définie par une intégrale
Pour calculer $u_0 = \int_0^1 e^t \, dt$, trouvez une primitive de la fonction exp.

b. Déterminer une intégrale grâce à la dérivée d'une fonction auxiliaire
Dérivez la fonction f comme produit de deux fonctions. Reconnaître f′ dans l'intégrale qui apparaît pour le calcul de $u_{n+1} - u_n$.

c. Transformer l'expression de u_n
Établissez l'égalité demandée par récurrence.

d. Encadrer u_n
Utilisez que $0 \leqslant (1-t)^n \leqslant 1$ pour $t \in [0\,;1]$ et la positivité de l'intégrale. En déduire la limite demandée à l'aide du théorème des gendarmes. → FICHE 15

e. Utiliser un algorithme
Faites tourner l'algorithme proposé pour obtenir un encadrement de S et de e.

6 Étude d'une fonction définie par une intégrale

→ FICHES 30 et 31

45 min

La difficulté – et aussi l'intérêt ! – de ce sujet réside dans le fait que la variable de la fonction se situe au niveau des bornes d'une intégrale. Il faut une vigilance toute particulière pour ne pas confondre les différentes sortes de variables : variable de la fonction et variable d'intégration.

LE SUJET

Soit f la fonction définie sur $\mathbb{R}$ par $f(x) = \int_{x}^{2x} \frac{1}{1+t^2} \, dt$.

a. Justifier le fait que la fonction f est dérivable sur $\mathbb{R}$ et montrer que pour tout réel x, $f'(x) = \frac{2}{1+4x^2} - \frac{1}{1+x^2}$. On pourra pour cela faire intervenir une primitive G de $x \mapsto \frac{1}{1+x^2}$ sans chercher à calculer G.

b. Pour tout réel $x > 0$, calculer $\int_{x}^{2x} \frac{1}{t^2} \, dt$. Montrer que, pour tout réel $x > 0$, $0 \leq f(x) \leq \frac{1}{2x}$. En déduire la limite de f en $+\infty$.

c. Après avoir justifié que pour tout $t \geq 0$, $(t+1)^2 \geq t^2 + 1$, démontrer que pour tout réel $x > 0$, $\frac{1}{x+1} - \frac{1}{2x+1} \leq f(x)$. En déduire, à l'aide de la majoration obtenue à la question **b.**, la limite de $x \times f(x)$ lorsque x tend vers $+\infty$.

👁 LIRE LE SUJET

a. Déterminez la dérivée de f en utilisant une fonction auxiliaire.
b. Calculez une intégrale puis déduisez-en un encadrement de $f(x)$ qui nous permettra d'obtenir la limite de f.
c. Justifiez une minoration de $f(x)$ afin d'en déduire une nouvelle limite.

▶▶▶ LA FEUILLE DE ROUTE

a. Dériver une fonction grâce à une fonction auxiliaire
Écrivez f sous la forme $f(x) = G(2x) - G(x)$. Déterminez ensuite f' grâce au théorème fondamental de l'intégration. → FICHE 30

b. Déterminer une limite grâce au théorème des gendarmes
Majorez $f(x)$ par l'intégrale qui vient d'être calculée, puis utilisez le théorème des gendarmes pour déterminer la limite demandée. → FICHE 15

c. Déterminer une limite grâce au théorème de comparaison
Minorez $f(x)$ par $\int_{x}^{2x} \frac{1}{(1+t)^2} \, dt$. Calculez cette intégrale. Déduisez-en la limite demandée en utilisant le théorème de comparaison. → FICHE 15

CORRIGÉS

▶ SE TESTER QUIZ

1 Calcul d'une intégrale

1. Réponse a. $I = \int_0^2 e^2 dt = \left[e^2 t\right]_0^2 = 2e^2$.

 À NOTER
On intègre une fonction constante.

2. Réponse c. $I = \int_1^x t^2 dt = \left[\dfrac{t^3}{3}\right]_1^x = \dfrac{1}{3}x^3 - \dfrac{1}{3}$.

2 Valeur moyenne

1. Réponse b. $\mu = \dfrac{1}{1-(-1)} \int_{-1}^{1} (4x+1)\,dx = \dfrac{1}{2}\left[2x^2 + x\right]_{-1}^{1} = \dfrac{3-1}{2} = 1$.

2. Réponse c. $\mu = \dfrac{1}{\pi - 0} \int_0^{\pi} \cos x\,dx = \dfrac{1}{\pi}[\sin x]_0^{\pi} = \dfrac{\sin \pi - \sin 0}{\pi} = 0$.

3. Réponse a. $\mu = \dfrac{1}{\pi - 0} \int_0^{\pi} \sin x\,dx = \dfrac{1}{\pi}[-\cos x]_0^{\pi} = \dfrac{-\cos \pi + \cos 0}{\pi} = \dfrac{2}{\pi}$.

3 Propriétés de l'intégrale

a. Vrai.
$A = \int_0^3 f(t)\,dt - \left(-\int_{-3}^{0} f(t)\,dt\right) = \int_{-3}^{0} f(t)\,dt + \int_0^3 f(t)\,dt = \int_{-3}^{3} f(t)\,dt$.

 À NOTER
On utilise la relation de Chasles.

b. **Faux.** Pour pouvoir utiliser la relation de Chasles, la fonction à intégrer doit être la même dans les deux intégrales, ce qui n'est pas le cas ici.

c. **Faux.** La positivité donne $\int_3^4 g(t)\,dt \geq 0$ donc $\int_4^3 g(t)\,dt = -\int_3^4 g(t)\,dt \leq 0$.

▶ DÉMONSTRATION CLÉ

4 Théorème d'intégration par parties

u et v sont dérivables sur $[a\,;b]$ donc la fonction uv est dérivable sur $[a\,;b]$ et, pour tout $t \in [a\,;b]$, $(uv)'(t) = u'(t)v(t) + u(t)v'(t)$ ce qui équivaut à :
$$u'(t)v(t) = (uv)'(t) - u(t)v'(t)$$
Or u' et v' sont continues sur $[a\,;b]$, on peut donc calculer les intégrales des fonctions $u'v$, $(uv)'$ et uv' sur $[a\,;b]$.
On a donc, par linéarité :
$$\int_a^b u'(t)v(t)\,dt = \int_a^b \Big((uv)'(t) - u(t)v'(t)\Big)\,dt = \int_a^b (uv)'(t)\,dt - \int_a^b u(t)v'(t)\,dt.$$
Donc $\int_a^b u'(t)v(t)\,dt = [u(t)v(t)]_a^b - \int_a^b u(t)v'(t)\,dt$.

▶ OBJECTIF BAC

5 Valeur approchée de e

a. $u_0 = \dfrac{1}{0!}\int_0^1 (1-t)^0 e^t\, dt = 1 \times \int_0^1 e^t\, dt = \left[e^t\right]_0^1 = e - 1.$

b. ■ Pour $n \in \mathbb{N}$ et $t \in [0\,;1]$, $f'(t) = -(n+1)(1-t)^n e^t + (1-t)^{n+1} e^t.$

■ Pour $n \in \mathbb{N}$, $u_{n+1} - u_n = \dfrac{1}{(n+1)!}\int_0^1 (1-t)^{n+1} e^t\, dt - \dfrac{1}{n!}\int_0^1 (1-t)^n e^t\, dt.$

Or $\dfrac{1}{(n+1)!} = \dfrac{1}{n+1} \times \dfrac{1}{n!}$ donc $\dfrac{1}{n!} = \dfrac{n+1}{(n+1)!}$ et par linéarité de l'intégrale, on a

$u_{n+1} - u_n = \dfrac{1}{(n+1)!}\int_0^1 \left((1-t)^{n+1} e^t - (n+1)(1-t)^n e^t\right) dt = \dfrac{1}{(n+1)!}\int_0^1 f'(t)\, dt$

$u_{n+1} - u_n = \dfrac{1}{(n+1)!}\left[f(t)\right]_0^1 = -\dfrac{1}{(n+1)!}.$

c. Montrons par récurrence que pour tout $n \in \mathbb{N}$, $u_n = e - \displaystyle\sum_{p=0}^n \dfrac{1}{p!}.$

■ **Initialisation (pour $n = 0$)** :

$e - \displaystyle\sum_{p=0}^0 \dfrac{1}{p!} = e - \dfrac{1}{0!} = e - 1 = u_0.$ Donc la propriété est vraie au rang $n = 0$

■ **Hérédité** : Soit un entier naturel n, on suppose que la propriété est vraie au rang n, c'est-à-dire que $u_n = e - \displaystyle\sum_{p=0}^n \dfrac{1}{p!}.$

D'après la question précédente, $u_{n+1} = u_n - \dfrac{1}{(n+1)!}.$

En appliquant l'hypothèse de récurrence, on obtient que

$u_{n+1} = e - \displaystyle\sum_{p=0}^n \dfrac{1}{p!} - \dfrac{1}{(n+1)!} = e - \left(\displaystyle\sum_{p=0}^n \dfrac{1}{p!} + \dfrac{1}{(n+1)!}\right) = e - \displaystyle\sum_{p=0}^{n+1} \dfrac{1}{p!}.$

Donc la propriété est vraie au rang $n+1$ et est donc héréditaire.

■ **Conclusion** : la propriété est vraie pour tout $n \in \mathbb{N}$.

Donc pour tout $n \in \mathbb{N}$, $u_n = e - \displaystyle\sum_{p=0}^n \dfrac{1}{p!}.$

d. ■ D'après la question **a.**, $u_0 = e - 1$, donc on a bien $0 \leq u_0 \leq e.$
Pour $t \in [0\,;1]$, $0 \leq 1 - t \leq 1$ et, par croissance de la fonction $x \mapsto x^n$ sur $[0\,;+\infty[$, pour $n \in \mathbb{N}^*$, on a $0 \leq (1-t)^n \leq 1 \Leftrightarrow 0 \leq (1-t)^n e^t \leq e^t$, car $e^t > 0.$
Par positivité et croissance de l'intégrale, on en déduit que

$0 \leq \int_0^1 (1-t)^n e^t\, dt \leq \int_0^1 e^t\, dt \Leftrightarrow 0 \leq \dfrac{1}{n!}\int_0^1 (1-t)^n e^t\, dt \leq \dfrac{1}{n!}\int_0^1 e^t\, dt.$

Donc $0 \leq u_n \leq \dfrac{1}{n!}\left[e^t\right]_0^1 \Leftrightarrow 0 \leq u_n \leq \dfrac{e}{n!} - \dfrac{1}{n!} \leq \dfrac{e}{n!}$ pour $n \in \mathbb{N}^*.$

On en conclut donc que pour tout $n \in \mathbb{N}$, $\mathbf{0 \leq u_n \leq \dfrac{e}{n!}}.$

■ On sait que $u_n = e - \sum_{p=0}^{n} \dfrac{1}{p!}$ donc en remplaçant dans l'inégalité précédente, on a

$0 \leq e - \sum_{p=0}^{n} \dfrac{1}{p!} \leq \dfrac{e}{n!} \Leftrightarrow -e \leq -\sum_{p=0}^{n} \dfrac{1}{p!} \leq \dfrac{e}{n!} - e \Leftrightarrow e - \dfrac{e}{n!} \leq \sum_{p=0}^{n} \dfrac{1}{p!} \leq e.$

Or $\lim\limits_{n \to +\infty} n! = +\infty$ donc $\lim\limits_{n \to +\infty} \left(e - \dfrac{e}{n!} \right) = e$ et le théorème des gendarmes donne $\lim\limits_{n \to +\infty} \sum_{p=0}^{n} \dfrac{1}{p!} = e.$

e. ■ En programmant l'algorithme proposé, on obtient $2{,}718 \leq S \leq 2{,}719$.

■ F prend les valeurs successives de $n!$ et S celles de $\sum_{p=0}^{n} \dfrac{1}{p!}$. La valeur finale de S correspond à la valeur de $\sum_{p=0}^{n} \dfrac{1}{p!}$ pour n tel que $\dfrac{3}{n!} < 0{,}001$.

Or on a $e - \dfrac{e}{n!} \leq \sum_{p=0}^{n} \dfrac{1}{p!} \leq e \Leftrightarrow e - \dfrac{e}{n!} \leq S \leq e \Leftrightarrow 0 \leq e - S \leq \dfrac{e}{n!} \leq \dfrac{3}{n!}$ car $e < 3$.

Donc $0 \leq e - S < 0{,}001 \Leftrightarrow S \leq e \leq S + 0{,}001$. Or $2{,}718 \leq S \leq 2{,}719$, donc on obtient que $2{,}718 \leq e \leq 2{,}720$.
Ainsi $e \approx 2{,}72$ à 10^{-2} près.

6 Étude d'une fonction définie par une intégrale

a. La fonction $x \mapsto \dfrac{1}{1+x^2}$ est continue, donc admet des primitives.
Soit G l'une de ses primitives.
On a alors pour tout réel x, $f(x) = \int_{x}^{2x} \dfrac{1}{1+t^2} dt = [G(t)]_{x}^{2x} = G(2x) - G(x).$
f est donc dérivable sur $\mathbb{R}$ et comme G' est la fonction $x \mapsto \dfrac{1}{1+x^2}$, on a
$f'(x) = 2 \times G'(2x) - G'(x) = 2 \times \dfrac{1}{1+(2x)^2} - \dfrac{1}{1+x^2} = \dfrac{2}{1+4x^2} - \dfrac{1}{1+x^2}.$

> 📝 **À NOTER**
> La dérivée de $x \mapsto f(ax+b)$ est $x \mapsto a f'(ax+b)$, f étant dérivable.
> La dérivée d'une primitive d'une fonction est cette fonction elle-même.

b. ■ Soit $x > 0$, on a $\int_x^{2x} \dfrac{1}{t^2}\,dt = \left[-\dfrac{1}{t}\right]_x^{2x} = \dfrac{1}{x} - \dfrac{1}{2x} = \dfrac{1}{2x}$.

■ Pour tout réel t, $0 \leq t^2 \leq 1 + t^2$ donc, par décroissance de la fonction inverse sur $]0\,;+\infty[$, on a $0 \leq \dfrac{1}{1+t^2} \leq \dfrac{1}{t^2}$. Par **positivité et croissance** de l'intégrale, $0 \leq \int_x^{2x} \dfrac{1}{1+t^2}\,dt \leq \int_x^{2x} \dfrac{1}{t^2}\,dt \Leftrightarrow 0 \leq f(x) \leq \dfrac{1}{2x}$ pour tout $x > 0$.

 À NOTER
On peut appliquer positivité et croissance de l'intégrale car $x \leq 2x$ puisque $x > 0$.

■ Or $\lim\limits_{x \to +\infty} \dfrac{1}{2x} = 0$ donc, d'après le théorème des gendarmes, $\lim\limits_{x \to +\infty} f(x) = 0$.

c. ■ On a $(t+1)^2 = t^2 + 2t + 1$ donc pour $t \geq 0$, $(t+1)^2 \geq t^2 + 1$.

■ Par décroissance de la fonction inverse sur $]0\,;+\infty[$, on a $\dfrac{1}{(t+1)^2} \leq \dfrac{1}{1+t^2}$.
Par croissance de l'intégrale, on en déduit que pour tout $x > 0$,
$\int_x^{2x} \dfrac{1}{(t+1)^2}\,dt \leq \int_x^{2x} \dfrac{1}{1+t^2}\,dt \Leftrightarrow \left[-\dfrac{1}{t+1}\right]_x^{2x} \leq f(x) \Leftrightarrow \dfrac{1}{x+1} - \dfrac{1}{2x+1} \leq f(x)$.

■ D'après **b.**, pour tout $x > 0$, $f(x) \leq \dfrac{1}{2x}$ donc $\dfrac{1}{x+1} - \dfrac{1}{2x+1} \leq f(x) \leq \dfrac{1}{2x}$.
En multipliant la double inégalité par $x > 0$, on obtient que
$\dfrac{x}{x+1} - \dfrac{x}{2x+1} \leq x \times f(x) \leq \dfrac{1}{2} \Leftrightarrow \dfrac{1}{1+\frac{1}{x}} - \dfrac{1}{2+\frac{1}{x}} \leq x \times f(x) \leq \dfrac{1}{2}$.

Or $\lim\limits_{x \to +\infty} \dfrac{1}{x} = 0$ donc $\lim\limits_{x \to +\infty} \left(\dfrac{1}{1+\frac{1}{x}} - \dfrac{1}{2+\frac{1}{x}}\right) = 1 - \dfrac{1}{2} = \dfrac{1}{2}$, par somme et quotient.

Le théorème des gendarmes donne donc $\lim\limits_{x \to +\infty} (x \times f(x)) = \dfrac{1}{2}$.

32 Schéma de Bernoulli

> **En bref** — De nombreuses expériences aléatoires consistent en une répétition d'épreuves à deux issues, identiques et indépendantes. Dans ce cas, on peut modéliser la succession d'épreuves par un schéma de Bernoulli.

I Épreuve et variable aléatoire de Bernoulli

■ **Définition :** Une **épreuve de Bernoulli** est une épreuve à deux issues : vrai/faux, pile/face, blanc/noir, etc.

On convient d'appeler « succès » et « échec » les deux résultats possibles de cette épreuve. La probabilité d'un succès est généralement notée p et la probabilité d'un échec est notée $q = 1 - p$.

■ Exemples d'épreuves de Bernoulli :
• On prélève une boule dans une urne contenant exclusivement des boules blanches (en proportion p) et des boules noires (en proportion q).
• On jette un dé cubique ordinaire et on appelle « succès » l'événement « on a obtenu 1 ». Alors $p = \dfrac{1}{6}$ et $q = \dfrac{5}{6}$.

■ **Définition :** Une **variable aléatoire de Bernoulli** est une variable aléatoire caractérisée par (p étant un nombre de $[0\,;1]$) :
• $X(\Omega) = \{0\,;1\}$ (X ne prend que deux valeurs) ;
• $P(X = 1) = p$ et donc $P(X = 0) = 1 - p = q$.

II Schéma de Bernoulli

■ **Définition :** Un **schéma de Bernoulli** est la répétition de la même épreuve de Bernoulli un certain nombre de fois (noté n), chaque fois étant indépendante des autres.

■ On peut schématiser la succession d'épreuves par un arbre de probabilités, d'où le terme de « schéma ».

Un schéma de Bernoulli est donc caractérisé par deux conditions :
• un nombre fixé de répétitions (noté n) de la même épreuve de Bernoulli ;
• les n répétitions sont indépendantes les unes des autres.

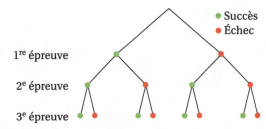

Méthode

1 | Reconnaître un schéma de Bernoulli

Dans les situations suivantes, dire s'il est possible d'utiliser un schéma de Bernoulli pour les modéliser.

a. Le nombre de jets d'un dé cubique nécessaires pour obtenir un 6 pour la première fois.

b. Le nombre de filles dans une famille de quatre enfants.

c. Le nombre de boules blanches obtenues lors du tirage de trois boules dans une urne comportant quatre boules blanches et six boules noires.

> **CONSEILS**
> **a.** et **b.** Vérifiez si chaque situation répond aux conditions caractéristiques d'un schéma de Bernoulli décrites à la fin de la fiche.
> **c.** Discutez selon la nature des tirages : avec ou sans remise.

SOLUTION

a. Il n'est pas possible d'utiliser un schéma de Bernoulli car le nombre de répétitions de l'épreuve (lancer d'un dé) n'est pas fixé.

b. Si on suppose que dans une fratrie les sexes des enfants sont indépendants les uns des autres, on peut utiliser un schéma de Bernoulli pour connaître le nombre de filles. L'épreuve de Bernoulli de base est l'identification du sexe de l'enfant : F ou G. On la répète 4 fois.

c. Si on effectue les tirages *avec remise*, on peut modéliser la situation par un schéma de Bernoulli, l'épreuve de base étant l'identification de la couleur : B ou N.

Si on effectue les tirages *sans* remise on ne peut pas utiliser un schéma de Bernoulli car dans ce cas les tirages ne sont pas indépendants, l'issue d'un tirage dépend de la composition de l'urne, variable d'un tirage à l'autre.

2 | Représenter un schéma de Bernoulli par une suite

On lance une pièce de monnaie 5 fois, les lancers étant indépendants.

En utilisant les lettres P et F décrire par une suite tous les lancers où F apparaît au plus deux fois, cette apparition ayant lieu à un lancer impair.

> **CONSEILS**
> « Au plus deux fois » signifie « 0 fois ou une fois ou deux fois ».

SOLUTION

Lancers comportant 0 fois F : PPPPP. Lancers comportant une seule fois F aux rangs impairs : FPPPP, PPFPP et PPPPF. Lancers comportant exactement deux fois F aux rangs impairs : FPFPP, FPPPF et PPFPF.

33 Succession d'épreuves

En bref *Lorsqu'on effectue une succession d'épreuves, celles-ci ne sont pas nécessairement indépendantes. Dans ce cas, on peut calculer les probabilités des événements considérés à l'aide d'un arbre.*

I Représentation d'une succession d'épreuves par un arbre

■ En général, lorsqu'on représente par un arbre une succession d'épreuves aléatoires qui dépendent l'une de l'autre, les probabilités sur les branches diffèrent à chaque nœud.

■ On calcule les probabilités des événements aux extrémités des branches en multipliant les probabilités sur les branches qui y conduisent, comme indiqué sur la figure ci-dessous $(A_2 = \overline{A}_1)$.

RAPPEL
La somme des probabilités des branches issues d'un même nœud est égale à 1.

$$\Omega \begin{cases} P(A_1) \to A_1 \begin{cases} P_{A_1}(X) \to X \to P(X \cap A_1) = P_{A_1}(X)\, P(A_1) \\ P_{A_1}(\overline{X}) \to \overline{X} \to P(\overline{X} \cap A_1) = P_{A_1}(\overline{X})\, P(A_1) \end{cases} \\ P(A_2) \to A_2 \begin{cases} P_{A_2}(X) \to X \to P(X \cap A_2) = P_{A_2}(X)\, P(A_2) \\ P_{A_2}(\overline{X}) \to \overline{X} \to P(\overline{X} \cap A_2) = P_{A_2}(\overline{X})\, P(A_2) \end{cases} \end{cases}$$

II Exemple de tirages successifs sans remise

■ On effectue deux tirages successifs sans remise d'une boule dans une urne comportant v boules vertes et r boules rouges.

■ On note A_1 (respectivement A_2) l'événement « on a tiré une boule verte (respectivement rouge) au premier tirage » et X l'événement « on a tiré une boule rouge au deuxième tirage ». On obtient l'arbre précédent.

On a alors $P(A_1) = \dfrac{v}{v+r}$, $P(A_2) = \dfrac{r}{v+r}$.

■ La probabilité de tirer une boule rouge au deuxième tirage dépend de la composition de l'urne à ce tirage. Cette composition est conditionnée par le tirage précédent. Par exemple, $P_{A_1}(X) = \dfrac{r}{v+r-1}$.

Remarque : On généralise le principe de l'arbre précédent à un nombre quelconque d'événements $A_1, A_2, \ldots, A_k$ formant une partition de Ω.

Méthode

Modéliser une suite d'épreuves à l'aide d'un arbre

On choisit l'une des trois urnes ci-dessous au hasard. On tire alors une boule. Soit X l'événement « la boule tirée est noire ».

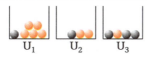

a. Modéliser l'expérience à l'aide d'un arbre.
b. Calculer $P(X)$.

CONSEILS

a. Lorsqu'on choisit l'urne au hasard, chacune a la même probabilité d'être choisie. On utilise alors le principe de l'arbre développé dans la fiche.
b. Utilisez la formule des probabilités totales.

SOLUTION

a. Si l'urne choisie est U_1 alors la probabilité de tirer une boule noire est égale à $\frac{1}{6}$ car il y a une boule noire pour un total de six boules dans l'urne.

$$\Omega \begin{cases} \frac{1}{3} - U_1 \begin{cases} \frac{1}{6} \nearrow X \to P(X \cap U_1) = \frac{1}{6} \times \frac{1}{3} = \frac{1}{18} \\ \frac{5}{6} \searrow \overline{X} \to P(\overline{X} \cap U_1) = \frac{5}{6} \times \frac{1}{3} = \frac{5}{18} \end{cases} \\ \frac{1}{3} - U_2 \begin{cases} \frac{1}{3} \nearrow X \to P(X \cap U_2) = \frac{1}{3} \times \frac{1}{3} = \frac{1}{9} \\ \frac{2}{3} \searrow \overline{X} \to P(\overline{X} \cap U_2) = \frac{2}{3} \times \frac{1}{3} = \frac{2}{9} \end{cases} \\ \frac{1}{3} - U_3 \begin{cases} \frac{3}{4} \nearrow X \to P(X \cap U_3) = \frac{3}{4} \times \frac{1}{3} = \frac{1}{4} \\ \frac{1}{4} \searrow \overline{X} \to P(\overline{X} \cap U_3) = \frac{1}{4} \times \frac{1}{3} = \frac{1}{12} \end{cases} \end{cases}$$

b. En sommant les probabilités écrites aux extrémités des branches ayant un X terminal on trouve $P(X) = \frac{1}{18} + \frac{1}{9} + \frac{1}{4} = \frac{2}{36} + \frac{4}{36} + \frac{9}{36} = \frac{15}{36}$.

34 Loi binomiale

En bref *La loi binomiale est la loi d'une variable aléatoire qui formalise un schéma de Bernoulli à n répétitions.*

I Expérience aléatoire et loi binomiale

■ Considérons une expérience aléatoire qui consiste à répéter n fois une même action, les répétitions étant indépendantes. Une action produit un succès avec une probabilité p.

■ Soit X la variable aléatoire comptant le nombre de succès au cours des n répétitions. La loi de X est la **loi binomiale** de paramètres n et p et on a :
• $X(\Omega) = \{0, 1, 2, ..., n\} = [\![0\,;n]\!]$;
• pour tout $k \in X(\Omega)$:

$$P(X = k) = \binom{n}{k}p^k(1-p)^{n-k} = \binom{n}{k}p^k q^{n-k}$$

À NOTER Les crochets doubles indiquent qu'on considère les entiers entre 0 et n.

où $\binom{n}{k}$ est un **coefficient binomial** .

■ On écrit que X suit la loi $\mathcal{B}(n\,;p)$, en abrégé : $X \sim \mathcal{B}(n\,;p)$.

À NOTER On pose habituellement $q = 1 - p$.

■ La loi binomiale formalise un schéma de Bernoulli à n répétitions.

■ Une loi de Bernoulli est une loi binomiale de paramètres 1 et p.

II Exemples de lois binomiales et calculatrice

■ Une même **loi binomiale** décrit de nombreuses expériences aléatoires différentes. Par exemple, la loi binomiale $\mathcal{B}(5\,;0,6)$ est la loi de la variable aléatoire :
• comptant le nombre de « pile » obtenus en 5 lancers d'une pièce de monnaie truquée telle que la probabilité de « pile » soit égale à 0,6 ;
• comptant le nombre de boules blanches obtenues lors d'un tirage avec remise de cinq boules dans une urne contenant 60 % de boules blanches et 40 % de boules noires.

MOT CLÉ
La **loi binomiale** s'appelle aussi la loi du nombre de succès au cours d'une répétition de n épreuves identiques et indépendantes.

■ Les calculatrices et les tableurs disposent de fonctions dédiées à la loi binomiale. Elles figurent dans les menus relatifs aux probabilités et permettent, en fournissant les valeurs de n, p et k, de calculer $P(X = k)$ et $P(X \leq k)$.

Méthode

Identifier les paramètres *n* et *p* d'une loi binomiale

Des coques pour téléphone sont produites à 70 % par une machine A et à 30 % par une machine B. 5 % des coques A et 10 % des coques B ont un défaut.

a. On prélève une coque au hasard dans un stock. Quelle est la probabilité qu'elle ait un défaut ?

b. On choisit dix coques dans un stock. Celui-ci est suffisamment important pour que l'on puisse assimiler ce choix à dix tirages avec remise indépendants d'une coque. Quelle est la probabilité d'avoir au moins deux coques ayant un défaut ? Donner une valeur approchée à 10^{-4} en utilisant la calculatrice.

CONSEILS

a. Appliquez la formule des probabilités totales, éventuellement en utilisant un arbre.

b. Utilisez une loi binomiale en identifiant *n*, le nombre de répétitions, et *p*, la probabilité de succès. Pensez à l'événement contraire de l'événement « au moins deux coques ».

SOLUTION

a. L'arbre ci-contre résume la situation, sachant que D est l'événement « la coque présente un défaut ». Par la formule des probabilités totales on a donc :

$$P(D) = 0{,}05 \times 0{,}7 + 0{,}1 \times 0{,}3 = 0{,}065.$$

À NOTER

L'événement A (respectivement B) est « la coque est produite par la machine A (la machine B) » et $B = \overline{A}$.

b. Soit X la variable aléatoire comptant le nombre de coques ayant un défaut quand on en prélève dix avec remise au hasard dans le stock.

On peut donc considérer que la probabilité pour qu'une coque prélevée soit défectueuse est égale à 0,065. On en déduit que la loi de X est la loi binomiale de paramètres 10 et 0,065.

On cherche donc $P(X \geq 2)$ et on trouve :

$$P(X \geq 2) = 1 - P(X < 2) = 1 - (P(X = 0) + P(X = 1)).$$

La calculatrice donne :

$$P(X = 0) + P(X = 1) = \binom{10}{0} 0{,}065^0 0{,}935^{10} + \binom{10}{1} 0{,}065^1 0{,}935^9 \approx 0{,}8656.$$

Par conséquent $P(X \geq 2) \approx 1 - 0{,}8656$, soit $P(X \geq 2) \approx 0{,}1344$.

▶ SE TESTER QUIZ

*Vérifiez que vous avez bien compris les points clés des **fiches 32 à 34**.*

1 Schéma de Bernoulli → FICHE 32

Parmi les affirmations suivantes, lesquelles sont vraies ?

☐ **a.** Dans un schéma de Bernoulli à n répétitions chaque répétition peut avoir trois issues.
☐ **b.** Un schéma de Bernoulli à n répétitions conduit à 2^n résultats élémentaires.
☐ **c.** On peut modéliser l'expérience consistant à lancer un dé 10 fois et à considérer le nombre de sorties du six par un schéma de Bernoulli.

2 Répétitions d'épreuves → FICHE 33

On effectue, dans une urne contenant 4 boules blanches et 6 boules noires, un tirage de trois boules une à une et sans remise (on note les événements NNB, BBN…). Parmi les affirmations suivantes, lesquelles sont vraies ?

☐ **a.** On obtient le même modèle si on effectue une prise de trois boules simultanément.
☐ **b.** La couleur de la troisième boule est indépendante de la couleur de la première.
☐ **c.** Les événements BNN et NBN sont équiprobables.

3 Connaître une loi binomiale → FICHE 34

Soit X une variable aléatoire qui suit une loi binomiale $\mathcal{B}(n\,;p)$. Alors, parmi les affirmations suivantes, lesquelles sont vraies ?

☐ **a.** Il est possible que $n = 0{,}3$.   ☐ **b.** Il est possible que $p = 10$.
☐ **c.** $P(X \leq n) = P(X \geq 0) = 1$.   ☐ **d.** Si $n = 8$, alors $P(X = 3) = P(X = 5)$.

4 Utiliser une loi binomiale → FICHE 34

On lance une pièce de monnaie 100 fois. Parmi les affirmations suivantes, lesquelles sont vraies ?

☐ **a.** Il y a une chance sur deux pour qu'on obtienne autant de piles que de faces.
☐ **b.** Il y a autant de chances d'obtenir 35 piles que 65 faces.
☐ **c.** La probabilité d'obtenir au moins cinq piles est égale à la probabilité d'obtenir moins de cinq faces.

OBJECTIF BAC

5 La planche de Galton
⏱ 60 min
→ FICHES 32 à 34

Une bille lâchée sur une planche plantée de clous, voilà le célèbre dispositif inventé par le Britannique Francis Galton (1822-1911). Chaque case d'arrivée correspond à un résultat possible d'une expérience aléatoire, tout comme un tirage à pile ou face !

📄 LE SUJET

Comme son nom l'indique, une planche de Galton est une planche sur laquelle sont plantés des obstacles destinés à orienter le trajet d'une bille (rouge) que l'on recueille dans les casiers du bas. Sur la figure on a représenté 5 lignes d'obstacles.

Lorsque la bille pénètre dans la planche et à chaque étape de sa descente, elle peut aller dans deux directions (droite D ou gauche G).

On attribue 1 point à la bille si elle va à droite et 0 si elle va à gauche et on totalise le nombre de points lorsqu'elle tombe dans un casier : c'est son score.

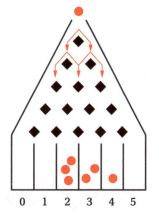

Le but de l'exercice est d'interpréter le programme Python ci-dessous simulant la composition des casiers après lancement de n billes sur une planche avec L lignes d'obstacles.

```
1  from random import * #importation des fonctions de hasard
2  n,L=10000,10 #initialisation
3  casiers=[0]*(L+1) #initialisation
4  For k in range(0,n): #simulation de n lancers
5      score=0 #score de la bille au départ
6      for i in range(L): #parcours de la bille
7          if random()<0.5:
8              score=score+1
9      casiers[score]=casiers[score]+1 #n° du casier
                                         d'atterrissage
10 print(casiers)
```

Partie A Introduction

1. On prend l'exemple de la planche dessinée.

a. Si le parcours de la bille est DDGGD quel est son score ?

b. Même question si son parcours est GGGGG, puis DDDDD.

c. Dans chacun des cas précédents, quel est le numéro du casier d'atterrissage ?

2. Dans cette question, on dispose de L lignes d'obstacles.

a. Combien y a-t-il de casiers ?

b. Quel est le lien entre le score de la bille et le numéro du casier où elle tombe ?

Partie B Interprétation du programme

1. Combien y a-t-il de lancers ? de lignes d'obstacles ?

2. Quel est le type de la variable `casiers` (ligne 3) et que contient-elle ?

3. a. À quelle condition le score de la bille augmente-t-il de 1 (ligne 8) ?

b. À quel mouvement de la bille cela correspond-il ?

4. Que se passe-t-il lorsque s'achève la deuxième boucle `for` (ligne 9) ?

5. Le programme étant terminé, on obtient la liste suivante :
[6, 89, 419, 1235, 2030, 2434, 2026, 1199, 460, 92, 10]

a. Quelle en est la signification ?

b. Que vaut la somme des nombres la composant ?

👁 LIRE LE SUJET

Partie A

1. Il y a cinq lignes d'obstacles.

a. On demande de faire la somme des points obtenus par la bille sachant qu'elle a été dirigée 3 fois vers la droite et deux fois vers la gauche.

b. Il faut calculer le score de la bille (c'est-à-dire le total des points qu'elle a obtenus) sachant qu'elle a été orientée 5 fois à gauche, et 5 fois à droite dans le deuxième cas.

c. Une fois leurs descentes accomplies, quels sont les casiers où vont se loger les billes ?

2. a. Il s'agit de trouver un nombre qui dépend de L.

b. Le numéro du casier où tombe la bille dépend du trajet de la bille, et donc de son score.

Partie B

1. Il s'agit de trouver les valeurs de *n* (nombre de billes) et de *L* (nombre de lignes d'obstacles)

2. Il s'agit de repérer la façon dont sont écrites les valeurs de la variable.

3. a. Initialement, le score de la bille est de 0 (ligne 5). Il augmente de 1 si une certaine condition (ligne 7) est remplie.
b. Le mouvement est-il D ou G ?

4. On demande d'interpréter l'instruction de la ligne 9.

5. a. Il s'agit d'interpréter la liste comme description des casiers et de leur contenu.
b. Il ne s'agit pas d'effectuer la somme de tous les nombres, mais de faire un raisonnement.

▶▶▶ LA FEUILLE DE ROUTE

Partie A Introduction

1. Étudier une marche aléatoire   → FICHE 33
a. et b. La bille marque un point si elle est dirigée vers la droite et 0 sinon.

c. Il suffit de retracer le parcours de chaque bille savoir où elle va se loger.

2. Généraliser un schéma de marche aléatoire
a. Dans l'exemple précédent, il y a 6 casiers pour 5 lignes…

b. On peut raisonner pas à pas : si, au total, la bille fait 0 D, où ira-t-elle ? Puis si elle fait au total 1 D, etc.

Partie B Interprétation du programme

1. Lire un algorithme
Interpréter la ligne 2.

2. Reconnaître un type de variable
L'instruction `[blabla]*x` construit une liste comportant *x* fois `blabla`.

3. Analyser une instruction conditionnelle
L'instruction `random()` renvoie un nombre au hasard compris entre 0 et 1. Que se passe-t-il si ce nombre est inférieur à 0,5 ?

4. Lire le fonctionnement d'une boucle
La variable `casier[i]` est l'élément numéro *i* de la liste `casiers`.

5. Comprendre un algorithme
a. La ligne 10 ordonne d'afficher la liste `casiers`. Ses éléments ont été construits à la ligne 9.

b. La liste affichée symbolise la composition des casiers à la fin de l'expérience.

CORRIGÉS

▶ SE TESTER QUIZ

1 Schéma de Bernoulli

Réponses b et c.

L'affirmation **a.** est fausse, en effet, par définition on répète des épreuves de Bernoulli à deux issues.

L'affirmation **b.** est vraie, à chaque répétition il y a deux fois plus d'événements élémentaires.

L'affirmation **c.** est vraie, le succès est alors « on a obtenu six ».

2 Répétitions d'épreuves

Réponses a et c.

L'affirmation **b.** est fausse. Puisque les tirages s'effectuent sans remise, alors à chaque tirage à partir du deuxième, la composition de l'urne dépend de la couleur de la boule tirée précédemment.

L'affirmation **c.** est vraie car $P(\text{BNN}) = \dfrac{4}{10} \times \dfrac{6}{9} \times \dfrac{5}{8}$ et $P(\text{NBN}) = \dfrac{6}{10} \times \dfrac{4}{9} \times \dfrac{5}{8}$.

3 Connaître une loi binomiale

Réponse c. En effet, il est certain que le nombre de succès est supérieur ou égal à 0 et aussi inférieur ou égal à n.

L'affirmation **a.** est fausse, n est le nombre de répétitions.

L'affirmation **b.** est fausse, p est une probabilité, donc on a $0 \leq p \leq 1$.

L'affirmation **d.** est fausse. Cela n'est vrai que si et seulement si $p = \dfrac{1}{2}$ car alors

$$P(X = 3) = \binom{8}{3}\left(\dfrac{1}{2}\right)^3\left(\dfrac{1}{2}\right)^5 = \binom{8}{3}\left(\dfrac{1}{2}\right)^8 = \binom{8}{5}\left(\dfrac{1}{2}\right)^8 = P(X = 5).$$

À NOTER
Pour tous entiers n et k : $\binom{n}{n-k} = \binom{n}{k}$ pourvu que $k \leq n$.

4 Utiliser une loi binomiale

Réponse b. En effet, $35 + 65 = 100$.

L'affirmation **a.** est fausse, car si X est le nombre de piles obtenus au cours des 100 lancers, X suit la loi binomiale de paramètres 100 et 0,5. La probabilité pour qu'il y ait autant de piles que de faces est donc $P(X = 50)$ qui n'est pas égal à 0,5.

L'affirmation **c.** est fausse, car si on obtient au moins 5 piles ($X \geq 5$), on obtient moins de 96 faces ($100 - X \leq 95$).

OBJECTIF BAC

5 La planche de Galton

Partie A   Introduction

1. a. Le score du parcours DDGGD est **égal à 3** car il y a 3 D et la bille marque un point si elle est dirigée à droite et 0 sinon.
b. GGGGG a pour **score 0** et DDDDD a pour **score 5**.
c. La bille ayant pour score 3 (respectivement 0 et 5) **atterrit dans le casier 3** (respectivement 0 et 5).

2. a. S'il y a L lignes d'obstacles il y a $L + 1$ **casiers** : ne pas oublier le score 0.
b. On voit que le score de la bille est **égal au numéro de casier d'atterrissage**.

> **À NOTER**
> Le score minimum est donc 0 et le maximum est 5.

Partie B   Interprétation du programme

1. La ligne 2 montre qu'il y a 10 000 lancers (n = 10 000) et 10 lignes d'obstacles (L = 10).

2. La variable `casiers` est **une liste de 0** car sa valeur est un zéro entre crochets. **Elle contient $L + 1$ zéros** en raison de l'opération `*(L+1)` qui multiplie d'autant les éléments de la liste.

3. a. Le score de la bille augmente de 1 **si le nombre `random()` est inférieur à 0,5**.
b. Cette action **simule donc un déplacement vers la droite**.

> **À NOTER**
> La commande `random()` renvoie un nombre aléatoire compris entre 0 et 1.

4. Lorsque s'achève la deuxième boucle for, un élément de la liste casiers augmente de 1. Cet élément est le casier qui a pour numéro le contenu de la variable score. Les éléments de la liste nommée `casiers` sont donc les nombres de billes contenues dans les casiers.

5. a. La liste retournée par le programme **simule le nombre de billes contenues dans les casiers de 0 à 10**.
b. La somme des nombres de la liste **est égale à 10 000 car on a lancé 10 000 billes**.

35 Somme de deux variables aléatoires

En bref *L'espérance de la somme de deux variables aléatoires s'obtient facilement à partir des espérances des deux variables. Pour la variance, le calcul n'est simple que si les deux variables sont indépendantes.*

I Définition et espérance

■ Si X et Y sont deux variables aléatoires définies sur le même univers Ω, la **somme des variables aléatoires X et Y** est la variable aléatoire notée $X + Y$ définie par :

$$\text{pour tout } \omega \text{ dans } \Omega, (X + Y)(\omega) = X(\omega) + Y(\omega)$$

Cette définition s'étend à la somme d'un nombre quelconque n de variables aléatoires $X_1, X_2, \ldots, X_n$ définies sur le même univers.

■ Si X et Y sont deux variables aléatoires définies sur le même univers Ω, alors l'**espérance $E(X + Y)$** de leur somme est :

$$E(X + Y) = E(X) + E(Y)$$

À NOTER
La propriété s'étend à la somme d'un nombre quelconque de variables aléatoires.

■ Si X est une variable aléatoire et a un nombre réel, alors :

$$E(aX) = aE(X)$$

On dit que l'espérance est **linéaire**.
Remarque : On a aussi $E(X - Y) = E(X) - E(Y)$.

II Variance et variables aléatoires indépendantes

■ Pour toute variable aléatoire X et tout réel a : $V(aX) = a^2 V(X)$.

■ Deux variables aléatoires X et Y, définies sur le même univers muni d'une probabilité P, sont **indépendantes** si et seulement si la connaissance de la valeur prise par l'une de ces deux variables n'influe pas sur la probabilité que l'autre variable prenne une valeur donnée, autrement dit si, pour tous réels a et b :
$P(X = a \text{ et } Y = b) = P(X = a) \times P(Y = b)$.

À NOTER
Deux variables aléatoires **indépendantes** X et Y sont souvent associées à deux épreuves successives indépendantes, identiques ou non.

■ Si deux variables aléatoires X et Y définies sur le même univers sont **indépendantes**, alors leur **variance** vérifie :

$$V(X + Y) = V(X) + V(Y)$$

Méthode

Calculer l'espérance et la variance de la somme de deux variables aléatoires

On lance deux dés équilibrés, un dé rouge cubique dont les faces sont numérotées de 1 à 6 et un dé vert à 4 faces numérotées de 1 à 4. On note X_1 le résultat affiché par le dé rouge et X_2 le résultat affiché par le dé vert.

On pose $S = X_1 + X_2$.

a. Calculer de deux manières différentes l'espérance de S.

b. Calculer la variance de S.

CONSEILS

a. Utilisez directement la loi de S, ou bien les espérances de X_1 et X_2 et la linéarité de l'espérance.

b. Justifiez le fait que X_1 et X_2 sont indépendantes et utiliser leur variance.

SOLUTION

a. ■ Méthode 1 – Calcul direct

Par exemple, à l'aide d'un tableau à double entrée, on peut déterminer la loi de S, résumée par le tableau suivant :

x	2	3	4	5	6	7	8	9	10
$P(S=x)$	$\frac{1}{24}$	$\frac{2}{24}$	$\frac{3}{24}$	$\frac{4}{24}$	$\frac{4}{24}$	$\frac{4}{24}$	$\frac{3}{24}$	$\frac{2}{24}$	$\frac{1}{24}$

D'où son espérance $E(S) = \dfrac{1 \times 2 + 2 \times 3 + 3 \times 4 + \ldots + 1 \times 10}{24} = \dfrac{144}{24} = 6$.

■ Méthode 2 – Utilisation de la linéarité de l'espérance

$E(X_1) = \dfrac{1+2+3+4+5+6}{6} = \dfrac{7}{2}$ et $E(X_2) = \dfrac{1+2+3+4}{4} = \dfrac{5}{2}$.

$E(S) = E(X_1 + X_2) = E(X_1) + E(X_2) = \dfrac{7}{2} + \dfrac{5}{2} = 6$.

b. Les résultats affichés par les deux dés sont indépendants l'un de l'autre, donc les variables aléatoires X_1 et X_2 sont indépendantes.

Donc $V(S) = V(X_1 + X_2) = V(X_1) + V(X_2)$.

$V(X_1) = E(X_1^2) - [E(X_1)]^2$

$V(X_1) = \dfrac{1+4+9+16+25+36}{6} - \dfrac{49}{4} = \dfrac{91}{6} - \dfrac{49}{4} = \dfrac{35}{12}$

Par la même méthode, on obtient $V(X_2) = \dfrac{5}{4}$.

D'où $V(S) = \dfrac{35}{12} + \dfrac{5}{4} = \dfrac{25}{6}$.

À NOTER

On peut donc calculer l'espérance et la variance d'une variable aléatoire sans en déterminer la loi.

36 Application à la loi binomiale

En bref *La loi binomiale formalise un schéma de Bernoulli. On peut aussi considérer une variable aléatoire suivant cette loi comme somme de variables de Bernoulli indépendantes de même paramètre.*

I Loi de Bernoulli, espérance et variance (rappel)

■ Soit p un nombre réel appartenant à l'intervalle $[0\,;1]$.

La variable aléatoire X suit la **loi de Bernoulli de paramètre p** si et seulement si $P(X = 1) = p$ et $P(X = 0) = 1 - p$.

MOT CLÉ
p est la probabilité de succès.

■ Si X suit la loi de Bernoulli de paramètre p, alors son espérance est $E(X) = p$ et sa variance est $V(X) = p(1 - p)$.

II Loi binomiale, espérance et variance

■ Soit n un entier naturel supérieur ou égal à 2, p un réel de l'intervalle $[0\,;1]$ et X une variable aléatoire suivant la loi binomiale de paramètres n et p.

X est la somme de n variables aléatoires indépendantes $X_1, X_2, ..., X_n$ suivant la même loi de Bernoulli de paramètre p : chaque épreuve du schéma de Bernoulli modélisé par X est associée à une variable aléatoire de Bernoulli de paramètre p qui prend la valeur 1 en cas de succès à cette épreuve, la valeur 0 sinon.

■ D'après les propriétés de la somme de variables aléatoires indépendantes →FICHE 35, on en déduit son espérance $E(X)$ et sa variance $V(X)$:

$$E(X) = np \text{ et } V(X) = np(1 - p)$$

■ *Remarque* : Soit n un entier naturel supérieur ou égal à 2 et p un réel de l'intervalle $[0\,;1]$. Deux variables aléatoires suivant respectivement la loi binomiale de paramètres n et p et la loi binomiale de paramètres n et $1 - p$ ont la même variance (et donc la même « dispersion »). Les diagrammes en bâtons qui les représentent sont symétriques l'un de l'autre par rapport à la droite d'équation $x = \dfrac{n}{2}$.

Exemple : Deux lois binomiales « symétriques », $n = 24$, $p = 0{,}3$ et $p = 0{,}7$, symétrie par rapport à la droite d'équation $x = 12$.

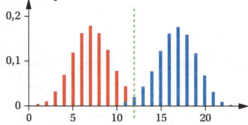

Méthode

Déterminer et interpréter l'espérance d'une variable aléatoire suivant une loi binomiale

Dans un grand magasin, chaque client reçoit, lors du paiement de ses achats, un ticket de participation à une loterie ; 16 % des tickets distribués permettent de gagner un bon d'achat de 8 €.

On suppose que les tickets distribués sont indépendants les uns des autres, et que leur nombre est suffisamment grand pour que la distribution puisse être assimilée à un tirage avec remise.

Le directeur du magasin a prévu un budget de 200 € par tranche de 150 clients et souhaite savoir si ce budget est raisonnable ; il effectue à l'aide d'un logiciel une simulation de la distribution de 150 tickets indépendants les uns des autres.

On appelle X la variable aléatoire égale au nombre de tickets gagnants sur les 150 de la simulation.

a. Reconnaître la loi de X et préciser ses paramètres.

b. Calculer l'espérance $E(X)$ de la variable aléatoire X.

c. Le budget prévisionnel paraît-il suffisant ?

CONSEILS

c. Interpréter le résultat de la question précédente, calculer la somme moyenne distribuée par le magasin par tranche de 150 clients et comparer cette somme au budget prévisionnel.

SOLUTION

a. L'expérience peut être considérée comme la répétition de 150 épreuves de Bernoulli identiques et indépendantes ; le succès est « le ticket est gagnant », la probabilité de succès est 0,16 puisque 16 % des tickets sont gagnants.
La variable aléatoire X compte le nombre de succès, donc **X suit la loi binomiale de paramètres 150 et 0,16.**

b. X suit une loi binomiale de paramètres n et p, donc $E(X) = np$ avec $n = 150$ et $p = 0,16$.
D'où $E(X) = 150 \times 0,16$, soit **$E(X) = 24$**.

c. Le résultat de la question précédente signifie qu'il y a en moyenne 24 clients gagnants par tranche de 150 clients.
Le magasin donne 8 € à chacun de ces gagnants.
$24 \times 8 = 192$, donc le magasin distribue en moyenne 192 € par tranche de 150 clients.
$192 < 200$, donc **le budget prévisionnel devrait être suffisant**.

37 Échantillon de taille n d'une loi de probabilité

En bref *Un échantillon est généralement un sous-ensemble d'une population. Ici un échantillon correspondra à des répétitions indépendantes d'une expérience modélisée par une même loi.*

I Taille d'un échantillon

■ Une loi de probabilité étant donnée, on appelle **échantillon de taille n** (ou **n-échantillon**) de cette loi une liste $(X_1, X_2, ..., X_n)$ de n variables aléatoires **indépendantes** et identiques suivant cette loi.

■ Une suite $x_1 ; x_2 ; ... ; x_n$ de valeurs prises par les variables aléatoires X_i ($1 \leq i \leq n$) est une **réalisation** de l'échantillon.

■ Dans toute cette fiche, n est un entier naturel supérieur ou égal à 2. On suppose usuellement que la taille n de l'échantillon est « beaucoup plus petite » que celle de la population.

À NOTER
Toute **réalisation** de l'échantillon peut être assimilée à une suite de tirages « avec remise » ; la « remise » entre deux tirages successifs correspond à l'indépendance des variables aléatoires $X_1, X_2, ..., X_n$.

II Somme et moyenne d'un échantillon

1 Définition de la somme et de la moyenne

■ Soit $(X_1, X_2, ..., X_n)$ un échantillon de taille n d'une loi de probabilité.
On pose $S_n = X_1 + X_2 + ... + X_n$ (**somme**) et $M_n = \dfrac{S_n}{n}$ (**moyenne**).

■ Puisque les variables aléatoires $X_1, X_2, ..., X_n$ ont la même loi, elles ont la même espérance, notée m, la même variance, notée σ^2, et le même écart type, noté σ.

2 Espérance

D'après les propriétés de l'espérance : $E(S_n) = nm$ et $E(M_n) = m$

3 Variance

■ D'après les propriétés de la variance : $V(S_n) = n\sigma^2$ et $V(M_n) = \dfrac{1}{n}\sigma^2$

■ On en déduit l'**écart type** des variables aléatoires S_n et M_n :
$$\sigma(S_n) = \sqrt{n}\,\sigma \text{ et } \sigma(M_n) = \dfrac{\sigma}{\sqrt{n}}.$$

■ *Remarque* : On constate que, lorsque n augmente, $V(M_n)$ et $\sigma(M_n)$ diminuent. La dispersion de la moyenne M_n diminue lorsque la taille n de l'échantillon augmente (→ FICHES **38** et **39**).

Méthode

Déterminer l'espérance et la variance de la moyenne de deux variables aléatoires identiques et indépendantes

Soit X_1 et X_2 deux variables aléatoires indépendantes suivant la loi uniforme sur $\{2, 3, 6, 8, 11\}$. On note M_2 la moyenne de X_1 et X_2 : $M_2 = \dfrac{X_1 + X_2}{2}$.

a. Calculer l'espérance $E(M_2)$ et la variance $V(M_2)$ de M_2 à partir de celles de X_1 et X_2.

b. Établir la loi de M_2 et retrouver la valeur de son espérance.

 CONSEILS

b. Utiliser un tableau à double entrée, ou bien lister tous les couples possibles pour $(X_1 ; X_2)$.

SOLUTION

a. $E(M_2) = E(X_1) = E(X_2) = m$ et $m = \dfrac{2+3+6+8+11}{5} = 6$.

L'espérance de M_2 est donc égale à **6**.

Si on pose $V(X_1) = V(X_2) = \sigma^2$, alors $V(M_2) = \dfrac{\sigma^2}{2}$.

$\sigma^2 = E(X_1^2) - [E(X_1)]^2$, donc $\sigma^2 = \dfrac{4+9+36+64+121}{5} - 36$; $\sigma^2 = 10{,}8$.

D'où $V(M_2) = \dfrac{10{,}8}{2} = \mathbf{5{,}4}$.

b. En listant les 25 couples (tous équiprobables) de valeurs possibles pour $(X_1 ; X_2)$ et en calculant pour chacun la moyenne des deux valeurs, on obtient la **loi de M_2**.

x	2	2,5	3	4	4,5	5	5,5
$P(M_2 = x)$	$\dfrac{1}{25}$	$\dfrac{2}{25}$	$\dfrac{1}{25}$	$\dfrac{2}{25}$	$\dfrac{2}{25}$	$\dfrac{2}{25}$	$\dfrac{2}{25}$

x	6	6,5	7	8	8,5	9,5	11
$P(M_2 = x)$	$\dfrac{1}{25}$	$\dfrac{2}{25}$	$\dfrac{4}{25}$	$\dfrac{1}{25}$	$\dfrac{2}{25}$	$\dfrac{2}{25}$	$\dfrac{1}{25}$

Par exemple, la valeur 7 de M_2 est obtenue pour les 4 couples $(3 ; 11)$, $(6 ; 8)$, $(8 ; 6)$ et $(11 ; 3)$.

D'où l'espérance de M_2 :

$E(M_2) = \dfrac{1 \times 2 + 2 \times 2{,}5 + 1 \times 3 + \ldots + 2 \times 9{,}5 + 1 \times 11}{25} = 6$.

▶ SE TESTER QUIZ

*Vérifiez que vous avez bien compris les points clés des **fiches 35 à 37**.*

1 Somme de variables aléatoires → FICHE 35

1. Soit X et Y deux variables aléatoires définies sur le même univers Ω. L'espérance de $X+Y$, notée $E(X+Y)$, est égale à :

☐ **a.** $E(X) \times E(Y)$

☐ **b.** $E(X)+E(Y)$ dans tous les cas.

☐ **c.** $E(X)+E(Y)$ si et seulement si X et Y sont indépendantes.

2. Soit X et Y deux variables aléatoires définies sur le même univers Ω. La variance de $X+Y$, notée $V(X+Y)$, est égale à :

☐ **a.** $V(X) \times V(Y)$

☐ **b.** $V(X)+V(Y)$ dans tous les cas.

☐ **c.** $V(X)+V(Y)$ si X et Y sont indépendantes.

2 Application à la loi binomiale → FICHE 36

1. Si X est la variable aléatoire égale au nombre de succès lors de la répétition de 60 épreuves de Bernoulli identiques et indépendantes de probabilité de succès 0,2, alors l'espérance de X est égale à :

☐ **a.** 9,6   ☐ **b.** 12   ☐ **c.** 48

2. Si la variable aléatoire X suit la loi binomiale de paramètres n et p, que son espérance est égale à 36 et son écart type égal à 3, alors :

☐ **a.** $n=108$ ☐ **b.** $p=0,25$ ☐ **c.** $p=0,75$

3 Échantillon de taille n d'une loi de probabilité → FICHE 37

Soit n et k deux entiers naturels supérieurs ou égaux à 2 et $X_1, X_2, \ldots, X_n$ n variables aléatoires indépendantes suivant la loi uniforme de paramètre k, c'est-à-dire la loi uniforme sur $\{1, 2, \ldots, k\}$.

On pose $S_n = X_1 + X_2 + \ldots + X_n$ et $M_n = \dfrac{S_n}{n}$.

1. L'espérance $E(S_n)$ de S_n est égale à :

☐ **a.** $n\dfrac{k+1}{2}$ ☐ **b.** $k\dfrac{n+1}{2}$ ☐ **c.** $\dfrac{k+1}{2}$

2. La variance $V(M_n)$ de M_n est égale à :

☐ **a.** $\dfrac{k^2-1}{12}$ ☐ **b.** $\dfrac{k^2-1}{12n}$ ☐ **c.** $\dfrac{n^2-1}{12k}$

▶ DÉMONSTRATION CLÉ

4 Déterminer l'espérance et la variance d'une variable aléatoire suivant une loi binomiale
→ FICHES 35 et 36

Soit X une variable aléatoire suivant la loi binomiale de paramètres n et p (avec $n \in \mathbb{N}^*$ et $p \in [0\,;1]$).
a. Justifier que X est la somme de n variables de Bernoulli identiques et indépendantes.
b. Montrer que l'espérance $E(X)$ et la variance $V(X)$ de la variable aléatoire X sont $E(X) = np$ et $V(X) = np(1-p)$.

▶ OBJECTIF BAC

5 Étudier la méthode du *poolage*
50 min

> La méthode du *poolage* (en anglais, *pool* signifie regrouper, concentrer, mettre en commun) est utilisée dans la détection de porteurs d'un parasite ou d'une maladie au sein d'un échantillon d'individus d'une population, afin d'économiser le nombre de tests.

📄 LE SUJET

On s'intéresse à la détection d'individus (d'une population donnée) porteurs d'un certain parasite. On considère que la proportion de porteurs du parasite dans la population (supposée très vaste) est égale à p ($0 < p < 1$).

On choisit au hasard N individus dans la population (compte-tenu de la taille de la population, on considère que ces choix peuvent être assimilés à des tirages avec remise).

On dispose par ailleurs d'un test sanguin totalement fiable, c'est-à-dire permettant de savoir de manière certaine si le prélèvement contient ou non le parasite. Dans ce cas le test est positif ; sinon, le test est négatif.

La méthode consiste à répartir les N prélèvements en n sous-groupes. Dans chaque sous-groupe, les prélèvements sont mélangés et on teste le mélange. Les n sous-groupes sont donc indépendants les uns des autres.

Si le test est positif dans l'un des sous-groupes, alors on teste chacun des individus qui le composent. Si le test est négatif, c'est qu'aucun des individus du sous-groupe n'est porteur du parasite.

On se demande dans quelles conditions cette méthode permet d'économiser des tests (par rapport à la méthode « exhaustive » où chacun des N individus est testé individuellement).

Partie A Étude d'un cas particulier

On prend $N = 60$, on constitue 20 sous-groupes de 3 individus et on teste les 20 mélanges de prélèvement en suivant le protocole précédent.

On note X la variable aléatoire égale au nombre de sous-groupes pour lesquels le test est négatif et T la variable aléatoire égale au nombre total de tests effectués.

a. Déterminer (en justifiant) la loi de X. Donner ses paramètres.

b. Déterminer l'expression de T en fonction de X. En déduire l'espérance $E(T)$ de T.

c. On considère que le *poolage* est rentable si $E(T) \leq 60$. Déterminer les valeurs de p pour lesquelles la méthode est rentable.

Partie B Un problème d'optimisation (généralisation)

Après avoir choisi (« avec remise ») N individus, on constitue $\dfrac{N}{n}$ sous-groupes de n individus. On suppose N assez grand par rapport à n pour négliger le fait qu'un groupe pourrait être incomplet.

Les notations sont les mêmes que dans la partie A.

a. Montrer que $E(T) = N \left[1 + \dfrac{1}{n} - (1-p)^n \right]$.

b. Pour chacune des valeurs suivantes de p, déterminer la valeur de n telle que $E(T)$ soit minimale :
$$p = 0,1 \ ; \ p = 0,01 \ ; \ p = 0,001.$$

Étudier dans chaque cas si le *poolage* est rentable

👁 LIRE LE SUJET

Partie A
a. Dans le contexte, on appelle « succès » l'événement « le sous-groupe a un test négatif », c'est-à-dire que « aucun des individus du sous-groupe n'est porteur du parasite ».
b. Il ne faut pas oublier que, si le test d'un sous-groupe est positif, alors on teste un à un tous les individus du sous-groupe concerné. Donc le sous-groupe en question aura nécessité quatre tests, au lieu de trois dans la méthode « traditionnelle ».
Si le test est négatif, aucun autre test n'est nécessaire. On a donc fait un seul test au lieu de trois.

Partie B
a. T est toujours la variable aléatoire égale au nombre de tests effectués.
b. Le *poolage* est rentable si et seulement si le nombre moyen de tests à effectuer, si on utilise cette méthode, est inférieur au nombre total d'individus, c'est-à-dire si l'utilisation de cette méthode permet en moyenne de diminuer le nombre de tests.

▶▶▶ **LA FEUILLE DE ROUTE**

Partie A Étude d'un cas particulier

a. Déterminer la loi d'une variable aléatoire   → FICHE 36

On reconnaît une situation relevant d'une loi usuelle : les sous-groupes sont supposés indépendants les uns des autres, on a répétition de n épreuves de Bernoulli identiques et indépendantes.

**b. Exprimer une variable alwéatoire en fonction d'une autre
et calculer son espérance**   → FICHE 35

On exprime T en fonction de X, en considérant que, pour chaque sous-groupe, on fait un seul test ou 4 tests.

c. Résoudre une inéquation
Utilisez la calculatrice.

Partie B Un problème d'optimisation (généralisation)

a. Généraliser un résultat   → FICHE 35

Comme dans la partie A, on exprime T en fonction de X et on utilise la loi et l'espérance de X.

b. Déterminer l'entier pour lequel une quantité est minimale
On peut utiliser la calculatrice ou raisonner par lecture graphique.

On compare alors, suivant la taille des sous-groupes, le nombre moyen de tests à effectuer si on utilise la méthode du *poolage* au nombre de tests à effectuer si tous les individus sont testés un à un.

CORRIGÉS

▶ SE TESTER QUIZ

1 Somme de variables aléatoires

1. Réponse b.

On peut à l'aide d'un contre-exemple éliminer les réponses **a.** et **c.**

On lance un dé cubique équilibré dont les faces sont numérotées de 1 à 6. On appelle X la variable aléatoire égale au numéro de la face visible et Y la variable aléatoire qui prend la valeur 3 si on obtient un multiple de 3 et la valeur 1 sinon. Leurs lois respectives sont données par les tableaux suivants :

Loi de X :

x	1	2	3	4	5	6
$P(X = x)$	$\frac{1}{6}$	$\frac{1}{6}$	$\frac{1}{6}$	$\frac{1}{6}$	$\frac{1}{6}$	$\frac{1}{6}$

Loi de Y :

y	1	3
$P(Y = y)$	$\frac{2}{3}$	$\frac{1}{3}$

X et Y ne sont pas indépendantes ; la valeur prise par Y dépend directement de celle prise par X. Plus précisément, on a par exemple :
$P(X = 1 \text{ et } Y = 3) = 0$ et $P(X = 1) \times P(Y = 3) = \frac{1}{6} \times \frac{1}{3} \neq 0$.

La loi de $X + Y$ peut être résumée par le tableau suivant :

t	2	3	5	6	9
$P(X + Y = t)$	$\frac{1}{6}$	$\frac{1}{6}$	$\frac{1}{6}$	$\frac{1}{3}$	$\frac{1}{6}$

On calcule :

$$E(X) = \frac{7}{2} \; ; \; E(Y) = \frac{5}{3} \; ; \; E(X + Y) = \frac{31}{6}$$

$$\frac{7}{2} + \frac{5}{3} = \frac{21 + 10}{6} = \frac{31}{6} \; ; \; \frac{7}{2} \times \frac{5}{3} = \frac{35}{6}$$

Donc $E(X + Y) \neq E(X) \times E(Y)$ et la réponse **a.** est fausse.
$E(X + Y) = E(X) + E(Y)$ bien que X et Y ne soient pas indépendantes ; la réponse **c.** est fausse.

2. Réponse c.

On reprend l'exemple précédent et on calcule les variances :

$$V(X) = \frac{35}{12} \; ; \; V(Y) = \frac{8}{9} \; ; \; V(X + Y) = \frac{185}{36}$$

$$V(X) \times V(Y) = \frac{70}{27} \; ; \; V(X) + V(Y) = \frac{137}{36}$$

Donc $V(X + Y)$ n'est égal ni à $V(X) \times V(Y)$, ni à $V(X) + V(Y)$.
On rappelle que les variables aléatoires X et Y ne sont pas indépendantes.
Les réponses **a.** et **b.** sont donc fausses.

2 Application à la loi binomiale

1. Réponse b.
Si X est égale au nombre de succès lors de la répétition de 60 épreuves de Bernoulli identiques et indépendantes où la probabilité de succès est 0,2, alors X suit la loi binomiale de paramètres $n = 60$ et $p = 0,2$.
Son espérance est $n \times p$, soit $E(X) = 12$.

2. Réponse c.
X suit la loi $\mathcal{B}(n\,;p)$, donc son espérance est $np = 36$.
Si son écart type est 3, alors sa variance est $np(1-p) = 9$.
En combinant les deux relations, on en déduit $1 - p = \dfrac{9}{36}$, soit $1 - p = \dfrac{1}{4}$ et $p = \dfrac{3}{4} = 0,75$. On a alors $n = \dfrac{36}{p} = 48$.

3 Échantillon de taille n d'une loi de probabilité

1. Réponse a.
D'après le cours : $E(S_n) = n \times E(X_1)$.
Or, puisque X_1 suit la loi uniforme sur $\{1, 2, ..., k\}$, son espérance est $E(X_1) = \dfrac{k+1}{2}$.
Alors l'espérance de S_n est $E(S_n) = n\dfrac{k+1}{2}$.

2. Réponse b.
D'après le cours : $V(M_n) = \dfrac{V(X_1)}{n}$.
Or, puisque X_1 suit la loi uniforme sur $\{1, 2, ..., k\}$, sa variance est $V(X_1) = \dfrac{k^2-1}{12}$.
Alors la variance de M_n est $V(M_n) = \dfrac{1}{n}\dfrac{k^2-1}{12} = \dfrac{k^2-1}{12n}$.

▶ DÉMONSTRATION CLÉ

4 Déterminer l'espérance et la variance d'une variable aléatoire suivant une loi binomiale

a. Si X suit la loi binomiale de paramètres n et p, alors X est égale au nombre de succès lors de la répétition de n épreuves de Bernoulli identiques et indépendantes de paramètre p.
Pour tout entier k compris entre 1 et n, on associe à la k-ième épreuve de Bernoulli la variable aléatoire X_k qui prend la valeur 1 si cette épreuve est un succès, la valeur 0 si cette épreuve est un échec.
On a : $X = X_1 + X_2 + ... + X_n$.
Puisque p est la « probabilité de succès », les variables aléatoires $X_1, X_2, ..., X_n$ suivent toutes la loi de Bernoulli de paramètre p. Puisque les épreuves successives sont indépendantes, il en est de même des variables aléatoires $X_1, X_2, ..., X_n$.
Donc X est bien la somme de n variables de Bernoulli identiques et indépendantes.

b. $X = X_1 + X_2 + ... + X_n$, donc d'après le cours :
$E(X) = E(X_1) + E(X_2) + ... + E(X_n) = n \times E(X_1)$.
Comme de plus les variables aléatoires $X_1, X_2, ..., X_n$ sont indépendantes :
$$V(X) = V(X_1) + V(X_2) + ... + V(X_n) = n \times V(X_1).$$
En effet, les variables aléatoires $X_1, X_2, ..., X_n$ ayant toutes la même loi, elles ont la même variance et la même espérance.
La loi de Bernoulli de paramètre p peut être résumée par le tableau suivant :

x	0	1
$P(X_1 = x)$	$1-p$	p

Donc l'espérance et la variance de cette loi sont :
$E(X_1) = p$; $V(X_1) = E(X_1^2) - [E(X_1)]^2$; $V(X_1) = p - p^2 = p(1-p)$.
L'espérance $E(X)$ et la variance $V(X)$ de X sont donc :
$E(X) = np$ et $V(X) = np(1-p)$.

▶ OBJECTIF BAC

5 Étudier la méthode du *poolage*

Partie A Étude d'un cas particulier
a. L'expérience peut être considérée comme la répétition de 20 épreuves de Bernoulli identiques et indépendantes. Une épreuve est le test d'un sous-groupe, le succès est « le test du sous-groupe est négatif », la probabilité de succès est $(1-p)^3$ car il y a trois individus par sous-groupe et que la probabilité qu'un individu choisi au hasard soit sain (donc ait un test négatif) est égale à $1-p$.
La variable aléatoire X est égale au nombre de succès, donc elle suit la loi binomiale de paramètres 20 et $(1-p)^3$.
b. ■ Pour un sous-groupe dont le test global est négatif, on effectue un seul test. Le nombre de sous-groupes dans cette situation est X.
■ Pour un sous-groupe dont le test global est positif, on teste ensuite individuellement chacun de ses 3 membres, on fait donc au total 4 tests. Puisqu'il y a au total 20 sous-groupes, le nombre de sous-groupes pour lesquels on fait 4 tests est $20 - X$.
■ Le nombre de tests effectués est donc :
$T = X + 4(20 - X)$, soit $T = 80 - 3X$.
On en déduit $E(T) = 80 - 3E(X)$.
Or X suit la loi $\mathcal{B}(20 ; (1-p)^3)$, donc :
$E(X) = 20(1-p)^3$ et $E(T) = 80 - 60(1-p)^3$.
c. La méthode de *poolage* est rentable si et seulement si :
$80 - 60(1-p)^3 \leq 60$, c'est-à-dire $(1-p)^3 \geq \dfrac{1}{3}$.
À l'aide de la calculatrice, on constate que $(1-p)^3 \geq \dfrac{1}{3}$ pour $p \leq p_0$, avec $p_0 \approx 0,3$.
Le *poolage* est donc rentable si la proportion de personnes porteuses du parasite ne dépasse pas 0,3.

Partie B **Un problème d'optimisation (généralisation)**

a. Pour chacun des sous-groupes ayant un test global positif, on effectue au total $(n + 1)$ tests : le premier test, puis un test par individu. Le nombre de sous-groupes dans ce cas est $\frac{N}{n} - X$.

Donc $T = X + (n + 1)\left(\frac{N}{n} - X\right)$, soit $T = \left(1 + \frac{1}{n}\right)N - nX$.

D'où $E(T) = \left(1 + \frac{1}{n}\right)N - nE(X)$.

Par le même raisonnement qu'à la partie A, on établit que X suit la loi $\mathcal{B}\left(\frac{N}{n} ; (1-p)^n\right)$, car on a constitué $\frac{N}{n}$ sous-groupes de n individus chacun. On en déduit que $E(X) = \frac{N}{n}(1-p)^n$, puis que :

$$E(T) = \left(1 + \frac{1}{n}\right)N - n \times \frac{N}{n}(1-p)^n$$

$$E(T) = \left(1 + \frac{1}{n}\right)N - N(1-p)^n$$

$$E(T) = N\left[1 + \frac{1}{n} - (1-p)^n\right].$$

b. ■ Avec $p = 0,1$:

$$E(T) = N\left[1 + \frac{1}{n} - 0,9^n\right].$$

À l'aide de la calculatrice ou par lecture graphique, on observe que l'entier n tel que cette quantité soit minimale est $n = 4$.

Alors $E(T) = N\left(\frac{5}{4} - 0,9^4\right) \approx 0,59N < N$; donc le *poolage* est rentable si l'on constitue des **sous-groupes de 4 individus**.

■ Avec $p = 0,01$:

$$E(T) = N\left[1 + \frac{1}{n} - 0,99^n\right].$$

À l'aide de la calculatrice ou par lecture graphique, on observe que l'entier n tel que cette quantité soit minimale est $n = 11$.

Alors $E(T) = N\left(\frac{12}{11} - 0,99^{11}\right) \approx 0,196N < N$; donc le *poolage* est rentable si l'on constitue des **sous-groupes de 11 individus**.

■ Avec $p = 0,001$:

$$E(T) = N\left[1 + \frac{1}{n} - 0,999^n\right].$$

À l'aide de la calculatrice ou par lecture graphique, on observe que l'entier n tel que cette quantité soit minimale est $n = 32$.

Alors $E(T) = N\left(\frac{33}{32} - 0,999^{32}\right) \approx 0,063N < N$; donc le *poolage* est rentable si l'on constitue des **sous-groupes de 32 individus**.

38 Inégalité de Bienaymé-Tchebychev — Inégalité de concentration

En bref *La variance d'une variable aléatoire mesure sa dispersion autour de son espérance. L'inégalité de Bienaymé-Tchebychev et toutes les inégalités de concentration apportent des précisions sur cette dispersion.*

I Inégalité de Markov

■ Si X est une variable aléatoire à **valeurs positives** et si $E(X)$ désigne son espérance, alors, pour tout réel a strictement positif :

$$P(X \geq a) \leq \frac{E(X)}{a}$$

■ En notant μ l'espérance de X, cette inégalité est parfois écrite sous la forme :

pour tout réel $k > 0$, $P(X \geq k\mu) \leq \dfrac{1}{k}$.

On en déduit en particulier que la probabilité que X prenne une valeur supérieure ou égale au double de son espérance est inférieure ou égale à 0,5.

II Inégalité de Bienaymé-Tchebychev

■ L'inégalité de Bienaymé-Tchebychev permet de majorer la probabilité qu'une variable aléatoire X s'écarte de son espérance d'une quantité supérieure ou égale à une valeur donnée.

■ Si X est une variable aléatoire d'espérance μ et de variance V, alors, pour tout réel $\delta > 0$:

$$P(|X - \mu| \geq \delta) \leq \frac{V}{\delta^2}$$

■ On peut aussi l'écrire : pour tout réel $k > 0$, $P(|X - \mu| \geq k\sqrt{V}) \leq \dfrac{1}{k^2}$.

III Une inégalité de concentration pour la moyenne

Soit n un entier supérieur ou égal à 2 et $(X_1, X_2, \ldots, X_n)$ un échantillon de taille n d'une loi de probabilité d'espérance μ et de variance V.
On note M_n la moyenne de cet échantillon, c'est-à-dire $M_n = \dfrac{X_1 + X_2 + \ldots + X_n}{n}$.
Alors, pour tout réel $\delta > 0$:

$$P(|M_n - \mu| \geq \delta) \leq \frac{V}{n\delta^2}$$

À NOTER
Ce résultat est une conséquence directe de l'inégalité de Bienaymé-Tchebychev et d'un résultat vu au chapitre précédent : la variance de M_n est $V(M_n) = \dfrac{V}{n}$.

Méthode

Définir une taille d'échantillon en fonction de la précision et du risque choisis

Pour une certaine variété de pois de senteur, la probabilité d'obtenir une fleur blanche est égale à 0,25, la probabilité d'obtenir une fleur rose ou rouge est 0,75.

Combien faut-il observer de fleurs de cette espèce pour que la fréquence de fleurs blanches soit comprise entre 0,2 et 0,3 avec une probabilité supérieure ou égale à 0,99 ?

> **CONSEILS**
> - En appelant n la taille de l'échantillon, c'est-à-dire le nombre de fleurs à observer, introduisez la variable aléatoire égale à la fréquence de fleurs blanches dans un échantillon de taille n et déterminez, en fonction de n, l'espérance et la variance de cette variable aléatoire.
> - Utilisez ensuite l'inégalité de Bienaymé-Tchebychev.

SOLUTION

■ Soit n le nombre de fleurs à observer, F_n et X_n les variables aléatoires donnant respectivement la fréquence et le nombre de fleurs blanches dans un échantillon de taille n. On a $F_n = \dfrac{X_n}{n}$ et X_n suit la loi binomiale $\mathcal{B}(n\,;0{,}25)$. L'espérance de F_n est 0,25.

■ La variance de X_n est $V(X_n) = n \times 0{,}25 \times 0{,}75 = 0{,}1875n$ et celle de F_n est $V = V(F_n) = \dfrac{V(X_n)}{n^2} = \dfrac{0{,}1875}{n}$.

■ $0{,}2 < F_n < 0{,}3$ équivaut à $|F_n - 0{,}25| < 0{,}05$.

On cherche donc n tel que $P(|F_n - 0{,}25| < 0{,}05) \geq 0{,}99$.

Cette condition équivaut à $1 - P(|F_n - 0{,}25| \geq 0{,}05) \geq 0{,}99$, soit :
$$P(|F_n - 0{,}25| \geq 0{,}05) \leq 0{,}01 \quad (*).$$

Or l'inégalité de Bienaymé-Tchebychev dit que, pour tout $\delta > 0$:
$P(|F_n - \mu| \geq \delta) \leq \dfrac{V}{\delta^2}$, avec $\mu = 0{,}25$, $V = \dfrac{0{,}1875}{n}$, et $\delta = 0{,}05$, on a :
$P(|F_n - 0{,}25| \geq 0{,}05) \leq \dfrac{0{,}1875}{n\,0{,}05^2}$.

■ On cherche n tel que $(*)$ soit vérifiée, il suffit donc que n vérifie $\dfrac{0{,}1875}{n\,0{,}05^2} \leq 0{,}01$, soit $n \geq \dfrac{0{,}1875}{0{,}01 \times 0{,}05^2}$ c'est-à-dire $n \geq 7\,500$.

Si on observe **au moins 7 500 fleurs**, la fréquence de fleurs blanches est comprise entre 0,2 et 0,3 avec une probabilité supérieure ou égale à 0,99.

Remarque : 0,05 est la **précision** choisie (écart maximal par rapport à l'espérance) et 0,01 est le **risque** choisi.

39 Loi des grands nombres

En bref *La loi des grands nombres formalise un résultat qui semble naturel. Elle permet de dire que plus un échantillon est grand, plus ses caractéristiques sont proches de celles de la population.*

I Loi des grands nombres

■ Soit $(X_n)_{n \in \mathbb{N}}$ une suite de variables aléatoires deux à deux indépendantes et de même loi. Pour tout entier $n \geq 2$, on note $M_n = \dfrac{X_1 + X_2 + \ldots + X_n}{n}$.

Alors, pour tout réel $\varepsilon > 0$:

$$\lim_{n \to +\infty} P(|M_n - \mu| \geq \varepsilon) = 0$$

Remarque : On dit que la suite (M_n) converge en probabilité vers μ.

■ Pour tout entier n supérieur ou égal à 2, $(X_1, X_2, \ldots, X_n)$ est un échantillon de taille n de la loi de probabilité, M_n est la moyenne de cet échantillon.

Remarque : Si on pose $S_n = X_1 + X_2 + \ldots + X_n = nM_n$, alors :
$$P(|M_n - \mu| \geq \varepsilon) = P(|S_n - n\mu| \geq n\varepsilon).$$

À NOTER

La loi énoncée ici est appelée « loi faible des grands nombre ». Il existe une « loi forte des grands nombres », correspondant à une convergence « plus forte » que la convergence en probabilité, c'est-à-dire entraînant cette dernière.

II Interprétations et conséquences

■ Si l'on répète une série d'épreuves identiques, indépendantes et nombreuses, modélisées par les variables aléatoires $X_1, X_2, \ldots, X_n, \ldots$, il est probable que la moyenne observée des X_i (on l'appelle aussi **moyenne empirique**) soit voisine de l'espérance μ des X_i. La probabilité que la moyenne observée s'écarte beaucoup de l'espérance est faible.

De cette loi, on déduit l'interprétation usuelle de l'espérance comme **moyenne des valeurs des X_i** sur un grand nombre d'expériences.

■ La loi des grands nombres fournit aussi une justification *a posteriori* de l'**approche fréquentiste** des probabilités : la probabilité d'un événement peut être approchée par la fréquence de réalisation de cet événement lors de la réalisation d'un grand nombre d'expériences (d'où le vocabulaire « **loi des grands nombres** »).

COURS & MÉTHODES

Méthode

Utiliser la loi des grands nombres

On lance un grand nombre de fois une pièce équilibrée.

Pour tout entier naturel $n \geq 2$, on note S_n la variable aléatoire égale au nombre de « pile » que l'on obtient au cours des n premiers lancers.

a. Pourquoi peut-on affirmer qu'il existe un entier naturel N tel que, si $n \geq N$, alors $P\left(\left|S_n - \dfrac{n}{2}\right| \geq 0{,}1n\right) < 0{,}05$?

b. Montrer que $P(0{,}4n < S_n < 0{,}6n) \geq 0{,}95$ équivaut à $P\left(\left|S_n - \dfrac{n}{2}\right| \geq 0{,}1n\right) < 0{,}05$.

c. Déterminer un entier naturel N tel que, si $n \geq N$, alors $P(0{,}4n < S_n < 0{,}6n) \geq 0{,}95$.

CONSEILS
a. Utilisez la loi des grands nombres et la définition d'une suite convergente.
b. Considérez des événements contraires.
c. Utilisez l'inégalité de concentration.

SOLUTION

a. ■ $S_n = X_1 + X_2 + \ldots + X_n$, où X_i est la variable de Bernoulli de paramètre $\dfrac{1}{2}$ qui prend la valeur 1 si le i-ième lancer donne « pile », la valeur 0 sinon. Les variables $X_1, X_2, \ldots, X_n$ sont indépendantes et suivent la même loi de Bernoulli de paramètre $\dfrac{1}{2}$.

■ On pose $M_n = \dfrac{S_n}{n}$. $\left|S_n - \dfrac{n}{2}\right| \geq 0{,}1n$ équivaut à $\left|M_n - \dfrac{1}{2}\right| \geq 0{,}1$. D'après la loi des grands nombres, $P\left(\left|M_n - \dfrac{1}{2}\right| \geq 0{,}1\right)$ tend vers 0 quand n tend vers $+\infty$, donc il existe N tel que, si $n \geq N$, alors $P\left(\left|M_n - \dfrac{1}{2}\right| \geq 0{,}1\right) < 0{,}05$ et donc $P\left(\left|S_n - \dfrac{n}{2}\right| \geq 0{,}1n\right) < 0{,}05$.

b. $0{,}4n < S_n < 0{,}6n$ équivaut à $-0{,}1n < S_n - 0{,}5n < 0{,}1n$, soit $\left|S_n - \dfrac{n}{2}\right| < 0{,}1n$.
Donc $P(0{,}4n < S_n < 0{,}6n) \geq 0{,}95$ équivaut à :
$$P\left(\left|S_n - \dfrac{n}{2}\right| < 0{,}1n\right) \geq 0{,}95, \text{ soit } P\left(\left|S_n - \dfrac{n}{2}\right| \geq 0{,}1n\right) < 0{,}05.$$

c. D'après ce qui précède, on cherche N tel que, si $n \geq N$, alors $P\left(\left|M_n - \dfrac{1}{2}\right| \geq 0{,}1\right) < 0{,}05$. Or d'après l'inégalité de concentration , $P\left(\left|M_n - \dfrac{1}{2}\right| \geq 0{,}1\right) \leq \dfrac{25}{n}$ (car $V = \dfrac{1}{4}$).

Il suffit donc que $\dfrac{25}{n} < 0{,}05$, soit $n > 500$. **On peut prendre $N = 501$.**

13 • Concentration, loi des grands nombres

▶ SE TESTER QUIZ

*Vérifiez que vous avez bien compris les points clés des **fiches 38 à 39**.*

1 Inégalité de Markov → FICHE 38

1. Soit X une variable aléatoires ne prenant que des valeurs positives ou nulles, $E(X)$ son espérance et σ son écart type. a est un réel strictement positif. On pose $p = P(X \geq a)$. On a :

☐ **a.** $p \leq \dfrac{E(X)}{a}$ ☐ **b.** $p \leq \dfrac{E(X)}{a^2}$ ☐ **c.** $p \leq \dfrac{\sigma}{a}$

2. Soit X une variable aléatoire qui suit la loi uniforme sur $\{1, 2, ..., s\}$. Alors, d'après l'inégalité de Markov :

☐ **a.** $P\left(X \geq \dfrac{s}{2}\right) \leq \dfrac{2}{3}$

☐ **b.** $P\left(X \geq \dfrac{s+1}{2}\right) \leq \dfrac{2}{3}$

☐ **c.** $P\left(X \geq \dfrac{3}{4}(s+1)\right) \leq \dfrac{2}{3}$

2 Inégalités de concentration → FICHE 38

1. Soit X une variable aléatoire d'espérance μ et d'écart type σ. On pose $p = P(|X - \mu| \geq 2\sigma)$. On a :

☐ **a.** $p = 0$ ☐ **b.** $p \leq \dfrac{1}{4}$ ☐ **c.** $p \geq 0{,}5$

2. On effectue des tirages successifs avec remise d'une boule dans une urne contenant 2 boules rouges et 3 boules bleues. D'après l'inégalité de concentration, à partir de quel nombre n de tirages peut-on garantir à plus de 95 % que la proportion de boules rouges parmi les boules tirées restera strictement comprise entre 0,35 et 0,45 ?

☐ **a.** $n \geq 500$ ☐ **b.** $n \geq 950$ ☐ **c.** $n \geq 1\,920$

3 Loi des grands nombres → FICHE 39

Soit $(X_n)_{n \in \mathbb{N}^*}$ une suite de variables aléatoires deux à deux indépendantes et de même loi d'espérance μ, et ε un réel strictement positif. Pour tout entier $n \geq 2$, on pose :

$M_n = \dfrac{X_1 + X_2 + ... + X_n}{n}$ et $p_n = P(|M_n - \mu| \geq \varepsilon)$.

La suite de terme général p_n :

☐ **a.** est divergente. ☐ **b.** est convergente. ☐ **c.** a pour limite $+\infty$.

OBJECTIF BAC

4 Étudier deux jeux
50 min

Dans la première partie, on cherche à savoir combien de fois lancer un dé pour estimer avec une certaine erreur la probabilité de sortie du 6. Dans la deuxième, on tient compte de tous les résultats obtenus et on en calcule la moyenne.

LE SUJET

Les parties A et B sont indépendantes.

Partie A Le nombre de « 6 »

n est un entier naturel non nul. On lance n fois un dé cubique équilibré. On note S_n la variable aléatoire égale au nombre de 6 obtenus au cours de ces n lancers et M_n la variable aléatoire définie par $M_n = \dfrac{S_n}{n}$.

1. On note p_n la probabilité que l'**écart** entre M_n et la probabilité de faire 6 en un lancer soit supérieur à 0,01. Déterminer un **minorant** n_0 de n pour que p_n soit inférieure à 10^{-3}.

MOTS CLÉS
• L'**écart** entre deux nombres est la valeur absolue de leur différence.
• Un **minorant** de n est un nombre (ici entier) auquel n doit être supérieur ou égal.

2. On suppose que $n = 2n_0$. Entre quelles valeurs variera vraisemblablement S_n ?

Partie B La moyenne de tous les résultats

On considère toujours un dé cubique équilibré que l'on lance plusieurs fois de suite.

1. n est un entier naturel non nul. On fait n lancers successifs. Pour tout entier i tel que $1 \leq i \leq n$, on note Y_i le résultat du i-ième lancer, et on pose $Q_n = \dfrac{Y_1 + Y_2 + \ldots + Y_n}{n}$.

À NOTER
Q_n est la moyenne des résultats obtenus au cours des n lancers.

a. Déterminer l'espérance μ_n de Q_n.
b. Donner, en fonction de n, une inégalité concernant $q_n = P\left(|Q_n - \mu_n| \geq \dfrac{1}{2}\right)$.
c. Déterminer n_0 tel que, pour $n \geq n_0$, on ait certainement $q_n \leq 0{,}01$.

2. On lance le dé exactement deux fois. On note Y et Z les deux résultats obtenus. On définit les variables aléatoires T, U et V par :
• $T = Y + Z$;
• U est le plus petit des deux nombres sortis ;
• V est le plus grand des deux nombres sortis.

a. Déterminer la loi de T.
b. Les variables U et V sont-elles indépendantes ?
c. Déterminer la loi de V.

👁 LIRE LE SUJET

Partie A

1. On cherche n_0 tel que, pour tout entier naturel n vérifiant $n \geq n_0$, on ait $P(|M_n - p| \geq 0{,}01) \leq 10^{-3}$, où p est la probabilité d'obtenir 6 à un lancer.

2. « Vraisemblablement » signifie « avec une probabilité voisine de 1 ».

Partie B

1. a. On demande de calculer l'espérance d'une moyenne de variables aléatoires indépendantes et de même loi.

1. b. Attention aux notations : Q_n est une variable aléatoire, q_n est une probabilité, c'est-à-dire un nombre de l'intervalle [0 ; 1].

▶▶▶ LA FEUILLE DE ROUTE

Partie A Le nombre de « 6 »

1. Déterminer le nombre de minimum de lancers d'un dé pour qu'une condition soit remplie → FICHE 38

Déterminez la probabilité de faire 6 en un lancer, puis déterminez la loi de S_n. Pour cela, considérez S_n comme une somme de variables aléatoires indépendantes de même loi et utilisez l'inégalité de concentration pour la moyenne.

2. Déterminer un intervalle de valeurs d'une variable aléatoire
Utilisez la question précédente.

Partie B La moyenne de tous les résultats

1. a. Déterminer l'espérance d'une variable aléatoire
Donnez la loi suivie par $Y_1, Y_2, \ldots, Y_n$, l'espérance et la variance de ces variables aléatoires.

b. Écrire une inégalité → FICHE 38
Utilisez l'inégalité de concentration pour la moyenne.

c. Déterminer un entier vérifiant une condition donnée
Utilisez la question précédente.

2. a. Déterminer la loi d'une variable aléatoire
Faites par exemple un tableau à double entrée.

b. Étudier l'indépendance éventuelle de deux variables aléatoires → FICHE 35
Comparez par exemple $P(U = 3$ et $V = 2)$ avec $P(U = 3) \times P(V = 2)$.

c. Déterminer la loi d'une variable aléatoire
Déterminez les valeurs que peut prendre V. Pour chacune de ces valeurs, listez les résultats des deux lancers qui correspondent à cette valeur.

CORRIGÉS

▶ SE TESTER QUIZ

1 Inégalité de Markov

1. Réponse a. $P(X \geq a) \leq \dfrac{E(X)}{a}$. C'est l'inégalité de Markov.

2. Réponse c. Si X suit la loi uniforme sur $\{1, 2, ..., s\}$, alors son espérance $E(X)$ est $E(X) = \dfrac{s+1}{2}$. On cherche le réel positif a tel que $\dfrac{E(X)}{a} = \dfrac{2}{3}$. On trouve $a = 3\dfrac{E(X)}{2}$, soit $a = \dfrac{3}{4}(s+1)$.
Avec cette valeur de a, on a $P(X \geq a) \leq \dfrac{E(X)}{a}$.

2 Inégalités de concentration

1. Réponse b. D'après l'inégalité de Bienaymé-Tchebychev, pour tout réel $k > 0$, $P(|X - \mu| \geq k\sqrt{V}) \leq \dfrac{1}{k^2}$, où V est la variance de X.
Comme $\sigma = \sqrt{V}$, avec $k = 2$, on a $P(|X - \mu| \geq 2\sigma) \leq \dfrac{1}{4}$.

2. Réponse c. Pour tout entier i compris entre 1 et n, on note Y_i la variable aléatoire qui prend la valeur 1 si la i-ième boule tirée est rouge, la valeur 0 sinon. Les variables aléatoires $Y_1, Y_2, ..., Y_n$ sont deux à deux indépendantes et suivent la loi de Bernoulli de paramètre 0,4. Leur espérance est donc $\mu = 0{,}4$ et leur variance $V = 0{,}4 \times 0{,}6$, soit $V = 0{,}24$.
La proportion de boules rouges parmi les n boules tirées peut être modélisée par la variable aléatoire $M_n = \dfrac{Y_1 + Y_2 + ... + Y_n}{n}$.
On cherche n tel que $P(|M_n - 0{,}4| \geq 0{,}05) \leq 0{,}05$.
Or, d'après l'inégalité de concentration, $P(|M_n - 0{,}4| \geq 0{,}05) \leq \dfrac{V}{n(0{,}05)^2}$. Il suffit donc d'avoir $\dfrac{V}{n(0{,}05)^2} \leq 0{,}05$, soit $n \geq \dfrac{0{,}24}{(0{,}05)^3}$ avec $\dfrac{0{,}24}{(0{,}05)^3} = 1920$.

3 Loi des grands nombres

Réponse b. D'après la loi des grands nombres, pour tout réel $\varepsilon > 0$:
$$\lim_{n \to +\infty} P(|M_n - \mu| \geq \varepsilon) = 0, \text{ soit } \lim_{n \to +\infty} p_n = 0.$$
La suite de terme général p_n converge vers 0.

▶ OBJECTIF BAC

4 Étudier deux jeux

Partie A   Le nombre de « 6 »

1. Puisque le dé est supposé équilibré, la probabilité, à n'importe quel lancer, de faire 6 est égale à $\dfrac{1}{6}$.

On veut déterminer des valeurs de l'entier naturel n pour lesquelles on a $p_n < 10^{-3}$, c'est-à-dire $P\left(\left|M_n - \dfrac{1}{6}\right| \geq 0{,}01\right) < 10^{-3}$.

D'après l'inégalité de concentration pour la moyenne, on a :
$$P\left(\left|M_n - \dfrac{1}{6}\right| \geq 0{,}01\right) \leq \dfrac{\frac{5}{36}}{n \times 0{,}01^2}.$$

En effet, $M_n = \dfrac{S_n}{n}$ et $S_n = X_1 + X_2 + \ldots + X_n$ où, pour tout entier i tel que $1 \leq i \leq n$, X_i est la variable aléatoire qui prend la valeur 1 si on obtient 6 au i-ième lancer, la valeur 0 sinon. X_i suit donc une loi de Bernoulli de paramètre $\dfrac{1}{6}$ et $E(X_i) = \dfrac{1}{6}$, $V(X_i) = \dfrac{1}{6} \times \dfrac{5}{6} = \dfrac{5}{36}$.

On a donc :
$$P\left(\left|M_n - \dfrac{1}{6}\right| \geq 0{,}01\right) \leq \dfrac{50\,000}{36n}$$

soit :
$$P\left(\left|M_n - \dfrac{1}{6}\right| \geq 0{,}01\right) \leq \dfrac{12\,500}{9\,n}.$$

Pour que $P\left(\left|M_n - \dfrac{1}{6}\right| \geq 0{,}01\right) < 10^{-3}$, il suffit donc que $\dfrac{12\,500}{9n} < 10^{-3}$, ce qui équivaut à $n > \dfrac{12\,500\,000}{9}$. Or $\dfrac{12\,500\,000}{9} \approx 1\,388\,888{,}9$, donc si $n \geq 1\,388\,889$, alors $P\left(\left|M_n - \dfrac{1}{6}\right| \geq 0{,}01\right) < 10^{-3}$.

On peut donc prendre $n_0 = 1\,388\,889$.

2. Si $n = 2n_0$, alors $n > n_0$, donc d'après ce qui précède :
$$P\left(\left|M_n - \dfrac{1}{6}\right| \geq 0{,}01\right) < 10^{-3}, \text{ donc } P\left(\left|M_n - \dfrac{1}{6}\right| < 0{,}01\right) \geq 1 - 10^{-3},$$

c'est-à-dire $P\left(\left|M_n - \dfrac{1}{6}\right| < 0{,}01\right) \geq 0{,}999$.

Alors $P\left(n\left(\dfrac{1}{6} - 0{,}01\right) < S_n < n\left(\dfrac{1}{6} + 0{,}01\right)\right) \geq 0{,}999$, avec $n = 2n_0 = 2\,777\,778$.

Après calcul, en arrondissant, on en déduit que :
$$P(435\,185 < S_n < 490\,741) \geq 0{,}999.$$

Puisque S_n ne prend que des valeurs entières, on a aussi :
$$P(435\,186 \leq S_n \leq 490\,740) \geq 0{,}999.$$

On peut donc dire que S_n variera vraisemblablement, c'est-à-dire avec une probabilité supérieure ou égale à 0,999, entre 435 486 et 490 740.

Partie B La moyenne de tous les résultats

1. a. Puisque le dé est supposé équilibré, pour tout entier i tel que $1 \leq i \leq n$, Y_i suit la loi uniforme sur $\{1, 2, 3, 4, 5, 6\}$ et l'espérance de Y_i est $\dfrac{1+6}{2} = 3{,}5$.
L'espérance μ_n de Q_n est donc également $3{,}5$.

b. D'après l'inégalité de concentration pour la moyenne :
$$P\left(|Q_n - 3{,}5| \geq \dfrac{1}{2}\right) \leq \dfrac{V}{0{,}25n}$$
où V est la variance de $Y_1, Y_2, ..., Y_n$, c'est-à-dire $V = \dfrac{6^2 - 1}{12} = \dfrac{35}{12}$.
Donc $P\left(|Q_n - 3{,}5| \geq \dfrac{1}{2}\right) \leq \dfrac{35}{12 \times 0{,}25n}$, soit $P\left(|Q_n - 3{,}5| \geq \dfrac{1}{2}\right) \leq \dfrac{35}{3n}$,
c'est-à-dire $q_n \leq \dfrac{35}{3n}$.

c. Pour que $q_n \leq 0{,}01$, il suffit donc que $\dfrac{35}{3n} \leq 0{,}01$, qui équivaut à $n \geq \dfrac{3\,500}{3}$.
Or $\dfrac{3\,500}{3} \approx 1\,166{,}7$ et n est entier, donc si $n \geq 1\,167$, alors $q_n \leq 0{,}01$.
On peut prendre $n_0 = 1\,167$.

2. a. Pour déterminer la loi de T, on peut faire un tableau à double entrée :

Z \ Y	1	2	3	4	5	6
1	2	3	4	5	6	7
2	3	4	5	6	7	8
3	4	5	6	7	8	9
4	5	6	7	8	9	10
5	6	7	8	9	10	11
6	7	8	9	10	11	12

Les 36 cases de ce tableau sont équiprobables. D'où la loi de T résumée dans un tableau :

t	2	3	4	5	6	7	8	9	10	11	12
$P(T = t)$	$\dfrac{1}{36}$	$\dfrac{2}{36}$	$\dfrac{3}{36}$	$\dfrac{4}{36}$	$\dfrac{5}{36}$	$\dfrac{6}{36}$	$\dfrac{5}{36}$	$\dfrac{4}{36}$	$\dfrac{3}{36}$	$\dfrac{2}{36}$	$\dfrac{1}{36}$

b. $P(U = 3 \text{ et } V = 2) = 0$ car il est impossible que le plus petit des deux résultats soit 3 et qu'en même temps le plus grand soit 2.
Mais $P(U = 3) \times P(V = 2) \neq 0$; il existe des résultats pour lesquels $U = 3$ et des résultats pour lesquels $V = 2$.
Donc $P(U = 3 \text{ et } V = 2) \neq P(U = 3) \times P(V = 2)$, **les variables U et V ne sont donc pas indépendantes.**

> **À NOTER**
> La conclusion était prévisible. La valeur prise par U est nécessairement inférieure ou égale à celle prise par V, d'où une influence de la valeur prise par l'une des variables sur la valeur prise par l'autre.

c. Pour déterminer la loi de V, on peut s'appuyer sur le tableau de la question **a**. On a 36 résultats équiprobables.
On a $V = 1$ si et seulement si on obtient 1 à chacun des deux lancers ; la probabilité associée est donc $\dfrac{1}{36}$.
On a $V = 2$ pour les résultats $(2\,;2)$, $(1\,;2)$, $(2\,;1)$ d'où une probabilité égale à $\dfrac{3}{36}$.
On peut faire un raisonnement analogue pour les valeurs 3, 4, 5 et 6 prises par V. Sa loi peut être résumée par le tableau suivant.

v	1	2	3	4	5	6
$P(V = v)$	$\dfrac{1}{36}$	$\dfrac{3}{36}$	$\dfrac{5}{36}$	$\dfrac{7}{36}$	$\dfrac{9}{36}$	$\dfrac{11}{36}$

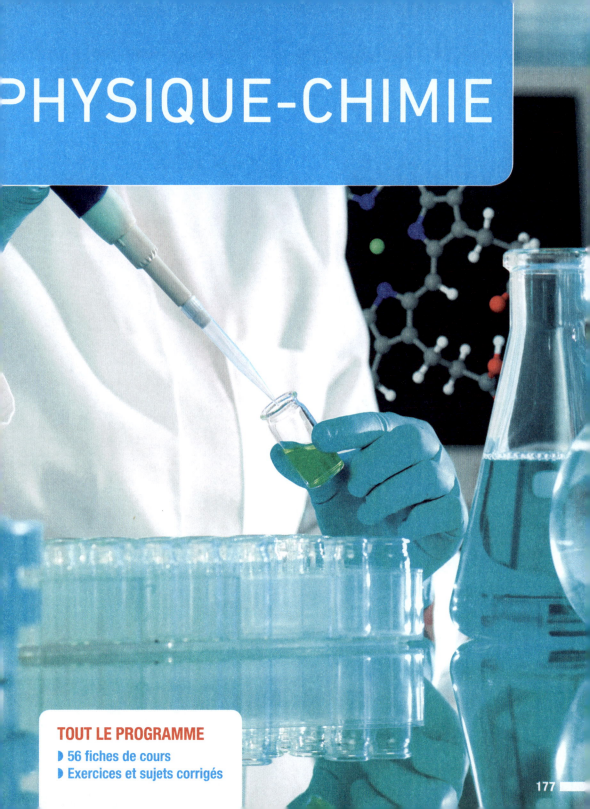

SOMMAIRE

Quand vous en avez fini avec une fiche ou un entraînement, cochez la case ☐ correspondante !

Constitution et transformations de la matière

1. Les transformations acide-base

1	Réaction acide-base	182
2	Exemples de couples acide-base	184
3	pH d'une solution	186
4	Concentration d'une solution	188
EXERCICES, SUJETS & CORRIGÉS		190

2. Analyse d'un système chimique par des méthodes physiques et chimiques

5	Mesure d'une grandeur physique	194
6	Spectroscopies infrarouge et UV-visible	196
7	Titrage pH-métrique	198
8	Titrage conductimétrique	200
EXERCICES, SUJETS & CORRIGÉS		202

3. Évolution d'un système, siège d'une transformation chimique

9	Suivi et évolution d'une réaction chimique	206
10	Facteurs cinétiques	208
11	Vitesse volumique d'une espèce chimique	210
12	Modélisation microscopique d'une réaction	212
EXERCICES, SUJETS & CORRIGÉS		214

4. Les transformations nucléaires

13	Noyaux stables et instables	218
14	Radioactivité	220
15	Décroissance radioactive	222
16	Applications de la radioactivité et radioprotection	224
EXERCICES, SUJETS & CORRIGÉS		226

5. Sens d'évolution d'un système oxydant-réducteur

17	Quotient de réaction et critère d'évolution spontanée	230
18	Transformation spontanée modélisée par une oxydo-réduction	232
19	Fonctionnement d'une pile	234

MATHS

PHYSIQUE-CHIMIE

MATHS EXPERTES

GRAND ORAL

SOMMAIRE

20	Usure et capacité d'une pile	236
21	Une évolution forcée : l'électrolyse	238
EXERCICES, SUJETS & CORRIGÉS		240

6. Sens d'évolution d'un système acide-base

22	Constante d'acidité d'un couple acide-base	246
23	Force d'un acide ou d'une base dans l'eau	248
24	Diagrammes de prédominance et de distribution	250
25	Solution tampon	252
EXERCICES, SUJETS & CORRIGÉS		254

7. Stratégies en synthèse organique

26	Distinguer les molécules organiques	260
27	Familles fonctionnelles de molécules organiques	262
28	La structure électronique des molécules	264
29	Modification des molécules organiques	266
30	Optimisation d'une étape de synthèse	268
EXERCICES, SUJETS & CORRIGÉS		270

Mouvement et interactions

8. Description d'un mouvement

31	Les vecteurs position et vitesse	272
32	Le vecteur accélération	274
33	Quelques mouvements particuliers	276
EXERCICES, SUJETS & CORRIGÉS		278

9. Deuxième loi de Newton - Mouvement dans un champ

34	Les lois de Newton	280
35	Mouvement dans un champ de pesanteur uniforme	282
36	Mouvement dans un champ électrique uniforme	284
37	Aspects énergétiques du mouvement dans un champ uniforme	286
38	Mouvement dans un champ de gravitation	288
EXERCICES, SUJETS & CORRIGÉS		290

Quand vous en avez fini avec une fiche ou un entraînement, cochez la case ☐ correspondante !

10. Écoulement d'un fluide

39	La poussée d'Archimède .... 294 ☐
40	Écoulement d'un fluide en régime permanent .... 296 ☐
41	Relation de Bernoulli .... 298 ☐

EXERCICES, SUJETS & CORRIGÉS .... 300 ☐

L'énergie : conversions et transferts

11. L'énergie : conversions et transferts

42	Le modèle du gaz parfait .... 304 ☐
43	Bilan d'énergie d'un système .... 306 ☐
44	Les transferts thermiques .... 308 ☐
45	Bilan thermique du système Terre-atmosphère .... 310 ☐
46	Évolution de la température d'un système .... 312 ☐

EXERCICES, SUJETS & CORRIGÉS .... 314 ☐

Ondes et signaux

12. Caractérisation des phénomènes ondulatoires

47	Intensité sonore et atténuation .... 318 ☐
48	Diffraction d'une onde .... 320 ☐
49	Interférences de deux ondes .... 322 ☐
50	Effet Doppler .... 324 ☐

EXERCICES, SUJETS & CORRIGÉS .... 326 ☐

13. Lunette astronomique – Flux de photons

| 51 | La lunette astronomique .... 328 ☐ |
| 52 | Effet photoélectrique et cellule photovoltaïque .... 330 ☐ |

EXERCICES, SUJETS & CORRIGÉS .... 332 ☐

14. Dynamique d'un système électrique

53	Le condensateur .... 336 ☐
54	Capacité d'un condensateur .... 338 ☐
55	Dipôle *RC* : charge d'un condensateur .... 340 ☐
56	Dipôle *RC* : décharge d'un condensateur .... 342 ☐

EXERCICES, SUJETS & CORRIGÉS .... 344 ☐

1 Réaction acide-base

En bref La définition d'un acide et d'une base permet d'expliquer les réactions acide-base et d'établir leur équation.

I Acide et base de Brönsted

■ Un **acide** est une espèce chimique susceptible de céder un ou plusieurs ions hydrogène H^+ ou protons.

■ Une **base** est une espèce chimique susceptible de capter un ou plusieurs ions hydrogène H^+.

À NOTER
L'ion hydrogène H^+ n'est constitué que d'un seul proton (l'atome H ayant perdu son seul électron). C'est pourquoi il est souvent appelé proton.

■ La **base conjuguée** d'un acide de Brönsted est l'entité formée une fois que l'acide a cédé un ion H^+.

■ L'**acide conjugué** d'une base de Brönsted est l'entité formée après que la base a accepté un ion H^+.

■ Un **couple acide-base** est constitué d'un acide et d'une base **conjugués**, qui s'obtiennent l'un à partir de l'autre par échange (gain ou perte) d'un ion H^+ selon la demi-équation :

$$\text{Acide} \rightleftarrows \text{Base} + H^+$$

II Établir l'équation de la réaction entre un acide et une base

Une **réaction acide-base** met en jeu deux couples acide-base. L'acide d'un couple échange un ion H^+ avec la base conjuguée d'un autre couple selon les équations suivantes :

Acide 1 / Base 1
Acide 2 / Base 2

(1) L'acide 1 cède un proton H^+ : $\quad$ Acide 1 $\rightleftarrows$ Base 1 + H^+

(2) La base 2 capte un proton H^+ : $\quad$ Base 2 + H^+ $\rightleftarrows$ Acide 2

(1) + (2) Bilan : $\quad$ Acide 1 + Base 2 $\rightleftarrows$ Base 1 + Acide 2

Exemple :

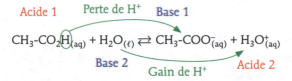

Les deux couples mis en jeu sont : $CH_3COOH_{(aq)}/CH_3COO^-_{(aq)}$ et $H_3O^+_{(aq)}/H_2O_{(\ell)}$.

Méthode

Interpréter une réaction acide-base

L'aniline réagit avec l'eau selon la réaction d'équation :
$$C_6H_5NH_{2(aq)} + H_2O_{(\ell)} \rightleftarrows C_6H_5NH_3^+{}_{(aq)} + HO^-_{(aq)}.$$

a. L'aniline est-elle un acide ou une base ? Quel est le rôle de l'eau ?

b. Montrer que cette réaction s'interprète comme un transfert de proton entre deux espèces.

> **CONSEILS**
> À partir de la définition d'un acide et d'une base de Brönsted, identifiez les deux couples acide-base intervenant dans la réaction étudiée.

a. • Rôle de l'aniline : $C_6H_5NH_2 + H_2O \rightleftarrows C_6H_5NH_3^+ + HO^-$

Gain de H^+

$C_6H_5NH_{2(aq)}$ gagne un proton et donne $C_6H_5NH_3^+{}_{(aq)}$.

Une espèce capable de capter un proton est une base de Brönsted. L'aniline est donc une base : $C_6H_5NH_2 + H^+ \rightleftarrows C_6H_5NH_3^+$

• Rôle de l'eau : $C_6H_5NH_2 + H_2O \rightleftarrows C_6H_5NH_3^+ + HO^-$

Perte de H^+

H_2O perd un proton et donne l'ion hydroxyde HO^-. Une espèce capable de céder un proton est un acide. Ici, l'eau a un rôle d'acide : $H_2O \rightleftarrows H^+ + HO^-$.

b. La réaction met en jeu deux couples acide-base dont l'acide d'un couple réagit avec la base du second par transfert de proton.

• Couple $H_2O_{(\ell)}/HO^-_{(aq)}$

H_2O cède un proton : $H_2O \rightleftarrows H^+ + HO^-$

• Couple $C_6H_5NH_3^+{}_{(aq)}/C_6H_5NH_{2(aq)}$

L'alanine capte H^+ : $C_6H_5NH_2 + H^+ \rightleftarrows C_6H_5NH_3^+$

Bilan : $C_6H_5NH_2 + H^+ + H_2O \rightleftarrows C_6H_5NH_3^+ + H^+ + HO^-$

$C_6H_5NH_{2(aq)} + H_2O_{(\ell)} \rightleftarrows C_6H_5NH_3^+{}_{(aq)} + HO^-_{(aq)}$

Au cours de cette réaction, l'eau cède un proton et donne sa base conjuguée l'ion hydroxyde, alors que la base aniline capte ce proton et donne son acide conjugué.

1 • Les transformations acide-base

2 Exemples de couples acide-base

En bref Connaître les couples acide-base de l'eau est important pour étudier les réactions acide-base pouvant avoir lieu en solution aqueuse et faisant intervenir d'autres couples.

I Les couples de l'eau

- H_3O^+/H_2O : l'ion oxonium H_3O^+ est un acide, il est capable de céder un ion H^+ et de donner sa base conjuguée, l'eau H_2O : $H_3O^+ \rightleftarrows H_2O + H^+$.

- H_2O/HO^- : H_2O est un acide, il est capable de céder un ion H^+ et de donner sa base conjuguée, l'ion hydroxyde HO^- : $H_2O \rightleftarrows HO^- + H^+$.

> **MOT CLÉ**
> L'eau H_2O est une espèce **amphotère** car elle peut jouer le rôle d'un acide ou d'une base.

II D'autres couples acide-base

■ Un **acide carboxylique** RCOOH possède un groupe carboxyle où la liaison OH est **polarisée**. Cette liaison se rompt : l'oxygène, plus électronégatif, récupère le doublet liant et un proton est cédé. L'anion résultant est appelé ion carboxylate.

liaison polarisée   Couple HA/A⁻

Acide carboxylique   Ion carboxylate   Proton

■ La base **ammoniac** NH_3 est une entité capable d'accepter un proton grâce au doublet non liant de l'atome d'azote. L'azote est de ce fait déficitaire d'un électron d'où sa charge positive.

$$H-\overset{|}{\underset{|}{N}}-H + H^+ \rightleftarrows H-\overset{H}{\underset{H}{\overset{|}{\underset{|}{N^+}}}}-H \qquad NH_4^+/NH_3$$

Couple acide-base

Ammoniac Proton   Ion ammonium

Les **amines** R–NH$_2$ (→ FICHE 27) comme l'ammoniac sont des bases et leurs acides conjugués sont des ions alkylammonium. *Exemple* : $CH_3CH_2NH_3^+/CH_3CH_2NH_2$.

■ L'acide carbonique H_2CO_3 peut céder deux protons, c'est un **diacide** :
- acide carbonique/ion hydrogénocarbonate : H_2CO_3/HCO_3^- ;
- ion hydrogénocarbonate/ion carbonate : HCO_3^-/CO_3^{2-}.

L'ion HCO_3^- est une espèce amphotère.

Méthode

Identifier des couples acide-base et une espèce amphotère

1. Identifier dans chacune des équations ci-dessous les deux couples acide-base mis en jeu. Préciser quelles sont l'espèce acide et l'espèce basique dans chaque couple.

a. $HCOOH_{(aq)} + H_2O_{(\ell)} \rightleftarrows HCOO^-_{(aq)} + H_3O^+$

b. $H_2SO_{3(aq)} + C_2H_5NH_{2(aq)} \rightleftarrows C_2H_5NH_3^+{}_{(aq)} + HSO_3^-{}_{(aq)}$

c. $HSO_3^-{}_{(aq)} + HO^-_{(aq)} \rightarrow SO_3^{2-}{}_{(aq)} + H_2O_{(\ell)}$

2. L'espèce HSO_3^- est-elle une espèce amphotère ? Justifier.

CONSEILS

1. Pour chaque équation, identifiez l'espèce qui capte un proton (base) et celle qui en cède (acide). On écrit le couple acide-base en commençant toujours par l'acide.

SOLUTION

1. a. • HCOOH cède un proton et donne sa base conjuguée HCOO⁻ :
$$HCOOH \rightleftarrows H^+ + HCOO^-$$
Un acide et sa base conjuguée forment un couple acide-base soit ici le couple $HCOOH_{(aq)}/HCOO^-_{(aq)}$.

• Toute réaction acido-basique met en jeu deux couples acide-base : l'acide d'un couple réagit avec la base du second. Donc H_2O est une base qui capte un proton et donne son acide conjugué H_3O^+, donc le second couple est H_3O^+/H_2O.

b. • H_2SO_3 cède un proton (c'est un acide) et donne sa base conjuguée $HSO_3^-{}_{(aq)}$:
$$H_2SO_3 \rightleftarrows H^+ + HSO_3^-$$

• $C_2H_5NH_{2(aq)}$ est une base car elle réagit avec l'acide H_2SO_3 et capte un proton. Son acide conjugué est $C_2H_5NH_3^+{}_{(aq)}$:
$$C_2H_5NH_2 + H^+ \rightleftarrows C_2H_5NH_3^+$$
Les deux couples sont $H_2SO_3/HSO_3^-{}_{(aq)}$ et $C_2H_5NH_3^+{}_{(aq)}/C_2H_5NH_{2(aq)}$.

c. • $HSO_3^-{}_{(aq)}$ est un acide et donne sa base conjuguée $SO_3^{2-}{}_{(aq)}$:
$$HSO_3^- \rightleftarrows H^+ + SO_3^{2-}$$

• H_2O est l'acide conjugué de la base $HO^-_{(aq)}$:
$$HO^- + H^+ \rightleftarrows H_2O$$
Les deux couples sont $HSO_3^-{}_{(aq)}/SO_3^{2-}{}_{(aq)}$ et $H_2O_{(\ell)}/HO^-_{(aq)}$.

2. Dans les équations **b.** et **c.** intervient l'espèce HSO_3^-, mais dans deux couples différents. Dans la réaction **b.**, HSO_3^- est la base du couple $H_2SO_{3(aq)}/HSO_3^-{}_{(aq)}$ tandis que dans la réaction **c.**, HSO_3^- est l'acide du couple $HSO_3^-{}_{(aq)}/SO_3^{2-}{}_{(aq)}$.

Cette espèce appartient à deux couples, donc elle peut avoir soit un rôle d'acide, soit un rôle de base : c'est la définition d'une espèce amphotère.

1 • Les transformations acide-base

3 pH d'une solution

En bref *Le pH d'une solution aqueuse est mesuré à l'aide d'un pH-mètre. Connaissant son pH, on peut qualifier une solution d'acide, basique ou neutre.*

I Définition et mesure du pH

Le **pH**, abréviation de « potentiel hydrogène », est un paramètre servant à définir si un milieu est acide ou basique. Il est lié à la concentration en ions oxonium H_3O^+ :

$$pH = -\log\left(\frac{[H_3O^+]}{c^0}\right)$$

pH sans unité
$[H_3O^+]$ en mol·L^{-1}
$c^0 = 1$ mol·L^{-1} (concentration standard)

Cette relation est équivalente à : $\dfrac{[H_3O^+]}{c^0} = 10^{-pH}$.

À NOTER
L'échelle de pH est comprise entre 0 et 14 à 25 °C. Le pH est une fonction décroissante de la concentration en H_3O^+.

■ Le pH d'une solution aqueuse est mesuré à l'aide d'un **pH-mètre**, préalablement étalonné.

■ Au lycée, on mesure un pH, au mieux, à 0,05 unité près. Une telle incertitude sur la mesure de pH correspond à une **incertitude relative élevée** ; en conséquence toute concentration déduite d'une mesure de pH devra être exprimée avec, au maximum, deux chiffres significatifs.

II Solution neutre, acide ou basique

■ À 25 °C, le pH de l'eau pure est égal à 7,0 soit : $[H_3O^+] = 1{,}0 \times 10^{-7}$ mol·L^{-1}. La présence d'ions H_3O^+ résulte de l'ionisation de quelques molécules d'eau par transfert d'un proton : c'est l'**autoprotolyse de l'eau** :

$$2\ H_2O \rightleftarrows H_3O^+ + HO^-.$$

■ Une solution aqueuse est **neutre** si elle contient autant d'ions H_3O^+ que l'eau pure à 25 °C, **acide** si elle en contient plus ou **basique** si elle en contient moins.

$[H_3O^+] > 1{,}0 \times 10^{-7}$ mol·L^{-1} $[H_3O^+] < 1{,}0 \times 10^{-7}$ mol·L^{-1}

0 — pH < 7 Acide — 7 Neutre — pH > 7 Basique — 14 → pH

Méthode

1 | Identifier une solution acide, neutre ou basique

On dispose d'une solution diluée de vinaigre blanc de concentration en ions oxonium $[H_3O^+] = 5{,}0 \times 10^{-3}$ mol·L^{-1} et d'une solution d'eau de javel de pH = 10,9 à 25 °C.
Déterminer si chacune des deux solutions est acide, neutre ou basique.

> **CONSEILS**
> Calculer le pH de la solution de vinaigre.

SOLUTION

$$pH = -\frac{\log([H_3O^+])}{c^0} = -\frac{\log(5{,}0 \times 10^{-3})}{1{,}0} = 2{,}3.$$

La solution diluée de vinaigre est acide (pH = 2,3 < 7) tandis que la solution diluée d'eau de javel est basique (pH = 10,9 > 7).

2 | Déterminer l'incertitude sur la concentration en ion H_3O^+

Le pH d'une solution aqueuse S, mesuré avec un pH-mètre, est pH = 8,90 ± 0,05.
a. Déterminer un encadrement de la concentration en ions H_3O^+ avec 3 chiffres significatifs. À partir de cet encadrement, déterminer la valeur de l'incertitude $U([H_3O^+])$.
b. Calculer l'incertitude relative et donner la concentration en ions H_3O^+ sous la forme :
$$[H_3O^+] \pm U([H_3O^+]).$$

> **CONSEILS**
> Attention, l'incertitude $U(G)$ ne peut être plus précise que la valeur G déterminée.

SOLUTION

a. 8,85 < pH < 8,95 et $[H_3O^+] = c^0 \times 10^{-pH}$
d'où $1{,}12 \times 10^{-9} < [H_3O^+] < 1{,}41 \times 10^{-9}$ mol·L^{-1}.
$$U([H_3O^+]) = \frac{1{,}41 \times 10^{-9} - 1{,}12 \times 10^{-9}}{2} = 0{,}15 \times 10^{-9} \text{ mol·L}^{-1}$$
et $[H_3O^+] = 1{,}0 \times 10^{-8{,}90} = 1{,}26 \times 10^{-9}$ mol·L^{-1}.

b. $\dfrac{U([H_3O^+])}{[H_3O^+]} = \dfrac{0{,}15 \times 10^{-9}}{1{,}26 \times 10^{-9}} = 0{,}118 = 12\,\%$

donc $[H_3O^+] = (1{,}3 \pm 0{,}2) \times 10^{-9}$ mol·L^{-1}.

L'incertitude relative est supérieure à 10 %, donc la concentration $[H_3O^+]$ doit être exprimée avec deux chiffres significatifs. Par conséquent $U([H_3O^+])$ est arrondi à $0{,}2 \times 10^{-9}$ mol·L^{-1}.

1 • Les transformations acide-base

4 Concentration d'une solution

En bref *Connaissant la densité et le titre massique d'une solution commerciale acide ou basique, on peut déterminer sa concentration en masse ou en quantité de matière.*

I Grandeurs caractéristiques d'une solution

- La **masse volumique** ρ d'une solution s'exprime :

$$\rho_{solution} = \frac{m_{solution}}{V_{solution}} \quad m_{solution} \text{ en kg ; } V_{solution} \text{ en m}^3 \text{ ; } \rho \text{ en kg} \cdot \text{m}^{-3}.$$

À NOTER Au cours d'un mélange il y a conservation de la masse mais pas des volumes !

La masse volumique s'exprime souvent aussi en g·cm⁻³.

- La **densité d'une solution** d est un nombre sans unité permettant de comparer la masse d'un volume de solution à la masse du même volume d'eau.

$$d_{solution} = \frac{\rho_{solution}}{\rho_{eau}} \quad \rho_{solution} \text{ et } \rho_{eau} \text{ exprimées avec la même unité ; } d \text{ sans unité.}$$

Il faut connaître : $\rho_{eau} = 1{,}0 \times 10^3 \text{ kg} \cdot \text{m}^{-3} = 1{,}0 \text{ kg} \cdot \text{L}^{-1} = 1{,}0 \text{ g} \cdot \text{cm}^{-3}$.

- Le **titre massique d'une solution** t est le rapport de la masse de soluté contenu dans un volume V de solution sur la masse de ce volume V de solution.

$$t = \frac{m_{soluté}}{m_{solution}} \quad m_{soluté} \text{ et } m_{solution} \text{ exprimées avec la même unité ; } t \text{ sans unité.}$$

Le titre massique s'exprime souvent en pourcentage massique : titre × 100.

II Déterminer la concentration en soluté

À partir d'une solution de titre massique et de densité fournis, on détermine la concentration **en masse** c ou **en quantité de matière** C :

$$c = \frac{m_{soluté}}{V_{solution}} \text{ en g} \cdot \text{L}^{-1} \text{ ou } C = \frac{n_{soluté}}{V_{solution}} \text{ en mol} \cdot \text{L}^{-1}.$$

- Le **titre massique** t permet d'exprimer la masse de soluté $m_{soluté} = t \times m_{solution}$.
- La **densité** d permet de connaître la masse volumique de la solution $\rho_{solution}$.
- Connaissant $\rho_{solution}$, on exprime la concentration **en masse** c en fonction de t et $\rho_{solution}$: $c = \frac{m_{soluté}}{V_{solution}} = \frac{t \times m_{solution}}{V_{solution}}$ soit : $c = t \times \rho_{solution}$.
- En divisant la concentration en masse c par la masse molaire M du soluté, on détermine la concentration **en quantité de matière** car $n_{soluté} = \frac{m_{soluté}}{M_{soluté}}$.

Méthode

Déterminer la concentration en soluté

On dispose d'une solution commerciale d'acide méthanoïque HCOOH dont les caractéristiques sont les suivantes :
- titre massique $t = 0{,}82$ (pourcentage massique = 82 %) ;
- densité $d = 1{,}18$;
- masse molaire $M(\text{HCOOH}) = 46 \text{ g} \cdot \text{mol}^{-1}$.

a. Vérifier que la concentration en quantité de matière de la solution commerciale en acide méthanoïque est $C = 21 \text{ mol} \cdot \text{L}^{-1}$.

b. En déduire la concentration en masse.

> **CONSEILS**
>
> **a.** Exprimez littéralement les caractéristiques données (t et d). Exprimez la concentration en quantité de matière en fonction de ces grandeurs connues.
>
> **b.** Pour passer de la concentration en quantité de matière à la concentration en masse, il suffit de multiplier la concentration en quantité de matière par la masse molaire du soluté.

SOLUTION

a. On cherche $C = \dfrac{n_{\text{acide}}}{V_{\text{solution}}}$ et la quantité de matière est :

$$n_{\text{acide}} = \dfrac{m_{\text{acide}}}{M_{\text{acide}}} \text{ soit } C = \dfrac{m_{\text{acide}}}{M_{\text{acide}} \times V_{\text{solution}}}.$$

On peut exprimer m_{acide} à partir du titre massique $t = \dfrac{m_{\text{acide}}}{m_{\text{solution}}}$.

Soit $m_{\text{acide}} = t \times m_{\text{solution}}$ et en reportant dans C : $C = \dfrac{t \times m_{\text{solution}}}{M_{\text{acide}} \times V_{\text{solution}}}$.

Le rapport $m_{\text{solution}}/V_{\text{solution}}$ n'est autre que la masse volumique de la solution. On la connaît grâce à la densité :

$$d = \dfrac{\rho_{\text{solution}}}{\rho_{\text{eau}}} \text{ d'où } \rho_{\text{solution}} = d \times \rho_{\text{eau}} \text{ avec } \rho_{\text{eau}} = 1{,}0 \times 10^3 \text{ g} \cdot \text{L}^{-1}.$$

Donc $C = \dfrac{t \times d \times \rho_{\text{eau}}}{M_{\text{acide}}}$.

Application numérique : $C = \dfrac{0{,}82 \times 1{,}18 \times 1{,}0 \times 10^3}{46} = 21 \text{ mol} \cdot \text{L}^{-1}$.

b. La concentration en masse est :

$$c = \dfrac{m_{\text{acide}}}{V_{\text{solution}}} = \dfrac{n_{\text{acide}} \times M_{\text{acide}}}{V_{\text{solution}}} = C \times M_{\text{acide}}.$$

Application numérique : $c = 21 \times 46 = 9{,}7 \times 10^2 \text{ g} \cdot \text{L}^{-1}$.

Le résultat doit être donné avec deux chiffres significatifs.

1 • Les transformations acide-base

▶ OBJECTIF BAC

⏱ 40 min ■ Pluies acides

Ce sujet permet d'étudier l'impact de l'activité humaine sur les eaux de pluies, qui génère des problèmes importants au niveau de l'environnement. En étudiant les réactions acido-basiques qui ont lieu, on peut évaluer le pH de l'eau de pluie.

📄 LE SUJET

La principale cause des pluies acides est le rejet dans l'atmosphère de dioxyde d'azote (NO_2) et de dioxyde de soufre (SO_2) par les industries ou les véhicules automobiles. Au contact de l'eau de pluie, le dioxyde de soufre et le dioxyde d'azote de la pollution atmosphérique forment de l'acide sulfurique (H_2SO_4) et de l'acide nitrique (HNO_3). D'autres acides peuvent également intervenir comme l'acide chlorhydrique (HCl). C'est ce qui rend les pluies acides.

Les pluies acides endommagent les écosystèmes, en particulier la flore et les écosystèmes aquatiques, ainsi que les bâtiments (murs et statues calcaires, plomb des vitraux…).

Données :
• schéma de Lewis de l'acide sulfurique :

$$H-\overline{\underline{O}}-S(=\underline{\overline{O}})(=\underline{\overline{O}})-\overline{\underline{O}}-H$$

• masses molaires de quelques atomes en g·mol^{-1} :

H	C	N	O	S	Cl
1	12	14	16	32	35,5

• électronégativité de quelques atomes :

C	N	O	S	H
2,55	3,04	3,44	2,52	2,2

Partie 1 À propos de l'acide chlorhydrique et de l'acide nitrique

a. Donner les couples acide-base associés à l'acide chlorhydrique et à l'acide nitrique.

b. Une solution d'acide chlorhydrique de concentration $C_1 = 1{,}0 \times 10^{-2}$ mol·L^{-1} a un $pH_1 = 2{,}0$. Déterminer la concentration en ions H_3O^+ dans cette solution et la comparer à la concentration en soluté apporté C_1.

c. La réaction entre l'acide chlorhydrique et l'eau est-elle totale ? Écrire cette équation.

d. Une solution d'acide nitrique de concentration $C_2 = C_1$ a un pH égal à 2. La réaction entre l'acide nitrique et l'eau est-elle totale ? Écrire cette équation.

Partie 2 À propos de l'acide sulfurique

e. À partir du schéma de Lewis de l'acide sulfurique, justifier pourquoi l'acide sulfurique est un diacide.

f. La réaction de l'acide sulfurique dans l'eau est totale et prouve que cet acide est un diacide. Écrire le bilan de cette réaction.

Partie 3 Analyse d'une eau de pluie

g. Des analyses montrent qu'une eau de pluie contient les polluants suivants :

NO_3^- : 1,24 mg·L^{-1} ; SO_4^{2-} : 2,88 mg·L^{-1} ; Cl^- : 0,35 mg·L^{-1}.

À partir des équations établies précédemment, des résultats des analyses et de vos connaissances, peut-on considérer cette pluie comme néfaste pour l'environnement ?

Pour résoudre ce problème, vous êtes invité(e) à présenter toutes les étapes de la démarche suivie de manière détaillée, même si elle n'a pas abouti.

CORRIGÉS

▶ OBJECTIF BAC

■ Pluies acides

Partie 1 À propos de l'acide chlorhydrique et de l'acide nitrique

a. $HCl \rightleftarrows Cl^- + H^+$: couple HCl/Cl^-.
$HNO_3 \rightleftarrows NO_3^- + H^+$: couple HNO_3/NO_3^-.

CONSEILS

a. Un acide est une espèce capable de céder un proton. Écrivez la demi-équation traduisant cette définition.

b. $pH_1 = 2{,}0$ or $\dfrac{[H_3O^+]}{c^0} = 10^{-pH}$

d'où $[H_3O^+] = 10^{-pH} \times c^0$.
$[H_3O^+] = 10^{-2,0} \times 1{,}0 = 1{,}0 \times 10^{-2}$ mol·L^{-1}.

On constate que pour un litre de solution, on a dissous $1{,}0 \times 10^{-2}$ mol de HCL et que l'on retrouve $1{,}0 \times 10^{-2}$ mol d'ions H_3O^+ après dissolution.

c. $[H_3O^+] = C_1$. Toutes les molécules de HCl ont réagi avec l'eau et produit la même quantité d'ions H_3O^+. La réaction est donc totale. Le réactif limitant HCl est totalement consommé, l'eau étant le solvant en excès.

Le gaz HCl est un acide donc il va réagir avec l'eau présente en tant que base. HCl va céder un H$^+$ et l'eau va le capter.

1 • Les transformations acide-base   191

$$HCl \rightleftarrows Cl^- + H^+$$
$$H_2O + H^+ \rightleftarrows H_3O^+$$
___
$$HCl_{(g)} + H_2O_{(\ell)} \rightarrow Cl^-_{(aq)} + H_3O^+_{(aq)}$$

d. $C_2 = C_1 = [H_3O^+]$. Comme pour l'acide chlorhydrique, on constate que l'acide nitrique réagit totalement avec l'eau puisque la quantité d'ions H_3O^+ formée est égale à la quantité de HNO_3 initialement introduite. La réaction est totale. Tous les HNO_3 réagissent et donnent autant d'ions H_3O^+.

$$HNO_3 \rightleftarrows NO_3^- + H^+$$
$$H_2O + H^+ \rightleftarrows H_3O^+$$
___
$$HNO_{3(\ell)} + H_2O_{(\ell)} \rightarrow NO_3^-{}_{(aq)} + H_3O^+_{(aq)}$$

Partie 2 À propos de l'acide sulfurique

e. D'après le schéma de Lewis, on voit deux hydrogènes liés chacun à un atome d'oxygène. On constate que l'électronégativité de l'oxygène est bien supérieure à celle de l'atome d'hydrogène. De ce fait, le doublet liant de la liaison est attiré par l'oxygène donc la liaison est polarisée. Les deux liaisons O–H sont fragilisées et cette liaison va se rompre : l'oxygène garde le doublet d'électrons et libère l'ion H^+ :

f. L'acide sulfurique réagit avec l'eau et libère un premier ion H^+ :
$$H_2SO_4 + H_2O \rightarrow HSO_4^- + H_3O^+ \text{ (réaction totale)}$$
Sa base conjuguée HSO_4^- peut à son tour réagir avec l'eau pour libérer un second ion H^+ :
$$HSO_4^- + H_2O \rightarrow SO_4^{2-} + H_3O^+.$$
Le bilan donne :
$$H_2SO_4 + 2\,H_2O \rightarrow SO_4^{2-} + 2\,H_3O^+$$

Partie 3 Analyse d'une eau de pluie

g. • Quelle(s) grandeur(s) doit-on rechercher ?
Pour répondre à la question posée (« Peut-on considérer cette pluie comme néfaste pour l'environnement ? »), il faut connaître le pH de cette eau, donc déterminer la concentration en ions H_3O^+.

• Comment expliquer la présence des ions NO_3^-, SO_4^{2-} et Cl^- ?
Les ions NO_3^- proviennent de la réaction de l'acide nitrite avec l'eau.
Les ions sulfate SO_4^{2-} proviennent de la réaction de l'acide sulfurique avec l'eau.
Les ions chlorure Cl^- proviennent de la réaction de l'acide chlorhydrique avec l'eau.
Ces trois réactions sont totales :
① $HNO_3 + H_2O \rightarrow NO_3^- + H_3O^+$
② $H_2SO_4 + 2H_2O \rightarrow SO_4^{2-} + 2H_3O^+$
③ $HCl + H_2O \rightarrow Cl^- + H_3O^+$

• Comment déterminer la concentration en ions H_3O^+ et le pH ?
La quantité d'ions H_3O^+ est donc la somme des H_3O^+ formés lors de ces 3 réactions. Pour un volume V de pluie on a n_1 mol d'ions NO_3^-, une quantité n_2 mol d'ions SO_4^{2-} et une quantité n_3 mol d'ions Cl^-.

Réaction ① :
$$HNO_3 + H_2O \rightarrow NO_3^- + H_3O^+$$

Il se forme autant de mol de NO_3^- que de H_3O^+ : la réaction ① produit la même quantité d'ions NO_3^- et d'ions H_3O^+ soit n_1.

Réaction ② :
$$H_2SO_4 + 2\,H_2O \rightarrow 1\,SO_4^{2-} + 2\,H_3O^+$$

Il se forme deux fois plus de mol de H_3O^+ que de SO_4^{2-} : la réaction ② produit la quantité n_2 d'ions SO_4^{2-} et $2n_2$ d'ions H_3O^+.

Réaction ③ :
$$HCl + H_2O \rightarrow 1\,Cl^- + 1\,H_3O^+$$

Il se forme autant de mol de Cl^- que de H_3O^+ : la réaction ③ produit la même quantité d'ions Cl^- et d'ions H_3O^+ soit n_3.

La quantité totale d'ions H_3O^+ est donc égale à : $n_1 + 2n_2 + n_3$.
Par conséquent, la concentration d'ions H_3O^+ est :

$$[H_3O^+] = \frac{n_1 + 2n_2 + n_3}{V} = \frac{n_1}{V} + \frac{2n_2}{V} + \frac{n_3}{V} = C_1 + 2C_2 + C_3$$

On peut déterminer les concentrations en quantité de matière connaissant les concentrations en masse : $c_1 = \dfrac{C_1}{M_1}$; $c_2 = \dfrac{C_2}{M_2}$ et $c_3 = \dfrac{C_3}{M_3}$ où M_1, M_2 et M_3 sont respectivement les masses molaires des ions nitrate NO_3^-, sulfate SO_4^{2-} et chlorure Cl^-.

$M_1 = M(NO_3^-) = 14 + 3 \times 16 = 62$ g·mol^{-1} ;
$M_2 = M(SO_4^{2-}) = 32 + 4 \times 16 = 96$ g·mol^{-1} ;
$M_3 = M(Cl^-) = 35{,}5$ g·mol^{-1}.

Finalement : $[H_3O^+] = C_1 + 2C_2 + C_3 = \dfrac{C_1}{M_1} + \dfrac{2C_2}{M_2} + \dfrac{C_3}{M_3}$

$$[H_3O^+] = \frac{1{,}24 \times 10^{-3}}{62} + \frac{2 \times 2{,}88 \times 10^{-3}}{96} + \frac{0{,}35 \times 10^{-3}}{35{,}5} = 9{,}0 \times 10^{-5} \text{ mol·L}^{-1} \text{ donc :}$$

$$pH = -\frac{\log([H_3O^+])}{C^0} = -\frac{\log(9{,}0 \times 10^{-5})}{1{,}0} = 4{,}0.$$

• Comment répondre à la question posée ? (Conclusion)
La présence des polluants nitrate, sulfate et chlorure montre que l'activité humaine a des conséquences puisque cela génère des pluies acides de pH inférieur à 7. Cette acidité va endommager les écosystèmes, ce qui est néfaste pour l'environnement.

5 Mesure d'une grandeur physique

En bref La mesure d'une grandeur physique (pression, conductivité…) liée à la concentration ou à la quantité de matière d'un réactif ou d'un produit permet d'analyser un système chimique.

I Mesure de la pression

■ Si la transformation chimique fait intervenir un gaz, on mesure la **pression**, proportionnelle au nombre de moles de gaz, à température T et volume V fixés.

■ **Loi des gaz parfaits** : $PV = nRT$ ou $n = \dfrac{V}{RT}P$.

avec P pression du gaz (Pa), V volume occupé par ce gaz (m³), n quantité de matière du gaz (mol), $R = 8{,}31$ J·K⁻¹·mol⁻¹ constante des gaz parfaits et T température en kelvins (K) ($T(K) = \theta(°C) + 273{,}15$). → FICHE 11

■ Les **gaz réels** se comportent comme des gaz parfaits à faible pression.

> **À NOTER**
> Le volume molaire d'un gaz ou loi d'Avogadro Ampère et la loi de Mariotte $PV =$ cste à T et n constants ont été abordés en 1ʳᵉ.

II Conductimétrie

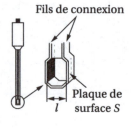
Fils de connexion
Plaque de surface S
l

■ La **conductimétrie** est l'étude des solutions ioniques conductrices du courant électrique. On mesure la conductance $G = \dfrac{1}{R} = \dfrac{I}{U}$ d'une solution contenant des ions entre deux électrodes planes et parallèles. Le conductimètre affiche directement la conductivité σ :

$\sigma = \dfrac{l}{S}G$ σ en S·m⁻¹ ; G en siemens (S) ; l en m ; S en m².

■ D'après la **loi de Kohlrausch**, la conductivité d'une solution diluée d'une espèce ionique dissoute est proportionnelle à sa concentration :

$\sigma = k \times C$ σ en S·m⁻¹ ; C en mol·L⁻¹ ; k en S·L·m⁻¹·mol⁻¹.

■ Un **dosage par étalonnage** consiste à déterminer la concentration d'une espèce chimique en comparant une grandeur physique, la conductivité σ caractéristique de la solution, à la même grandeur physique mesurée pour des solutions étalons contenant l'espèce à doser.

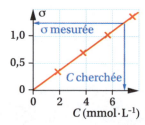

Méthode

Déterminer une quantité de matière à partir d'une mesure de pression

On fait réagir un ruban de magnésium avec une solution d'acide chlorhydrique dans un flacon de 130 mL hermétiquement fermé, suivant la réaction :

$$Mg_{(s)} + 2H_3O^+_{(aq)} \rightarrow Mg^{2+}_{(aq)} + H_{2(g)} + 2H_2O_{(\ell)}$$

Un manomètre permet de mesurer la pression P dans le flacon au-dessus de la solution.

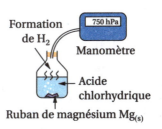

État initial	P_0 = 1 021 hPa ; θ = 20,5 °C. Volume de solution d'acide chlorhydrique : V_1 = 40,0 mL.
État final	P_f = 1 780 hPa ; θ = 20,5 °C.

Données : volume du flacon : 130 mL ; R = 8,31 J·K^{-1}·mol^{-1} ; $T(K) = \theta(°C) + 273{,}15$.

a. À quoi correspond la pression initiale dans le flacon ?

b. En utilisant l'équation des gaz parfaits, démontrer que $P_f = P_0 + P_{H_2}$.

c. Déterminer la quantité de matière de dihydrogène formée.

CONSEILS

b. Veillez aux unités lors de l'application numérique de l'équation des gaz parfaits. Pour le volume, on a : 1 mL = 10^{-3} L ; 1 L = 1 dm^3 = 10^{-3} m^3 ; pour la pression : 1 hPa = 10^2 Pa.

SOLUTION

a. P_0 est la pression de l'air dans le flacon au-dessus de la solution.

b. D'après la loi des gaz parfaits $P = n\dfrac{RT}{V}$.

Dans l'état initial : $P_0 = n_0 \dfrac{RT}{V}$ avec n_0 le nombre de moles d'air.

Dans l'état final, le nombre de moles de gaz est $n_f = n_0 + n_{H_2}$.

$P_f = n_f \dfrac{RT}{V} = (n_0 + n_{H_2})\dfrac{RT}{V} = n_0 \dfrac{RT}{V} + n_{H_2}\dfrac{RT}{V} = P_0 + P_{H_2}$.

c. On exprime le nombre de moles de dihydrogène. La pression doit être en pascals, la température en kelvins, le volume en m^3. Le volume occupé par le gaz est $V = V_{\text{flacon}} - V_{\text{solution}} = 130 - 40 = 90$ mL $= 90 \times 10^{-6}$ m^3.

$P_f = P_0 + P_{H_2}$ d'où $P_f - P_0 = P_{H_2} = n_{H_2}\dfrac{RT}{V}$ soit $n_{H_2} = \dfrac{V}{RT}(P_f - P_0)$.

$n_{H_2} = \dfrac{90 \times 10^{-6}}{8{,}31 \times (20{,}5 + 273{,}15)} \times (1780 - 1021) \times 10^2 = 2{,}8 \times 10^{-3}$ mol.

La quantité de dihydrogène formée est $2{,}8 \times 10^{-3}$ mol soit 2,8 mmol.

2 • Analyse d'un système chimique par des méthodes physiques et chimiques

6 Spectroscopies infrarouge et UV-visible

En bref *Le principe de ces techniques repose sur l'analyse des rayonnements absorbés dans deux domaines différents de longueurs d'onde.*

I La spectroscopie infrarouge

■ Les molécules organiques peuvent absorber des rayonnements infrarouges (longueur d'onde de 2 à 20 μm) qui modifient l'état de vibration de leurs liaisons.

■ Un spectre IR représente la **transmittance** T d'un échantillon en fonction du nombre d'onde du rayonnement $\sigma = \dfrac{1}{\lambda}$. La valeur du nombre d'ondes σ de chaque bande d'absorption permet de reconnaître des liaisons dans la molécule et donc d'identifier des groupes caractéristiques.

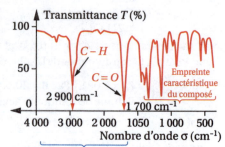

■ Les bandes sont analysées selon trois critères : position (cm^{-1}), intensité (faible, moyenne, forte) et forme (large ou fine). Pour les tables IR voir → RABATS II et III.

MOT CLÉ
La **transmittance** est le rapport de l'intensité I du rayonnement transmis sur l'intensité I_0 incidente.

■ Un spectre permet d'identifier les groupes caractéristiques d'un composé inconnu et de suivre un processus réactionnel.

II La spectroscopie UV-visible

■ Un spectre UV-visible représente l'absorbance $A = \log\left(\dfrac{1}{T}\right)$ d'un échantillon en fonction de la longueur d'onde λ, dans le domaine 200-400 nm pour l'UV et 400-800 nm pour le visible.

■ Le spectre d'absorption d'une espèce est caractérisé par les coordonnées des maxima d'absorption λ_{max} et $A(\lambda_{max})$. On peut alors identifier une espèce avec un spectre de référence.

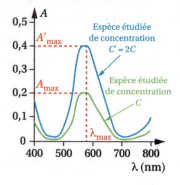

■ D'après la loi de Beer Lambert, pour de faibles concentrations, l'absorbance d'une espèce chimique est proportionnelle à sa concentration :

$$A = k \times C$$ A sans unité ; C en mol·L^{-1} ; k en L·mol^{-1}.

Méthode

Identifier un groupe caractéristique à partir du spectre IR

On donne la formule topologique de 3 amides de formule brute : C_3H_7ON.

a. Pourquoi le spectre IR ci-dessous ne peut-il pas correspondre à une amine ?

b. Associer ce spectre à l'une des trois molécules proposées.

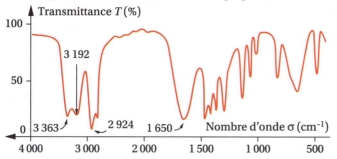

Groupement	Liaison	Nombre d'onde σ (cm⁻¹)	Bandes	Intensité
amine primaire	–N–H	3 500 cm⁻¹ et 3 410 cm⁻¹	2 bandes	moyenne
amine secondaire	–N–H	entre 3 500-3 300 cm⁻¹	1 bande	moyenne
amide	C=O	entre 1 650-1 700 cm⁻¹	1 bande	intense
amide non substitué	N–H	3 050 cm⁻¹ et 3 500 cm⁻¹	2 bandes larges	moyenne
amide substitué	N–H	entre 3 050-3 400 cm⁻¹	1 bande large	moyenne

SOLUTION

a. La bande caractéristique de nombre d'onde $\sigma = 1\,650$ cm⁻¹ est présente sur le spectre étudié. Elle est caractéristique du groupe carbonyle présent seulement dans un amide et conforme à ce qu'indiquent les tables. Le spectre IR ne peut donc pas correspondre à une amine.

b. On note la présence de deux bandes (3 363 et 3 192 cm⁻¹) caractéristiques des liaisons N–H d'un amide non substitué –CO–NH₂. On retrouve ainsi la double bande des liaisons N–H et la bande du groupe carbonyle comme l'amide numéro 3 : il s'agit de la propanamide.

7 Titrage pH-métrique

En bref *Lorsque la réaction support du titrage est une réaction acide-base quantitative (rapide, totale et unique), on suit l'évolution du pH du milieu réactionnel dans le but de repérer l'équivalence.*

I Dispositif expérimental

La solution titrante de la burette est versée progressivement dans un volume prélevé précisément, de solution à titrer. À chaque ajout de solution titrante, **on mesure le pH** de la solution.

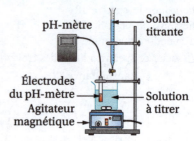

II Repérer l'équivalence du titrage

■ On trace pH = $f(V)$ où V est le volume de solution titrante versé. La brusque variation de pH, ou saut de pH, permet de repérer l'**équivalence** du titrage.

■ À partir du graphe pH = $f(V)$ obtenu, **deux méthodes** permettent de déterminer les coordonnées du point équivalent E avec une bonne précision.

• **Méthode des tangentes**

On trace une tangente T_1 à la courbe avant le saut de pH, puis on trace T_2, parallèle à T_1 et tangente à la courbe après le saut de pH. On construit le segment perpendiculaire à T_1 et à T_2, puis la médiatrice D de ce segment. Cette médiatrice D coupe la courbe pH = $f(V_{\text{titrant}})$ au point E d'abscisse V_E.

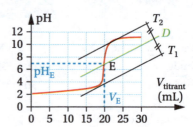

• **Méthode de la courbe dérivée**

À partir des points expérimentaux, un logiciel de traitement de données permet de tracer le graphe :

$$\frac{\text{dpH}}{\text{d}V_{\text{titrant}}} = f(V_{\text{titrant}}).$$

L'équivalence du titrage correspond à l'extremum de la courbe dérivée. Cet extremum repère le point d'abscisse V_E.

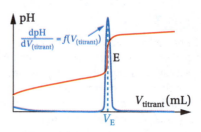

■ À partir de la détermination de V_E, on déduit la concentration ou la quantité de matière d'espèce à titrer, sachant qu'à l'équivalence on a réalisé un **mélange stœchiométrique** du réactif titrant et du réactif titré.

Méthode

Exploiter une courbe de titrage pH-métrique

On dose un volume $V_1 = 20{,}0$ mL d'une solution d'acide éthanoïque.

On réalise un suivi pH-métrique de la solution d'acide éthanoïque par une solution d'hydroxyde de sodium de concentration $C_2 = 4{,}0 \times 10^{-2}$ mol·L^{-1}.

On obtient les courbes ci-contre.

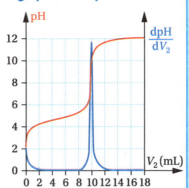

La réaction support du titrage est :

$CH_3COOH_{(aq)} + HO^-_{(aq)} \rightarrow CH_3COO^-_{(aq)} + H_2O_{(\ell)}$

a. Déterminer le volume équivalent par deux méthodes différentes.

b. En expliquant votre démarche, déterminer la concentration de la solution d'acide éthanoïque.

CONSEILS

a. Appliquez les méthodes des tangentes et de la courbe dérivée.
b. Définissez l'équivalence du titrage et déduisez-en, à partir de l'équation de la réaction, la relation entre les quantités de réactifs qui ont réagi à l'équivalence.

SOLUTION

a. L'équivalence se situe dans le saut de pH. On applique la méthode des tangentes et on détermine $V_E = 10$ mL. Par lecture de l'abscisse du maximum de la courbe dérivée $\frac{dpH}{dV_2} = f(V_2)$, on détermine la même valeur de V_E soit $V_E = 10$ mL.

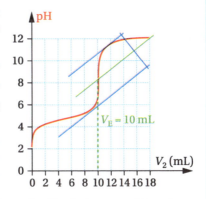

b. À l'équivalence, les deux réactifs sont totalement consommés : on a réalisé un mélange stœchiométrique du réactif titrant et du réactif titré.

D'après l'équation de la réaction, les deux réactifs réagissent mol à mol :

$n(CH_3COOH)_i = n(HO^-)_E$

soit $C_1 \times V_1 = C_2 \times V_E$ d'où $C_1 = \dfrac{C_2 \times V_E}{V_1} = \dfrac{4{,}0 \times 10^{-2} \times 10}{20} = 2{,}0 \times 10^{-2}$ mol·L^{-1}.

8 Titrage conductimétrique

En bref *Un titrage conductimétrique peut être envisagé lorsque la réaction support du titrage fait intervenir des ions.*

I Conductivité d'une solution

■ La conductivité d'une solution est fonction des concentrations des espèces chargées la constituant. D'après la **loi de Kohlrausch** (forme générale), dans une solution diluée, chaque ion se comporte comme s'il était seul. La conductivité d'un électrolyte est la somme des conductivités propres σ_i, indépendantes, de chacun de ses ions :

$$\sigma = \sum_i \sigma_i = \sum_i \lambda_i^0 [x_i]$$

σ conductivité de la solution ($S \cdot m^{-1}$) ; $[x_i]$ concentration des ions présents dans la solution ($mol \cdot m^{-3}$) ; λ_i^0 conductivité molaire des ions présents ($S \cdot m^2 \cdot mol^{-1}$).

■ **Conductivité molaire** ionique de quelques ions :

Ion	H_3O^+	HO^-	Na^+	Cl^-
λ ($S \cdot m^2 \cdot mol^{-1}$)	34,98	19,92	5,01	7,63

Exemple : pour une solution de chlorure de sodium :
$\sigma = \lambda_{Na^+} \times [Na^+] + \lambda_{Cl^-} \times [Cl^-] = (\lambda_{Na^+} + \lambda_{Cl^-}) \times C$ avec C concentration apportée en chlorure de sodium.

II Repérer l'équivalence du titrage

■ On explique **l'évolution de la conductivité** σ d'une solution en comparant la conductivité molaire λ_i^0 propre à chaque ion présent dans la solution avant et après l'équivalence.

• **Avant l'équivalence**, la conductivité σ varie au fur et à mesure de la disparition des ions titrés et de l'apparition des ions produits par la réaction et/ou des ions spectateurs ajoutés.

• **Après l'équivalence**, la conductivité σ varie encore, mais uniquement en raison de l'ajout des ions titrants non consommés et/ou des ions spectateurs.

■ On ajoute un **volume important d'eau** au volume de solution à titrer, ainsi au cours du titrage $V_{titrant-ajouté} \ll V_{solution} = V_{titré} + V_{eau}$, la dilution due à l'ajout du titrant est alors négligeable. Ainsi, la courbe $\sigma = f(V_{titrant})$ est constituée de segments de droites dont l'intersection permet de repérer l'équivalence.

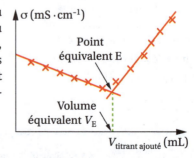

Méthode

Interpréter une courbe de titrage conductimétrique

On titre une solution d'acide chlorhydrique (H_3O^+ + Cl^-) par une solution d'hydroxyde de sodium (Na^+ + HO^-). On suit la conductivité de la solution titrée en fonction du volume V_b de solution titrante versé. La réaction support du titrage est : $H_3O^+_{(aq)} + HO^-_{(aq)} \to 2\ H_2O_{(\ell)}$.

Doc 1 Montage

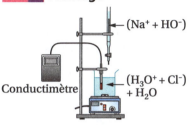

Doc 2 Courbe obtenue

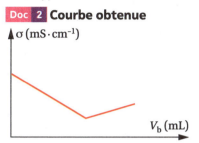

a. Justifier l'allure de la courbe obtenue (document 2).
b. Comment déterminer le volume équivalent V_E ?

Données : conductivités molaires ioniques (en mS·m²·mol⁻¹ à 25 °C) :

Ion	H_3O^+	Na^+	HO^-	Cl^-
λ	34,98	5,01	19,92	7,63

> **CONSEILS**
> **a.** Faites l'inventaire de toutes les espèces ioniques et regardez comment leurs concentrations évoluent au cours du titrage (avant et après l'équivalence). Comparez la conductivité molaire ionique des ions qui apparaissent ou disparaissent pour justifier l'évolution globale de la conductivité de la solution.

SOLUTION

a. $Na^+_{(aq)}$ et $Cl^-_{(aq)}$ sont des ions spectateurs. Au début du titrage, sont présents dans la solution les ions $H_3O^+_{(aq)}$ et $Cl^-_{(aq)}$. Avant l'équivalence, le réactif titrant versé est limitant : les ions HO^- réagissent complètement avec les ions H_3O^+ alors $[H_3O^+]$ diminue et $[Na^+]$ croît. Mais comme la conductivité molaire ionique de H_3O^+ est très grande devant celle de Na^+, la conductivité du mélange décroît.

Après l'équivalence, le réactif titré est limitant, les ions HO^- sont en excès, donc $[HO^-]$ et $[Na^+]$ augmentent et la conductivité croît.

Ainsi à l'équivalence, la conductivité est minimale.

b. À l'intersection des deux droites, la conductivité est minimale et correspond à l'équivalence du titrage. On peut alors lire le volume équivalent V_E.

2 • Analyse d'un système chimique par des méthodes physiques et chimiques

▶ OBJECTIF BAC

 Contrôle de qualité de médicaments

Ce problème montre l'intérêt de la spectroscopie infrarouge dans la synthèse d'un médicament et des différentes techniques de dosage pour réaliser des contrôles de qualité de médicaments.

📄 LE SUJET

Le paracétamol est un médicament utilisé pour ses propriétés analgésiques et antipyrétiques. On le synthétise à partir du para-aminophénol et de l'anhydride éthanoïque suivant la réaction :

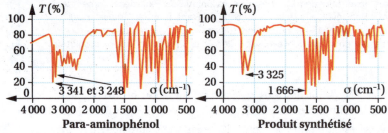

para-aminophénol + anhydride éthanoïque → paracétamol + acide éthanoïque

a. Entourer et nommer les groupes caractéristiques présents sur le para-amiphénol et sur le paracétamol.

b. On donne ci-dessous le spectre infrarouge du para-aminophénol et celui du produit synthétisé.

Expliquer à quoi sont dues les bandes d'absorption à 3 341 et 3 248 cm^{-1} sur le spectre du para-aminophénol.

c. L'analyse du spectre du produit synthétisé permet-elle de valider la formation du paracétamol ?

Dans le cadre du contrôle qualité d'un médicament, on veut vérifier la teneur en paracétamol contenue dans un comprimé « paracétamol 500 mg ».

On souhaite réaliser un dosage par étalonnage. Pour cela, on prépare une solution par dissolution d'un comprimé dans une fiole jaugée de 1 litre.

On réalise le spectre UV-visible d'une solution de paracétamol de concentration $2{,}0 \times 10^{-3}$ mol·L^{-1}, donné ci-dessous.

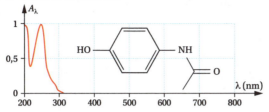

d. À quelle longueur d'onde doit-on travailler ?

e. Expliquer le principe d'un dosage par étalonnage et préciser le domaine de concentration des solutions étalons.

L'ibuprofène est un médicament utilisé pour ses propriétés analgésiques et antipyrétiques.

Afin de réaliser le titrage de l'ibuprofène contenu dans un comprimé d'« ibuprofène 400 mg », on broie le comprimé contenant l'ibuprofène dans 20 mL d'éthanol.

On filtre le mélange obtenu.

Le filtrat contenant l'ibuprofène est placé dans un bécher auquel on ajoute environ 40 mL d'eau distillée.

On titre le contenu du bécher à l'aide d'une burette graduée contenant une solution aqueuse d'hydroxyde de sodium (Na$^+_{(aq)}$ + HO$^-_{(aq)}$) de concentration en quantité de matière apportée $c_b = (2{,}0 \pm 0{,}1) \times 10^{-1}$ mol·L^{-1}.

Le titrage est suivi par pH-métrie. Un logiciel permet d'obtenir la courbe dérivée.

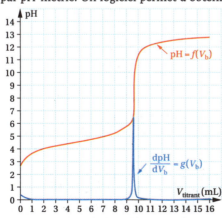

f. Définir l'équivalence d'un titrage.

g. Déterminer la valeur du volume équivalent V_E par une méthode de votre choix. On note, l'ibuprofène R–COOH.

h. À quel couple acide-base appartient l'ion hydroxyde HO⁻ ?

i. Écrire l'équation de la réaction support de titrage.

j. Quelles caractéristiques doit posséder une réaction chimique pour être utilisée lors d'un titrage ?

k. Exploiter le titrage afin de déterminer la masse d'ibuprofène contenu dans un cachet. Votre résultat devra être associé à une incertitude. Ce médicament est-il conforme à l'indication fournie ?

Données :
- masse molaire de l'ibuprofène : $M(C_{13}H_{18}O_2) = 206$ g·mol⁻¹ ;
- masse molaire du paracétamol : $M(\text{paracétamol}) = 151$ g·mol⁻¹ ;
- incertitude $U(m)$ sur la masse m liée aux différentes sources d'erreurs avec un niveau de confiance de 95 % telle que : $\dfrac{U(m)}{m} = \sqrt{\left(\dfrac{U_{\text{burette}}}{V_E}\right)^2 + \left(\dfrac{U_{c_b}}{c_b}\right)^2}$;
- incertitude sur la mesure du volume versé par la burette : $U_{\text{burette}} = 0{,}2$ mL.

CORRIGÉS

▶ OBJECTIF BAC

■ Contrôle de qualité de médicaments

a. –OH groupe hydroxyle et –NH₂ groupe amino pour le para-aminophénol ; –OH groupe hydroxyle et amide –NH–C=O pour le paracétamol.

b. Les bandes d'absorption à 3 341 et 3 248 cm⁻¹ sur le spectre du para-aminophénol sont dues aux 2 liaisons –NH de l'amine d'après les tables IR. Deux bandes caractéristiques du groupe –NH₂.

c. On observe l'apparition d'une bande à 1 666 cm⁻¹ qui correspond d'après les tables à la présence d'un groupe carbonyle C=O dans le groupe amide. Alors que l'on avait deux bandes caractéristiques du groupe –NH₂ pour le réactif, il ne reste plus qu'une bande à 3 325 cm⁻¹ pour le NH de l'amide. Ce qui confirme la présence du groupe amide et on peut penser que la synthèse a permis de synthétiser un amide donc le paracétamol.

d. On doit se placer à la longueur d'onde se situant au maximum d'absorbance pour limiter les incertitudes, soit environ 250 nm (par lecture graphique ci-contre) c'est-à-dire dans le domaine des UV.

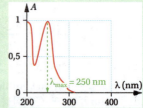

e. Pour réaliser un dosage par étalonnage, on doit préparer des solutions étalons de l'espèce à doser de concentrations connues. La gamme étalon utilisée

doit encadrer la concentration de la solution à doser. La solution à doser contient 500 mg·L^{-1} de paracétamol (un comprimé contenant 500 mg dans 1 L) soit :
$n = \dfrac{m}{M} = \dfrac{0,5}{151} = 3,3 \times 10^{-3}$ mol.

Il faut donc préparer des solutions comprises entre 0 et 5×10^{-3} mol·L^{-1} de paracétamol par exemple.

Pour chaque solution étalon, on mesure l'absorbance à 250 nm puis on trace la courbe d'étalonnage $A = f(C)$ qui doit donner une droite passant par l'origine d'après la loi de Beer-Lambert $A = k \times C$, A est proportionnelle à C. On mesure ensuite l'absorbance de la solution à doser et graphiquement on détermine alors la concentration.

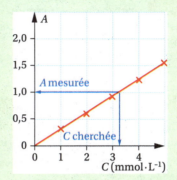

f. L'équivalence du titrage est atteinte lorsqu'on a réalisé un mélange stœchiométrique des réactifs, c'est-à-dire lorsque les deux réactifs titrant et titré sont limitants.

g. La courbe dérivée permet de déterminer V_E, puisque son extremum correspond à l'abscisse V_E soit $V_E = 9,6$ mL.

h. L'ion hydroxyde HO$^-$ réagit avec l'ibuprofène R–COOH, un acide. HO$^-$ est une base qui est capable de capter un proton H$^+$ et donner son acide conjugué H$_2$O, soit le couple : H$_2$O/HO$^-$.

i. L'acide R–COOH cède un H$^+$:
$$\text{R–COOH} \rightarrow \text{R–COO}^- + \text{H}^+$$
L'ion hydroxyde HO$^-$, espèce basique, capte un proton H$^+$:
$$\text{HO}^- + \text{H}^+ \rightarrow \text{H}_2\text{O}$$
D'où l'équation de la réaction :
$$\text{R–COOH}_{(aq)} + \text{HO}^-_{(aq)} \rightarrow \text{R–COO}^-_{(aq)} + \text{H}_2\text{O}_{(l)}$$

j. La réaction support du titrage doit être totale, rapide et spécifique.

k. D'après l'équation de la réaction, à l'équivalence : $n(\text{RCOOH})_i = n(\text{HO}^-)_E$ car les réactifs réagissent mole à mole.
Donc $n(\text{RCOOH})_i = C_b \times V_E = 2,0 \times 10^{-1} \times 9,6 \times 10^{-3}$ mol.
Soit la masse : $m = n(\text{RCOOH})_i \times M(\text{RCOOH})$
$m = 2,0 \times 10^{-1} \times 9,6 \times 10^{-3} \times 206 = 3,95 \times 10^{-1}$ g = 395 mg.
Il faut déterminer l'incertitude sur la masse :
$c_b = (2,0 \pm 0,1) \times 10^{-1}$ mol·L^{-1} soit $U(c_b) = 0,1 \times 10^{-1}$ mol·L^{-1} et $U_{\text{burette}} = 0,2$ mL.
$$\dfrac{U(m)}{m} = \sqrt{\left(\dfrac{U_{\text{burette}}}{V_E}\right)^2 + \left(\dfrac{U_{c_b}}{c_b}\right)^2} = \sqrt{\left(\dfrac{0,2}{9,6}\right)^2 + \left(\dfrac{0,1 \times 10^{-1}}{2,0 \times 10^{-1}}\right)^2} = 0,050.$$
Soit $U(m) = 0,050 \times 395 = 21,4 = 22$ mg
d'où $m = 395 \pm 22$ mg soit $395 - 22 < m < 395 + 22$ ou $373 < m < 417$ mg.
400 mg est contenu dans l'encadrement donc le médicament est conforme.

9 Suivi de l'évolution d'une réaction chimique

En bref *Selon la durée qui sépare l'instant de la mise en présence des réactifs de celui qui correspond à l'achèvement de la réaction (formation des produits et disparition des réactifs), on peut qualifier une réaction de lente ou de rapide. L'évolution d'une réaction lente peut être suivie par un capteur.*

I Réactions lentes ou rapides

■ Une réaction est **rapide** si elle s'achève dès la mise en présence des réactifs. On ne peut pas mesurer la durée qui sépare le début de la fin de la réaction.

■ Une réaction est **lente** si sa durée est comprise entre quelques secondes et plusieurs heures.

II Suivi d'une transformation lente

■ Suivre l'évolution d'une réaction lente consiste à obtenir la **courbe d'évolution** au cours du temps de la quantité de matière d'un réactif ou d'un produit.

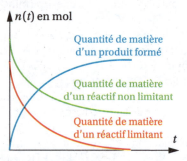

> **MOT CLÉ**
> Un réactif est **limitant** si sa quantité de matière dans l'état final est nulle.
> Dans le cas contraire, il est dit **non limitant** ou **en excès**.

■ Un **capteur** adapté permet de réaliser le suivi de la transformation.

Capteur	Grandeur mesurée	Calcul de la quantité de matière associée
Pressiomètre	Pression $P(t)$	Loi des gaz parfaits : $n(t) = \dfrac{P(t) \times V}{RT}$ n en mol ; P en Pa ; V en m^3 ; R en J·K^{-1} ; T en K
Spectrophotomètre	Absorbance $A(t)$	Loi de Beer Lambert : $n(t) = \dfrac{A(t) \times V}{k}$ n en mol ; A sans unité ; k en L·mol^{-1} ; V en L

■ On peut aussi réaliser ce suivi en effectuant, à des intervalles réguliers de temps, des **dosages** d'un des réactifs ou d'un des produits de la réaction chimique.

■ Le **temps de demi-réaction** $t_{1/2}$ est la durée au bout de laquelle la moitié du réactif limitant a disparu : sa quantité de matière a été divisée par 2.

Méthode

Choisir un capteur adapté et déterminer le temps de demi-réaction

On réalise la réaction entre une solution d'acide chlorhydrique ($H^+_{(aq)} + Cl^-_{(aq)}$) et le fer $Fe_{(s)}$. L'équation de la réaction est la suivante :

$$2\,H^+_{(aq)} + Fe_{(s)} \rightarrow H_{2(g)} + Fe^{2+}_{(aq)}.$$

Toutes les espèces chimiques sont incolores en solution aqueuse.

a. Justifier que le choix le plus approprié pour suivre la réaction est un pressiomètre.

b. Déterminer la relation entre la pression de dihydrogène H_2 formé $P_{H_2}(t)$ et la quantité de matière d'ions hydrogène H^+ consommée $n_{H^+}(t)$.

c. L'évolution de la quantité d'ions hydrogène consommée au cours du temps est donnée ci-contre. Déterminer le temps de demi-réaction.

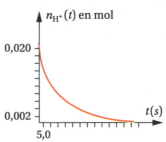

CONSEILS

a. Remarquez qu'il y a une espèce chimique formée qui est gazeuse.
b. Utilisez les relations de proportionnalité entre les quantités de matière des réactifs consommées et celles des produits formées, puis utilisez la loi des gaz parfaits.
c. Le temps de demi-réaction se calcule à partir de l'évolution de la quantité de matière du réactif limitant.

SOLUTION

a. Le dihydrogène étant le seul gaz formé, on peut utiliser un pressiomètre pour mesurer l'augmentation de pression due à sa formation.

b. On applique la relation de stœchiométrie : $\dfrac{n_{H^+}(t)}{2} = \dfrac{n_{H_2}(t)}{1}$

Puis on applique la loi des gaz parfaits : $n_{H_2}(t) = \dfrac{P_{H_2}(t)V}{RT}$

donc $n_{H^+}(t) = 2\dfrac{P_{H_2}(t)V}{RT}$.

c. L'ion hydrogène est le réactif limitant car sa quantité de matière s'annule. Le temps de demi-réaction est tel que : $n(t_{1/2}) = 0{,}010$ mol.
On trouve graphiquement : $t_{1/2} = 10{,}0$ s.

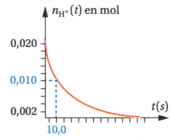

3 • Évolution d'un système, siège d'une transformation chimique

10 Facteurs cinétiques

En bref Une réaction chimique lente peut voir sa vitesse augmentée en faisant varier un certain nombre de paramètres physique tels que la température du milieu réactionnel ou la concentration initiale des réactifs. Un catalyseur permet également d'accélérer une réaction.

I Effet de la température et de la concentration initiale des réactifs

■ La **température** est un facteur cinétique : lorsque l'on augmente celle-ci, on observe généralement une augmentation de la vitesse de la réaction chimique. Le système atteint plus vite son état final et le temps de demi-réaction diminue.

■ La **concentration initiale des réactifs** est un facteur cinétique : lorsque l'on augmente celle-ci, on observe une augmentation de la vitesse de la réaction chimique. Le système atteint plus vite son état final et le temps de demi-réaction diminue.

> **À NOTER**
> Pour certaines réactions chimiques d'autres facteurs cinétiques peuvent intervenir tels que la lumière.

Relation d'ordre des températures : $T_2 > T_1$

Réaction effectuée à la température T_1

Réaction effectuée à la température T_2

Relation d'ordre des concentrations initiales en réactif : $C_2 > C_1$

Réaction effectuée à la concentration initiale en réactif C_1

Réaction effectuée à la concentration initiale en réactif C_2

II Rôle d'un catalyseur

Un **catalyseur** est une espèce chimique qui accélère une réaction chimique. Il n'est pas consommé au cours de la réaction. Il n'apparaît donc pas dans l'équation de la réaction.

Exemple : la réaction entre un alcool et un acide carboxylique produit un ester → FICHE 27 et de l'eau. Elle peut être catalysée par de l'acide sulfurique.

L'équation de la réaction a pour expression :

alcool + acide carboxylique → ester + eau

La formule de l'acide sulfurique (catalyseur) n'apparaît pas dans cette équation.

Quantité de matière du réactif limitant (alcool ou acide carboxylique)

Réaction effectuée avec acide sulfurique

Réaction effectuée sans acide sulfurique

Méthode

Identifier les conditions expérimentales d'une réaction à sa rapidité

On réalise la réaction entre une solution d'acide chlorhydrique ($H^+_{(aq)} + Cl^-_{(aq)}$) et le zinc $Zn_{(s)}$. L'équation de la réaction est la suivante :
$$2\,H^+_{(aq)} + Zn_{(s)} \rightarrow H_{2(g)} + Zn^{2+}_{(aq)}.$$
Les conditions expérimentales de trois réactions sont données ci-dessous.

Réaction 1	T_1 = 20 °C	$[H^+]_0$ = 0,20 mol·L^{-1}
Réaction 2	T_2 = 40 °C	$[H^+]_0$ = 0,20 mol·L^{-1}
Réaction 3	T_3 = 20 °C	$[H^+]_0$ = 0,40 mol·L^{-1}

$[H^+]_0$ correspond à la concentration initiale en ion hydrogène H^+.

a. Déterminer quelle est la réaction la plus rapide entre la réaction 1 et la réaction 2 puis entre la réaction 1 et la réaction 3. Justifier.

b. Peut-on déterminer quelle est la réaction la plus rapide entre la réaction 2 et la réaction 3 ? Justifier.

c. Le temps de demi-réaction de la réaction 2 est égal à 15,2 s et celui de la réaction 3 est égal à 20,4 s. Conclure.

CONSEILS

a. Identifiez le facteur cinétique qui a une valeur différente entre chaque réaction, l'autre étant le même.
b. Rappelez-vous l'effet de chacun des facteurs cinétiques avant de conclure.
c. Le temps de demi-réaction varie en fonction de la rapidité de la réaction.

SOLUTION

a. Les réactions 1 et 2 sont réalisées avec des concentrations initiales en ion hydrogène égales. La température où s'effectue la réaction 2 est supérieure à celle de la réaction 1, donc la réaction 2 est plus rapide que la réaction 1. Les réactions 1 et 3 sont réalisées à des températures égales. La concentration initiale en ion hydrogène de la réaction 1 est inférieure à celle de la réaction 3, donc la réaction 3 est plus rapide que la réaction 1.

b. On ne peut pas savoir laquelle des deux réactions est la plus rapide car la température de la réaction 2 est supérieure à celle de la réaction 3 tandis que la concentration en ion hydrogène de la réaction 3 est supérieure à celle de la réaction 2.

c. Le temps de demi-réaction de la réaction 2 est inférieur à et celui de la réaction 3. On en conclut que la réaction 2 est plus rapide que la réaction 3.

11 Vitesse volumique d'une espèce chimique

En bref *Au cours d'une réaction chimique, les réactifs disparaissent et les produits sont formés. À partir des courbes d'évolution des quantités de matière des réactifs ou des produits, on peut déterminer leur vitesse volumique.*

I Vitesse volumique de disparition ou d'apparition

■ La **vitesse volumique de disparition d'un réactif** $v_{\text{réactif}}$ se détermine à partir de la dérivée temporelle de la concentration molaire du réactif, notée $[R]$:

$$v_{\text{réactif}} = -\frac{d[R]}{dt} \quad v_{\text{réactif}} \text{ en mol} \cdot L^{-1} \cdot s^{-1} \,;\, [R] \text{ en mol} \cdot L^{-1}.$$

À NOTER
On met un signe moins car la vitesse de disparition doit être positive.

■ La **vitesse volumique d'apparition d'un produit** v_{produit} se détermine à partir de la dérivée temporelle de la concentration molaire du produit, notée $[P]$:

$$v_{\text{produit}} = \frac{d[P]}{dt} \quad v_{\text{produit}} \text{ en mol} \cdot L^{-1} \cdot s^{-1} \,;\, [P] \text{ en mol} \cdot L^{-1}$$

■ La détermination de ces vitesses peut se faire graphiquement :

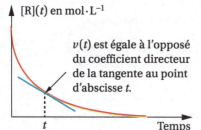
$v(t)$ est égale à l'opposé du coefficient directeur de la tangente au point d'abscisse t.

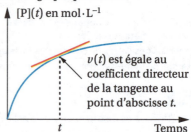
$v(t)$ est égale au coefficient directeur de la tangente au point d'abscisse t.

II Loi de vitesse d'ordre 1

■ Une réaction suit une **loi de vitesse d'ordre 1** par rapport à un réactif ou à un produit si :

$$v_{\text{réactif}} = k_r \times [R]$$
$$v_{\text{produit}} = k_p \times [P]$$

$v_{\text{réactif}}$ et v_{produit} en mol$\cdot L^{-1} \cdot s^{-1}$; k_r et k_p en s^{-1} ; $[R]$ et $[P]$ en mol$\cdot L^{-1}$.

■ Les concentrations obéissent alors à une **loi exponentielle** :

$$[R](t) = [R]_0 \times \exp(-k_r \times t) \text{ et } [P](t) = [P]_0 \times \left(1 - \exp(-k_p \times t)\right)$$

COURS & MÉTHODES

Méthode

Décrire l'évolution temporelle d'une vitesse volumique de réaction

On mesure lors d'une réaction chimique l'évolution au cours du temps de la concentration d'une espèce notée E.
La courbe est donnée ci-dessous.

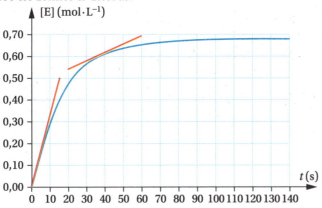

a. L'espèce chimique E est-elle un réactif ou un produit ? Justifier.
b. Calculer la vitesse volumique aux instants $t = 0$ s et $t = 40$ s.
c. Comment évolue la vitesse volumique de l'espèce E au cours du temps ?

> **CONSEILS**
> **a.** Rappelez-vous qu'un réactif est consommé tandis qu'un produit est formé.
> **b.** Déterminez le coefficient directeur de la tangente à la courbe d'évolution.
> **c.** Observez l'évolution du coefficient directeur de la tangente le long de la courbe.

SOLUTION

a. L'espèce chimique E est un produit car sa concentration molaire (et donc sa quantité de matière) augmente au cours du temps.

b. On calcule la vitesse volumique d'apparition de E à l'instant $t = 0$ s :

$$v(t = 0 \text{ s}) = \frac{0{,}50 - 0}{15 - 0} = 3{,}3 \times 10^{-2} \text{ mol} \cdot \text{L}^{-1} \cdot \text{s}^{-1}.$$

On calcule la vitesse volumique d'apparition de E à l'instant $t = 40$ s :

$$v(t = 40 \text{ s}) = \frac{0{,}68 - 0{,}54}{60 - 20} = 3{,}5 \times 10^{-3} \text{ mol} \cdot \text{L}^{-1} \cdot \text{s}^{-1}.$$

c. On observe que le coefficient directeur de la tangente à la courbe diminue le long de la courbe : la vitesse volumique d'apparition de l'espèce chimique diminue au cours du temps.

3 • Évolution d'un système, siège d'une transformation chimique

12 Modélisation microscopique d'une réaction

En bref *L'équation d'une réaction ne représente qu'un bilan quantitatif. Pour rendre compte de la réalité de la transformation chimique, il faut s'intéresser à son mécanisme réactionnel qui fait intervenir des actes élémentaires.*

I Mécanisme réactionnel

■ Un **acte élémentaire** est une réaction qui s'effectue en **une seule étape**. Cette réaction fait intervenir une ou deux molécules au maximum. On modélise le transfert des électrons par une flèche courbe : elle correspond au déplacement d'un doublet d'électrons. La flèche a comme origine là où se trouve initialement le doublet et pointe là où il va aller se placer.

Formation d'une liaison	Formation d'un doublet libre
$\text{>C=C<} + \text{H}^{\oplus} \longrightarrow \text{>C}^{\oplus}\text{-C<}$ (avec H)	$\text{>C=\underline{O}|} \longrightarrow \text{>C}^{\oplus}\text{-}\underline{\underline{O}}|^{\ominus}$

■ Le **mécanisme réactionnel** associé à une réaction chimique correspond à la succession des actes élémentaires conduisant des réactifs aux produits.

■ Un **intermédiaire réactionnel** est une entité chimique très instable qui apparaît dans le mécanisme réactionnel. Il est produit par un acte élémentaire puis consommé dans un autre acte élémentaire : il n'apparaît pas dans l'équation de la réaction. Ces intermédiaires sont souvent des **carbocations** : ils possèdent un atome de carbone portant une charge positive.

■ Un **catalyseur** modifie le mécanisme réactionnel associé à une réaction chimique. Le catalyseur est consommé lors d'un acte élémentaire, puis reformé lors d'un acte élémentaire suivant. Il n'apparaît pas dans l'équation de la réaction.

II Interprétation microscopique de l'influence des facteurs cinétiques

■ Un **choc efficace** est la rencontre entre deux molécules de réactifs qui donne lieu à un acte élémentaire. La vitesse de réaction est d'autant plus élevée que le nombre de chocs efficaces par unité de temps est grand.

■ La **température** augmente la vitesse des entités chimiques. Le nombre de chocs efficaces par unité de temps augmente avec la température.

■ Le nombre de chocs efficaces par unité de temps augmente avec la **concentration initiale des réactifs** car il y a plus de réactifs par unité de volume : les molécules de réactifs ont plus de chance de se rencontrer.

Méthode

Écrire une équation de réaction à partir d'un mécanisme réactionnel

On considère une réaction dont le mécanisme réactionnel est le suivant :

$$(CH_3)_2C=CH_2 + H-Br \longrightarrow (CH_3)_2C^{\oplus}-CH_3 + Br^{\ominus}$$

$$(CH_3)_2C^{\oplus}-CH_3 + Br^{\ominus} \longrightarrow CH_3-C(Br)(CH_3)-CH_3$$

a. Identifier un intermédiaire réactionnel.

b. Ajouter dans l'étape 2 la flèche associée au transfert d'un doublet d'électrons.

c. Écrire l'équation de cette réaction chimique.

CONSEILS

a. Rappelez-vous qu'un intermédiaire réactionnel est une entité instable qui est souvent un carbocation.
b. Dessinez la flèche avec sa base là où se trouve le doublet électronique au départ et sa pointe là où le doublet est transféré.
c. Écrivez l'équation en enlevant toutes les entités qui apparaissent puis disparaissent au cours des actes élémentaires.

SOLUTION

a. L'intermédiaire réactionnel identifié est le carbocation : $(CH_3)_2C^{\oplus}-CH_3$

b. L'étape 2 s'écrit :

$$(CH_3)_2C^{\oplus}-CH_3 + Br^{\ominus} \longrightarrow CH_3-C(Br)(CH_3)-CH_3$$

c. L'équation de la réaction s'écrit :

$$(CH_3)_2C=CH_2 + H-Br \longrightarrow CH_3-C(Br)(CH_3)-CH_3$$

3 • Évolution d'un système, siège d'une transformation chimique

OBJECTIF BAC

Réaction entre les ions thiosulfate et les ions oxonium

60 min

Ce problème traite dans une première partie des facteurs cinétiques influant sur la rapidité d'une réaction chimique, dans une deuxième partie de la méthode de suivi de la réaction par dosage avec l'exploitation cinétique que l'on peut en faire et enfin dans une troisième, des transferts d'électrons dans le mécanisme réactionnel.

LE SUJET

Lors d'une séance de travaux pratiques, les élèves étudient la réaction ayant lieu entre l'ion thiosulfate $S_2O_3^{2-}$ et l'ion oxonium H_3O^+. L'équation de la réaction est la suivante :

$$S_2O_{3(aq)}^{2-} + 2\,H_3O_{(aq)}^+ \rightarrow S_{(s)} + SO_{2(aq)} + 3\,H_2O_{(\ell)}.$$

Il a été demandé aux élèves de préparer trois mélanges réactionnels dont les concentrations initiales en réactifs sont les suivantes :

Mélange 1	Mélange 2	Mélange 3
$[S_2O_3^{2-}] = 10$ mmol·L^{-1}	$[S_2O_3^{2-}] = 20$ mmol·L^{-1}	$[S_2O_3^{2-}] = 30$ mmol·L^{-1}
$[H_3O^+] = 100$ mmol·L^{-1}	$[H_3O^+] = 100$ mmol·L^{-1}	$[H_3O^+] = 100$ mmol·L^{-1}

Ils réalisent ensuite des schémas du mélange introduit dans un bécher au fond duquel une croix noire a été tracée, à des intervalles de temps égaux. Le soufre solide formé, en suspension dans le liquide, rend la solution de plus en plus opaque.

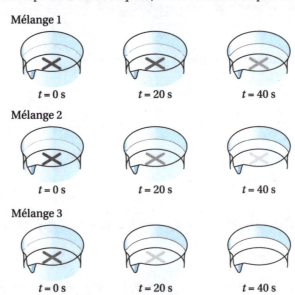

Partie 1 Étude des facteurs cinétiques

1. Quel mélange correspond à la réaction la plus rapide ?

2. Quel facteur cinétique est mis en jeu ? Expliquer la cohérence des observations avec celui-ci.

3. Sur quel autre facteur cinétique aurait-on pu jouer ? Qu'aurait-on alors observé ?

4. On donne dans le tableau suivant, pour différentes expériences, la température du milieu réactionnel et la concentration initiale en ion thiosulfate, la concentration initiale en ion oxonium étant la même.

Expérience 1	Expérience 2	Expérience 3
$[S_2O_3^{2-}] = 10$ mmol·L^{-1}	$[S_2O_3^{2-}] = 30$ mmol·L^{-1}	$[S_2O_3^{2-}] = 30$ mmol·L^{-1}
$T = 20$ °C	$T = 20$ °C	$T = 40$ °C

Associer, en justifiant, à chacune de ces expériences, le temps de demi-réaction dont les valeurs sont les suivantes : $t_{1/2} = 33$ s ; $t_{1/2} = 58$ s ; $t_{1/2} = 45$ s.

> **CONSEILS**
> **4.** Pour comparer l'influence d'un facteur cinétique, il faut que seul celui-ci varie. Les autres paramètres doivent garder la même valeur.

Partie 2 Suivi de la réaction par dosage chimique

Afin de suivre la réaction, on dose à intervalles de temps régulier l'ion thiosulfate encore présent dans le milieu réactionnel. Pour cela, on prélève un volume du milieu réactionnel à un instant t, on le plonge dans un bain (eau + glace), afin de stopper la réaction entre cet ion et l'ion oxonium et on dose l'ion thiosulfate avec du diiode.

5. Expliquer pourquoi le bain (eau + glace) permet de stopper la réaction.

6. On obtient la courbe d'évolution de la concentration en ion thiosulfate au cours du temps.

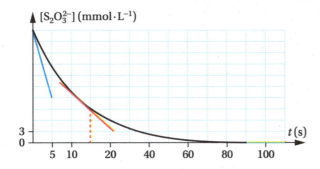

a. Déterminer le temps de demi-réaction.
b. Déterminer la durée au bout de laquelle la réaction semble terminée.
c. Comparer cette durée au temps de demi-réaction.

3 • Évolution d'un système, siège d'une transformation chimique

d. Comment varie la vitesse volumique de disparition de l'ion thiosulfate au cours du temps ? Justifier.

e. Calculer la vitesse volumique de disparition de l'ion thiosulfate aux instants $t = 0$ s ; $t = 15$ s et $t = 80$ s.

Partie 3 Étude du mécanisme réactionnel

7. Qu'est-ce qu'un acte élémentaire ? un mécanisme réactionnel ?

8. Une étape du mécanisme réactionnel est la suivante :

$$\overset{|\overline{O}|^{\ominus}}{\underset{|S|}{\overset{|}{\overline{O}}=S-\overline{O}|^{\ominus}}} + \Box H^{\oplus} \longrightarrow \overset{|\overline{O}|^{\ominus}}{\underset{|S|}{\overset{|}{\overline{O}}=S-\overline{O}-H}}$$

Ajouter la flèche associée au transfert d'un doublet d'électrons.

CORRIGÉS

▶ OBJECTIF BAC

■ Réaction entre les ions thiosulfate et les ions oxonium

Partie 1 Étude des facteurs cinétiques

1. Le mélange correspondant à la réaction la plus rapide est celui pour lequel la croix tracée est masquée par le soufre en suspension formé au bout de la durée la plus petite : il s'agit du mélange 3.

2. Le facteur cinétique mis en jeu est la concentration initiale en ion thiosulfate. On constate que plus la concentration en ion thiosulfate est grande, plus la rapidité de la réaction est grande.

3. L'autre facteur cinétique est la température du milieu réactionnel. Lorsque la température augmente, la réaction est plus rapide.

4. Plus la réaction est rapide et plus son temps de demi-réaction est petit. La rapidité étant d'autant plus grande que la température est élevée et la concentration initiale en ion thiosulfate est grande. On en déduit :
- Expérience 1 : $t_{1/2} = 58$ s ;
- Expérience 2 : $t_{1/2} = 45$ s ;
- Expérience 3 : $t_{1/2} = 33$ s.

Partie 2 Suivi de la réaction par dosage chimique

5. Le bain (eau + glace) permet de stopper la réaction car il agit en même temps sur les deux facteurs cinétiques qui sont abaissés brusquement :
- la température du mélange à 0 °C permet de baisser la température ;
- la concentration des réactifs est diminuée par dilution.

6. a. On détermine le temps de demi-réaction. Il correspond à la durée au bout de laquelle la quantité initiale (ou la concentration initiale) du réactif limitant est divisée par deux. Graphiquement, on lit : $t_{1/2}$ = 8 min.

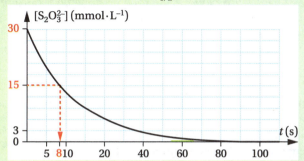

b. La durée au bout de laquelle la réaction semble terminée correspond à celle où la concentration en ion thiosulfate devient nulle. On trouve : $t_{\text{réaction}}$ = 80 s.
c. On compare la durée de la réaction au temps de demi-réaction :
$\dfrac{t_{\text{réaction}}}{t_{1/2}} = \dfrac{80}{8{,}0} = 10$. La réaction dure 10 fois le temps de demi-réaction.
d. On sait que : $v_{S_2O_3^{2-}} = -\dfrac{d[S_2O_3^{2-}]}{dt}$. La vitesse volumique de disparition de l'ion

thiosulfate est donc égale à l'opposé du coefficient directeur de la tangente à la courbe de la concentration en ion thiosulfate en fonction du temps. D'après la courbe, ce coefficient directeur diminue et tend vers zéro. La vitesse volumique de disparition de l'ion thiosulfate diminue donc au cours du temps et tend vers zéro.
e. On calcule la vitesse volumique de disparition de l'ion thiosulfate :

- à l'instant t = 0 s : $v(t = 0 \text{ s}) = -\dfrac{12 - 30}{5 - 0} = 3{,}6$ mmol·L^{-1}·s^{-1} ;

- à l'instant t = 15 s : $v(t = 15 \text{ s}) = -\dfrac{3{,}0 - 15{,}0}{22 - 7} = 8{,}0 \times 10^{-1}$ mmol·L^{-1}·s^{-1} ;

- à l'instant t = 60 s : $v(t = 80 \text{ s}) = -\dfrac{0 - 0}{85 - 75} = 0$ mmol·L^{-1}·s^{-1}.

Partie 3   Étude du mécanisme réactionnel

7. Un acte élémentaire est une réaction qui s'effectue en une seule étape. Un mécanisme réactionnel associé à une réaction chimique correspond à la succession des actes élémentaires conduisant des réactifs aux produits de la réaction.
8. Le transfert du doublet d'électrons est modélisé par :

13 Noyaux stables et instables

En bref *Tous les noyaux atomiques sont repérés dans un diagramme (N, Z) dans lequel sont clairement distingués les noyaux stables des noyaux instables (radioactifs).*

I Noyaux atomiques et isotopes

■ Le noyau atomique, situé au cœur de l'atome et entouré de Z électrons, est un assemblage de A nucléons (N neutrons et Z protons) : $A = Z + N$. Il est symbolisé par $^A_Z X$ où X est le symbole de l'élément chimique de numéro atomique Z.

MOTS CLÉS
A est appelé **nombre de masse** ; Z est nommé **numéro atomique** ou **nombre de charges**.

■ Le proton (positif) et l'électron (négatif) portent en valeur absolue la même charge électrique appelée charge élémentaire : $e = 1{,}602 \times 10^{-19}$ C (coulomb).

Exemple : le noyau de sodium $^{23}_{11}$Na est formé de 11 protons et 12 neutrons.

■ Des isotopes sont des atomes d'un même élément chimique (même nombre Z de protons) qui diffèrent par leur nombre de neutrons (donc par leur masse).

Exemple : le zinc existe à l'état naturel sous forme de cinq isotopes stables. Le plus léger est le zinc 64 de symbole $^{64}_{30}$Zn et le plus lourd le zinc 70 de symbole $^{70}_{30}$Zn.

II Diagramme (N, Z)

■ La centaine d'éléments chimiques connus existent sous la forme de plus de 3 000 isotopes naturels ou artificiels. Moins de 10 % de ces isotopes ont un noyau stable, tous les autres sont radioactifs (→ FICHE 14) c'est-à-dire instables. On parle de radio-isotopes.

■ Lorsqu'on repère chaque noyau $^A_Z X$ dans un diagramme (N, Z), l'ensemble des isotopes stables constituent la vallée (ou domaine) de stabilité.

■ Pour $Z < 20$, les noyaux stables sont proches de la bissectrice ($Z = N$).

Pour $Z > 20$, les noyaux stables contiennent plus de neutrons que de protons ; ils sont situés au-dessous de la bissectrice. Il n'existe pas de noyaux stables pour les « gros » noyaux au-delà de l'uranium ($Z \geqslant 93$).

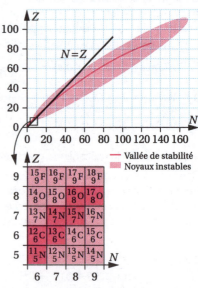

Allure générale du diagramme (N, Z)

■ Un même élément peut avoir plusieurs isotopes stables (exemple : l'hydrogène).

COURS & MÉTHODES

Méthode

Utiliser le diagramme (N, Z)

On donne le diagramme (N, Z) pour les 10 premiers éléments chimiques.

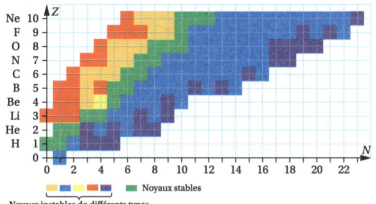

Noyaux stables
Noyaux instables de différents types

a. Dénombrer les isotopes du lithium. Identifier et symboliser ceux qui sont stables.

b. Identifier et symboliser tous les noyaux contenant deux neutrons.

c. Identifier tous les noyaux constitués de huit nucléons. Combien sont stables ?

CONSEILS
Chaque noyau est représenté dans le diagramme par une case d'abscisse N et d'ordonnée Z. Pour obtenir son symbole $^A_Z X$, utilisez la relation $A = Z + N$.

SOLUTION

a. Dans le diagramme, les isotopes du lithium Li sont représentés sur la ligne horizontale d'ordonnée $Z = 3$; on en compte dix. Deux seulement sont stables (cases vertes). Ils contiennent respectivement $N = 3$ et $N = 4$ neutrons.

En utilisant la relation $A = Z + N$, on en déduit que les deux isotopes stables sont le lithium 6 (^6_3Li) et le lithium 7 (^7_3Li).

b. On trouve les noyaux à deux neutrons sur la verticale d'abscisse $N = 2$.

Le premier est tel que $Z = 1$ donc $A = 3$, il s'agit de l'hydrogène trois (^3_1H).

Les suivants sont l'hélium 4 (^4_2He), le lithium 5 (^5_3Li), le béryllium 6 (^6_4Be), le bore 7 (^7_5B) et le carbone 8 (^8_6C).

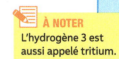

À NOTER
L'hydrogène 3 est aussi appelé tritium.

c. On identifie les noyaux à huit nucléons ($A = Z + N = 8$) en recherchant les cases telles que la somme de l'abscisse et de l'ordonnée soit égale à 8.

Il s'agit de : ^8_2He, ^8_3Li, ^8_4Be, ^8_5B et ^8_6C. Aucun de ces noyaux n'est stable.

4 • Les transformations nucléaires

14 Radioactivité

En bref *La radioactivité, découverte en 1896 par Henri Becquerel, est de type alpha (α), bêta moins (β⁻), bêta plus (β⁺) ou gamma (γ). Une désintégration radioactive est modélisée par une équation de réaction nucléaire respectant deux lois de conservation.*

I Désintégration radioactive

■ La radioactivité est une transformation nucléaire qui résulte de la **désintégration spontanée d'un noyau instable** $^{A_1}_{Z_1}X$ (dit noyau père) engendrant un noyau fils $^{A_2}_{Z_2}Y$ et l'émission d'une particule $^{A_3}_{Z_3}Q$.

■ L'**équation** modélisant une désintégration radioactive s'écrit :

$$^{A_1}_{Z_1}X \rightarrow \, ^{A_2}_{Z_2}Y + \, ^{A_3}_{Z_3}Q$$

■ La loi de conservation du **nombre de nucléons** et la loi de conservation du **nombre de charges** s'écrivent respectivement :

$$A_1 = A_2 + A_3 \text{ et } Z_1 = Z_2 + Z_3$$

II Les différents types de radioactivité

Radioactivité	Particule émise	Équation de désintégration	
		Expression générale	Exemple
α	noyau d'hélium $^4_2$He	$^A_ZX \rightarrow \, ^{A-4}_{Z-2}Y + \, ^4_2$He	$^{238}_{92}$U $\rightarrow \, ^{234}_{90}$Th $+ \, ^4_2$He
β⁻	électron $^0_{-1}$e	$^A_ZX \rightarrow \, ^A_{Z+1}Y + \, ^0_{-1}$e	$^{60}_{27}$Co $\rightarrow \, ^{60}_{28}$Ni $+ \, ^0_{-1}$e
β⁺	positon $^0_1$e	$^A_ZX \rightarrow \, ^A_{Z-1}Y + \, ^0_1$e	$^{80}_{35}$Br $\rightarrow \, ^{80}_{34}$Se $+ \, ^0_1$e
γ	photon gamma $^0_0\gamma$	$^A_ZY^* \rightarrow \, ^A_ZY + \, ^0_0\gamma$	$^{80}_{34}$Se* $\rightarrow \, ^{80}_{34}$Se $+ \, ^0_0\gamma$

À NOTER
L'électron est symbolisé par $^0_{-1}$e car ce n'est pas un nucléon ($A = 0$) ; il porte une charge élémentaire négative –e. Le positon (ou anti-électron) est symbolisé par $^0_1$e ; il porte une charge élémentaire positive +e.

La **radioactivité γ** accompagne généralement les radioactivités α, β⁻ ou β⁺. Si le noyau fils résultant d'une désintégration radioactive est dans un état énergétique excité noté $^A_ZY^*$, il revient à son état normal et libère de l'énergie sous forme d'un photon γ, rayonnement électromagnétique de très haute fréquence.

Méthode

Écrire et utiliser une équation de désintégration radioactive

a. Le phosphore 30 est radioactif β⁺. Identifier le noyau fils résultant de cette désintégration.

b. Le noyau fils résultant de la désintégration radioactive du polonium 214 est le plomb 210. Ce noyau fils est lui-même instable et il se désintègre en bismuth 210. Identifier le type de chaque radioactivité mise en jeu.

Données :

Élément	silicium	phosphore	soufre	plomb	bismuth	polonium
Symbole	Si	P	S	Pb	Bi	Po
Z	14	15	16	82	83	84

CONSEILS
Écrivez les équations de désintégration et appliquez les lois de conservation pour identifier soit le noyau fils, soit la particule émise.

SOLUTION

a. Le noyau de phosphore 30 ($Z = 15$ et $A = 30$) a pour symbole $^{30}_{15}\text{P}$. C'est un radio-isotope β⁺, donc sa désintégration s'accompagne de l'émission d'un positon $^{0}_{1}\text{e}$. En notant $^{A}_{Z}\text{Y}$ le noyau fils, l'équation de désintégration s'écrit :

$$^{30}_{15}\text{P} \rightarrow \,^{A}_{Z}\text{Y} + \,^{0}_{1}\text{e}$$

Les lois de conservation du nombre de nucléons et du nombre de charges donnent :
$30 = A + 0$ et $15 = Z + 1$, soit $A = 30$ et $Z = 14$.

En utilisant les données, on note que l'élément de numéro atomique $Z = 14$ est le silicium. Le noyau fils est donc du silicium 30 : $^{30}_{14}\text{Si}$.

b. • Le polonium 214 ($^{214}_{84}\text{Po}$) se désintègre en plomb 210 ($^{210}_{82}\text{Pb}$) en émettant une particule $^{A}_{Z}\text{Q}$: $^{214}_{84}\text{Po} \rightarrow \,^{210}_{82}\text{Pb} + \,^{A}_{Z}\text{Q}$

D'après les lois de conservation :
$214 = 210 + A$ et $84 = 82 + Z$, soit $A = 4$ et $Z = 2$. La particule émise est donc un noyau d'hélium 4 : $^{4}_{2}\text{He}$.

Le polonium 214 est donc un radio-isotope α.

• Le plomb 210 ($^{210}_{82}\text{Pb}$) se désintègre en bismuth 210 ($^{210}_{83}\text{Bi}$) en émettant une particule $^{A'}_{Z'}\text{Q}'$: $^{210}_{82}\text{Pb} \rightarrow \,^{210}_{83}\text{Bi} + \,^{A'}_{Z'}\text{Q}'$

Les lois de conservation donnent $A' = 0$ et $Z' = -1$. La particule émise est donc un électron : $^{0}_{-1}\text{e}$.

Le plomb 210 est donc un radio-isotope β⁻.

15 Décroissance radioactive

En bref *Une population de noyaux radioactifs évolue au cours du temps en suivant une loi de décroissance exponentielle, dont un paramètre important est la demi-vie radioactive.*

I Loi de décroissance radioactive

■ La désintégration d'un noyau radioactif est aléatoire et il n'est donc pas possible de prévoir le moment où elle aura lieu. Cependant, cet événement a une certaine probabilité de se produire pendant un intervalle de temps infinitésimal dt. Cette probabilité est constante au cours du temps et indépendante des autres noyaux (de la même façon que la probabilité de « sortir un 1 » avec un dé est toujours 1/6 quels que soient les autres dés et les lancers précédents).

■ Un échantillon contient N noyaux radioactifs identiques à la date t. La variation dN du nombre de noyaux entre les dates t et $t + dt$ est négative car des noyaux se sont désintégrés spontanément pendant la durée dt. La désintégration radioactive étant un processus aléatoire, le nombre de désintégrations par unité de temps $\frac{-dN}{dt}$ est proportionnel au nombre N de noyaux radioactifs : $\frac{-dN}{dt} = \lambda \times N$ avec λ la constante radioactive, ou constante de désintégration, exprimée en s^{-1}.

■ La constante de désintégration λ est caractéristique de l'isotope radioactif.
Exemple : $\lambda = 3,9 \times 10^{-12}$ s^{-1} pour le carbone 14.

■ L'équation différentielle du premier ordre : $\frac{dN}{dt} = -\lambda N$ ou $\frac{dN}{dt} + \lambda N = 0$ admet pour solution une exponentielle décroissante :

$$N(t) = N_0 e^{-\lambda t}$$ N_0 : nombre de noyaux radioactifs à la date $t = 0$.

Cette relation est la loi de décroissance radioactive.

II Temps caractéristiques de la décroissance radioactive

■ La constante de temps $\tau = \frac{1}{\lambda}$ est le temps nécessaire pour que 63 % des noyaux radioactifs contenus dans un échantillon se désintègrent.

■ La demi-vie radioactive $t_{1/2}$ est la durée nécessaire pour que la moitié, soit 50 %, des noyaux radioactifs contenus dans un échantillon se désintègrent.

$$t_{1/2} = \frac{\ln 2}{\lambda} \text{ ou } t_{1/2} = \ln 2 \times \tau = 0,69\tau$$ λ en s^{-1} ; $t_{1/2}$ et τ en s.

Les demi-vies ont des valeurs très variées.
Exemple : la demi-vie de l'iode 131 est 8,1 jours, celle du carbone 14 est 5 570 ans.

Méthode

Exploiter la loi de décroissance radioactive

On considère un échantillon de N_0 noyaux radioactifs de constante radioactive λ.

a. Montrer que 63 % des noyaux radioactifs se sont désintégrés à la date $\tau = \dfrac{1}{\lambda}$ (appelée constante de temps).

b. Établir la relation entre la demi-vie $t_{1/2}$ et λ. Exprimer τ en fonction de $t_{1/2}$.

c. Déterminer le nombre N de noyaux aux dates $t_{1/2}$, $2t_{1/2}$ et $nt_{1/2}$ et en déduire l'allure de la représentation graphique de $N(t)$.

CONSEILS

a. Utilisez la loi de décroissance radioactive.
b. Définissez la demi-vie radioactive et utilisez la loi de décroissance.
c. Utilisez n fois la définition de la demi-vie.

SOLUTION

a. La loi de décroissance $N(t) = N_0 e^{-\lambda t}$ conduit à :
$\dfrac{N(\tau)}{N_0} = e^{-\lambda \tau} = e^{-\frac{\lambda}{\lambda}} = e^{-1} \approx 0{,}37$. Cela signifie qu'au bout d'une durée τ, il ne reste que 37 % des noyaux radioactifs, c'est-à-dire que 63 % des noyaux se sont désintégrés.

b. Par définition, la demi-vie $t_{1/2}$ est telle que $N(t_{1/2}) = \dfrac{N_0}{2}$. La loi de décroissance permet d'écrire $N(t_{1/2}) = N_0 e^{-\lambda t_{1/2}} = \dfrac{N_0}{2}$ donc $e^{-\lambda t_{1/2}} = \dfrac{1}{2}$ ou $e^{+\lambda t_{1/2}} = 2$ et par conséquent : $\lambda t_{1/2} = \ln 2$ donc $t_{1/2} = \dfrac{\ln 2}{\lambda}$ et $\tau = \dfrac{t_{1/2}}{\ln 2} \approx 1{,}44\, t_{1/2}$.

c. À chaque demi-vie, le nombre N de noyaux est divisé par 2.

t	0	$t_{1/2}$	$2t_{1/2}$	$nt_{1/2}$
N	N_0	$\dfrac{N_0}{2}$	$\dfrac{N_0}{4}$	$\dfrac{N_0}{2^n}$

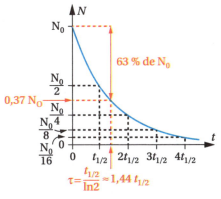

 À NOTER
On vérifie sur le graphique la définition de la constante de temps τ établie à la question **a**.

4 • Les transformations nucléaires

16 Applications de la radioactivité et radioprotection

En bref Plus l'activité d'un échantillon radioactif est élevée, plus le rayonnement émis présente des dangers dont il faut se protéger. Ce rayonnement radioactif est aussi à l'origine d'applications médicales, archéologiques, géologiques et industrielles.

I Activité radioactive

■ L'activité $A(t)$ est le nombre de désintégrations par unité de temps : $A(t) = \dfrac{-dN}{dt}$.

Elle s'exprime en **becquerels (Bq)** : 1 Bq est une désintégration par seconde. Elle se mesure à l'aide d'un compteur Geiger.

■ L'activité est **proportionnelle au nombre de noyaux radioactifs** N : $A(t) = \lambda N(t)$ avec $N(t) = N_0 e^{-\lambda t}$ donc : $A(t) = A_0 e^{-\lambda t}$ avec $A_0 = \lambda N_0$ l'activité à la date $t = 0$.

■ La **demi-vie** → FICHE 15 se définit aussi comme la durée nécessaire pour que l'activité d'un échantillon radioactif soit divisée par 2.

> **À NOTER**
> La courbe de la méthode « Exploiter la loi de décroissance radioactive » → FICHE 15 est utilisable en remplaçant le nombre $N(t)$ de noyaux radioactifs par l'activité $A(t)$ et le nombre initial N_0 de noyaux par l'activité initiale A_0.

II Dangers et applications de la radioactivité

■ Les particules α, β^-, β^+ et γ sont capables d'ioniser les atomes lors de leur passage dans la matière : on parle de **rayonnements ionisants**.

■ Les effets d'une irradiation sont nocifs pour des cellules saines ou bénéfiques quand l'irradiation touche des cellules cancéreuses : c'est le principe de la **radiothérapie**. Les effets sur la santé augmentent avec la dose reçue et peuvent s'avérer mortels. Ils dépendent de la nature des particules et de l'organe exposé. Les irradiations internes par inhalation ou ingestion sont redoutables.

■ **Règles de radioprotection** : s'éloigner de la source, réduire le temps d'exposition. Les rayons α, β^- et β^+ sont peu pénétrants, il est aisé de s'en protéger : il faut surtout éviter une irradiation interne. Les rayons γ sont les plus pénétrants et nécessitent des matériaux denses (le plomb ou le béton) pour les absorber.

■ La loi de décroissance radioactive permet la **datation** d'événements archéologiques ou géologiques.

Exemple : datation au carbone 14.

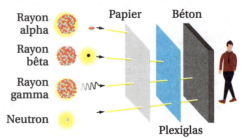

Méthode

Dater un événement en utilisant la radioactivité

L'iode 131 est un isotope radioactif β^- utilisé pour effectuer des diagnostics médicaux par scintigraphie. Sa demi-vie vaut 194 h.
On prépare une solution d'iode 131 dont l'activité est 40,0 MBq.

a. Déterminer au bout de combien de temps l'activité n'est plus que de 5,00 MBq.

b. Le 30 août vers midi, l'activité de cette même solution n'est plus que 4,00 MBq. Déterminer la date de fabrication de la solution.

CONSEILS

Calculez le rapport $\dfrac{A_0}{A(t)}$. Deux cas sont alors à distinguer :
- si le rapport vaut 2^n avec n entier, alors la durée recherchée est $t = nt_{1/2}$ car à chaque demi-vie qui s'écoule l'activité est divisée par 2 ;
- si le rapport ne vaut pas 2^n avec n entier, alors il faut utiliser la loi de décroissance radioactive $A(t) = A_0 e^{-\lambda t}$.

SOLUTION

a. Initialement, l'activité de la solution est $A_0 = 40{,}0$ MBq.
À la date t, elle vaut : $A(t) = 5{,}00$ MBq, c'est-à-dire que l'activité a été divisée par $8 = 2^3$ pendant le temps t. Sachant qu'à chaque demi-vie qui s'écoule l'activité est divisée par 2, la durée recherchée est alors :
$t = 3t_{1/2} = 3 \times 194$ h $= 582$ h $= 24$ jours et 6 h.

b. Cette fois $A(t) = 4{,}0$ MBq, c'est-à-dire que l'activité a été divisée par 10 pendant la durée t. Ce rapport de 10 n'est pas de la forme 2^n avec n entier, il n'est donc pas possible de procéder comme à la question précédente et il faut alors utiliser la loi de décroissance radioactive : $A(t) = A_0 e^{-\lambda t}$.
On peut extraire la durée t : $e^{-\lambda t} = \dfrac{A(t)}{A_0}$ donc $e^{\lambda t} = \dfrac{A_0}{A(t)}$ puis $\ln(e^{\lambda t}) = \ln \dfrac{A_0}{A(t)}$
soit $\lambda t = \ln \dfrac{A_0}{A(t)}$ et finalement : $t = \dfrac{1}{\lambda} \ln \dfrac{A_0}{A(t)}$.

La constante radioactive vaut : $\lambda = \dfrac{\ln 2}{t_{1/2}} = \dfrac{0{,}693}{194} = 3{,}57 \times 10^{-3}$ h^{-1}.

On obtient alors : $t = \dfrac{1}{3{,}57 \times 10^{-3}} \ln \dfrac{40{,}0}{4{,}00} = 645$ h soit environ 27 jours.

La solution a été fabriquée le 3 août de la même année.

À NOTER

La méthode développée ici est générale et aurait aussi pu être utilisée pour la réponse à la question **a** mais il est inutile de faire des calculs compliqués lorsqu'on peut s'en passer.

▶ SE TESTER QUIZ

*Vérifiez que vous avez bien compris les points clés des **fiches 13 à 16**.*

1 Noyaux atomiques et isotopes → FICHE 13

Parmi les affirmations suivantes, lesquelles sont vraies ?
- ☐ **a.** Un élément chimique est caractérisé par son numéro atomique A.
- ☐ **b.** Pour décrire la composition d'un noyau, il suffit de connaître deux des trois nombres A, Z et N.
- ☐ **c.** Les noyaux $^{64}_{28}Ni$, $^{65}_{29}Cu$ et $^{66}_{30}Zn$ ont tous les trois le même nombre de neutrons.
- ☐ **d.** Les noyaux $^{64}_{28}Ni$; $^{65}_{29}Cu$; $^{66}_{30}Zn$ sont isotopes.
- ☐ **e.** Un radio-isotope possède un noyau instable.

2 Radioactivité → FICHE 14

Parmi les affirmations suivantes, lesquelles sont vraies ?
- ☐ **a.** La particule β^+ est un positon.
- ☐ **b.** La particule α est un atome d'hélium 4.
- ☐ **c.** L'équation $^{40}_{19}K \rightarrow {}^{40}_{20}Ca + {}^{0}_{-1}e$ symbolise la désintégration β^- du calcium 40.
- ☐ **d.** Au cours d'une désintégration radioactive, il y a toujours conservation du nombre de protons.
- ☐ **e.** Au cours d'une désintégration radioactive, il y a toujours conservation du nombre de nucléons.

3 Décroissance radioactive → FICHE 15

1. Une population de noyaux radioactifs décroît au cours du temps selon une loi :
- ☐ **a.** linéaire   ☐ **b.** affine   ☐ **c.** logarithmique   ☐ **d.** exponentielle

2. La constante radioactive λ s'exprime en :
- ☐ **a.** s   ☐ **b.** s^{-1} ☐ **c.** m   ☐ **d.** m^{-1}

3. La demi-vie radioactive $t_{1/2}$ vaut :
- ☐ **a.** $\dfrac{\lambda}{2}$ ☐ **b.** $\dfrac{\ln\lambda}{2}$ ☐ **c.** $\dfrac{\ln 2}{\lambda}$ ☐ **d.** $\dfrac{\lambda}{\ln 2}$

4 Activité radioactive → FICHE 16

1. L'activité d'un échantillon radioactif s'exprime en :
- ☐ **a.** watts   ☐ **b.** becquerels   ☐ **c.** volts   ☐ **d.** joules

2. L'activité A d'un échantillon contenant N noyaux radioactifs de constante radioactive λ vaut :
- ☐ **a.** λN ☐ **b.** $\dfrac{\lambda}{N}$ ☐ **c.** $\dfrac{N}{\lambda}$ ☐ **d.** Ne^{λ}

▶ OBJECTIF BAC

5 Tomographie par émission de positons
⏱ 60 min

> Ce sujet s'intéresse aux critères de choix du fluor 18 pour une tomographie par émissions de positons. C'est notamment l'occasion d'utiliser les notions de demi-vie et d'activité, ainsi que la loi de décroissance radioactive.

📄 LE SUJET

La tomographie par émission de positons (TEP) est l'une des techniques d'imagerie médicale les plus performantes disponibles actuellement.

Un produit radiopharmaceutique, contenant des molécules marquées par un atome émetteur β^+, est injecté au patient. Le positon émis par ce radio-isotope s'annihile avec un électron des tissus du patient en produisant deux photons gamma émis dans des directions opposées.

Des capteurs situés tout autour du patient permettent alors d'obtenir une image médicale en trois dimensions fournissant des informations supplémentaires par rapport à d'autres imageries (échographie, scanner ou IRM).

Le fluor 18 ($^{18}_{9}F$) est l'un des isotopes radioactifs β^+ utilisés pour le diagnostic par TEP. Sa demi-vie vaut 109,8 min.

Document   **Déroulé d'un examen d'imagerie TEP**

Suivons l'itinéraire d'un patient qui a rendez-vous à 9 h dans un service de médecine nucléaire pour un examen d'imagerie TEP.

8 h 45 – Il arrive à jeun dans le service.

9 h – Le manipulateur pose une perfusion de 250 mL de sérum physiologique dans une veine du bras et injecte, *via* la perfusion, 1,0 mL d'une solution du produit radiopharmaceutique : le fluorodésoxyglucose (^{18}F), plus commodément appelé ^{18}FDG. L'activité, par unité de masse corporelle, à injecter au patient est de 7,0 MBq·kg^{-1}. La solution de ^{18}FDG a donc été préparée en conséquence.

Le patient reste en position couchée pendant environ une heure pour que le produit se répartisse dans tout l'organisme.

10 h 15 – La perfusion est retirée. Le patient va uriner afin d'éviter toute erreur d'interprétation au niveau du bassin car la vessie, comme le cœur, les muscles et le cerveau fixent naturellement le glucose (donc le ^{18}FDG).

10 h 30 – Le patient s'allonge sur la table de la caméra TEP. La durée d'acquisition des images est d'environ 45 min.

11 h 15 – L'examen est terminé. Les images sont transmises au médecin. Le patient doit ensuite boire abondamment pour accélérer l'élimination du produit radiopharmaceutique. Il peut reprendre ses activités normalement. Cependant jusqu'au soir, il évitera le contact avec les enfants en bas âge.

a. Écrire l'équation de désintégration radioactive du fluor 18. Identifier le noyau fils.

b. Les radio-isotopes d'intérêt médical sont toujours choisis parmi ceux qui ont une demi-vie courte. Pourtant, le fluor 18 est plus approprié que le soufre 30 (radio-isotope β^+ de demi-vie 3 min). Proposer une explication argumentée.

c. Le noyau fils identifié à la question **a** est un isotope stable. Expliquer pourquoi c'est un critère de choix déterminant du fluor 18 pour l'imagerie TEP.

d. Déterminer la quantité de matière de ^{18}FDG à injecter à un patient de 70 kg.

e. La préparation de la solution de ^{18}FDG est effectuée environ deux heures avant l'injection au patient. En déduire une valeur approchée de la concentration en quantité de matière de la solution de ^{18}FDG au moment de sa préparation.

f. On considère que l'activité du produit radiopharmaceutique devient négligeable lorsqu'elle est inférieure au centième de l'activité au moment de l'injection. Déterminer la durée à laquelle cela correspond dans le cas d'un produit marqué au fluor 18.

g. Indiquer, en argumentant, si l'irradiation du patient est constante pendant la durée calculée précédemment.

h. Expliquer pourquoi le patient doit éviter jusqu'au soir le contact avec les enfants en bas âge.

CORRIGÉS

▶ SE TESTER QUIZ

1 Noyaux atomiques et isotopes
Réponses b, c et e.

2 Radioactivité
Réponses a et e.

3 Décroissance radioactive
1. Réponse d.   2. Réponse b.
3. Réponse c.

4 Activité radioactive
1. Réponse b.   2. Réponse a.

▶ OBJECTIF BAC

5 Tomographie par émission de positons

a. Le fluor 18 se désintègre en émettant un positon : $^{18}_{9}F \rightarrow {}^{18}_{8}O + {}^{0}_{1}e$. Le noyau fils est l'oxygène 18.

b. Un radio-isotope utilisé à des fins médicales est administré dans l'organisme du patient. Il est donc impératif, pour des raisons évidentes de santé, que sa demi-vie soit suffisamment courte pour que le patient ne soit pas exposé aux radiations pendant une trop longue période. Cependant, comme l'explique le document, plusieurs heures sont nécessaires à la mise en œuvre de la tomographie, sans compter le temps de préparation préalable du produit. Avec sa demi-vie d'environ 2 heures, le fluor est donc parfaitement adapté à ces impératifs horaires ; ce ne serait pas le cas avec le soufre 30 dont la demi-vie n'est que de 3 min.

c. Si le noyau fils (oxygène 18) était lui-même radioactif, il constituerait une deuxième source d'irradiation dans le corps du patient et cela aurait pour conséquence d'accroître la dose reçue et donc les risques pour la santé. Par ailleurs, l'interprétation de l'image obtenue par cette technique serait impactée.

d. L'activité, par unité de masse corporelle, à injecter au patient est de 7,0 MBq·kg^{-1} (mégabecquerels par kilogramme). Pour un patient de 70 kg, l'activité à injecter est donc $A = 70 \times 7,0 = 490$ MBq $= 4,9 \times 10^8$ Bq.

L'activité A et le nombre N de molécules de ^{18}FDG injectées sont liées par la relation de proportionnalité : $A = \lambda N$.

La demi-vie du fluor 18 vaut $t_{1/2} = 109,8$ min $= 6\,588$ s donc la constante de désintégration est : $\lambda = \dfrac{\ln 2}{t_{1/2}} = \dfrac{0,6931}{6\,588} = 1,052 \times 10^{-4}$ s^{-1}. Le nombre N de molécules de ^{18}FDG injectées est alors : $N(t) = \dfrac{A(t)}{\lambda} = \dfrac{4,9 \times 10^8}{1,0521 \times 10^{-4}} = 4,7 \times 10^{12}$.

La quantité de matière correspondante est : $n = \dfrac{N}{N_A} = \dfrac{4,7 \times 10^{12}}{6,02 \times 10^{23}} = 7,8 \times 10^{-12}$ mol.

e. La solution a été préparée environ deux heures avant l'injection. Or la demi-vie du fluor 18 est d'environ 2 h (109,8 min = 1,83 h) donc la quantité de matière initiale de ^{18}FDG au moment de sa préparation était à peu près le double de celle injectée au patient, soit environ $n_0 = 2 \times 7,8 \times 10^{-12}$ mol $= 15,6 \times 10^{-12}$ mol. Le volume de solution injectée étant de 1,0 mL $= 1,0 \times 10^{-3}$ L, la concentration initiale en ^{18}FDG était donc environ $C_0 = \dfrac{n_0}{V} = \dfrac{15,6 \times 10^{-12}}{1,0 \times 10^{-3}} = 1,6 \times 10^{-8}$ mol·L^{-1}.

f. On recherche la durée t telle que $\dfrac{A_0}{A(t)} = 100$. La loi de décroissance radioactive conduit à $t = \dfrac{1}{\lambda} \ln \dfrac{A_0}{A(t)}$ avec : $\lambda = \dfrac{\ln 2}{t_{1/2}} = \dfrac{\ln 2}{109,8} = 6,313 \times 10^{-3}$ min^{-1}.

On obtient : $t = \dfrac{1}{6,313 \times 10^{-3}} \ln 100 = 729,5$ min soit environ 12 heures.

👍 CONSEILS

f. Reportez-vous à la méthode de la .

g. Selon la loi de décroissance radioactive, l'activité du produit radiopharmaceutique diminue puisque le fluor 18 se désintègre. L'irradiation du patient est donc maximale juste après l'injection puis elle décroît jusqu'à devenir négligeable au bout de 12 heures.

h. Pendant une douzaine d'heures, le patient reste radioactif et émet donc des photons gamma (qui ne sont pas arrêtés par le corps). Ces photons gamma pourraient induire des effets néfastes pour la santé chez les enfants en bas âge s'ils y étaient exposés. Les jeunes enfants sont en effet plus sensibles aux rayonnements ionisants que les adultes. C'est donc une mesure de précaution pour que le patient que se tienne éloigné des enfants jusqu'au soir.

4 • Les transformations nucléaires

17 Quotient de réaction et critère d'évolution spontanée

En bref *Les transformations chimiques ne sont pas toujours totales et peuvent donc se faire dans les deux sens. L'évolution d'un système est liée à la notion d'équilibre.*

I Équilibre dynamique et quotient de réaction

■ Le **taux d'avancement final** τ d'une transformation est défini par : $\tau = \dfrac{x_f}{x_m}$

avec τ sans unité et souvent exprimé en % ; x_f l'avancement final et x_m l'avancement maximal.
- si $\tau = 1$: transformation **totale** ;
- si $\tau < 1$: transformation **non totale** (limitée).

■ Une transformation n'est pas totale si elle peut se faire dans les deux sens : direct (lecture de gauche à droite dans l'équation de réaction) et indirect (de droite à gauche). L'état final est atteint lorsque la formation des produits se fait à la même vitesse que leur consommation. On parle d'**équilibre dynamique** et cela se traduit par la double flèche de réaction : $\rightleftarrows$.

■ Soit un système chimique subissant une transformation modélisée par :
$$a\,A_{(aq)} + b\,B_{(aq)} \rightleftarrows c\,C_{(aq)} + d\,D_{(aq)}.$$

Le **quotient de réaction** est défini par : $Q_r = \dfrac{[C]^c \times [D]^d}{[A]^a \times [B]^b}$

avec Q_r nombre sans unité ; $[X]$ concentration en quantité de matière de l'espèce X (nombre sans unité, égal à la concentration de X en mol·L^{-1}). Si X est un solide ou le solvant H_2O, il n'apparaît pas dans le calcul du quotient de réaction Q_r.

II Constante d'équilibre et critère d'évolution spontanée d'un système

■ Soit une transformation chimique et son équation de réaction à laquelle on associe une **constante d'équilibre**, grandeur sans unité, notée K.

> **À NOTER**
> Pour l'équation considérée, la constante d'équilibre K ne dépend que de la température.

■ Quand un système est à l'équilibre (les quantités de matière des espèces n'évoluent plus), le quotient de réaction est égal à la constante d'équilibre :
- **à l'équilibre** : $Q_r = K$;
- **en dehors de l'équilibre** : $Q_r \neq K$.

■ Si un système chimique est hors d'équilibre dans le cas d'une transformation non totale avec tous les réactifs et tous les produits présents à l'état initial, le **critère d'évolution spontanée** permet de prévoir, selon la valeur du quotient de réaction initial, dans quel sens se fera effectivement la transformation :
- si $Q_{ri} < K$: évolution en **sens direct** ;
- si $Q_{ri} > K$: évolution en **sens indirect**.

COURS & MÉTHODES

Méthode

1 | Déterminer si une transformation est totale ou non

Soit une transformation dont on connaît l'avancement final $x_f = 2{,}0 \times 10^{-2}$ mol et l'avancement maximal $x_m = 3{,}00 \times 10^{-2}$ mol. Le réactif limitant sera-t-il totalement consommé à l'état final ?

CONSEILS
Calculez le taux d'avancement final.

SOLUTION

On a : $\tau = \dfrac{x_f}{x_m} = \dfrac{2{,}0 \times 10^{-2}}{3{,}00 \times 10^{-2}} = 0{,}67 = 67\,\% < 100\,\%$.

La transformation n'est pas totale : le réactif limitant sera présent à l'état final.

2 | Prévoir le sens d'évolution d'un système chimique

Soit l'équilibre : $Ag^+_{(aq)} + 2\,NH_{3(aq)} \rightleftarrows Ag(NH_3)_2^+{}_{(aq)}$ avec $K = 8{,}13 \times 10^3$.
On considère le système chimique constitué à l'état initial des espèces ci-dessous, en solution aqueuse de volume $V = 250$ mL.

Espèces	$Ag^+_{(aq)}$	$NH_{3(aq)}$	$Ag(NH_3)_2^+{}_{(aq)}$
Quantité de matière	$5{,}00 \times 10^{-3}$ mol	$2{,}00 \times 10^{-3}$ mol	$4{,}00 \times 10^{-2}$ mol

Prédire le sens dans lequel évoluera spontanément ce système.

CONSEILS
Calculez les concentrations des différentes espèces, puis déterminez le quotient de réaction initial et enfin appliquez le critère d'évolution spontanée.

SOLUTION

• La concentration en quantité de matière est $C = \dfrac{n}{V}$.

Pour l'ion argent : $[Ag^+]_i = \dfrac{5{,}00 \times 10^{-3}}{250 \times 10^{-3}} = 2{,}00 \times 10^{-2}$ mol·L^{-1}.

$[NH_3]_i = 8{,}00 \times 10^{-3}$ mol·L^{-1} et $[Ag(NH_3)_2^+]_i = 1{,}60 \times 10^{-1}$ mol·L^{-1}.

Le quotient de réaction initial s'écrit : $Q_{ri} = \dfrac{[Ag(NH_3)_2^+]_i}{[Ag^+]_i \times [NH_3]_i^2}$.

Numériquement, on a : $Q_{ri} = \dfrac{1{,}60 \times 10^{-1}}{2{,}00 \times 10^{-2} \times (8{,}00 \times 10^{-3})^2} = 1{,}25 \times 10^5$.

• Les réactifs et le produit étant tous initialement présents, on peut envisager une évolution dans les deux sens pour cette transformation non totale. La comparaison de K et de Q_{ri} permet de prédire le sens effectif.
$Q_{ri} = 1{,}25 \times 10^5 > K = 8{,}13 \times 10^3$. L'évolution spontanée a donc lieu dans le sens indirect.

5 • Sens d'évolution d'un système oxydant-réducteur

18 Transformation spontanée modélisée par une oxydo-réduction

En bref *Lors d'une oxydo-réduction, le réducteur d'un couple échange des électrons avec l'oxydant d'un autre couple. Il y a formation des espèces conjuguées. Cette transformation spontanée peut se faire de deux façons.*

I Oxydo-réduction : transfert d'électrons par contact

1 Réaction entre les ions cuivre et les atomes de zinc

■ Lorsque l'on met en contact des ions cuivre $Cu^{2+}_{(aq)}$ et des atomes de zinc $Zn_{(s)}$, on observe une progressive décoloration de la solution ainsi qu'un dépôt rougeâtre sur la plaque de zinc.

■ Les ions cuivre donnent une coloration bleue à la solution. Une solution d'ions zinc est incolore. Donc les ions cuivre sont consommés. Le dépôt sur la plaque de zinc correspond à la couleur des atomes de cuivre.

Solution de sulfate de cuivre — Lame de zinc — Cuivre naissant

■ Enfin, il est possible de prouver que des ions zinc sont maintenant présents dans la solution : ils ont été formés par oxydation des atomes de zinc. D'où les équations :

$$Zn \rightleftarrows Zn^{2+} + 2\,e^-$$
$$Cu^{2+} + 2\,e^- \rightleftarrows Cu$$
$$\overline{Zn_{(s)} + Cu^{2+}_{(aq)} \rightarrow Zn^{2+}_{(aq)} + Cu_{(s)}}$$

Cette transformation totale est **spontanée**.

2 Réaction entre les ions zinc et les atomes de cuivre

La double flèche des demi-équations ci-dessus laisse présager que la transformation peut se faire dans les deux sens. Dans ce cas, il n'en est rien puisque la transformation est totale ! Si on met en contact des ions zinc $Zn^{2+}_{(aq)}$ et des atomes de cuivre $Cu_{(s)}$, aucune évolution ne sera observée : cette transformation n'est **pas spontanée**.

> **À NOTER**
> Cela ne veut pas dire qu'elle ne pourra jamais avoir lieu... → FICHE 21

II Oxydo-réduction : transfert indirect d'électrons

■ Dans une solution aqueuse, les porteurs de charge sont les ions. Dans un métal, les porteurs de charge sont les électrons.

■ Il est donc possible qu'un réducteur et un oxydant échangent des électrons sans être directement en contact. Il suffit en effet de les relier par un conducteur métallique (câble, électrode...). Ce transfert **indirect** d'électrons donne naissance à un courant électrique dans le conducteur métallique. → FICHE 19

Méthode

Prévoir le sens d'évolution spontanée d'un système électrochimique

Le système électrochimique considéré est une solution aqueuse contenant :
- des ions fer III ($[Fe^{3+}]_i = 4{,}0 \times 10^{-2}$ mol·L^{-1}) ;
- des ions fer II ($[Fe^{2+}]_i = 2{,}0 \times 10^{-3}$ mol·L^{-1}) ;
- des ions cuivre ($[Cu^{2+}]_i = 5{,}0 \times 10^{-2}$ mol·L^{-1}) ;
- du cuivre solide ($m(Cu)_i = 2{,}5$ g).

Les couples oxydant/réducteur sont : Fe^{3+}/Fe^{2+} et Cu^{2+}/Cu.

a. Donner l'équation de réaction en supposant que l'atome de cuivre est un réactif.

b. Déterminer alors la valeur du quotient de réaction initial du système.

c. La constante d'équilibre de cette réaction est, à 25 °C, $K = 2{,}1 \times 10^{14}$. Dans quel sens le système va-t-il évoluer ?

CONSEILS

a. Écrivez puis combinez les deux demi-équations en faisant l'hypothèse que le réducteur Cu est un réactif.
b. Attention à l'état physique des différentes espèces.
c. Appliquez le critère d'évolution spontanée.

SOLUTION

a. Cu est un réducteur donc il réagit avec l'oxydant de l'autre couple : Fe^{3+}.

$$Cu \rightleftarrows Cu^{2+} + 2\,e^-$$
$$Fe^{3+} + e^- \rightleftarrows Fe^{2+} \quad (\times 2)$$
$$\overline{Cu_{(s)} + 2\,Fe^{3+}_{(aq)} \rightleftarrows Cu^{2+}_{(aq)} + 2\,Fe^{2+}_{(aq)}}$$

b. Le solide Cu n'apparaît pas dans le quotient de réaction. → FICHE 17

On a : $Q_{ri} = \dfrac{[Cu^{2+}]_i \times [Fe^{2+}]_i^2}{[Fe^{3+}]_i^2} = \dfrac{5{,}0 \times 10^{-2} \times (2{,}0 \times 10^{-3})^2}{(4{,}0 \times 10^{-2})^2} = 1{,}3 \times 10^{-4}$.

c. On a : $Q_{ri} = 1{,}3 \times 10^{-4} < K = 2{,}1 \times 10^{14}$.
L'évolution a donc lieu dans le sens direct : l'équation de réaction a donc été écrite dans le « bon » sens.

À NOTER

c. Si à la question **a** on écrit l'équation de réaction dans l'autre sens, on trouvera des valeurs inverses pour K et pour Q_{ri}. On obtiendra alors une évolution en sens indirect, ce qui revient au même dans la réponse donnée ici !

5 • Sens d'évolution d'un système oxydant-réducteur

19 Fonctionnement d'une pile

En bref Une pile est le siège d'un transfert indirect d'électrons entre le réducteur d'un couple et l'oxydant d'un autre couple. Cela permet une conversion d'énergie chimique en énergie électrique : nous en faisons chaque jour l'usage !

I Principe de fonctionnement

■ Une pile est constituée de deux demi-piles, chacune contenant une électrode (fil ou plaque métallique) qui plonge dans un électrolyte (solution contenant des ions métalliques). Une demi-pile est le siège d'une réaction d'oxydation ou de réduction. Les deux demi-piles sont reliées par un pont salin ou une membrane qui ferme le circuit, assurant ainsi le passage du courant électrique et maintient l'électroneutralité des solutions.

■ L'électrode qui est le siège d'une oxydation est l'anode.
L'électrode qui est le siège d'une réduction est la cathode.

■ Lorsqu'une pile fonctionne, les électrons sont produits à l'anode et consommés à la cathode. Ainsi, l'anode constitue le pôle (−) et la cathode le pôle (+) d'une pile. Dans le circuit électrique extérieur à la pile, les électrons vont de l'anode vers la cathode. Le courant électrique circule en sens inverse des électrons, c'est-à-dire du pôle (+) (cathode) vers le pôle (−) (anode).

■ L'écriture symbolique d'une pile est : (−) Réd$_1$/Ox$_1$//Ox$_2$/Réd$_2$ (+).

II Schéma d'une pile en fonctionnement

Exemple : pile Daniell : (−) Zn$_{(s)}$/Zn$^{2+}_{(aq)}$//Cu$^{2+}_{(aq)}$/Cu$_{(s)}$ (+).

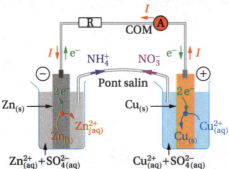

> **À NOTER**
>
> On utilise un pont salin car mélanger les deux demi-piles dans un bécher provoquerait un transfert direct d'électrons du réducteur à l'oxydant. Le pont salin impose un circuit extérieur aux électrons générant un courant électrique utilisable.

À la cathode (+), il y a réduction des ions cuivre : Cu^{2+} + 2 e$^-$ ⇌ Cu.
À l'anode (−), il y a oxydation des atomes de zinc : Zn ⇌ Zn^{2+} + 2 e$^-$.
Finalement, on a donc la réaction : Zn$_{(s)}$ + Cu$^{2+}_{(aq)}$ → Zn$^{2+}_{(aq)}$ + Cu$_{(s)}$.

Méthode

Déterminer l'équation de réaction d'une pile en fonctionnement

Établir l'équation de la réaction se produisant lorsque la pile plomb-cuivre ci-dessous fonctionne.

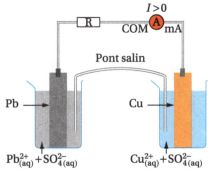

CONSEILS
Identifiez le sens du courant électrique et donc le sens de circulation des électrons. Ainsi, vous connaîtrez la polarité de la pile et donc le lieu où sont libérés les électrons et celui où ils sont captés. C'est ce qui permettra d'identifier les réactifs et les produits.

SOLUTION

D'après le schéma, $I > 0$: le courant électrique rentre donc par la borne mA de l'ampèremètre et sort par la borne COM. Ainsi, le courant électrique circule de l'électrode de cuivre à l'électrode de plomb dans le circuit extérieur.

L'électrode de cuivre est la cathode alors que celle de plomb est l'anode.

Les électrons circulant dans le sens contraire de celui du courant électrique, ils vont donc de l'électrode de plomb à celle de cuivre.

Les électrons quittent l'électrode de plomb, donc il y a oxydation d'un réducteur (perte d'électrons) à cette demi-pile selon la demi-équation :

$$Pb \rightleftarrows Pb^{2+} + 2\ e^-.$$

Les atomes de plomb sont donc consommés : ils sont des réactifs.

Les électrons arrivent à l'électrode de cuivre, donc il y a réduction d'un oxydant (gain d'électrons) à cette demi-pile selon la demi-équation :

$$Cu^{2+} + 2\ e^- \rightleftarrows Cu.$$

Les ions cuivre sont donc consommés : ils sont des réactifs.

L'équation de la réaction d'oxydoréduction associée à la pile en fonctionnement est ainsi :

$$\frac{Pb \rightleftarrows Pb^{2+} + 2\ e^-}{Cu^{2+} + 2\ e^- \rightleftarrows Cu}$$
$$Pb_{(s)} + Cu^{2+}_{(aq)} \rightarrow Pb^{2+}_{(aq)} + Cu_{(s)}$$

5 • Sens d'évolution d'un système oxydant-réducteur

20 Usure et capacité d'une pile

En bref *Une pile n'est malheureusement pas éternelle… Elle s'use et on peut prévoir, quantitativement, sa capacité à débiter du courant.*

I Force électromotrice et usure d'une pile

■ La **force électromotrice** d'une pile (« fem ») est la tension mesurée à ses bornes lorsque la pile ne débite pas de courant. Elle se note « E » et s'exprime en volts (V).

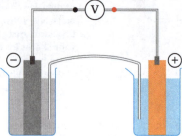

■ Lorsque la pile débite du courant, il y a consommation des réactifs, ce qui provoque la **diminution** de la force électromotrice.

■ Une pile est dite « **usée** » lorsque sa force électromotrice devient nulle, c'est-à-dire que la tension à ses bornes est égale à zéro.

> **À NOTER**
> Au quotidien, une pile n'est déjà plus utilisée alors que sa fem n'est pas encore nulle. Au sens chimique, elle n'est pourtant pas encore « usée »…

II Capacité électrique d'une pile

■ De symbole Q, la **capacité électrique** d'une pile est la quantité maximale d'électricité (charge) qu'une pile est capable de délivrer. Elle se calcule par la valeur absolue de la charge totale des électrons échangés :

$$Q = n(e^-) \times N_A \times |-e| = n(e^-) \times F$$

avec Q en coulombs (C) ; $n(e^-)$ quantité de matière en électrons échangée (mol) ; N_A nombre d'Avogadro : $Na = 6{,}02 \times 10^{23}$ mol^{-1} ; $-e = -1{,}602 \times 10^{-19}$ C, charge d'un électron ; F le Faraday, charge d'une mole de charges élémentaires : $F = 96\,500$ C·mol^{-1}.

■ On détermine également la capacité électrique d'une pile par le produit de l'intensité débitée I (supposée constante) et de la durée totale de fonctionnement Δt.

$$Q = I \times \Delta t \quad Q \text{ en C} ; I \text{ en A} ; \Delta t \text{ en s.}$$

COURS & MÉTHODES

Méthode

Déterminer la durée de fonctionnement d'une pile

On considère une pile diiode-zinc d'équation de fonctionnement :

$$I_{2(aq)} + Zn_{(s)} \rightarrow 2\ I^-_{(aq)} + Zn^{2+}_{(aq)}.$$

Supposons que cette pile débite un courant constant d'intensité $I = 50$ mA.

La première demi-pile contient une grosse lame de zinc.

Outre une électrode inerte, la seconde demi-pile contient 100 mL d'une solution aqueuse de diiode à $1{,}0 \times 10^{-1}$ mol·L^{-1}.

Pendant combien de temps cette pile peut-elle débiter jusqu'à l'usure ?

On fera l'hypothèse que cette transformation est totale.

CONSEILS

Identifiez le réactif limitant et calculez l'avancement maximal x_m.
Ensuite, utilisez les deux expressions de la capacité électrique de la pile pour calculer sa durée d'utilisation.

SOLUTION

La lame de zinc étant grosse, l'atome de zinc est un réactif en très large excès.

Le réactif limitant est donc le diiode. Sa quantité de matière initiale est :
$n(I_2)_i = C \times V = 1{,}0 \times 10^{-1} \times 100 \times 10^{-3} = 1{,}0 \times 10^{-2}$ mol.

À l'état final de cette transformation totale, le réactif limitant est totalement consommé donc :
$n(I_2)_f = n(I_2)_i - x_m = 0$ soit $x_m = 1{,}0 \times 10^{-2}$ mol.

Cette oxydo-réduction a lieu avec deux électrons échangés à chaque fois entre le réducteur et l'oxydant car les demi-équations sont :

$$Zn \rightleftarrows Zn^{2+} + 2\ e^-$$
$$I_2 + 2\ e^- \rightleftarrows 2\ I^-$$
$$\overline{I_{2(aq)} + Zn_{(s)} \rightarrow 2\ I^-_{(aq)} + Zn^{2+}_{(aq)}}$$

Donc la quantité de matière en électrons échangés est le double de l'avancement maximal :

$n(e^-) = 2\ x_m = 2{,}0 \times 10^{-2}$ mol.

On a : $Q = n(e^-) \times F = I \times \Delta t$

d'où $\Delta t = \dfrac{n(e^-) \times F}{I} = \dfrac{2{,}0 \times 10^{-2} \times 96\ 500}{50 \times 10^{-3}} = 3{,}9 \times 10^4$ s = 11 h.

À NOTER

Dans ce type d'exercice, attention aux confusions possibles entre les notations de la force électromotrice E, de la charge élémentaire e et de l'électron e^-...

5 • Sens d'évolution d'un système oxydant-réducteur

21 Une évolution forcée : l'électrolyse

En bref Si on met en contact les quatre espèces de deux couples oxydant/réducteur, le critère d'évolution spontanée prévoit le sens de la transformation. Mais est-il possible d'assister à l'autre évolution, contraire au sens spontané ?

I Principe de l'électrolyse

■ Une électrolyse est une transformation d'oxydo-réduction forcée par un générateur au cours de laquelle le système évolue dans le sens inverse de celui qui serait spontanément observé. Au cours d'une évolution forcée, le quotient de réaction Q_r évolue en s'éloignant de la valeur de la constante d'équilibre K.

■ L'électrode où a lieu la réduction est la cathode, reliée au pôle (–) du générateur.
L'électrode où a lieu l'oxydation est l'anode, reliée au pôle (+) du générateur.

> **À NOTER**
> Si les définitions restent les mêmes que pour une pile (anode : oxydation et cathode : réduction), les polarités (+/-) ne sont plus les mêmes !

■ La quantité d'électricité Q lors d'une électrolyse est, comme pour la pile :

 Q en C ; $n(e^-)$ en mol ; F en C·mol^{-1} ; I en A et Δt en s.

■ Si la tension aux bornes du générateur est suffisante, il va imposer un sens du courant et donc un sens de parcours aux électrons. Si cela s'oppose aux sens prévus par le critère d'évolution spontanée du système électrochimique, on obtient une transformation forcée.

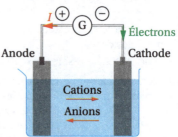

II Pile et électrolyse : deux comportements pour un système

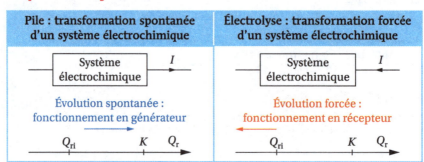

Méthode

Déterminer une quantité de matière formée lors d'une électrolyse

Grâce à un générateur qui impose un courant d'intensité constante $I = 12$ mA, on réalise pendant 15 minutes l'électrolyse d'une solution aqueuse de bromure de cuivre ($Cu^{2+}_{(aq)} + 2\ Br^-_{(aq)}$), de volume $V = 500$ mL et de concentration en quantité de matière $C = 0{,}25$ mol·L^{-1}.

Données : couples d'oxydo-réduction : Br_2/Br^- et Cu^{2+}/Cu ; $M(Br) = 79{,}9$ g·mol^{-1}.

a. Écrire l'équation de réaction pour cette électrolyse.

b. Quelle quantité d'électricité traverse le circuit au cours de cette électrolyse ?

c. Quelle est la masse de dibrome formée lors de cette électrolyse ?

CONSEILS

a. Utilisez les couples proposés et tenez compte des espèces initialement présentes.

b. Appliquez la définition de Q mais attention aux unités…

c. Utilisez les demi-équations d'oxydo-réduction pour lier le nombre d'électrons échangés au nombre de molécules de dibrome formées. Cela mène à la quantité de matière formée en dibrome. Passez enfin à la masse.

SOLUTION

a. Les réactifs initialement présents sont les ions bromure Br^- et cuivre Cu^{2+}. On écrit les demi-équations associées :

$$2\ Br^- \rightleftarrows Br_2 + 2\ e^-$$
$$Cu^{2+} + 2\ e^- \rightleftarrows Cu$$
$$\overline{2\ Br^-_{(aq)} + Cu^{2+}_{(aq)} \rightleftarrows Br_{2(aq)} + Cu_{(s)}}$$

b. $Q = I \times \Delta t = 12 \times 10^{-3} \times 15 \times 60 = 11$ C

c. D'après la demi-équation liée au dibrome, on a : $2\ Br^- \rightleftarrows Br_2 + 2\ e^-$. Cela signifie que la formation d'une molécule de dibrome correspond à la libération de deux électrons. La quantité d'électrons libérée est donc le double de la quantité de matière en dibrome formée : $n(e^-) = 2\ n(Br_2)_{formée}$

$Q = n(e^-) \times F = 2\ n(Br_2)_{formée} \times F$

$n(Br_2)_{formée} = \dfrac{Q}{2\ F} = \dfrac{11}{2 \times 96\,500} = 5{,}6 \times 10^{-5}$ mol

$m(Br_2)_{formée} = n(Br_2)_{formée} \times M(Br_2) = n(Br_2)_{formée} \times 2 \times M(Br)$
$= 5{,}6 \times 10^{-5} \times 2 \times 79{,}9 = 8{,}9$ mg.

À NOTER

Le volume donné pour la solution n'a ici aucune utilité.

▶ SE TESTER QUIZ

Vérifiez que vous avez bien compris les points clés des **fiches 17 à 21**.

1 Quotient de réaction pour un système électrochimique
→ FICHES **17** et **18**

$Al_{(s)} + 3\ Fe^{3+}_{(aq)} \rightarrow Al^{3+}_{(aq)} + 3\ Fe^{2+}_{(aq)}$. Le quotient de cette réaction s'écrit :

☐ **a.** $Q_r = \dfrac{[Al^{3+}] + [Fe^{2+}]^3}{[Fe^{3+}]^3}$
☐ **b.** $Q_r = \dfrac{[Al^{3+}] \times [Fe^{2+}]^3}{[Al] \times [Fe^{3+}]^3}$

☐ **c.** $Q_r = \dfrac{[Al^{3+}] \times [Fe^{2+}]^3}{[Fe^{3+}]^3}$
☐ **d.** $Q_r = \dfrac{[Fe^{3+}]^3}{[Al^{3+}] \times [Fe^{2+}]^3}$

2 Usure et capacité d'une pile
→ FICHE **20**

Une pile débite un courant de 25 mA. $5{,}0 \times 10^{-3}$ mol d'atomes d'aluminium sont consommées selon l'équation : $Al_{(s)} + 3\ Fe^{3+}_{(aq)} \rightarrow Al^{3+}_{(aq)} + 3\ Fe^{2+}_{(aq)}$. Quelle sera la durée de fonctionnement de cette pile ?

☐ **a.** $\Delta t = 1{,}9 \times 10^4$ s
☐ **b.** $\Delta t = 5{,}8 \times 10^4$ s
☐ **c.** $\Delta t = 16$ h
☐ **d.** $\Delta t = 57\ 900$ s

3 Une évolution forcée : l'électrolyse
→ FICHE **21**

Grâce à un générateur, on réalise l'électrolyse d'une solution aqueuse de bromure de cuivre, transformation chimique modélisée par l'équation de réaction :
$$2\ Br^-_{(aq)} + Cu^{2+}_{(aq)} \rightarrow Br_{2(aq)} + Cu_{(s)}.$$
Sur quelle électrode observera-t-on la formation d'atomes de cuivre ?

☐ **a.** celle reliée au pôle (+)
☐ **b.** celle reliée au pôle (−) du générateur

▶ OBJECTIF BAC

4 Des transformations autour du zinc

> Ce sujet à caractère expérimental nécessite de bien maîtriser l'ensemble du chapitre. Il s'agit d'étudier l'évolution spontanée d'un système électrochimique puis de réaliser une électrolyse dite « à anode soluble ».

📄 LE SUJET

Certaines transformations chimiques peuvent mettre en jeu la réaction modélisée par l'équation : $Fe^{2+}_{(aq)} + Zn_{(s)} \rightleftarrows Zn^{2+}_{(aq)} + Fe_{(s)}$ équation (1)
dont la constante d'équilibre associée est : $K = 1{,}40 \times 10^{11}$.

Pour étudier expérimentalement des transformations mettant en jeu les espèces chimiques $Fe^{2+}_{(aq)}$, $Zn_{(s)}$, $Zn^{2+}_{(aq)}$, $Fe_{(s)}$ on dispose :
– d'une solution aqueuse de sulfate de fer S_1 contenant des ions $Fe^{2+}_{(aq)}$ de concentration en quantité de matière $C_1 = 1{,}00 \times 10^{-1}$ mol·L^{-1} ;
– d'une solution aqueuse de sulfate de zinc S_2 contenant des ions $Zn^{2+}_{(aq)}$ de concentration en quantité de matière $C_2 = 1{,}00 \times 10^{-1}$ mol·L^{-1}.
Les couples à considérer sont : $Fe^{2+}_{(aq)}/Fe_{(s)}$; $Zn^{2+}_{(aq)}/Zn_{(s)}$; $H^+_{(aq)}/H_{2(g)}$.

Partie 1 Transformation spontanée

À l'instant $t = 0$, on mélange dans un grand bécher 100 mL de la solution S_1, 200 mL de la solution S_2, 5,58 g de fer et 6,54 g de zinc, puis on agite.
La transformation chimique de ce système peut être modélisée par l'équation (1).

a. Écrire les demi-équations électroniques qui conduisent à cette équation.

b. Déterminer les quantités de matière d'ions fer II et d'ions zinc II introduites initialement.

c. Le système chimique ainsi créé évolue de façon spontanée. Une analyse permet d'obtenir des histogrammes donnant les quantités de matière en ions fer II et en ions zinc II pour différents états du système. Les trois histogrammes représentés sur les figures 1 à 3 correspondent chacun à un état du système lors de son évolution.

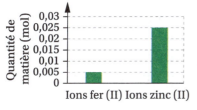

Figure 1 : état E1

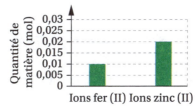

Figure 2 : état E2

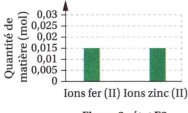

Figure 3 : état E3

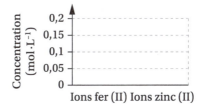

Figure 4 : état d'équilibre (à compléter)

Calculer le quotient de réaction associé à l'équation (1) à l'état initial. Quel histogramme correspond à cet état ? Justifier.

d. Énoncer le critère d'évolution spontanée d'un système chimique et prévoir dans quel sens évolue spontanément le système.

e. Calculer la valeur des quotients de réaction Q_{r1} et Q_{r3} correspondant aux états E_1 et E_3 (figures 1 et 3).

f. Les deux états E_1 et E_3 peuvent-ils correspondre à des états intermédiaires du système entre l'état initial et l'état final ? Justifier.

g. L'avancement de la transformation à l'état final est : $x_f = 1{,}00 \times 10^{-2}$ mol.

Déterminer les quantités de matière à l'état final en ions fer II et en ions zinc II et compléter l'histogramme donnant leurs concentrations à l'état final (figure 4).

Partie 2 Électrolyse

On réalise le montage représenté ci-dessous. Le générateur de tension continue permet de faire circuler un courant électrique d'intensité I.

L'interrupteur étant fermé, on observe sur l'électrode de fer la formation d'un dépôt métallique et un dégagement de dihydrogène.

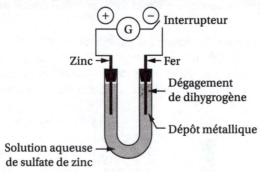

h. Représenter sur le schéma le sens de circulation des porteurs de charges. Préciser leurs noms, dans la solution et dans les fils de connexion.

i. Grâce aux couples donnés et aux observations, écrire les demi-équations se produisant à l'électrode de fer. Cette électrode est-elle l'anode ou la cathode ? Justifier.

j. Quel est l'intérêt pratique de ce dépôt métallique sur l'électrode de fer ?

k. Comment évolue la masse de l'électrode de zinc ? Justifier la réponse en écrivant la demi-équation qui se produit à l'électrode de zinc.

l. On suppose maintenant que seul le couple ($Zn^{2+}_{(aq)}/Zn_{(s)}$) intervient au cours de cette électrolyse. Le générateur délivre une intensité du courant $I = 0{,}50$ A pendant $\Delta t = 10$ min.

Montrer que l'équation correspondant au bilan de l'électrolyse peut s'écrire :

$$Zn_{\text{anode (s)}} + Zn^{2+}_{(aq)} \rightleftarrows Zn^{2+}_{(aq)} + Zn_{\text{cathode (s)}}.$$

> **À NOTER**
> Cette électrolyse est dite « à anode soluble ».

m. Calculer la quantité d'électricité Q échangée pendant 10 min.

n. En déduire la variation de masse de l'électrode de zinc au cours de l'électrolyse.

CORRIGÉS

▶ SE TESTER QUIZ

1 Quotient de réaction pour un système électrochimique
Réponse c.

2 Usure et capacité d'une pile
Réponses b et c.

3 Une évolution forcée : l'électrolyse
Réponse b.

▶ OBJECTIF BAC

4 Des transformations autour du zinc

Partie 1 Transformation spontanée

a. Il y a réduction des ions fer II :
$$Fe^{2+} + 2\,e^- \rightleftarrows Fe$$
ainsi qu'oxydation du zinc :
$$Zn \rightleftarrows Zn^{2+} + 2\,e^-.$$

b. $n(Fe^{2+})_i = C_1 V_1 = 1{,}00 \times 10^{-1} \times 100 \times 10^{-3} = 1{,}00 \times 10^{-2}$ mol.
$n(Zn^{2+})_i = C_2 V_2 = 1{,}00 \times 10^{-1} \times 200 \times 10^{-3} = 2{,}00 \times 10^{-2}$ mol.

c. $Q_{ri} = \dfrac{[Zn^{2+}]_i}{[Fe^{2+}]_i} = \dfrac{\frac{n(Zn^{2+})_i}{V_{tot}}}{\frac{n(Fe^{2+})_i}{V_{tot}}} = \dfrac{n(Zn^{2+})_i}{n(Fe^{2+})_i} = \dfrac{2{,}00 \times 10^{-2}}{1{,}00 \times 10^{-2}} = 2{,}00.$

> **À NOTER**
> **c.** On a : $V_{tot} = V_1 + V_2$.

L'histogramme correspondant à l'état initial est celui de la figure 2 (état E2). On retrouve les quantités de matière calculées au **b**.

d. Si $Q_r < K$, alors le système chimique évolue spontanément dans le sens direct de l'équation.
Si $Q_r = K$, le système est dans l'état d'équilibre, pas d'évolution de sa composition.
Si $Q_r > K$, le système évolue spontanément dans le sens indirect de l'équation.
Ici $Q_{ri} = 2{,}00 < K = 1{,}40 \times 10^{11}$. L'évolution se fait donc en sens direct, celle de la formation de Zn^{2+} et de Fe.

e. D'après la réponse à la question **c.**, on a : $Q_r = \dfrac{[Zn^{2+}]}{[Fe^{2+}]} = \dfrac{n(Zn^{2+})}{n(Fe^{2+})}$.

Dans le cas 1, on a : $Q_{r1} = \dfrac{0{,}025}{0{,}005} = 5$. Dans le cas 2, on a : $Q_{r2} = \dfrac{0{,}015}{0{,}015} = 1{,}0$.

f. Selon le critère d'évolution spontanée, le quotient de réaction évolue au cours de la transformation de façon à tendre vers K. Ici, Q_r va augmenter (évolution en sens direct), partant de $Q_{ri} = 2{,}00$ pour aller vers $K = 1{,}40 \times 10^{11}$. Seul Q_{r1} est compatible avec ces données. L'état E1 est donc le seul état qui constitue un état intermédiaire entre l'état initial et l'état final.

g. On détermine les quantités de matière à l'état initial pour les deux solides.

$n(Zn)_i = \dfrac{n(Zn)_i}{M(Zn)} = \dfrac{6,54}{65,4} = 1,0 \times 10^{-1}$ mol ;

$n(Fe)_i = \dfrac{n(Fe)_i}{M(Fe)} = \dfrac{5,58}{55,8} = 1,0 \times 10^{-1}$ mol.

Cela permet de dresser un tableau d'avancement :

État	Avancement	$Fe^{2+}_{(aq)}$	+	$Zn_{(s)}$	⇌	$Zn^{2+}_{(aq)}$	+	$Fe_{(s)}$
Initial	$x = 0$	$n(Fe^{2+})_i$		$n(Zn)_i$		$n(Zn^{2+})_i$		$n(Fe)_i$
Final	$x = x_f$	$n(Fe^{2+})_i - x_f$		$n(Zn)_i - x_f$		$n(Zn^{2+})_i + x_f$		$n(Fe)_i + x_f$

Sachant que $x_f = 1,00 \times 10^{-1}$ mol, on peut compléter numériquement la ligne correspondant à l'état final :

$n(Fe^{2+})_f = n(Fe^{2+})_i - x_f = 1,00 \times 10^{-2} - 1,00 \times 10^{-2} = 0$ mol
$n(Zn)_f = n(Zn)_i - x_f = 1,0 \times 10^{-1} - 1,00 \times 10^{-2} = 9 \times 10^{-2}$ mol
$n(Zn^{2+})_f = n(Zn^{2+})_i + x_f = 2,00 \times 10^{-2} + 1,00 \times 10^{-2} = 3,00 \times 10^{-2}$ mol
$n(Fe)_f = n(Fe)_i + x_f = 1,0 \times 10^{-1} + 1,00 \times 10^{-2} = 1,1 \times 10^{-1}$ mol.

Pour obtenir la concentration en quantité de matière des deux ions à l'état final, il faut diviser la quantité de matière par le volume de la solution.

$[Fe^{2+}]_f = \dfrac{n(Fe^{2+})_f}{V_{tot}} = \dfrac{0}{100 \times 10^{-3} + 200 \times 10^{-3}} = 0$ mol·L^{-1}

$[Zn^{2+}]_f = \dfrac{n(Zn^{2+})_f}{V_{tot}} = \dfrac{3,00 \times 10^{-2}}{100 \times 10^{-3} + 200 \times 10^{-3}} = 1,00 \times 10^{-1}$ mol·L^{-1}.

On peut ainsi compléter l'histogramme de la figure 4 :

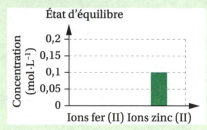

 À NOTER

g. Dans cette question, l'ordonnée de l'histogramme est une concentration. Ce n'était pas le cas dans la question **b**. Attention aux confusions possibles !

Partie 2 Électrolyse

h. Dans les fils de connexion, les porteurs de charges sont les électrons. Ils sont libérés par la borne – du générateur et sont captés par la borne + du générateur.
En solution aqueuse, les porteurs de charges sont les ions. Les cations sont attirés par la borne – du générateur et les anions sont attirés par la borne +.

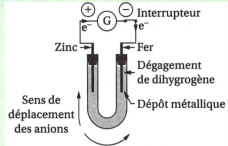

i. Le dégagement de dihydrogène est lié à la réduction des ions H^+ : $2\,H^+ + 2\,e^- \rightleftarrows H_2$.
La formation du dépôt métallique est liée à la réduction des ions Zn^{2+} :
$$Zn^{2+} + 2\,e^- \rightleftarrows Zn.$$
Cette électrode étant le siège de réactions de réduction, il s'agit donc de la cathode.

j. Le dépôt de zinc sur le fer de l'électrode protège le fer de la corrosion. Au contact de l'air, le zinc se recouvrira d'une couche d'oxyde de zinc protectrice. Ce procédé est appelé « électrozingage ».

k. La masse de l'électrode de zinc diminue. En effet, il y a consommation du métal zinc en raison d'une réaction d'oxydation anodique, le zinc étant le seul réducteur présent au niveau de l'anode : $Zn \rightleftarrows Zn^{2+} + 2\,e^-$.

l. On a donc une oxydation à l'anode : $Zn_{anode\,(s)} \rightleftarrows Zn^{2+}_{(aq)} + 2\,e^-$
et une réduction à la cathode : $Zn^{2+}_{(aq)} + 2\,e^- \rightleftarrows Zn_{cathode\,(s)}$

$$Zn_{anode\,(s)} + Zn^{2+}_{(aq)} \rightleftarrows Zn^{2+}_{(aq)} + Zn_{cathode\,(s)}$$

Cette électrolyse est dite « à anode soluble » car cela revient à faire « disparaître » le zinc de l'anode, tout en le reformant sur la cathode.

> **À NOTER**
> **l.** Sans les indices « anode » et « cathode », cette équation de réaction devient inexploitable. Il faut ici éviter toute confusion.

m. On calcule la quantité d'électricité qui circule au cours de cette électrolyse :
$Q = I \times \Delta t = 500 \times 10^{-3} \times 10 \times 60 = 3{,}0 \times 10^2$ C.

n. De la quantité d'électricité, on déduit la quantité de matière en électrons échangés : $Q = n(e^-) \times F$ donc $n(e^-) = \dfrac{Q}{F} = \dfrac{3{,}0 \times 10^2}{96\,500} = 3{,}1 \times 10^{-3}$ mol.

La demi-équation d'oxydation à l'anode nous permet de dire que lorsque deux électrons sont libérés, un atome de zinc est consommé et il y a la formation d'un ion zinc. Donc : $n(Zn)_{consommé} = \dfrac{n(e^-)}{2} = 1{,}6 \times 10^{-3}$ mol.

Il faut maintenant passer de la quantité de matière à la masse de zinc consommée :
$m(Zn)_{consommée} = n \times M = 1{,}6 \times 10^{-3} \times 65{,}4 = 0{,}10$ g.

En conclusion, on peut donc dire qu'au cours de cette électrolyse, la masse de l'électrode de zinc diminue de 0,10 g, ce qui provoque la formation de 0,10 g d'un dépôt de zinc sur la cathode en fer.

22 Constante d'acidité d'un couple acide-base

En bref *Tous les acides ou les bases ne conduisent pas au même état d'équilibre en solution aqueuse. Il est donc nécessaire de définir une grandeur qui permet de caractériser chaque couple acide/base : c'est la constante d'acidité.*

I Constante d'acidité d'un couple acide/base

■ La constante d'acidité K_A d'un couple acide/base est la constante d'équilibre →FICHE 17 associée à la réaction de dissociation de l'acide de ce couple dans l'eau :

$$\text{acide}_{(aq)} + H_2O_{(\ell)} \rightleftarrows \text{base}_{(aq)} + H_3O^+_{(aq)}$$

soit :
$$K_A = \frac{[\text{base}]_{éq} \times [H_3O^+]_{éq}}{[\text{acide}]_{éq}}$$

■ Pour un couple acide/base donné, K_A dépend uniquement de la température.

■ On définit également $pK_A = -\log K_A$ ce qui équivaut à $K_A = 10^{-pK_A}$.

Exemple : pour le couple acide méthanoïque/ion méthanoate HCO_2H/HCO_2^- :

$$K_A = \frac{[HCO_2^-]_{éq} \times [H_3O^+]_{éq}}{[HCO_2H]_{éq}} = 1{,}8 \times 10^{-4}$$

et $pK_A = 3{,}75$ à 25 °C.

À NOTER
Dans l'état d'équilibre $Q_{rf} = K$. La constante d'équilibre est définie au chapitre 5.

II Produit ionique de l'eau

■ La réaction d'autoprotolyse de l'eau met en jeu les deux couples acide/base de l'eau H_3O^+/H_2O et H_2O/HO^- :

$$H_2O_{(\ell)} + H_2O_{(\ell)} \rightleftarrows H_3O^+_{(aq)} + HO^-_{(aq)}$$

■ La constante d'équilibre associée à la réaction d'autoprotolyse de l'eau est appelée produit ionique de l'eau et notée K_e :

$$K_e = [H_3O^+] \times [HO^-] = 1{,}0 \times 10^{-14} \text{ à 25 °C. } K_e \text{ est sans dimension.}$$

On utilise souvent $pK_e = -\log(K_e)$; à 25 °C $pK_e = 14$.

■ Dans toute solution aqueuse, le produit ionique de l'eau K_e est toujours égal à une constante, à une température donnée. Il est indépendant des substances dissoutes. À 25 °C dans une solution :
- neutre : $[H_3O^+] = [HO^-] = 10^{-7}$ mol·L^{-1} et $K_e = 10^{-14}$ d'où $pH = \frac{1}{2} pK_e = 7$;
- acide : $[H_3O^+] > 10^{-7}$ mol·L^{-1} et $[HO^-] < 10^{-7}$ mol·L^{-1} et $pH < 7$;
- basique : $[H_3O^+] < 10^{-7}$ mol·L^{-1} et $[HO^-] > 10^{-7}$ mol·L^{-1} et $pH > 7$.

```
        Solution acide    [H₃O⁺]=[HO⁻]   Solution basique
    ├─────────────────────────┼─────────────────────────►
    0                         7                        14  pH
          [H₃O⁺]>[HO⁻]    Solution neutre   [H₃O⁺]<[HO⁻]
```

Méthode

Calculer la constante d'acidité K_A d'un couple acide-base

On dispose de 100 mL d'une solution aqueuse d'acide éthanoïque CH_3CO_2H de concentration $C = 5,0 \times 10^{-2}$ mol·L^{-1}. On mesure le pH et on obtient pH = 3,0.

a. Donner l'expression de la constante d'acidité K_A du couple acide éthanoïque/ion éthanoate.

b. Déterminer la valeur de la constante d'acidité du couple acide éthanoïque/ion éthanoate et en déduire la valeur de son pK_A.

> **CONSEILS**
> **a.** Écrivez l'équation de dissociation de l'acide éthanoïque dans l'eau et exprimez sa constante d'équilibre $Q_{rf} = K_A$.
> **b.** Aidez-vous d'un tableau d'avancement et utilisez la valeur du pH pour déterminer l'avancement final ; déduisez-en la concentration de chaque espèce dans l'état d'équilibre.

SOLUTION

a. CH_3CO_2H est un acide donc il va réagir avec l'eau H_2O en tant que base, soit les couples : $CH_3CO_2H/CH_3CO_2^-$ et H_3O^+/H_2O.
$$CH_3CO_2H_{(aq)} + H_2O_{(\ell)} \rightleftarrows CH_3CO_2^-{}_{(aq)} + H_3O^+{}_{(aq)}$$

b. $K_A = \dfrac{[CH_3CO_2^-]_{éq} \times [H_3O^+]_{éq}}{[CH_3CO_2H]_{éq}}$

	$CH_3CO_2H_{(aq)}$	+ $H_2O_{(\ell)}$	$\rightleftarrows$ $CH_3CO_2^-{}_{(aq)}$	+ $H_3O^+{}_{(aq)}$
État initial	n_0	excès	0	0
État final	$n_0 - x_f$	excès	x_f	x_f

- Quantité initiale d'acide dans 100 mL :
$n_0 = C \times V = 5,0 \times 10^{-2} \times 0,100 = 5,0 \times 10^{-3}$ mol.
- Dans l'état final pH = 3,0 d'où $[H_3O^+] = 1,0 \times 10^{-3}$ mol·L^{-1}
soit $n(H_3O^+) = [H_3O^+] \times V = 1,0 \times 10^{-3} \times 0,100 = 1,0 \times 10^{-4}$ mol.
- D'après le tableau d'avancement dans l'état final :
$n(H_3O^+) = n(CH_3CO_2^-) = x_f = 1,0 \times 10^{-4}$ mol soit :
$[H_3O^+] = [CH_3CO_2^-] = 1,0 \times 10^{-3}$ mol·L^{-1}.
$n(CH_3CO_2H) = n_0 - x_f = 5,0 \times 10^{-3} - 1,0 \times 10^{-4}$ mol $= 4,9 \times 10^{-3}$ mol soit la concentration : $[CH_3CO_2H] = \dfrac{n_{CH_3CO_2H}}{V} = \dfrac{4,9 \times 10^{-3}}{0,1} = 4,9 \times 10^{-2}$ mol·L^{-1}.
On peut alors déterminer la valeur de K_A :
$K_A = \dfrac{1,0 \times 10^{-3} \times 1,0 \times 10^{-3}}{4,9 \times 10^{-2}} = 2,0 \times 10^{-5}$ soit p$K_A = -\log(2,0 \times 10^{-5}) = 4,7$.

6 • Sens d'évolution d'un système acide-base

23 Force d'un acide ou d'une base dans l'eau

En bref *La comparaison de la constante d'acidité des couples acide-base permet un classement des acides et des bases des plus forts aux plus faibles.*

I Les acides et bases forts et faibles

■ Un acide HA ou une base A⁻ qui réagit avec l'eau par une **réaction totale** est qualifié d'**acide fort** ou de **base forte**.

$$HA_{(aq)} + H_2O_{(\ell)} \rightarrow H_3O^+_{(aq)} + A^-_{(aq)} \qquad A^-_{(aq)} + H_2O_{(\ell)} \rightarrow HA_{(aq)} + HO^-_{(aq)}.$$

Exemples : • Acides forts : gaz chlorure d'hydrogène HCl ; acide nitrique HNO_3.
• Bases fortes : hydroxyde de sodium NaOH ; ion éthanolate $C_2H_5O^-$.

■ Un acide HA ou une base A⁻ est **faible** si sa réaction avec l'eau conduit à un **état d'équilibre** avec τ < 1.

$$HA_{(aq)} + H_2O_{(\ell)} \rightleftarrows H_3O^+_{(aq)} + A^-_{(aq)} \qquad A^-_{(aq)} + H_2O_{(\ell)} \rightleftarrows HA_{(aq)} + HO^-_{(aq)}.$$

Exemples : • Les acides carboxyliques RCO_2H sont des acides faibles dans l'eau.
• Les ions carboxylate RCO_2^- et les amines RNH_2 sont des bases faibles dans l'eau.

II Classement des acides et des bases

■ Un **acide** HA est d'autant plus fort que le taux d'avancement final τ de sa réaction avec l'eau est élevé ou que la constante d'acidité K_A de son couple est **grande** (ou que le pK_A est faible).

■ Une **base** A⁻ est d'autant plus forte que le taux d'avancement final τ de sa réaction avec l'eau est élevé ou que la constante d'acidité K_a de son couple est **faible** (ou que le pK_A est grand).

À NOTER
Plus un acide HA d'un couple est fort plus sa base conjuguée A⁻ est faible.

■ Les couples de l'eau : H_3O^+/H_2O et H_2O/HO^-

$$H_3O^+ + H_2O \rightleftarrows H_2O + H_3O^+ \quad K_A = \frac{[H_3O^+]_{éq}}{[H_3O^+]_{éq}} = 1 \text{ et } pK_A = 0 ;$$

$$H_2O + H_2O \rightleftarrows HO^- + H_3O^+ \quad K_A = K_e = [H_3O^+] \times [HO^-] = 10^{-14} \text{ et } pK_e = 14.$$

H_3O^+ est l'acide le plus fort en solution aqueuse et HO^- est la base la plus forte en solution aqueuse.

■ Pour tout couple acide faible/base faible :
$1 < K_A < 10^{-14}$ ou $0 < pK_A < 14$.

■ **À concentration identique** : la solution de l'**acide** le plus fort possède le **pH le plus faible** et la solution de **base** la plus forte possède le **pH le plus élevé**.

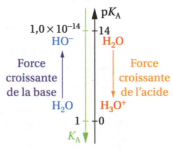

COURS & MÉTHODES

Méthode

Comparer la force de trois acides

On considère trois solutions aqueuses des acides HA_1, HA_2 et HA_3, toutes trois à la concentration de $1,0 \times 10^{-3}$ mol·L^{-1}. La mesure, dans un ordre quelconque, du pH de chaque solution donne les valeurs : 3,0 ; 3,6 et 6,1.

a. HA_2 est un acide fort. Attribuer un pH à la solution de HA_2. Argumenter.

b. Classer ces acides par force croissante et associer un pH à chaque solution.

Données à 25 °C : $K_{A_1}(HA_1/A_1^-) = 6,3 \times 10^{-5}$, $pK_{A_3}(HA_3/A_3^-) = 9,2$.

CONSEILS

a. Définissez un acide fort. Déterminez le pH d'une solution de concentration C.
b. Comparez les constantes d'acidité ou les pK_A. Plus un acide est fort, à même concentration, plus son pH sera petit.

SOLUTION

a. Un acide est fort si sa réaction avec l'eau est totale. Si on dissout n mol d'acide fort dans un volume V, on retrouve n mol d'ions oxonium en solution.

	$HA_{(aq)}$	+ $H_2O_{(\ell)}$	→	$H_3O^+_{(aq)}$	+ $A^-_{(aq)}$
État initial	n	excès		0	0
État final	0	excès		n	n

$C_{(apportée)} = \dfrac{n}{V}$ et $[H_3O^+] = \dfrac{n}{V} = C$; $pH = \dfrac{-\log[H_3O^+]}{c^0} = \dfrac{-\log C}{c^0}$

$pH = \dfrac{-\log(1,0 \times 10^{-3})}{1,0} = 3,0$. HA_2 est un acide fort, libérant des H_3O^+ dans l'eau par une réaction totale. Cette solution a un pH de 3,0.

b. Les deux autres acides ayant un pH > 3 sont des acides faibles. Pour comparer la force de deux acides, on compare les K_A ou pK_A : $K_{A_1} = 6,3 \times 10^{-5}$ soit $pK_{A_1} = -\log(6,3 \times 10^{-5}) = 4,2$ et $pK_{A_3} = 9,2$ soit $K_{A_3} = 10^{-9,2} = 6,3 \times 10^{-10}$. On constate que $K_{A_1} > K_{A_3}$ ou $pK_{A_1} < pK_{A_3}$ donc l'acide HA_1 est un acide plus fort que l'acide HA_3.

$HA_{(aq)} + H_2O_{(\ell)} \rightleftarrows H_3O^+_{(aq)} + A^-_{(aq)}$ Plus K_A est grand, plus la réaction est déplacée dans le sens direct donc dans le sens de la formation des ions H_3O^+.

$HA_{(aq)} + H_2O_{(\ell)} \xleftarrow{\text{sens direct}} H_3O^+_{(aq)} + A^-_{(aq)}$ $K_A = \dfrac{[A^-]_{éq} \times [H_3O^+]_{éq}}{[HA]_{éq}}$ et $K_{A1} > K_{A3}$.

La réaction de HA_1 avec l'eau sera donc plus déplacée dans le sens direct ce qui produira plus d'ions H_3O^+ et donnera un pH plus petit.

D'où $pH_1 = 3,6$ et $pH_3 = 6,1$. L'acide fort HA_2 aura le pH le plus petit soit la concentration $[H_3O^+]$ la plus grande.

```
        3,0 3,6         6,1
        ─┼──┼───────────┼──────→ pH
        HA₂ HA₁         HA₃
        ←─────────────────── [H₃O⁺]
```

6 • Sens d'évolution d'un système acide-base 249

24 Diagrammes de prédominance et de distribution

En bref *Dans une solution aqueuse les proportions d'un acide et de sa base conjuguée varient en fonction du pH. On peut prévoir quelle espèce prédomine en connaissant la valeur de la constante d'acidité du couple.*

I Diagrammes de prédominance et de distribution

■ **Diagramme de prédominance** : pour le couple HA/A⁻, on a
$$K_A = \frac{[A^-]_{eq} \times [H_3O^+]_{eq}}{[HA]_{eq}} \text{ ou } pH = pK_A + \log\frac{[A^-]_{eq}}{[HA]_{eq}}.$$

• L'espèce A⁻ prédomine si :

$[A^-] > [HA]$ donc si $\frac{[A^-]}{[HA]} > 1$ soit

$pH > pK_A$ car $\log\left(\frac{[A^-]}{[HA]}\right) > 0$.

Forme acide prédomine | pK_A | Forme basique prédomine

$[HA]>[A^-]$ $[HA]=[A^-]$ $[HA]<[A^-]$ pH

• L'espèce HA prédomine si :

$[HA] > [A^-]$ donc si $\frac{[A^-]}{[HA]} < 1$ soit $pH < pK_A$ car $\log\left(\frac{[A^-]}{[HA]}\right) < 0$.

• Si $[HA] = [A^-]$ alors $pH = pK_A$ car $\log\left(\frac{[A^-]}{[HA]}\right) = 0$.

■ **Diagramme de distribution** : le pourcentage d'acide HA en solution est $\frac{[HA]}{[HA]+[A^-]}$ et celui de la base A⁻ est $\frac{[A^-]}{[HA]+[A^-]}$. Ils sont représentés en fonction du pH. Pour 50 % d'acide et de base conjuguée, on peut lire la valeur du pK_A du couple.

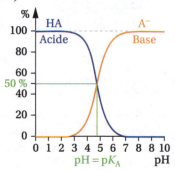

II Zone de virage d'un indicateur coloré

■ Un **indicateur coloré** est un couple HInd/Ind⁻ dont la forme acide HInd et la forme basique Ind⁻ ont des couleurs différentes.

■ On appelle **zone de virage** l'intervalle de pH pour lequel la couleur de l'indicateur coloré est la superposition des deux teintes.
Exemple : bleu de bromothymol ($pK_A = 7{,}1$) :

Teinte de HInd Zone de virage Teinte de Ind⁻
6,0   7,6   pH

■ Un indicateur coloré permet de repérer l'équivalence d'un titrage acido-basique si le pH à l'équivalence est contenu dans la zone de virage.

Méthode

1 | Établir et exploiter un diagramme de prédominance

Le couple de l'aspirine (acide acétylsalicylique/ion acétylsalicylate) a un $pK_A = 3,5$. On note plus simplement le couple HA/A^-.

a. Tracer le diagramme de prédominance du couple de l'aspirine.

b. Sachant que le pH de l'estomac est voisin de 1, sous quelle forme y trouve-t-on l'aspirine ?

SOLUTION

a. D'après la relation $pH = pK_A + \log\dfrac{[A^-]_{éq}}{[HA]_{éq}}$, si $[HA] = [A^-]$ alors $pH = pK_A$.

En revanche, si $[HA] > [A^-]$ alors $pH < pK_A$ et HA prédomine. Inversement si $[HA] < [A^-]$ alors $pH > pK_A$ et c'est la base conjuguée qui prédomine.

```
HA prédomine | A⁻ prédomine
─────────────┼──────────────────→
       1    3,5              pH
```

b. À pH = 1, on est dans le domaine de prédominance de la forme acide HA. Dans l'estomac on trouve donc l'aspirine sous sa forme acide HA.

2 | Déterminer la zone de virage d'un indicateur coloré

Le vert de bromocrésol est un indicateur coloré acido-basique. C'est un couple acide-base dont la forme acide est jaune tandis que la forme basique est bleue. On considère que le vert de bromocrésol prend sa teinte acide lorsque $[HInd]/[Ind^-] > 10$ et qu'il prend sa teinte basique lorsque $[Ind^-]/[HInd] > 10$.

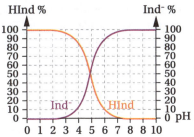

Déterminer la zone de virage du vert de bromocrésol.

👍 CONSEILS

Déterminez le pK_A et les valeurs de pH quand $\dfrac{[Ind^-]_{éq}}{[HInd]_{éq}} > 10$ et quand $\dfrac{[Ind^-]_{éq}}{[HInd]_{éq}} < 10$.

SOLUTION

Pour 50 % d'acide et de base on lit $pH = pK_A = 4,8$.

```
Teinte de HInd | Zone de virage | Teinte de Ind⁻
───────────────┼────────────────┼──────────────────→
           3,8       4,8     5,8                pH
```

Si $\dfrac{[Ind^-]_{éq}}{[HInd]_{éq}} = 10$ alors $pH = pK_A + \log 10 = pK_A + 1$ et si $\dfrac{[Ind^-]_{éq}}{[HInd]_{éq}} = \dfrac{1}{10}$ alors $pH = pK_A - 1$. La zone de virage est donc comprise entre 3,8 et 5,8.

25 Solution tampon

En bref Les solutions tampons ont la propriété de fixer le pH du milieu où elles se trouvent à une valeur déterminée et de s'opposer à ses variations.

I Définition et préparation d'une solution tampon

■ Une **solution tampon** est une solution dont le pH varie peu lorsqu'on y ajoute une petite quantité d'acide fort, de base forte ou lorsqu'on la dilue de façon modérée.

■ Une solution tampon contient un acide faible HA et sa base conjuguée A^- en concentrations voisines : son pH est donc voisin du pK_A de ce couple.

■ Le pH d'une solution tampon contenant un mélange **équimolaire** d'un acide faible et de sa base conjuguée est égal au pK_A du couple correspondant. Son pouvoir tampon est alors maximal.

■ Il existe trois méthodes de préparation :
• en réalisant un mélange équimolaire d'un acide faible et de sa base conjuguée ;
• à partir d'un acide faible sur lequel on fait réagir une base forte pour former la base conjuguée A^- :
$HA_{(aq)} + HO^-_{(aq)} \rightarrow A^-_{(aq)} + H_2O_{(\ell)}$;
• à partir d'une base faible sur laquelle on fait réagir un acide fort pour former l'acide conjugué HA :
$A^-_{(aq)} + H_3O^+_{(aq)} \rightarrow HA_{(aq)} + H_2O_{(\ell)}$.

> **✎ À NOTER**
> La réaction entre un acide faible et une base forte ou une base faible et un acide fort est une réaction totale.

■ Le couple acide-base est choisi de telle sorte que son pK_A soit proche du pH de la solution que l'on souhaite obtenir.

■ Les concentrations en acide faible et base faible doivent être au moins supérieures à $1,0 \times 10^{-3}$ mol·L^{-1} pour que la solution tampon soit efficace.

II Exemples

■ Les **solutions étalons** utilisées pour étalonner les pH-mètres sont des solutions tampons.

■ Dans le corps humain, le pH du sang est maintenu dans une plage très étroite autour de 7,4. Le **tampon sanguin** le plus important est le couple : dioxyde de carbone dissout/ion hydrogénocarbonate $CO_2,H_2O_{(aq)}/HCO_3^-{}_{(aq)}$ de $pK_A = 6,3$ à 37 °C.

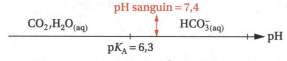

Méthode

Préparation d'une solution tampon

On prépare une solution tampon en mettant dans un bécher 50,0 mL d'une solution d'ammoniaque NH_3 à 1,0 mol·L^{-1} et 50,0 mL d'une solution de chlorure d'ammonium ($NH_{4(aq)}^+ + Cl_{(aq)}^-$) à 1,0 mol·L^{-1} ($pK_A$ (NH_4^+/NH_3) = 9,26).

a. Calculer le pH de cette solution.

b. On ajoute au 100 mL de la solution tampon précédente, 100 mL de solution d'hydroxyde de sodium ($Na_{(aq)}^+ + HO_{(aq)}^-$) à $1,0 \times 10^{-1}$ mol·L^{-1} et on mesure un pH = 9,43. Expliquer pourquoi le pH augmente. Que montre cette expérience ?

c. On prépare cette même solution tampon en additionnant un volume V' d'une solution d'acide chlorhydrique à 1,0 mol·L^{-1} dans 50,0 mL d'une solution d'ammoniaque NH_3 à 1,0 mol·L^{-1}. Quel volume doit-on ajouter ? Justifier.

CONSEILS
a. Utilisez la relation $pH = pK_A + \log \frac{[A^-]_{éq}}{[HA]_{éq}}$.
b. La réaction entre un acide faible et une base forte est une réaction totale.
c. La réaction entre une base faible et un acide fort est une réaction totale.

SOLUTION

a. $pH = pK_A + \log \frac{[NH_3]_{éq}}{[NH_4^+]_{éq}}$; on mélange les mêmes volumes de même concentration donc $[NH_3] = [NH_4^+] = \frac{C \times V}{2V} = \frac{C}{2}$. On a réalisé un mélange équimolaire en acide et base conjuguée donc $pH = pK_A = 9,26$.

b. L'ion hydroxyde $HO_{(aq)}^-$ est une base forte donc elle réagit avec l'acide NH_4^+ par une réaction totale : $NH_{4(aq)}^+ + HO_{(aq)}^- \rightarrow NH_{3(aq)} + H_2O_{(\ell)}$.
La concentration en ion ammonium NH_4^+ diminue et celle de NH_3 augmente et, de ce fait, le rapport $\frac{[NH_3]_{éq}}{[NH_4^+]_{éq}}$ augmente ainsi que le pH. On constate que la variation de pH est faible (de 9,26 à 9,43) ce qui confirme qu'une solution tampon a son pH qui varie peu avec un ajout de base forte.

c. La réaction étant totale, pour préparer un mélange équimolaire en NH_3 et NH_4^+ il faut faire réagir la moitié de la quantité initiale de NH_3.

$n(H_3O^+)_i = \frac{n(NH_3)_i}{2} = \frac{C \times V}{2} = C \times V'$.

Donc $V' = \frac{V}{2} = 25$ mL.

Pour 50 mL de solution d'ammoniaque il faut ajouter 25 mL d'acide chlorhydrique de même concentration.

$NH_3 + H_3O^+ \rightarrow NH_4^+ + H_2O$			
n	$\frac{n}{2}$	0	excès
$\frac{n}{2}$	0	$\frac{n}{2}$	excès

▶ OBJECTIF BAC

L'acide citrique
⏱ 60 min

Ce problème permet d'étudier les propriétés acido-basiques de l'acide citrique, de trouver la forme présente dans un détartrant et de déterminer la pureté d'un produit commercial.

📄 LE SUJET

L'acide citrique est un triacide présent en abondance dans le citron. Il est utilisé dans les boissons, les cosmétiques, en pharmacie, etc. Dans le commerce, on peut le trouver sous forme de poudre blanche anhydre ou monohydratée.

Document 1 **Diagramme de distribution**

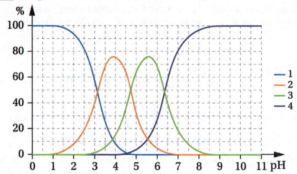

Document 2 **Représentations des différentes espèces acido-basiques des couples de l'acide citrique**

a, b, c, d

Partie 1 Étude des propriétés acido-basiques de l'acide citrique

a. Rappeler ce qu'est un acide selon Brönsted, puis expliquer pourquoi l'acide citrique est qualifié de « triacide ».

b. Parmi les quatre espèces acido-basiques (a, b, c, d), indiquer celle qui prédomine en milieu très acide et celle qui prédomine en milieu très basique. Justifier.

c. Associer chaque espèce acido-basique a, b, c et d à une courbe 1, 2, 3 ou 4 du diagramme de distribution.

d. Le pH d'une solution aqueuse d'acide citrique de concentration 15 mmol·L^{-1} est d'environ 2,5. Quelle(s) est (sont) la (les) forme(s) (a, b, c et d) présente(s) de l'acide citrique dans cette solution ? Estimer leurs proportions relatives.

e. Indiquer à quelle grandeur acido-basique particulière correspond la valeur de pH égale à 3,2. Justifier.

f. Tracer le diagramme de prédominance de l'acide citrique.

Partie 2 Analyse d'un détartrant à l'acide citrique

Un laboratoire d'analyse met en place un protocole afin de déterminer :
– la forme, anhydre ou monohydratée, de l'acide citrique présente dans un détartrant commercial en poudre ;
– la pureté de l'acide citrique dans le détartrant commercial en poudre.

Document 3 Protocole réalisé au laboratoire

On pèse précisément $5{,}3 \times 10^{-2}$ g de détartrant que l'on place dans un bécher. On ajoute un peu d'eau distillée puis on agite pour dissoudre complètement le détartrant. On réalise un titrage pH-métrique du contenu du bécher par une solution aqueuse d'hydroxyde de sodium de concentration $C = 5{,}0 \times 10^{-2}$ mol·L^{-1}. L'équation de la réaction support de titrage est :
$$C_6H_8O_{7(aq)} + 3\ HO^-_{(aq)} \rightarrow C_6H_5O^{3-}_{7(aq)} + 3\ H_2O_{(\ell)}.$$

Voici la courbe obtenue à l'issue du titrage pH-métrique :

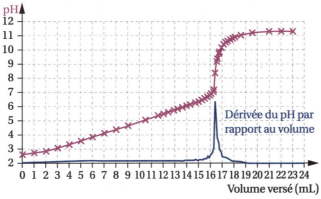

Données :

Indicateur	Couleur		Domaine de virage
	Forme acide	Forme basique	
Thymolphtaléine	Incolore	Bleue	9,3 à 10,5
Rouge de crésol	Jaune	Rouge	7,2 à 8,8
Bleu de bromothymol	Jaune	Bleue	6,0 à 7,6
Vert de bromocrésol	Jaune	Bleue	3,8 à 5,4

	Formule brute	Masse molaire	Pictogramme
Acide citrique anhydre	$C_6H_8O_7$	192 g·mol⁻¹	
Acide citrique monohydraté	$C_6H_8O_7, H_2O$	210 g·mol⁻¹	

g. En expliquant la démarche, déterminer la valeur V_E du volume de solution d'hydroxyde de sodium versée à l'équivalence.

h. On propose comme indicateur coloré le rouge de méthyle HIn (rouge)/In⁻ (jaune) de pK_A = 5. On considère, en première approximation, que l'on a superposition des teintes quand aucune des deux formes n'est prépondérante devant l'autre : c'est-à-dire si aucune n'a sa concentration supérieure à dix fois celle de l'autre. Déterminer la zone de virage du rouge de méthyle.

i. Qu'attend-on de l'indicateur pour qu'il visualise l'équivalence ?
Donner deux arguments qui justifient que le rouge de méthyle ne peut pas convenir pour réaliser ce titrage.

j. Quel indicateur coloré parmi ceux proposés pourrait-on alors utiliser ? Préciser comment serait repéré le volume de solution d'hydroxyde de sodium versé à l'équivalence. Argumenter la réponse.

k. En exploitant les résultats expérimentaux de l'analyse :
– montrer que le détartrant ne peut pas être de l'acide citrique monohydraté ;
– déterminer le pourcentage massique d'acide citrique anhydre du détartrant ;
– conclure sur la pureté du détartrant.

La démarche est évaluée et nécessite d'être correctement présentée.

CORRIGÉS

▶ OBJECTIF BAC

■ **L'acide citrique**

Partie 1 Étude des propriétés acido-basiques de l'acide citrique

a. Selon Brönsted, un acide est une espèce chimique capable de céder un ou plusieurs ions H^+. L'acide citrique possède 3 groupes carboxyle $-CO_2H$, il peut céder 3 ions H^+, c'est pourquoi on peut le qualifier de « triacide ».

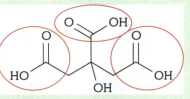

b. L'acide citrique est un triacide, que l'on note ici H_3A
H_3A possède 3 groupes $-CO_2H$, il peut donc céder 3 ions H^+.
H_3A peut céder un premier ion H^+ et donner H_2A^- : $H_3A \rightarrow H_2A^- + H^+$;
De même, H_2A^- peut céder un ion H^+ et donner HA^{2-} (couple H_2A^-/HA^{2-}) ; qui a son tour cède un ion H^+ et se transforme en A^{3-} (couple HA^{2-}/A^{3-}).
En milieu très acide, c'est la forme la plus acide, celle qui n'a cédé aucun ion H^+ des groupes carboxyle qui prédomine : H_3A (représentation d).
En milieu très basique, c'est la forme dont tous les groupes carboxyle ont cédé leur ion H^+ qui prédomine, la base : A^{3-} (représentation b).

c. En suivant le raisonnement de la question précédente, la courbe (1) correspond à H_3A (forme d) qui donne sa base conjuguée H_2A^- quand le pH augmente donc la courbe (2) correspond à H_2A^- (forme a). Or H_2A^- est une espèce amphotère, si le pH augmente encore l'acide H_2A^- donne sa base conjuguée HA^{2-} donc la courbe (3) correspond à HA^{2-} (forme c). Enfin, en milieu très basique, c'est A^{3-} qui prédomine donc la courbe (4) correspond à A^{3-} (forme b).

d. Par lecture graphique sur le diagramme de distribution, pour un pH de 2,5, les espèces présentes sont H_3A (forme d – courbe 1) à 80 % et H_2A^- (forme a – courbe 2) à 20 %.

e. Pour un pH = 3,2, les courbes (1) et (2) se croisent : H_3A et H_2A^- sont présentes à 50 % donc leurs concentrations sont identiques.

D'après la relation $pH = pK_A + \log\left(\dfrac{[H_2A^-]_{éq}}{[H_3A]_{éq}}\right)$, et avec $\left(\dfrac{[H_2A^-]_{éq}}{[H_3A]_{éq}}\right) = 1$ alors $pH = pK_A + \log(1) = pK_A$: on peut en déduire $pK_A = 3,2$ pour le couple H_3A/H_2A^-.

f. Il faut déterminer les pK_A des couples H_2A^-/HA^{2-} et HA^{2-}/A^{3-}.
Pour 50 % de l'acide et de sa base conjuguée par lecture graphique on obtient :
p$K_A(H_2A^-/HA^{2-})$ = 4,7 et p$K_A(HA^{2-}/A^{3-})$ = 6,5.

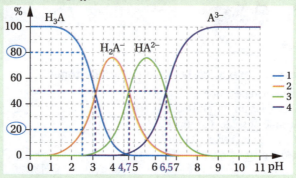

g. Soit le diagramme de prédominance :

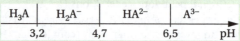

Partie 2 Analyse d'un détartrant à l'acide citrique

g. À partir de la courbe pH = $f(V_{versé})$ du titrage pH-métrique, on peut déterminer le volume versé à l'équivalence par la méthode de la dérivée ou la méthode des tangentes. Ici il est plus rapide d'utiliser la courbe dérivée. À l'équivalence, il se produit un saut de pH et V_E correspond à l'extremum de la courbe de la dérivée. Ici le maximum a pour abscisse $V = V_E$ = 16,4 mL.

> ✏️ **À NOTER**
> La méthode des tangentes est décrite dans la → **FICHE 7**.

h. La zone de virage est définie par « aucune des deux formes HIn et In⁻ n'est prépondérante devant l'autre » c'est-à-dire « si aucune n'a sa concentration supérieure à dix fois celle de l'autre ».
Si $\frac{[\text{Ind}^-]_{éq}}{[\text{HInd}]_{éq}} = 10$ alors pH = pK_A + log$\frac{[\text{Ind}^-]_{éq}}{[\text{HInd}]_{éq}}$ = pK_A + log10 = pK_A + 1 et si $\frac{[\text{Ind}^-]_{éq}}{[\text{HInd}]_{éq}} = \frac{1}{10}$ alors pH = pK_A + log$\frac{[\text{Ind}^-]_{éq}}{[\text{HInd}]_{éq}}$ = pK_A + log$\frac{1}{10}$ = pK_A − 1.
pK_A = 5, la zone de virage est donc comprise entre 4 et 6.

> ✏️ **À NOTER**
> La zone de virage est comprise autour de pK_A ± 1 en bonne approximation.

i. Le virage de l'indicateur doit se situer à l'équivalence c'est-à-dire lors du saut de pH. La variation de pH étant importante le virage va se faire à la goutte près.
Ici le virage du rouge de méthyle a lieu avant l'équivalence (sur la courbe de pH on lit pH$_E$ = 8,3).

De plus le virage du rouge au jaune de l'indicateur (pour un pH de 4,2 à 6,2) s'étale de 6,5 mL à 14 mL. Le virage n'a pas lieu à la goutte près et ne peut être précis.

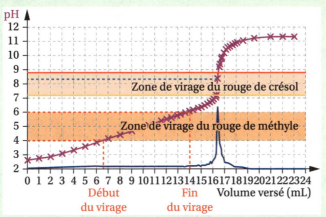

j. La valeur du pH à l'équivalence, $pH_E \approx 8,3$, est incluse dans la zone de virage du rouge de crésol (7,2 – 8,8). Le rouge de crésol convient, on observera un passage rapide de la teinte acide (jaune) à la teinte basique (rouge) lors de l'équivalence. Le virage se fera à la goutte près.

k. Il faut montrer que le détartrant est constitué d'acide citrique anhydre et non monohydratée.
Déterminons la masse d'acide titré, d'après l'équation de la réaction de titrage.
À l'équivalence, $n_{\text{ac citrique}} = \dfrac{n_{HO^-}}{3}$ soit $\dfrac{m}{M} = \dfrac{C \times V_E}{3}$ d'où $m = \dfrac{C \times V_E \times M}{3}$

S'il s'agit de l'acide monohydraté,
$m = \dfrac{5,0 \times 10^{-2} \times 16,4 \times 10^{-3} \times 210}{3} = 5,8 \times 10^{-2}$ g (avec 2 chiffres significatifs).

S'il s'agit de l'acide anhydre :
$m = \dfrac{5,0 \times 10^{-2} \times 16,4 \times 10^{-3} \times 192}{3} = 5,3 \times 10^{-2}$ g (avec 2 chiffres significatifs).

La masse pesée est $m = 5,3 \times 10^{-2}$ g donc l'hypothèse de l'acide monohydraté est fausse car elle conduit à une masse supérieure à celle pesée.

Le pourcentage massique d'acide citrique anhydre est : $\dfrac{5,3 \times 10^{-2}}{5,3 \times 10^{-2}} \times 100 = 100$ %.

Avec deux chiffres significatifs, on trouve 100 %. Le détartrant ne contient que de l'acide citrique.

26 Distinguer les molécules organiques

En bref On peut distinguer les molécules organiques par leur composition mais aussi par les liaisons qu'elles contiennent et l'agencement de leurs atomes.

I Les différents squelettes carbonés

■ Si un des atomes de carbone est lié à au moins trois atomes de carbone, la molécule est *ramifiée*. Si les atomes de carbone forment une boucle, elle est *cyclique*.

Famille	Structure	Exemple
alcane	linéaire	$CH_3-CH_2-CH_2-CH_2-CH_2-CH_3$
alcane	ramifiée	$CH_3-CH_2-CH-CH_2-CH_2-CH_3$ $\quad\quad\quad\quad\quad\quad\;\;\vert$ $\quad\quad\quad\quad\quad\;\;CH_3$
cyclane	cyclique	$\quad\quad CH_2$ $\quad\;\;/\quad\;\;\backslash$ $H_2C - CH_2$

■ Un squelette carboné est *saturé* si tous ses atomes de carbone sont reliés par des liaisons simples (alcane). Il est *insaturé* s'il contient au moins une liaison multiple.

Famille	Structure	Exemple
alcène	insaturée avec double(s) liaison(s)	$CH_3-CH=CH-CH_2-CH_2-CH_3$
alcyne	insaturée avec triple(s) liaison(s)	$CH_3-CH_2-C\equiv C-CH_2-CH_3$

II Structure spatiale des molécules

Des molécules organiques qui possèdent la même formule brute mais qui ont des formules semi-développées différentes, sont des *isomères de constitution*.

Isomérie	Caractéristiques
de chaîne	Les squelettes carbonés sont différents.
de position	Les groupes fonctionnels, les liaisons multiples ou les ramifications sont placés à des endroits différents du squelette carboné.
de fonction	Les groupes fonctionnels sont différents.

Méthode

Représenter des formules topologiques d'isomères de constitution

La formule brute du pentan-1-ol et le 3-méthylbutan-1-ol est $C_5H_{12}O$.

a. Donner les formules semi-développées du pentan-1-ol et du 3-méthylbutan-1-ol.

b. Donner la formule topologique du pentan-1-ol et du 3-méthylbutan-1-ol.

c. Indiquer de quel type d'isomères il s'agit.

CONSEILS

Dans une formule topologique, la chaîne carbonée est représentée par une ligne brisée où chaque segment représente une liaison. Les doubles liaisons sont représentées par un double segment et les triples liaisons par un triple segment. Les liaisons avec l'hydrogène ne sont pas représentées. Sauf indication contraire, un atome de carbone se trouve à chaque sommet de la ligne brisée. Tous les éléments chimiques sont représentés sauf les atomes de carbone ainsi que les atomes d'hydrogène liés à du carbone.

SOLUTION

a. Le pentan-1-ol a un squelette carboné saturé de 5 atomes de carbone (préfixe pentan) et un groupe –OH sur le 1er atome de la chaîne carbonée (suffixe -ol et nombre 1). Sa formule semi-développée est :

$$^5CH_3 - {}^4CH_2 - {}^3CH_2 - {}^2CH_2 - {}^1CH_2 - OH.$$

Le 3-méthylbutan-1-ol a un squelette carboné saturé de 4 atomes de carbone (préfixe butan), un groupe –OH sur le 1er atome de la chaîne carbonée (suffixe -ol et nombre 1) et un groupe méthyl sur le 3e atome de la chaîne carbonée (préfixe méthyl et position 3). Sa formule semi-développée est :

$$HO - {}^1CH_2 - {}^2CH_2 - {}^3CH - {}^4CH_3$$
$$\qquad\qquad\qquad\qquad\quad |$$
$$\qquad\qquad\qquad\quad CH_3$$

b. Le pentan-1-ol contient 4 liaisons C–C et en bout de chaîne une liaison C–OH. Sa formule topologique est donnée ci-contre.

La chaîne principale du 3-méthylbutan-1-ol contient 3 liaisons C–C et une liaison C–OH. Sur le 3e atome de carbone, il y a le groupe méthyl. Sa formule topologique est donnée ci-contre.

c. Les deux molécules ont les mêmes groupes fonctionnels (–OH) reliés aux atomes de carbone de même position, mais des squelettes carbonés différents (4 atomes pour l'une et 5 pour l'autre) : il s'agit d'isomères de chaîne.

27 Familles fonctionnelles de molécules organiques

En bref *Une molécule organique est une chaîne carbonée sur laquelle peuvent se greffer un ou plusieurs groupes caractéristiques contenant de l'oxygène, de l'azote ou encore des halogènes.*

I. Molécules organiques oxygénées

■ Les **esters** contiennent un groupe carbonyle (C=O). Le carbone fonctionnel est lié à un groupe alkyle R et à un atome d'oxygène O lui-même lié par une liaison simple à un groupe alkyle R'.

■ Le nom de l'ester dérive de ceux des alcanes de même chaîne carbonée que les groupes R–CO₂– et –R'. On remplace le « e » final par « oate » pour le premier alcane et le « ane » final « yle » pour le second.

$$R-C(=O)-O-R'$$

$$CH_3-C(=O)-O-CH_3$$

Éthanoate de méthyle

II. Molécules organiques azotées ou halogénées

■ Plusieurs familles contiennent des atomes d'azote ou des halogènes.

Amine	Amide	Halogénoalcane
R—N(R')—R"	R—C(=O)—N(R')—R"	R—CH₂—X X : halogène

À NOTER
On distingue trois types d'amines et d'amides, en fonction de la composition de leurs groupes R, R' et R''' : primaires (2 H), secondaires (1 H) et tertiaires (aucun H).

■ Le nom d'une **amine primaire** dérive de celui de l'alcane de même chaîne carbonée que la chaîne carbonée principale de l'amine. La numérotation de la chaîne se fait de telle sorte que l'indice de position du groupe soit égal à un. On remplace le « e » final du nom de l'alcane par la terminaison « amine ».

■ Le nom d'un **amide primaire** dérive de celui de l'acide carboxylique de même chaîne carbonée. On remplace la terminaison finale « oïque » de l'acide par la terminaison « amide » et on supprime le mot « acide ».

■ Le nom d'un **halogénoalcane** est : soit constitué d'un préfixe issu du nom de l'halogène de la molécule (fluoro, chloro, bromo ou iodo) avant le nom de l'alcane constituant le squelette carboné ; soit un terme de la forme « halogénure de » (fluorure de, chlorure de, bromure de ou iodure de) suivi du nom de l'alcane constituant le squelette carboné ; soit un nom d'usage.

Méthode

Nommer des esters ou des amides

Donner le nom des molécules aux formules semi-développées suivantes.

a. CH$_3$—CH$_2$—CH$_2$—CH$_2$—C=O
                                   |
                              O—CH$_2$—CH$_3$

b. CH$_3$—CH$_2$—CH$_2$—CH$_2$—CH$_2$—CH$_2$—C=O
                                                  |
                                                 NH$_2$

CONSEILS

Commencez par identifier la famille à laquelle la molécule appartient.

a. Pour nommer un ester :
- repérez les deux parties de la molécule : la partie reliée à l'atome de carbone portant le groupe carbonyle et la partie reliée à l'atome d'oxygène ;
- déterminez le nom de l'alcane que formerait chaque partie si elle était indépendante ;
- composez le nom de l'ester en cumulant les noms des deux alcanes indépendants tout en remplaçant le « e » final du nom de l'alcane de la première partie par le suffixe « oate » et la terminaison « ane » du nom de l'alcane de la seconde partie par le suffixe « yle ».

b. Pour nommer un amide :
- déterminez le nom de l'acide carboxylique que l'on aurait en remplaçant –NH$_2$ par –OH ;
- supprimez le mot « acide » et remplacez la terminaison « oïque » par « amide ».

SOLUTION

a. On remarque une fonction carbonyle portée par un atome de carbone également lié à un atome d'oxygène : il s'agit d'un ester.

La première partie de la molécule formerait un alcane avec un squelette de 5 atomes : du pentane. La seconde partie de la molécule formerait un alcane avec un squelette de 2 atomes : de l'éthane.

Le nom de cette molécule est donc pentanoate d'éthyle.

b. On remarque une fonction carbonyle portée par un atome de carbone également lié à un atome d'azote : il s'agit d'un amide.

L'acide carboxylique que nous aurions si on remplaçait –NH$_2$ par –OH contiendrait un squelette carboné de 7 atomes, il s'agirait de l'acide heptanoïque.

Le nom de cette molécule est donc heptanamide.

28 La structure électronique des molécules

En bref Les réactions en chimie organique se font par rupture puis formation de liaisons chimiques. Celles-ci étant constituées de paires d'électrons, pour comprendre les mécanismes réactionnels il faut s'intéresser au comportement des électrons à l'intérieur de ces liaisons.

I L'électronégativité des atomes

■ Les atomes ont une tendance plus ou moins grande à attirer vers eux les électrons d'une liaison covalente. Cette propriété est liée à l'électronégativité des atomes mis en jeu dans la liaison (voir programme de Première).

> **À NOTER**
> Deux atomes d'une molécule sont reliés entre eux par des électrons mis en commun par chaque atome. Les deux électrons ainsi partagés constituent un doublet électronique liant, appelé liaison covalente.

■ Dans une liaison, l'atome le plus électronégatif porte un excès de charge négative noté $-q$ tandis que l'autre atome porte un défaut de charge négative noté $+q$.

Exemples :

Éthylamine
$$CH_3 \overset{+q}{-} CH_2 \overset{-q}{-} NH_2$$

Acide éthanoïque
$$CH_3 \overset{+q}{-} \underset{\underset{O}{\parallel}}{C} \overset{-q}{-} OH$$

■ Dans une molécule, un site pauvre en électrons est susceptible d'accepter des électrons tandis qu'un site riche en électrons est susceptible d'en donner.

II Les différents types de réactifs

Il existe plusieurs sortes de réactifs. En terminale, on se limitera aux réactifs nucléophiles et électrophiles.

■ Les réactifs nucléophiles (notés Nu$^\ominus$) sont des molécules ou des ions négatifs possédant, au moins, un doublet libre. Ce doublet libre permettra d'établir une liaison avec un réactif pauvre en électrons. La partie de la molécule ou de l'ion riche en électrons est un centre nucléophile (donneur d'électrons).

Exemple : ion hydroxyde $H\overline{O}|^\ominus$; molécule d'eau $H_2\overline{\underset{\bullet\bullet}{O}}$.

■ Les réactifs électrophiles (notés E$^\oplus$) sont des molécules ou des ions positifs susceptibles de réagir en établissant une liaison avec un réactif amenant un doublet libre. La partie pauvre de la molécule ou de l'ion en électrons est un centre électrophile (accepteur d'électrons).

Exemple : ion hydrogène H$^\oplus$; chlorure d'aluminium AlCl$_3$.

Méthode

Reconnaître des centres électrophiles et nucléophiles d'une molécule

On dispose des formules semi-développées de deux molécules :

éthanol : CH_3-CH_2-O-H et méthanoate de methyl : $H-C\underset{O-CH_3}{\overset{O}{\lessgtr}}$

Données : électronégativité de quelques atomes :

Atome	H	C	O
Électronégativité	2,2	2,5	3,5

1. a. Indiquer sur la formule de l'éthanol les excès ou défauts de charge négative portés par les atomes d'oxygène et d'hydrogène en bleu sur la formule semi-développée.
b. Indiquer sur la formule du méthanoate de méthyl les excès ou défauts de charge négative portés par les atomes carbone et d'oxygène en bleu sur la formule semi-développée.

2. L'atome d'oxygène en bleu de la molécule d'éthanol est-il un site nucléophile ou un site électrophile ? Même question pour l'atome de carbone en bleu de la molécule de méthanoate de méthyl.

CONSEILS

1. a. et **b.** Comparez les valeurs de l'électronégativité des atomes impliqués dans la liaison considérée. L'atome le plus électronégatif portera un excès de charge négative noté $-q$ tandis que l'autre atome portera un défaut de charge négative noté $+q$.
2. a. et **b.** Un site électrophile est un atome pauvre en électrons. Un site nucléophile est un atome riche en électrons.

SOLUTION

1. a. D'après les données, l'électronégativité de l'oxygène est supérieure à celle de l'hydrogène : il s'agit du plus électronégatif des deux.

$$CH_3 — CH_3 \overset{-q}{—} O \overset{+q}{—} H$$

b. D'après les données, l'électronégativité de l'oxygène est supérieure à celle du carbone : il s'agit du plus électronégatif des deux.

$$H — \underset{+q}{C} \underset{O-CH_3}{\overset{\overset{+q}{\nearrow} \overset{-q}{O}}{\searrow}} {}_{-q}$$

2. L'atome d'oxygène de la molécule d'éthanol porte un excès de charge négative : c'est un site nucléophile. L'atome de carbone de la molécule de méthanoate de méthyl porte un défaut de charge négative : c'est un site électrophile.

29 Modification des molécules organiques

En bref *Certaines réactions modifient le squelette carboné d'une molécule (allongé, raccourci ou ramifié) ou le groupe caractéristique de la molécule mise en jeu.*

I Modifier les liaisons d'une molécule

■ Réactions de substitution

Substitution nucléophile S_N	Substitution électrophile S_E
$Nu^{\ominus} + S{-}R \longrightarrow S{-}Nu + R^{\ominus}$ Réactif Substrat Groupe partant	$E^{\oplus} + S{-}R \longrightarrow S{-}E + R^{\oplus}$

■ Réactions d'addition

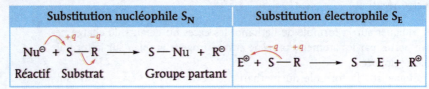

Addition nucléophile A_N	$\underset{/}{\overset{\backslash}{C}}{=}O \longrightarrow Nu{-}\underset{/}{\overset{\backslash}{C}}{-}O^{\ominus} \xrightarrow{H^{\oplus}} Nu{-}\underset{/}{\overset{\backslash}{C}}{-}O{-}H$
Addition électrophile A_E	$\underset{/}{\overset{\backslash}{C}}{=}\underset{\backslash}{\overset{/}{C}} \xrightarrow{E^{\oplus}} E{-}\underset{/}{\overset{\backslash}{C}}{-}\underset{\backslash}{\overset{/}{C}}{}^{\oplus} \xrightarrow{Nu^{\ominus}} E{-}\underset{/}{\overset{\backslash}{C}}{-}\underset{\backslash}{\overset{/}{C}}{-}Nu$

■ Réactions d'élimination

$$Y{-}\underset{/}{\overset{\backslash}{C}}{-}\underset{/}{\overset{\backslash}{C}}{-}X \longrightarrow \underset{/}{\overset{\backslash}{C}}{=}\underset{\backslash}{\overset{/}{C}} + X{-}Y$$

II Modifier la longueur d'une molécule

- Le **craquage thermique** permet de casser les molécules à longues chaînes.
- Lors d'une **alkylation**, un atome d'hydrogène est remplacé par un groupe alkyle.
- Lors d'une **ramification**, une chaîne linéaire devient ramifiée.
- La **cyclisation** consiste à transformer un alcane linéaire en alcane à chaîne fermée.
- La **polymérisation** ou **réaction de polyaddition** est une addition de molécules toutes identiques (les monomères) comportant une double liaison C=C, qui vont se lier. Elle conduit à une macromolécule appelée polymère :

$$n\,CHR{=}CHR' \longrightarrow {+}CHR{-}CHR'{+}_n n$$
monomère   polymère

COURS & MÉTHODES

Méthode

Identifier le mécanisme d'une réaction

On souhaite comprendre le mécanisme mis en jeu lors de la synthèse d'un amide à partir d'un chlorure d'acide. On dispose des formules semi-développées des réactifs et des produits.

- Réactifs :

chlorure d'éthanoyle :

$$CH_3 - \overset{+q}{C} = O$$
$$|$$
$$Cl^{-q}$$

propanamine :

$$CH_3 - CH_2 - \overset{+q}{CH_2} - \overset{-q}{NH_2}$$

- Produits :

éthanamide :

$$CH_3 - C = O$$
$$|$$
$$NH_2$$

chloropropane :

$$CH_3 - CH_2 - CH_2 - Cl$$

a. À l'aide des formules semi-développées faisant apparaître les excès et les défauts de charge négative des réactifs, indiquer les déplacements des électrons au cours de la réaction.

b. Quel est le type de la réaction étudiée ?

👍 CONSEILS

a. Les flèches courbes indiquent le déplacement des électrons du site donneur vers le site accepteur → FICHE 12. Ces flèches doivent être en accord avec les formules des produits obtenus.
b. La formule du produit, ici l'éthanamide, permet de trouver le type de réaction ayant eu lieu.

SOLUTION

a. Les déplacements d'électrons sont les suivants :

$$CH_3 - \overset{+q}{C} = O \ + \ CH_3 - CH_2 - \overset{+q}{CH_2} - \overset{-q}{NH_2}$$
$$|$$
$$Cl^{-q}$$

b. On constate que pour obtenir l'éthanamide, l'atome de chlore Cl a été remplacé par le groupe amine –NH$_2$ dans le chlorure d'éthanoyle : il s'agit donc d'une réaction de substitution nucléophile (le groupe amine porte un excès de charge négative, il est donc nucléophile).

7 • Stratégies en synthèse organique

30 Optimisation d'une étape de synthèse

En bref *La synthèse est la préparation d'une espèce chimique à partir d'autres espèces chimiques. Ces réactions sont lentes et limitées. Les chimistes cherchent à les accélérer ou à améliorer leur rendement.*

I Diminuer la durée de la transformation

■ **Augmenter la température.** La température est un facteur cinétique. La vitesse de la réaction est une fonction croissante de la température. La durée sera d'autant plus petite que la température sera grande.

■ **Utiliser un catalyseur.** Il s'agit d'une espèce chimique qui augmente la vitesse de la réaction sans intervenir dans son bilan →FICHE 10.

II Augmenter le rendement de la transformation

■ Mettre un des réactifs (le moins cher) en **grand excès** devant l'autre.

■ **Éliminer un des produits** au cours de la transformation.

■ **Protéger/déprotéger.** Dans une synthèse organique, les réactifs peuvent contenir plusieurs groupes caractéristiques tous susceptibles de réagir. Pour que seule la fonction voulue réagisse, avant de démarrer la synthèse on modifie (protège) les autres fonctions de la molécule. Une fois la synthèse terminée, il faut effectuer une déprotection pour retrouver les fonctions initiales protégées.

Exemple :

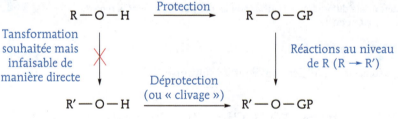

GP = groupe protecteur

📝 À NOTER

• Le groupe protecteur doit : réagir spécifiquement avec la fonction à protéger ; être stable lors des réactions suivantes ; pouvoir être enlevé facilement et de manière sélective, une fois la réaction effectuée.
• Le chimiste doit veiller à choisir une stratégie de protection-déprotection écologique et économique, par exemple en déprotégeant plusieurs groupes en une seule étape.

Méthode

Identifier les étapes de protection et déprotection d'une fonction

On considère les étapes de la synthèse du 1-(3-aminophényl)éthanone :

Étape 1 : (acétophénone avec NO₂ en méta) + HO-CH₂-CH₂-OH → (dioxolane avec NO₂ en méta)

Étape 2 : (dioxolane avec NO₂ en méta) + LiAlH₄ → (dioxolane avec NH₂ en méta)

Étape 3 : (dioxolane avec NH₂ en méta) + H⁺ + H₂O → (acétophénone avec NH₂ en méta)

a. Quelle fonction est protégée ?

b. Quelle étape correspond à la protection d'une fonction ? Quelle étape correspond à la déprotection de la fonction initialement protégée ?

SOLUTION

a. On remarque que la fonction carbonyle est présente à la première étape et à la dernière : c'est donc la fonction qui a été protégée.

b. La première étape modifie la fonction carbonyle : c'est l'étape de protection. La dernière étape fait réapparaître la fonction carbonyle : c'est l'étape de déprotection.

▶ SE TESTER QUIZ

Vérifiez que vous avez bien compris les points clés des **fiches 26 à 30**.

1 Familles fonctionnelles de molécules organiques

Une molécule de la famille des amides a une formule semi-développée de la forme :

☐ **a.** R — C — NH$_2$
         ‖
         O

☐ **b.** R — NH$_2$

☐ **c.** R — N — R'
         |
         OH

▶ OBJECTIF BAC

 2 Détermination de la formule d'un polymère
20 min

> Ce sujet traite de la polymérisation d'une molécule et de la détermination de sa formule brute à partir de sa composition massique.

📄 LE SUJET

Le PVC (polychlorure de vinyle) est un matériau très courant dans notre habitation (revêtements de sol, menuiseries ou encore canalisations). C'est un polymère contenant 73,2 % en masse de chlore, 24,8 % en masse de carbone et 2 % en masse d'hydrogène. Les macromolécules de ce polymère ont une masse molaire moyenne de 121 000 g·mol^{-1} pour un degré de polymérisation $n = 1\,250$.

a. Déterminer la masse molaire puis la formule brute du monomère de ce plastique.

b. En déduire la formule semi-développée de ce monomère.

c. Déterminer le nom de ce monomère.

d. Écrire l'équation-bilan de la réaction de polyaddition.

Données : masses molaires atomiques :
$M(C) = 12{,}0$ g·mol^{-1} ; $M(H) = 1{,}0$ g·mol^{-1} ; $M(Cl) = 35{,}4$ g·mol^{-1}

CORRIGÉS

▶ SE TESTER QUIZ

1 Familles fonctionnelles de molécules organiques

Réponse a. Une molécule de la famille des amides a une formule semi-développée de la forme :
$$R-\underset{\underset{O}{\|}}{C}-NH_2$$

▶ OBJECTIF BAC

2 Détermination de la formule d'un polymère

a. L'équation de polymérisation nous permet d'écrire :
$$M(\text{polymère}) = n \times M(\text{monomère})$$
avec n le dégré de polymérisation.
On en déduit :
$$M(\text{monomère}) = \frac{M(\text{polymère})}{1\,250} = \frac{121\,000}{1\,250} = 97 \text{ g·mol}^{-1}.$$

Grâce à l'énoncé, on peut déterminer le nombre d'atomes de carbone (A), d'hydrogène (B) et de chlore (C) présents dans le monomère de formule $C_A H_B Cl_C$:

24,8 % × M(monomère) = $A \times M(C)$
2 % × M(monomère) = $B \times M(H)$
73,2 % × M(monomère) = $C \times M(H)$

On en déduit :
$$A = \frac{24{,}8\,\% \times M(\text{monomère})}{M(C)} = \frac{24{,}8\,\% \times 97}{12{,}0} = 2$$
$$B = \frac{2\,\% \times M(\text{monomère})}{M(H)} = \frac{2\,\% \times 97}{1{,}0} = 2$$
$$C = \frac{73{,}2\,\% \times M(\text{monomère})}{M(Cl)} = \frac{73{,}2\,\% \times 97}{35{,}4} = 2$$

On en déduit que la formule du polymère est de la forme $C_2H_2Cl_2$.

b. Le monomère doit comporter une double liaison, sa formule semi-développée est donc :
$$\underset{|}{CH}=\underset{|}{CH}$$
$$Cl \quad Cl$$

c. Le squelette carboné contient 2 atomes et une double liaison il s'agit d'un alcène (éthène). Chacun des atomes de carbone est relié à un atome de chlore, le nom de la molécule est donc 1,2-dichloroéthène.

d. L'équation de polyaddition est :
$$n\,\underset{|}{CH}=\underset{|}{CH} \longrightarrow \left(\underset{|}{CH}-\underset{|}{CH}\right)_n$$
$$Cl \quad\; Cl \qquad\qquad Cl \quad Cl$$

31 Les vecteurs position et vitesse

En bref *Les vecteurs position et vitesse sont caractéristiques du mouvement. La vitesse est la variation de la position : c'est sa dérivée par rapport au temps.*

I Le vecteur position

■ Le mouvement d'un point est étudié par rapport à un corps de référence appelé **référentiel** associé à un repère d'espace et un repère de temps (défini par une origine des dates t_0) et une unité de temps (la seconde dans le Système International).

Exemples : référentiel terrestre lié à la surface de la Terre, référentiel géocentrique lié au centre de la Terre, référentiel héliocentrique lié au Soleil.

■ Un point mobile M est repéré dans un repère d'espace noté $(O\,;\,\vec{i},\,\vec{j},\,\vec{k})$, constitué d'un point origine O fixe dans le référentiel et d'un système d'axes orthonormés. Sa position est définie par son **vecteur position** dont les coordonnées $(x\,;\,y\,;\,z)$ sont des fonctions de la date t :

$$\overrightarrow{OM} = x(t)\vec{i} + y(t)\vec{j} + z(t)\vec{k}$$

■ Les fonctions du temps $x(t)$, $y(t)$ et $z(t)$ sont les **équations horaires** du mouvement.

II Le vecteur vitesse

■ Le vecteur vitesse d'un point mobile M est la **dérivée du vecteur position** par rapport au temps : $\vec{v}_M = \dfrac{d\overrightarrow{OM}}{dt}$.

■ Les **coordonnées** $(v_x\,;\,v_y\,;\,v_z)$ du vecteur vitesse sont les dérivées par rapport au temps des coordonnées $(x\,;\,y\,;\,z)$ de M :

$$\vec{v}_M = v_x\vec{i} + v_y\vec{j} + v_z\vec{k} = \dfrac{dx}{dt}\vec{i} + \dfrac{dy}{dt}\vec{j} + \dfrac{dz}{dt}\vec{k}$$

■ Le vecteur vitesse $\vec{v}_M$ a pour :
- **origine** : le point M ;
- **direction** : la tangente au mouvement ;
- **sens** : celui du mouvement ;
- **valeur** : $v = \sqrt{v_x^2 + v_y^2 + v_z^2}$.

La valeur de la vitesse s'exprime en m·s^{-1}.

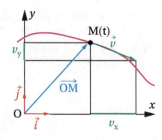

COURS & MÉTHODES

Méthode

Établir les coordonnées du vecteur vitesse à partir du vecteur position

La figure ci-contre montre les positions successives, toutes les 0,5 s, d'un point mobile M en mouvement dans le plan (O, x, y).

Les coordonnées du vecteur position $\overrightarrow{OM}$ varient en fonction du temps suivant les équations horaires :
- $x(t) = t^2 - 3 \times t + 2$
- $y(t) = 2 \times t + 1$

a. Indiquer la position M_0 de M à l'origine des dates $t = 0$ s.

b. Tracer le vecteur position $\overrightarrow{OM_0}$.

c. Déterminer les coordonnées du vecteur vitesse $\overrightarrow{v_M}$ à la date t.

d. Tracer $\overrightarrow{v_M}$ aux dates $t = 0$ s, $t = 1$ s et $t = 2$ s.

e. Quelles propriétés du vecteur vitesse retrouve-t-on sur ce tracé ?

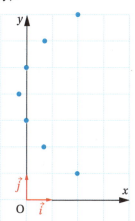

CONSEILS

a. Pour déterminer une position à une date t, remplacez t par sa valeur dans les équations horaires.
b. Le vecteur position est tracé à partir de l'origine O.
c. Décrivez les équations horaires $x(t)$ et $y(t)$ du vecteur position.
d. Le vecteur vitesse est tracé à partir du point considéré à la date choisie.

SOLUTION

a. À $t = 0$ s, $x(0) = 2$ et $y(0) = 1$.

b. $\overrightarrow{OM_0}$ est tracé sur la figure ci-contre.

c. $v_x = \dfrac{dx}{dt} = 2 \times t - 3$ et $v_y = \dfrac{dy}{dt} = 2$.

Donc : $\overrightarrow{v_M} = (2t - 3)\vec{i} + 2\vec{j}$.

d. Coordonnées du vecteur vitesse :
- à $t = 0$ s, $v_x = -3$ et $v_y = 2$;
- à $t = 1$ s, $v_x = -1$ et $v_y = 2$;
- à $t = 2$ s, $v_x = 1$ et $v_y = 2$.

e. Le vecteur vitesse est bien tangent à la trajectoire et dans le sens du mouvement.

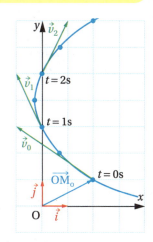

8 • Description d'un mouvement

32 Le vecteur accélération

En bref *Pour rendre compte des modifications de vitesse, on définit le vecteur accélération à partir du vecteur vitesse dont il exprime les variations à chaque seconde.*

I Dans un repère cartésien

■ Le vecteur accélération est la **dérivée du vecteur vitesse** par rapport au temps (dérivée seconde du vecteur position) : $\vec{a_M} = \dfrac{d\vec{v_M}}{dt} = \dfrac{d^2\vec{OM}}{dt^2}$.

■ Les **coordonnées** $(a_x ; a_y ; a_z)$ de $\vec{a_M}$ sont les dérivées par rapport au temps t des coordonnées $(v_x ; v_y ; v_z)$ de $\vec{v_M}$ ou les dérivées secondes des coordonnées $(x ; y ; z)$ du vecteur position $\vec{OM}$:

$$\vec{a_M} = a_x\vec{i} + a_y\vec{j} + a_z\vec{k} = \dfrac{dv_x}{dt}\vec{i} + \dfrac{dv_y}{dt}\vec{j} + \dfrac{dv_z}{dt}\vec{k} = \dfrac{d^2x}{dt^2}\vec{i} + \dfrac{d^2y}{dt^2}\vec{j} + \dfrac{d^2z}{dt^2}\vec{k}$$

■ Le vecteur accélération $\vec{a_M}$ a pour :
- **origine** : le point M ;
- **direction et sens** : celui du vecteur $\Delta\vec{v}$;
- **valeur** : $a = \sqrt{a_x^2 + a_y^2 + a_z^2}$ (en m·s^{-2}).

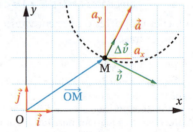

II Dans le repère de Frenet

Les **mouvements circulaires** sont souvent étudiés dans un repère lié au point mobile M, appelé repère de Frenet et noté $(M, \vec{t}, \vec{n})$. Dans ce repère :

$$\vec{v} = v\vec{t} \text{ (v valeur de la vitesse)}$$
$$\vec{a} = \vec{a_t} + \vec{a_n} = a_t\vec{t} + a_n\vec{n} = \dfrac{dv}{dt}\vec{t} + \dfrac{v^2}{R}\vec{n}$$

$a_t = \dfrac{dv}{dt}$ ($\dfrac{dv}{dt}$: dérivée de la vitesse par rapport à t) ;

$a_n = \dfrac{v^2}{R}$ (R : rayon de la trajectoire).

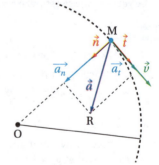

✎ À NOTER

- $\vec{t}$ et $\vec{n}$ sont deux vecteurs unitaires liés au point M. $\vec{t}$ est tangent à la trajectoire, dans le sens du mouvement et $\vec{n}$ est perpendiculaire à $\vec{t}$ et orienté vers l'intérieur de la trajectoire.
- $\dfrac{v^2}{R} > 0$, donc $\vec{a}$ et $\vec{n}$ sont de même sens : l'accélération est toujours dirigée vers l'intérieur de la trajectoire.

COURS & MÉTHODES

Méthode

Déterminer le vecteur accélération à partir du vecteur vitesse

M est un point mobile dans le plan (O, x, y).
Son vecteur vitesse à une date t est :
$$\vec{v_M} = (2t - 3)\vec{i} + 2\vec{j}.$$

a. Déterminer les coordonnées de son vecteur accélération $\vec{a_M}$.

b. Tracer le vecteur accélération à $t = 1$ s.

c. À la date $t = 1$ s, tracer le vecteur variation de vitesse : $\Delta\vec{v} = \vec{v_2} - \vec{v_0}$.

d. En déduire le tracé du vecteur $\vec{a}$ à $t = 1$ s.

e. Comparer les résultats obtenus en **b.** et en **d.**

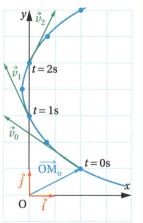

CONSEILS

a. Dérivez les coordonnées $v_x(t)$ et $v_y(t)$ du vecteur vitesse.

b. Le vecteur accélération est tracé à partir de M_1.

c. Pour tracer $\Delta\vec{v}$, il faut mettre bout à bout $\vec{v_2}$ et $-\vec{v_0}$ à partir de M_1.

d. Le vecteur accélération est tracé à partir du vecteur $\Delta\vec{v}$. Entre deux dates proches, t_0 et t_2, on peut écrire : $\vec{a_M} = \dfrac{d\vec{v_M}}{dt} \approx \left(\dfrac{\Delta\vec{v}}{\Delta t}\right)_{\text{entre } t_0 \text{ et } t_2}$.

SOLUTION

a. $v_x = 2 \times t - 3$ et $v_y = 2$.
Donc : $a_x = \dfrac{dv_x}{dt} = 2$ et $a_y = \dfrac{dv_y}{dt} = 0$.
Soit : $\vec{a_M} = 2\vec{i} + 0\vec{j} = 2\vec{i}$.

b. Le vecteur $\vec{a_1}$ est tracé en M_1 : voir figure.

c. Le vecteur variation de vitesse $\Delta\vec{v}$ est tracé à partir de M_1, on obtient $\Delta\vec{v} = 4\vec{i}$.

d. La variation se produit entre $t = 0$ s et $t = 2$ s pendant 2 s, on a donc :
$$\vec{a_1} = \dfrac{(\Delta\vec{v})_{\text{entre } t_0 \text{ et } t_2}}{2} = \dfrac{4\vec{i}}{2} = 2\vec{i}.$$

e. Les deux résultats sont proches, mais la méthode graphique oblige à réaliser un tracé précis.

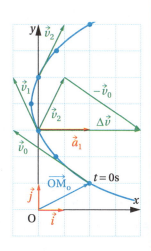

8 • Description d'un mouvement

33 Quelques mouvements particuliers

En bref *Les mouvements rectilignes ou circulaires sont les plus faciles à décrire : les premiers dans un repère d'espace $(O\,;\vec{i}\,)$ et les seconds dans le repère de Frenet.*

I Mouvements rectilignes

Un mouvement rectiligne est un mouvement dont la trajectoire est une droite.

Mouvement rectiligne uniforme	Mouvement rectiligne uniformément varié
• Vecteur vitesse $\vec{v}$ **constant** et dirigé suivant la trajectoire : $\vec{v} = v_x\vec{i}$. • Vecteur accélération nul : $\vec{a} = \vec{0}$.	Vecteur accélération $\vec{a}$ **constant** et dirigé suivant la trajectoire : $\vec{a} = a_x\vec{i}$.
Équations horaires du mouvement : $v_x = C^{te}$ $x = v_x t + x_0$ (x_0 : abscisse à $t = 0$ s)	**Équations horaires** du mouvement : $a_x = C^{te}$ $v_x = a_x t + v_0$ (v_0 : vitesse à $t = 0$ s) $x = \frac{1}{2} a_x t^2 + v_0 t + x_0$ (x_0 : à $t = 0$ s)
• Si M se déplace vers x croissant, $v_x > 0$: $\vec{v}$ dans le sens de $\vec{i}$.	• Si $\vec{a}$ et $\vec{v}$ dans le même sens, mouvement **accéléré**.
• Si M se déplace vers x décroissant, $v_x < 0$: $\vec{v}$ dans le sens contraire de $\vec{i}$.	• Si $\vec{a}$ et $\vec{v}$ de sens opposés, mouvement **ralenti**.

II Mouvement circulaire uniforme

■ La trajectoire est un cercle de rayon R avec une **valeur de la vitesse constante**.

■ Dans le **repère de Frenet** :

• la vitesse est : $\vec{v} = v\vec{t}$ avec $v = C^{te}$ donc $\frac{dv}{dt} = 0$;

• l'accélération est : $\vec{a} = \frac{dv}{dt}\vec{t} + \frac{v^2}{R}\vec{n} = \frac{v^2}{R}\vec{n}$.

L'accélération $\vec{a}$ est **centripète**, dirigée vers le centre de la trajectoire, O, et de valeur a constante : $a = \frac{v^2}{R}$.

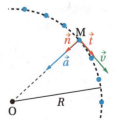

COURS & MÉTHODES

Méthode

Caractériser le vecteur accélération de quelques mouvements simples

Le schéma suivant montre les mouvements de trois points mobile A, B et C. Les positions ont été enregistrées à intervalles de temps égaux et quelques vecteurs vitesse sont tracés (avec la même échelle).

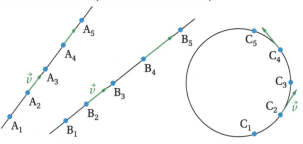

a. Caractériser chaque mouvement (trajectoire et variation de vitesse).

b. En déduire la représentation du vecteur accélération aux points n° 3 : direction et sens (sans souci d'échelle).

> 👍 **CONSEILS**
> **a.** Observez les variations du vecteur vitesse : valeur (longueur) et direction.
> **b.** Le vecteur accélération est dirigé comme les variations du vecteur vitesse.

SOLUTION

a. Les mouvements de A et B sont rectilignes et celui de C est circulaire. Les valeurs des vitesses de A et C sont constantes et celle de B augmente.

b. • Le mouvement du point A est rectiligne et uniforme : son vecteur vitesse est constant, il ne varie pas, son vecteur accélération est donc nul.

• B a un mouvement rectiligne et accéléré : son vecteur vitesse augmente dans le sens du mouvement, son vecteur accélération est dirigé dans le sens du mouvement.

• C a un mouvement circulaire et uniforme : son vecteur vitesse varie en direction seulement, vers l'intérieur de la trajectoire, son vecteur accélération est centripète.

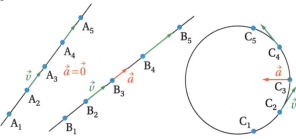

8 • Description d'un mouvement   **277**

OBJECTIF BAC

Descente à ski
20 min

Dans ce sujet, on étudie un mouvement rectiligne. Les vecteurs vitesse et accélération sont déterminés à partir des équations horaires du mouvement.

LE SUJET

Un skieur descend en ligne droite sur une piste inclinée. La position de son centre de gravité G est enregistrée dans le repère d'espace $(O\,;\,\vec{i},\,\vec{j})$ par ses coordonnées x et y dont les équations horaires sont :
$x(t) = 2 \times t^2 + 3 \times t + 1$
$y(t) = 1$

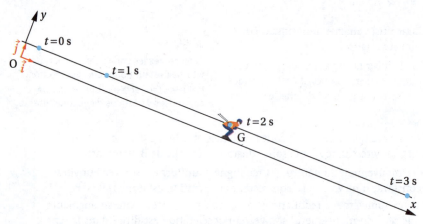

a. Donner l'expression du vecteur position à la date $t = 2$ s.

b. Quelle est la distance parcourue entre les dates $t = 0$ s et $t = 3$ s ?

c. Déterminer les coordonnées du vecteur vitesse à une date t quelconque.

d. Quelle est la valeur de la vitesse à la date $t = 2$ s ?

e. Déterminer les coordonnées du vecteur accélération. En déduire la nature du mouvement du skieur.

f. Tracer les vecteurs position, vitesse et accélération à la date $t = 2$ s.

CORRIGÉS

▶ OBJECTIF BAC

■ Descente à ski

a. Le vecteur position s'écrit :
$\overrightarrow{OG} = x(t)\vec{i} + y(t)\vec{j} = (2t^2 + 3t + 1)\vec{i} + (1)\vec{j}$.

b. Le skieur se déplace suivant l'axe Ox.
À la date $t = 0$ s, $x(0) = 2 \times 0^2 + 3 \times 0 + 1 = 1$ m
et à la date $t = 3$ s, $x(3) = 2 \times 3^2 + 3 \times 3 + 1 = 28$ m.
Il s'est donc déplacé de $28 - 1 = 27$ m.

c. Le vecteur vitesse $\vec{v}_G$ est la dérivée du vecteur position. Ses coordonnées s'obtiennent en dérivant les coordonnées de $\overrightarrow{OG}$.
$\vec{v}_G = v_x\vec{i} + v_y\vec{j} = \dfrac{dx}{dt}\vec{i} + \dfrac{dy}{dt}\vec{j}$.
Or $\dfrac{dx}{dt} = \dfrac{d(2t^2 + 3t + 1)}{dt} = 4t + 3$ et $\dfrac{dy}{dt} = 0$ car $y = 1 = $ Cte.
Donc : $\vec{v}_G = (4t + 3)\vec{i} + 0\vec{j} = (4t + 3)\vec{i}$.

d. La valeur de la vitesse à la date $t = 2$ s est $v_G = (4 \times 2 + 3) = 11$ m·s^{-1}.

e. Le vecteur accélération $\vec{a}_G$ est la dérivée du vecteur vitesse. Ses coordonnées s'obtiennent en dérivant celles de $\vec{v}_G$.
$\vec{a}_G = \dfrac{dv_x}{dt}\vec{i} + \dfrac{dv_y}{dt}\vec{j} = \dfrac{d(4t+3)}{dt}\vec{i} + \dfrac{d(0)}{dt}\vec{j} = 4\vec{i} + 0\vec{j} = 4\vec{i}$.
Le vecteur accélération est constant, donc le mouvement est rectiligne et uniformément accéléré.

f. Représentation des vecteurs à $t = 2$ s :
$\overrightarrow{OG} = (2 \times 2^2 + 3 \times 2 + 1) \times \vec{i} + (1) \times \vec{j} = 15\vec{i} + \vec{j}$
$\vec{v}_G = (4t + 3)\vec{i} = 11\vec{i}$
$\vec{a}_G = 4\vec{i}$

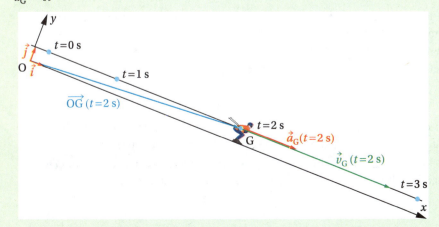

8 • Description d'un mouvement

34 Les lois de Newton

En bref *Ces lois énoncées par Newton en 1687 forment les bases de la mécanique en reliant les forces au mouvement qu'elles induisent.*

I Le centre de masse d'un système

■ L'étude du mouvement d'un objet est souvent ramenée à celle de son **centre de masse** noté G, appelé aussi centre d'inertie. Ce point est celui par rapport auquel la masse est uniformément répartie. Il est souvent situé au milieu du système.

■ L'étude du mouvement de G est **plus simple** que celui des autres points.

II Les lois de Newton

■ **1ʳᵉ loi : principe d'inertie.** Dans un référentiel galiléen, si le centre de masse G d'un système mécanique est immobile $(\vec{v_G} = \vec{0})$ ou animé d'un mouvement rectiligne uniforme $(\vec{v_G} = \vec{C^{te}})$, alors la somme vectorielle des forces extérieures qui lui sont appliquées est nulle et réciproquement :

$$\vec{v_G} = \vec{C^{te}} \Leftrightarrow \sum \vec{F_{ext}} = \vec{0}$$

Autre formulation : dans un **référentiel galiléen**, tout corps persévère dans son état de repos ou de mouvement rectiligne et uniforme s'il n'est soumis à aucune force ou si les forces qui s'appliquent sur lui se compensent.

> **MOT CLÉ**
>
> Un **référentiel galiléen** est un référentiel dans lequel le principe d'inertie est vérifié. Les référentiels terrestre, géocentrique et héliocentrique peuvent être considérés comme galiléens.

■ **2ᵉ loi : principe fondamental de la dynamique.** Dans un référentiel galiléen, la somme vectorielle des forces extérieures (ou résultante des forces extérieures) appliquées à un système mécanique est égale au produit de sa masse m par le vecteur accélération de son centre de masse $\vec{a_G}$:

$$\sum \vec{F_{ext}} = m\vec{a_G}$$

Conséquence : $\sum \vec{F_{ext}}$ est colinéaire et de même sens que le vecteur accélération $\vec{a_G}$ (colinéaire de même sens que le vecteur variation de vitesse $\vec{\Delta v}$).

■ **3ᵉ loi : principe des actions réciproques.** Lorsque deux systèmes A et B sont en interaction, ils exercent toujours l'un sur l'autre des forces opposées :

$$\vec{F_{B/A}} = -\vec{F_{A/B}}$$

Méthode

Déduire de la 2ᵉ loi de Newton le vecteur accélération

Une voiture jouet de masse 5,0 kg se déplace sur un sol horizontal. Elle est soumise à plusieurs forces qui peuvent être modélisées par les vecteurs représentés sur la figure ci-contre à partir de son centre de masse G. Leurs intensités sont égales à 20 N, 34 N et 50 N.

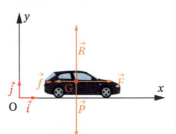

a. Nommer le référentiel choisi pour étudier son mouvement.

b. Identifier les forces représentées et donner leurs intensités respectives.

c. Exprimer les vecteurs forces en fonction des vecteurs unitaires du repère.

d. Déterminer le vecteur accélération de la voiture et le représenter sur la figure.

 CONSEILS

b. Comparez les longueurs des vecteurs forces représentés sur le schéma.
c. Comparez la direction et le sens des forces avec les vecteurs $\vec{i}$ et $\vec{j}$.
d. Utilisez la 2ᵉ loi de Newton en explicitant la somme vectorielle des forces.

SOLUTION

a. Le repère (O ; $\vec{i}$, $\vec{j}$) étant lié au sol, le référentiel est le référentiel terrestre.

b. Les forces qui s'exercent sur la voiture sont les suivantes.
- $\vec{P}$ est le poids de la voiture, exercé par la Terre, $P = 50$ N ;
- $\vec{R}$ est la réaction du sol qui supporte la voiture, $R = 50$ N ;
- $\vec{F}$ est la force motrice exercée par le sol, $F = 34$ N ;
- $\vec{f}$ est la force de frottement, $f = 20$ N.

c. En comparant les sens des vecteurs force avec ceux des vecteurs unitaires :
$$\vec{P} = -P\vec{j}, \vec{R} = R\vec{j}, \vec{F} = F\vec{i} \text{ et } \vec{f} = -f\vec{i}.$$

d. En appliquant la 2ᵉ loi de Newton, on peut écrire :
$$\sum \vec{F}_{ext} = m\vec{a}_G = \vec{P} + \vec{R} + \vec{F} + \vec{f} = (-P + R)\vec{j} + (F - f)\vec{i}$$

$\vec{P}$ et $\vec{R}$ se compensent et s'annulent, il reste :
$$m\vec{a}_G = (F - f)\vec{i}.$$

Donc : $\vec{a}_G = \dfrac{(F-f)}{m}\vec{i} = \dfrac{14}{5,0}\vec{i} = 2,8\vec{i}.$

9 • Deuxième loi de Newton – Mouvement dans un champ

35 Mouvement dans un champ de pesanteur uniforme

En bref *Dans un champ de pesanteur, le centre de masse d'un projectile en chute libre a un mouvement déterminé par ses conditions initiales.*

I Conditions initiales

Un projectile de masse m est lancé à partir d'un point O à la date $t_0 = 0$ avec une vitesse initiale $\vec{v_0}$. Le mouvement de son centre de masse G est étudié dans le repère $(O\,;\vec{i},\vec{j},\vec{k})$ lié au référentiel terrestre.
L'axe $(O\,;\vec{v_0})$ est dans le plan vertical $(O\,;\vec{i},\vec{j})$ et l'angle de tir est noté α.

Les coordonnées de $\vec{v_0}$ sont : $\begin{pmatrix} v_{0x} = v_0 \cos\alpha \\ v_{0y} = v_0 \sin\alpha \\ v_{0z} = 0 \end{pmatrix}$

Le champ de pesanteur est uniforme : $\vec{g} = -g\vec{j}$.

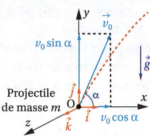

II Mouvement d'un projectile en chute libre

■ Si les frottements de l'air et la poussée d'Archimède sont négligeables, le projectile n'est soumis qu'à son poids : on dit qu'il est en chute libre. La **2ᵉ loi de Newton** s'exprime alors : $\sum \vec{F_{ext}} = m\vec{a_G} = \vec{P} = m\vec{g}$ donc : $\vec{a_G} = \vec{g}$.

■ Les **coordonnées de $\vec{v_G}$** sont les primitives des coordonnées de $\vec{a_G}$ telles qu'à $t = 0$ leurs valeurs soient les coordonnées de $\vec{v_0}$.

$$\vec{a_G} = \frac{d\vec{v_G}}{dt} \text{ donc } \vec{a_G} \begin{pmatrix} a_x = 0 \\ a_y = -g \\ a_z = 0 \end{pmatrix} \Rightarrow \vec{v_G} \begin{pmatrix} v_x = v_{0x} = v_0 \cos\alpha \\ v_y = -gt + v_{0y} = -gt + v_0 \sin\alpha \\ v_z = v_{0z} = 0 \end{pmatrix}$$

■ Les **coordonnées de $\overrightarrow{OG}$** sont les primitives des coordonnées de $\vec{v_G}$ telles qu'à $t = 0$ leurs valeurs soient nulles car $\overrightarrow{OG_0} = \vec{0}$.

$$\vec{v_G} = \frac{d\overrightarrow{OG}}{dt} \text{ donc } \vec{v_G} \begin{pmatrix} v_x = v_0 \cos\alpha \\ v_y = -gt + v_0 \sin\alpha \\ v_z = 0 \end{pmatrix} \Rightarrow \overrightarrow{OG} \begin{pmatrix} x = (v_0 \cos\alpha)\,t \\ y = -0{,}5gt^2 + (v_0 \sin\alpha)\,t \\ z = 0 \end{pmatrix}$$

À NOTER

• Dans le cas d'une chute libre, le vecteur accélération de G est confondu avec le vecteur champ de pesanteur. Il est constant et indépendant de la masse du projectile.
• v_z est constamment nulle donc le mouvement du projectile s'effectue dans le plan vertical contenant $\vec{v_0}$: le mouvement est plan. La vitesse horizontale $v_x = v_{0x} = v_0 \cos\alpha$ est constante : le mouvement suivant l'horizontale est uniforme.
• Si l'angle de tir vaut 90°, $\cos\alpha = 0$ et $\sin\alpha = 1$, $x = 0$: le mouvement est vertical suivant l'axe Ox.

Méthode

Exploiter les équations horaires et établir l'équation de la trajectoire

Un projectile est lancé à partir d'un point A avec une vitesse initiale de 7,3 m·s⁻¹ et un angle de 52° par rapport à l'horizontale dans le champ de pesanteur terrestre uniforme et de valeur est $g = 9,8$ N·kg⁻¹.

Le mouvement de son centre de masse G est étudié dans le repère $(O\,;\vec{i},\vec{j})$. Les coordonnées des vecteurs du mouvement sont :

$$\vec{a_G}\begin{pmatrix}a_x=0\\a_y=-g\end{pmatrix} \Rightarrow \vec{v_G}\begin{pmatrix}v_x=v_0\cos\alpha\\v_y=-gt+v_0\sin\alpha\end{pmatrix} \Rightarrow \vec{OG}\begin{pmatrix}x=(v_0\cos\alpha)t+0\\y=-\dfrac{gt^2}{2}+(v_0\sin\alpha)t+2\end{pmatrix}$$

a. Déterminer les coordonnées du point A (position initiale de G).

b. Calculer les coordonnées du vecteur vitesse initiale au moment du lancement.

c. Établir l'équation de la trajectoire et en déduire sa nature.

> **CONSEILS**
> **a.** et **b.** Utilisez les équations des coordonnées des vecteurs position et vitesse.
> **c.** Établissez une relation entre les coordonnées x et y du vecteur position.

SOLUTION

a. Pour déterminer les coordonnées du point A, il suffit de choisir $t = 0$ dans les coordonnées du vecteur position : $\vec{OA} = \vec{OG}(t=0)\begin{pmatrix}x=0\\y=2\end{pmatrix}$.

b. Les coordonnées du vecteur vitesse initiale $\vec{v_0}$ sont déterminées de la même manière :

$$\vec{v_0} = \vec{v_G}(t=0)\begin{pmatrix}v_x=7,3\times\cos52\\v_y=7,3\times\sin52\end{pmatrix} \vec{v_0}\begin{pmatrix}v_x=4,5\\v_y=5,8\end{pmatrix}$$

c. L'équation de la trajectoire est la relation qui lie les coordonnées x et y.
L'équation $x = (v_0\cos\alpha)t$ donne : $t = \dfrac{x}{v_0\cos\alpha}$.

En reportant dans l'équation $y(t)$:
$y = -\dfrac{gt^2}{2} + (v_0\sin\alpha)t + 2$,

on obtient : $y = -\dfrac{g}{2v_0^2\cos^2\alpha}x^2 + (\tan\alpha)x + 2$

Numériquement : $y = -0,24\,x^2 + 1,3\,x + 2$
C'est l'équation d'une trajectoire parabolique.

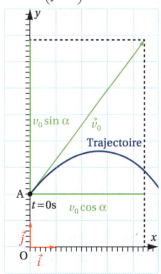

9 • Deuxième loi de Newton – Mouvement dans un champ

36 Mouvement dans un champ électrique uniforme

En bref *Placée dans un champ électrique, une particule chargée subit une force électrique qui dépend de sa charge. Elle est accélérée ou déviée suivant sa vitesse initiale.*

I Champ électrique uniforme créé par un condensateur plan

■ Un champ électrique uniforme $\vec{E}$ a même direction, même sens et même valeur en tout point de l'espace. Il s'obtient entre deux armatures métalliques planes P et N séparées par un isolant sur une distance d entre lesquelles on applique une tension U_{PN} : ce dispositif est appelé **condensateur plan**.

■ Le **champ électrique** est orthogonal aux armatures et orienté de la plaque chargée positivement vers la plaque chargée négativement (sens des potentiels décroissants).
La valeur du champ est :

$$E = \frac{U_{PN}}{d}$$ E en V·m^{-1} ; d en m ; U_{PN} en V.

II Accélération d'une particule chargée dans un champ électrique

■ Une particule de masse m et de charge q est lancée à la date $t_0 = 0$ avec une vitesse initiale $\vec{v_0}$ dans un champ électrique $\vec{E}$ uniforme. Comme elle se trouve aussi dans le champ de pesanteur $\vec{g}$, elle subit deux forces : la force électrique $\vec{F} = q\vec{E}$ et son poids : $\vec{P} = m\vec{g}$. Compte tenu des valeurs de masse et de charge, $\vec{P}$ est souvent négligeable devant $\vec{F}$.

D'après la 2e loi de Newton : $\sum \vec{F_{ext}} = m\vec{a} = \vec{F} = q\vec{E}$ donc : $\vec{a} = \frac{q}{m}\vec{E}$. Donc $\vec{a}$ est colinéaire et de même sens que la force électrique $\vec{F}$; constant mais dépendant de la masse et de la charge de la particule (si $q > 0$, $\vec{a}$ et $\vec{E}$ de même sens).

■ Le **mouvement** d'une particule chargée dans un champ électrique uniforme est analogue à celui d'un projectile dans le champ de pesanteur uniforme mais le signe de la charge q oriente le mouvement.

$\vec{v_0}$ et $\vec{E}$ colinéaires	mouvement rectiligne uniformément accéléré ou ralenti suivant le sens de $\vec{E}$ et le signe de la charge q
$\vec{v_0}$ et $\vec{E}$ non colinéaires	mouvement parabolique (particule déviée par la force)

Méthode

Établir les équations du mouvement et de la trajectoire

Une particule, de masse m et de charge $q > 0$, est lancée à la date $t_0 = 0$ avec une vitesse initiale $\vec{v_0}$ dans un champ électrique uniforme : $\vec{E} = -E\vec{j}$.

Le mouvement est étudié dans le repère $(O\,;\vec{i},\vec{j},\vec{k})$ dans le référentiel terrestre (galiléen). O coïncide avec sa position initiale, à $t_0 = 0$.

$\vec{v_0}$ est dans le plan vertical $(O\,;\vec{i},\vec{j})$ et incliné d'un l'angle α par rapport à l'horizontale.

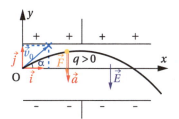

Ses coordonnées sont : $\begin{pmatrix} v_{0x} = v_0 \cos\alpha \\ v_{0y} = v_0 \sin\alpha \\ v_{0z} = 0 \end{pmatrix}$

D'après la 2e loi de Newton, l'accélération de la particule est : $\vec{a} = \dfrac{q}{m}\vec{E}$.

a. Déterminer les équations horaires du mouvement de la particule.
b. En déduire que son mouvement est plan.
c. Établir l'équation de sa trajectoire et sa nature.

👍 CONSEILS

a. Exprimez les coordonnées de $\vec{a}$ dans $(O\,;\vec{i},\vec{j},\vec{k})$ et déterminez leurs primitives.
b. Que peut-on dire de la coordonnée du vecteur position suivant z ?
c. La trajectoire est une relation entre x et y, obtenue en éliminant le temps.

SOLUTION

a. L'accélération est $\vec{a} = \dfrac{q}{m}\vec{E} = -\dfrac{q}{m}E\vec{j}$. Les coordonnées de $\vec{v}$ sont les primitives des coordonnées de $\vec{a}$ et les coordonnées de $\overrightarrow{OG}$ sont les primitives des coordonnées de $\vec{v_G}$ (en respectant les conditions initiales) :

$$\vec{a}\begin{pmatrix} a_x = 0 \\ a_y = -\dfrac{qE}{m} \\ a_z = 0 \end{pmatrix} \Rightarrow \vec{v}\begin{pmatrix} v_x = v_0 \cos\alpha \\ v_y = -\dfrac{qE}{m}t + v_0 \sin\alpha \\ v_z = 0 \end{pmatrix} \Rightarrow \overrightarrow{OG}\begin{pmatrix} x = (v_0 \cos\alpha)\,t \\ y = -\dfrac{qE}{2m}t^2 + (v_0 \sin\alpha)\,t \\ z = 0 \end{pmatrix}$$

b. $z = 0$, donc le mouvement est dans le plan vertical $(O\,;\vec{i},\vec{j})$ contenant $\vec{v_0}$.

c. L'équation $x = (v_0 \cos\alpha)t$ donne : $t = \dfrac{x}{v_0 \cos\alpha}$. En reportant dans l'équation $y(t)$: $y = -\dfrac{qE}{2m}t^2 + (v_0 \sin\alpha)t = -\dfrac{qE}{2mv_0^2 \cos^2\alpha}x^2 + (\tan\alpha)x$.

La trajectoire est donc parabolique.

37 Aspects énergétiques du mouvement dans un champ uniforme

En bref *Le poids et la force électrique qui interviennent dans les champs de pesanteur et électrique ont des actions similaires et les bilans énergétiques pour le système en mouvement se ressemblent.*

I Poids et force électrique : des forces conservatives

■ **Travail du poids** (rappel de 1re). Lorsqu'un système de masse m passe d'un point A d'altitude z_A à un point B d'altitude z_B, le travail du poids est :
$W_{AB}(\vec{P}) = mg(z_A - z_B)$. Ce travail ne dépend pas du chemin suivi. Il correspond à l'opposé de la variation de l'énergie potentielle de pesanteur :

$W_{AB}(\vec{P}) = -\Delta E_{PP}$. Le poids est une force conservative.

■ **Travail de la force électrique**. Lorsqu'une particule de charge q passe d'un point A à un point B entre lesquels il existe une tension U_{AB}, le travail de la force électrique est : $W_{AB}(\vec{F}) = q\,U_{AB} = q\,(V_A - V_B)$.
V_A et V_B sont les potentiels des points A et B. Ce travail ne dépend pas du chemin suivi. Il correspond à l'opposé de la variation de l'énergie potentielle électrique de la particule :

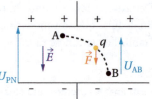

$W_{AB}(\vec{F}) = -\Delta E_{PE}$. La force électrique est une force conservative.

II Conséquence : conservation de l'énergie mécanique

■ **Mouvement dans un champ de pesanteur uniforme** (rappel de 1re). Dans le cas d'une chute libre dans le champ de pesanteur entre deux points A et B, le poids $\vec{P}$ est la seule force qui s'exerce sur le système. D'après le théorème de l'énergie cinétique : $\Delta E_C = W_{AB}(P) = -\Delta E_{PP}$.
Donc la variation de l'énergie mécanique vaut :
$\Delta E_M = \Delta E_C + \Delta E_{PP} = 0$ (énergie mécanique conservée)

■ **Mouvement dans un champ électrique uniforme**.
Dans le cas d'un mouvement dans le champ électrique entre deux points A et B, si la force électrique $\vec{F}$ est la seule force qui s'exerce sur la particule, alors :
$\Delta E_C = W_{AB}(F) = -\Delta E_{PE}$. Donc la variation de l'énergie mécanique vaut :

$\Delta E_M = \Delta E_C + \Delta E_{PE} = 0$ (énergie mécanique conservée).

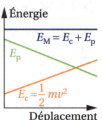

Cas d'un système dont l'énergie potentielle diminue au profit de l'énergie cinétique : sa vitesse augmente.

Méthode

Exploiter la conservation de l'énergie mécanique

Dans un canon à électrons, un électron pénètre au point A dans un champ électrique uniforme d'un condensateur plan soumis à une tension électrique U_{PN}.
On considère que l'électron n'est soumis qu'à la force électrique qui l'accélère entre A et B.
Sa vitesse en A est négligeable devant celle en B.

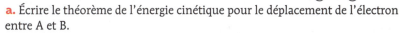

Données :
- masse de l'électron : $m = 9{,}11 \times 10^{-31}$ kg ;
- charge de l'électron : $q = -e = -1{,}60 \times 10^{-19}$ C ;
- tension : $U_{PN} = 7{,}50 \times 10^{2}$ V.

a. Écrire le théorème de l'énergie cinétique pour le déplacement de l'électron entre A et B.
b. Comment évolue l'énergie mécanique de l'électron pendant son déplacement ?
c. En déduire la valeur de la vitesse de l'électron au point B.

 CONSEILS

a. Vous devez connaître l'expression du travail de la force électrique.
b. La force électrique est-elle conservative ?
c. Utilisez la conservation de l'énergie mécanique et développer l'expression de l'énergie cinétique pour faire apparaître la vitesse.

SOLUTION

a. En considérant que seule la force électrique agit sur l'électron, la variation d'énergie cinétique de l'électron est égale au travail de cette force entre A et B :
$\Delta E_C = W_{AB}(F) = qU_{AB} = -eU_{AB}$ (U_{AB} est la tension électrique entre A et B).
b. L'électron n'est soumis qu'à la force électrique dont le travail ne dépend pas du chemin suivi mais seulement de la position de A et B : c'est donc une force conservative. Donc son énergie mécanique se conserve : elle reste constante.
c. La conservation de l'énergie mécanique s'écrit : $E_M(A) = E_M(B)$.
Soit : $\Delta E_M = E_M(B) - E_M(A) = 0$.
Or, $E_M = E_C + E_{PE}$ donc $\Delta E_M = \Delta E_C + \Delta E_{PE} = \left(\frac{1}{2}mv_B^2 - \frac{1}{2}mv_A^2\right) + \Delta E_{PE}$

avec $v_A = 0$ et $\Delta E_{PE} = -W_{AB}(F) = +eU_{AB} = -eU_{PN}$

$\Delta E_M = \frac{1}{2}mv_B^2 - eU_{PN} = 0$, on en déduit que $v^2 = \frac{2eU_{PN}}{m}$, soit $v = \sqrt{\frac{2eU_{PN}}{m}}$.

Application numérique : $v = \sqrt{\dfrac{2 \times 1{,}60 \times 10^{-19} \times 7{,}50 \times 10^{2}}{9{,}11 \times 10^{-31}}} = 1{,}62 \times 10^{7}$ m·s^{-1}.

38 Mouvement dans un champ de gravitation

En bref *Les lois énoncées par Kepler au XVIIe siècle décrivent les caractéristiques du mouvement des planètes autour du Soleil : trajectoire, vitesse et période de révolution.*

I Lois de Kepler

■ **1re loi : loi des orbites.** Les planètes décrivent des ellipses dont le Soleil occupe un des foyers.

Une ellipse est une courbe fermée caractérisée par deux foyers F et F′ et par une distance a appelée demi-grand axe. La distance Soleil-planète varie entre le point le plus proche P appelé périhélie et le point le plus éloigné A appelé aphélie : le grand axe est le segment reliant le périhélie et l'aphélie.

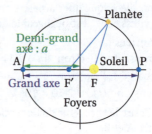

■ **2e loi : loi des aires.** Le rayon Soleil-planète balaie des aires égales pendant des intervalles de temps égaux. Les aires balayées pendant une même durée sont égales : $A_1 = A_2 = A_3$.

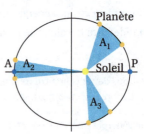

> **À NOTER**
> Plus la planète est proche du Soleil, plus sa vitesse est élevée : maximale en P et minimale en A.

■ **3e loi : loi des périodes.** Le carré de la période de révolution (T^2) est proportionnel au cube du demi-grand axe (a^3).

Le quotient $\dfrac{T^2}{a^3}$ est le même pour toutes les planètes qui tournent autour du Soleil.

II Accélération dans un champ de gravitation

Un satellite S placé dans le champ de gravitation d'un astre attracteur A est soumis à une force d'attraction gravitationnelle :

$\vec{F}_{A/S} = -G\dfrac{M_A m_s}{r^2}\vec{u}$ avec $\vec{u}$ le vecteur unitaire dirigé de l'astre attracteur vers le satellite.

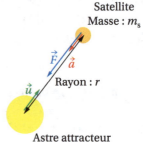

D'après la 2e loi de Newton, si la force gravitationnelle est la seule force, alors l'accélération du satellite est : $\vec{a} = \dfrac{\vec{F}_{A/S}}{m_S} = -G\dfrac{M_A}{r^2}\vec{u}$.

Son accélération est donc toujours dirigée vers le centre de l'astre attracteur.

Méthode

Déterminer les caractéristiques d'un mouvement circulaire dans un champ de gravitation

Un satellite de masse m tourne autour d'un astre de masse M sur une orbite circulaire de rayon r.

a. Déterminer l'expression vectorielle de son accélération.

b. Montrer que le mouvement est uniforme et donner l'expression de la valeur de la vitesse du satellite.

c. En déduire l'expression de sa période de révolution, puis vérifier l'accord avec la 3ᵉ loi de Kepler.

CONSEILS

a. Utilisez la loi de gravitation et la 2ᵉ loi de Newton.
b. Comparez l'expression obtenue avec celle de l'accélération dans le repère de Frenet → FICHE 32.
c. Écrivez la relation entre la période de révolution et la vitesse du satellite.

SOLUTION

a. D'après la loi de gravitation universelle et la 2ᵉ loi de Newton, le satellite est soumis à une force d'attraction : $\vec{F}_{A/S} = -G\dfrac{Mm}{r^2}\vec{u} = m_S\vec{a}$.

Donc : $\vec{a} = -G\dfrac{M}{r^2}\vec{u}$, l'accélération est centripète.

b. L'accélération du satellite s'exprime dans le repère de Frenet : $\vec{a} = \dfrac{dv}{dt}\vec{t} + \dfrac{v^2}{r}\vec{n}$.
Puisque la trajectoire est circulaire, $\vec{u}$ et $\vec{n}$ sont opposés. On peut donc écrire :
$\vec{a} = -G\dfrac{M}{r^2}\vec{u} = G\dfrac{M}{r^2}\vec{n} = \dfrac{dv}{dt}\vec{t} + \dfrac{v^2}{r}\vec{n}$.

Selon $\vec{t}$: $\dfrac{dv}{dt} = 0$, donc la valeur de la vitesse du satellite est constante, le mouvement est uniforme.

Selon $\vec{n}$: $G\dfrac{M}{r^2}\vec{n} = \dfrac{v^2}{r}\vec{n}$. Soit : $\dfrac{v^2}{r} = G\dfrac{M}{r^2}$.

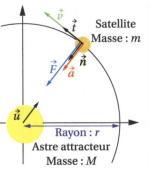

Satellite Masse : m
Rayon : r
Astre attracteur Masse : M

La valeur de la vitesse est donc : $v = \sqrt{\dfrac{GM}{r}}$.

c. Le périmètre du cercle trajectoire ($2\pi r$) est parcouru pendant une période T à la vitesse : $v = \sqrt{\dfrac{GM}{r}} = \dfrac{2\pi r}{T}$. Sa période de révolution est donc :
$T = \dfrac{2\pi r}{v} = 2\pi\sqrt{\dfrac{r^3}{GM}}$.

Cette expression est en accord avec la 3ᵉ loi de Kepler : $\dfrac{T^2}{a^3} = \dfrac{T^2}{r^3} = \dfrac{4\pi^2}{GM} = C^{te}$.

OBJECTIF BAC

Service gagnant
50 min

Ce problème permet d'étudier le mouvement d'une balle dans le champ de pesanteur. Sa trajectoire est établie à partir des équations horaires déduites de la 2e loi de Newton. L'aspect énergétique permet de déterminer sa vitesse.

LE SUJET

Un terrain de tennis est un rectangle de longueur 23,8 m et de largeur 8,23 m. Il est séparé en deux dans le sens de la largeur par un filet dont la hauteur est 92,0 cm. Lorsqu'un joueur effectue un service, il doit envoyer la balle dans une zone comprise entre le filet et une ligne située à 6,40 m du filet.
On étudie un service du joueur placé au point O.
Ce joueur souhaite que la balle frappe le sol en B tel que $OB = L = 18,7$ m.
Pour cela, il lance la balle verticalement et la frappe avec sa raquette en un point D situé sur la verticale de O à la hauteur $H = 2,20$ m.
La balle part alors de D avec une vitesse de valeur $v_0 = 126$ km·h^{-1}, horizontale comme le montre le schéma ci-dessous.

La balle de masse $m = 58,0$ g est considérée comme ponctuelle et on néglige l'action de l'air. L'étude du mouvement est faite dans le référentiel terrestre, galiléen, dans lequel on choisit un repère $Oxyz$ comme l'indique le schéma ci-dessous.

Donnée : $g = 9,81$ m·s^{-2}.

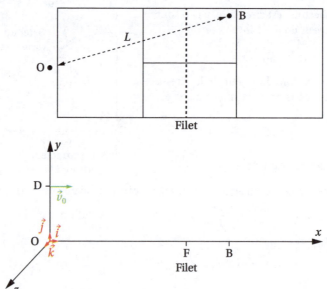

Partie 1 Trajectoire de la balle

a. Faire le bilan des forces appliquées à la balle en mouvement entre D et B et indiquer leurs caractéristiques.

b. Établir l'expression du vecteur accélération de la balle en mouvement.

c. En déduire les équations horaires paramétriques du mouvement de la balle.

d. Montrer que le mouvement de la balle est plan et déterminer l'équation littérale de sa trajectoire.

Partie 2 Qualité du service

e. Sachant que la distance OF = 12,2 m, la balle, supposée ponctuelle, passe-t-elle au-dessus du filet ?

f. Déterminer la position du point B' de chute sur le sol, puis conclure sur la qualité du service.

Partie 3 Énergie de la balle

g. Donner les expressions littérales de l'énergie cinétique et de l'énergie potentielle de la balle lorsqu'elle se trouve à une hauteur y avec une vitesse v.

h. En négligeant l'action de l'air, que peut-on dire de l'énergie mécanique de la balle pendant son déplacement ?

i. Dans ces conditions, exprimer sa vitesse lorsqu'elle frappe le sol et calculer la valeur de sa vitesse.

CORRIGÉS

▶ OBJECTIF BAC

■ Service gagnant

Partie 1 Trajectoire de la balle

a. La balle, dans le référentiel terrestre galiléen, est soumise uniquement à son poids $\vec{P}$. En effet, d'après l'énoncé « l'action de l'air est négligeable » : on ne tient pas compte de la poussée d'Archimède et de la force de frottement de l'air sur la balle.

Les caractéristiques du poids $\vec{P} = m\vec{g}$ sont :
- direction : verticale ;
- sens : vers le bas ;
- valeur : $P = mg = 58{,}0 \times 10^{-3} \times 9{,}81 = 0{,}569$ N.

b. Soumise exclusivement à son poids, la balle est en chute libre. La 2e loi de Newton donne : $\vec{P} = m\vec{a}$ soit $m\vec{g} = m\vec{a}$ d'où : $\vec{a} = \vec{g}$.
Le vecteur accélération est confondu avec le vecteur champ de pesanteur.

Les coordonnées du vecteur accélération dans le repère $Oxyz$ sont : $\vec{a}\begin{cases} a_x = 0 \\ a_y = -g \\ a_z = 0 \end{cases}$

c. $\vec{a} = \dfrac{d\vec{v}}{dt} = \vec{g}$ donc $\vec{a}\begin{cases} a_x = \dfrac{dv_x}{dt} = 0 \\ a_y = \dfrac{dv_y}{dt} = -g \\ a_z = \dfrac{dv_z}{dt} = 0 \end{cases}$ ainsi $\vec{v}(t)\begin{cases} v_x = C_1 \\ v_y = -gt + C_2 \\ v_z = C_3 \end{cases}$

C_1, C_2, C_3 sont des constantes définies par les conditions initiales.

Initialement $\vec{v}(0) = \vec{v}_0$ avec $\vec{v}_0\begin{cases} v_{0x} = v_0 \\ v_{0y} = 0 \\ v_{0z} = 0 \end{cases}$ donc $\vec{v}(0)\begin{cases} v_x = C_1 = v_0 \\ v_y = -0 + C_2 = 0 \\ v_z = C_3 = 0 \end{cases}$

d'où $\vec{v}(t)\begin{cases} v_x = v_0 \\ v_y = -gt \\ v_z = 0 \end{cases}$

Et $\vec{v} = \dfrac{d\overrightarrow{OM}}{dt}$ donc $\vec{v}(t)\begin{cases} v_x = \dfrac{dx}{dt} = v_0 \\ v_y = \dfrac{dy}{dt} = -gt \\ v_z = \dfrac{dz}{dt} = 0 \end{cases}$ ainsi $\overrightarrow{OM}(t)\begin{cases} x = v_0 t + C'_1 \\ y = -\dfrac{gt^2}{2} + C'_2 \\ v_z = C'_3 \end{cases}$

C'_1, C'_2, C'_3 sont des constantes définies par les conditions initiales.

Initialement $\overrightarrow{OM}(0) = \overrightarrow{OD} = H\vec{j}$ donc $\overrightarrow{OM}(0)\begin{cases} x = 0 + C'_1 = 0 \\ y = -0 + C'_2 = H \\ z = C'_3 = 0 \end{cases}$

d'où $\overrightarrow{OM}(t)\begin{cases} x = v_0 \cdot t \\ y = \dfrac{-gt^2}{2} + H \\ z = 0 \end{cases}$

Les équations horaires du mouvement de la balle sont :
$x(t) = v_0 t$ (1) $y(t) = \dfrac{-gt^2}{2} + H$ (2) $z(t) = 0$

d. Quelle que soit la date t, $z(t) = C^{te} = 0$ donc le mouvement de la balle a lieu dans le plan (Oxy).
En exprimant le temps t à partir de (1) que l'on reporte dans (2) :
(1) $t = \dfrac{x}{v_0}$ donc dans (2) : $y(x) = \dfrac{-g}{2}\left(\dfrac{x}{v_0}\right)^2 + H$ donc : $y(x) = \dfrac{-g}{2v_0^2} x^2 + H$.

C'est l'équation d'une parabole tournée vers le bas.

Partie 2 Qualité du service

e. La balle passe au-dessus du filet si pour $x = OF = 12{,}2$ m :
$y(x) > 92{,}0$ cm $= 0{,}920$ m.
$y(x = 12{,}2) = \dfrac{-9{,}81}{2 \times \left(\dfrac{126}{3{,}6}\right)^2} \times (12{,}2)^2 + 2{,}20 = 1{,}60$ m $> 0{,}920$ m.

Donc la balle passe au-dessus du filet.

f. La balle frappe le sol en un point B'$(x_{B'}\,;\,y_{B'} = 0\,;\,z_{B'} = 0)$.
$y(x_{B'}) = 0$ soit $\dfrac{-g}{2}\left(\dfrac{x_{B'}}{v_0}\right)^2 + H = 0$ donc $x_{B'}^2 = \dfrac{2v_0^2 H}{g}$ donc $x_{B'} = \sqrt{\dfrac{2v_0^2 H}{g}}$ (en ne gardant que la solution positive).

$x_{B'} = \sqrt{\dfrac{2 \times \left(\dfrac{126}{3{,}6}\right)^2 \times 2{,}20}{9{,}81}} = 23{,}4$ m. Le service est mauvais car $x_{B'} > OB = L = 18{,}7$ m.

Partie 3 Énergie de la balle

g. L'énergie cinétique de la balle lorsqu'elle a une vitesse v est : $E_c = \dfrac{1}{2}mv^2$
(m en kg, v en m$\cdot$s^{-1} et E_C en J).
Avec l'axe Oy orienté vers le haut et en choisissant l'origine de l'énergie potentielle pour $y = 0$, l'expression de l'énergie potentielle de pesanteur s'écrit : $E_p = mgy$
(m en kg, g en m$\cdot$s^{-2}, y en m et E_p en J).

h. En négligeant l'action de l'air (force de frottement et poussée d'Archimède) la balle n'est soumise qu'à son poids qui est une force conservative. Donc l'énergie mécanique de la balle est conservée.

i. Dans ces conditions, l'énergie mécanique de la balle reste constante pendant son déplacement.

• Au point D : $E_{mD} = E_{cD} + E_{pD} = \dfrac{1}{2}mv_D^2 + mgH$.

• Au point B' : $E_{mB'} = E_{cB'} + E_{pB'} = \dfrac{1}{2}mv_{B'}^2 + 0$ car $y_{B'} = 0$.
Or $E_{mD} = E_{mB'}$.

Donc $\dfrac{1}{2}mv_D^2 + mgH = \dfrac{1}{2}mv_{B'}^2$ d'où $\dfrac{1}{2}v_D^2 + gH = \dfrac{1}{2}v_{B'}^2$ d'où $v_D^2 + 2gH = v_{B'}^2$.

Soit : $v_{B'} = \sqrt{v_D^2 + 2gH}$ (en ne gardant que la solution positive).

$v_{B'} = \sqrt{\left(\dfrac{126}{3{,}6}\right)^2 + 2 \times 9{,}81 \times 2{,}20} = 35{,}6$ m$\cdot$s^{-1} = 128 km$\cdot$h^{-1}.

39 La poussée d'Archimède

En bref La sensation de légèreté que l'on ressent quand on est dans l'eau est due à la poussée d'Archimède. Cette force est verticale, vers le haut et proportionnelle au volume immergé du corps et à la masse volumique du fluide.

I Description de la situation

■ On considère un récipient rempli d'un fluide **immobile** et **incompressible** (sa masse volumique est constante au cours du temps). Un solide cubique d'arête d est placé dans le fluide. Le cube est soumis à la pression du fluide sur tous ses côtés. On modélise les forces pressantes par des vecteurs orientés du fluide vers le cube.

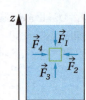

■ Les **parois latérales** du cube étant situées à la même profondeur, elles subissent des forces pressantes de mêmes normes qui se compensent : $\vec{F_2} = -\vec{F_4}$.

■ On sait que l'intensité d'une **force pressante** est égale au produit de la pression par la surface, on en déduit : $F_1 = P_1 \times d^2$ et $F_3 = P_3 \times d^2$.

La face inférieure du cube étant plus profonde que sa face supérieure, on a $P_3 > P_1$ donc $F_3 > F_1$. Donc le cube subit de la part du fluide une force totale dirigée vers le haut :

$$F_{\text{totale}} = F_3 - F_1 = P_3 \times d^2 - P_1 \times d^2 = d^2 \times (P_3 - P_1).$$

D'après le principe fondamental de la statique des fluides (étudié en 1re), on a :

$$P_3 - P_1 = \rho_{\text{fluide}} \times g \times (h_1 - h_3).$$

D'où : $F_{\text{totale}} = d^2 \times (\rho_{\text{fluide}} \times g \times (h_1 - h_3)) = d^2 \times (\rho_{\text{fluide}} \times g \times ((h_3 + d) - h_3))$
$= d^2 \times (\rho_{\text{fluide}} \times g \times d) = \rho_{\text{fluide}} \times g \times d^3.$

Finalement : $F_{\text{totale}} = \rho_{\text{fluide}} \times g \times V_{\text{cube}}.$

II Énoncé du principe

■ Tout corps plongé dans un fluide subit une force verticale vers le haut, la **poussée d'Archimède**, dont l'intensité est égale au poids du volume de fluide déplacé (ce volume est donc égal au volume immergé du corps).

$P_A = \rho_{\text{fluide}} \times g \times V_{\text{solide}}$

P_A intensité de la poussée d'Archimède en N ;
ρ masse volumique du fluide en kg·m^{-3} ;
g intensité de pesanteur en N·kg^{-1} ;
V volume du solide immergé en m^3.

■ Le **poids apparent** d'un solide plongé dans un fluide est la résultante des forces exercée par le fluide sur le solide et du poids du solide : $\vec{P_{\text{apparent}}} = \vec{P_A} + \vec{P_{\text{solide}}}.$

COURS & MÉTHODES

Méthode

Déterminer la valeur de la poussée d'Archimède d'un solide

Une boule de pétanque est tombée au fond d'un bassin d'eau douce.

Données :
- volume de la boule de pétanque : $V = 2{,}0 \times 10^{-4}$ m^3 ;
- masse volumique de la boule de pétanque : $\rho = 3{,}3 \times 10^3$ kg·m^{-3} ;
- masse volumique de l'eau douce : $\rho_{\text{eau douce}} = 1{,}0 \times 10^3$ kg·m^{-3} ;
- intensité de la pesanteur : $g = 9{,}81$ N·kg^{-1}.

a. Calculer la valeur du poids de la boule de pétanque.

b. Calculer la valeur de la poussée d'Archimède subie par la boule de pétanque.

c. Sur un schéma, représenter les forces subies par la boule de pétanque (1 cm ↔ 2 N).

d. Expliquer pourquoi la boule de pétanque ne flotte pas.

> **CONSEILS**
> **a.** La relation entre masse, volume et masse volumique est $m = \rho \times V$.
> **b.** Pour calculer la valeur de la poussée d'Archimède, utilisez la masse volumique du fluide et non celle du corps dont on étudie le mouvement.
> **c.** Le poids est une force orientée vers le bas, tandis que la poussée d'Archimède est orientée vers le haut.
> **d.** Le poids apparent est la résultante des forces subie par un corps immobile dans un fluide au repos. Sa valeur et son sens permettent de déterminer si le corps flotte ou coule.

SOLUTION

a. On calcule le poids de la boule de pétanque :
$P = m \times g = \rho \times V \times g = 3{,}3 \times 10^3 \times 2{,}0 \times 10^{-4} \times 9{,}81 = 6{,}5$ N.

b. On calcule la poussée d'Archimède subie par la boule de pétanque :
$P_A = \rho_{\text{eau douce}} \times g \times V_{\text{boule de pétanque}} = 1{,}0 \times 10^3 \times 9{,}81 \times 2{,}0 \times 10^{-4} = 2{,}0$ N.

c. Voir le schéma ci-contre. Le vecteur $\vec{P}$ doit avoir une longueur de 3,25 cm, le vecteur $\vec{P_A}$ doit avoir une longueur de 1,0 cm.

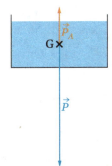

d. On remarque que le poids est supérieur à la poussée d'Archimède ($P > P_A$). Le poids apparent de la boule de pétanque est donc orienté vers le bas.

Comme la boule n'est soumise à aucune autre force, d'après la 2e loi de Newton, elle est soumise à une accélération orientée vers le bas : on en déduit qu'elle coule.

10 • Écoulement d'un fluide

40 Écoulement d'un fluide en régime permanent

En bref *Le débit d'un fluide dans un tuyau peut être calculé par rapport à la quantité de matière ou par rapport au volume de fluide en déplacement.*

I Débit volumique et débit massique

■ Le **débit massique** d'un fluide D_m est la masse m de fluide qui passe par la **section** S d'un tuyau par unité de temps :

$$D_m = \frac{m}{t}$$

D_m débit massique en kg·s^{-1} ;
m masse de fluide écoulé en kg ;
t durée de l'écoulement en s.

MOT CLÉ
On appelle **section** d'un tuyau la surface en coupe transversale de l'intérieur du tuyau qui est traversée par un fluide en mouvement.

■ Le **débit volumique** d'un fluide D_V est le volume V de fluide qui traverse la section S d'un tuyau par unité de temps :

$$D_V = \frac{V}{t}$$

D_V débit volumique en m^3·s^{-1} ; V volume de fluide écoulé en m^3 ;
t durée de l'écoulement en s.

■ Le débit massique et le débit volumique sont reliés par : $D_m = \rho \times D_V$.

II Vitesse d'écoulement et principe de continuité

■ L'écoulement d'un fluide est **permanent** si les paramètres qui le caractérisent (pression, température, vitesse) en un point restent constants au cours du temps. Lors d'un écoulement permanent, le débit volumique D_V est relié à la section S et à la vitesse d'écoulement v par :

$$D_V = S \times v$$

D_V débit volumique en m^3·s^{-1} ;
S surface de la section du tuyau en m^2 ;
v vitesse d'écoulement du fluide en m·s^{-1}.

■ Lors de l'écoulement permanent d'un fluide, la quantité de fluide qui entre en A dans une portion de tuyau doit être la même que celle qui en sort en B dans le même temps : $D_{m,A} = D_{m,B}$.

Dans le cas d'un **fluide incompressible**, on en déduit : $D_{V,A} = D_{V,B}$.

Pour les fluides incompressibles en régime permanent, on a alors :

$$S_A \times v_A = S_B \times v_B$$

S_A et S_B surface des sections en A et en B en m^2 ; v_A et v_B vitesses d'écoulement du fluide en A et en B en m·s^{-1}.

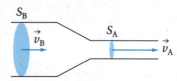

Méthode

Déterminer les caractéristiques d'un écoulement

Le canal de Craponne est un canal qui relie la Durance au Rhône. Ce canal passe au milieu du village de Pelissanne. Sur une partie du village, le canal est droit et sa section diminue progressivement. Au point le plus large (A) la largeur du canal est de $L_1 = 1,40$ m, au plus étroit (B) elle est de $L_2 = 90$ cm. La coupe transversale montre que le canal est parallélépipédique et que le niveau d'eau est de $h = 90,0$ cm.

Il a été mesuré que 70 200 L passent au point B en une minute.
On suppose que l'écoulement de l'eau est permanent.

a. Déterminer le débit volumique du canal au point B.
b. En déduire le débit massique.
c. Déterminer la vitesse de l'eau au point B.
d. En déduire la vitesse de l'eau au point A.

Donnée : masse volumique de l'eau : $\rho_{eau} = 1\,000$ kg·m^{-3}.

CONSEILS

a. Dans le calcul du débit volumique, le volume de fluide doit être exprimé en mètres cubes et le temps en secondes.
b. Le débit massique et le débit volumique sont proportionnels : le coefficient de proportionnalité est la masse volumique du fluide considéré. Il faut de nouveau faire attention à exprimer les grandeurs dans les unités SI.
c. Le débit volumique d'un fluide dans un tuyau dépend de la surface de la section du tuyau et de la vitesse d'écoulement du fluide.
d. Appliquez le principe de continuité.

SOLUTION

a. On calcule le débit volumique : $V = 70\,200$ L $= 70\,200 \times 10^{-3}$ m^{-3} ;
$t = 1$ min $= 60$ s.
$D_V = \dfrac{V}{t} = \dfrac{70\,200 \times 10^{-3}}{60} = 1,17$ m^3·s^{-1}.

b. On calcule le débit massique : $D_m = \rho \times D_V = 1\,000 \times 1,17 = 1\,170$ kg·s^{-1}.

c. On calcule la surface de la section d'eau en B :
$S_B = h \times L_2 = 90,0 \times 10^{-2} \times 90,0 \times 10^{-2} = 8,1 \times 10^{-1}$ m^2.
On calcule la vitesse d'écoulement en B : $v_B = \dfrac{D_V}{S_B} = \dfrac{1,17}{8,1 \times 10^{-1}} = 1,4$ m·s^{-1}.

d. D'après le principe de continuité, on a : $D_{V,A} = D_{V,B}$ d'où $D_{V,B} = S_A \times v_A$
On calcule la surface de la section d'eau en A :
$S_A = h \times L_1 = 90,0 \times 10^{-2} \times 1,40 = 1,26$ m^2
$v_A = \dfrac{D_{V,B}}{S_A} = \dfrac{1,17}{1,26} = 9,3 \times 10^{-1}$ m·s^{-1}

41 Relation de Bernoulli

En bref *Le principe de conservation de l'énergie appliqué au mouvement d'un fluide parfait incompressible, s'écoulant en régime permanent et sans frottement, permet d'aboutir à la relation de Bernoulli.*

I Relation de Bernoulli

■ Un **fluide parfait** est un fluide « parfaitement fluide » : son écoulement n'est pas freiné par la viscosité contre les parois. C'est un cas idéal.

■ À partir du principe de la conservation de l'énergie mécanique et parce qu'il ne subit pas de frottement, on peut écrire pour un **fluide parfait, incompressible et en écoulement permanent**, en deux points d'une même **ligne de courant** :

$$P_A + \frac{1}{2} \times \rho \times v_A^2 + \rho \times g \times z_A = P_B + \frac{1}{2} \times \rho \times v_B^2 + \rho \times g \times z_B$$

avec P_A et P_B en Pa ; ρ en kg·m^{-3} ; g en N·kg^{-1} ; v_A et v_B en m·s^{-1} ; z_A et z_B hauteurs des points A et B en m.

> **MOT CLÉ**
> Une **ligne de courant** est une courbe tangente en chacun de ses points, à chaque instant et localement, au vecteur vitesse de l'écoulement.

■ Interprétation : dans le cas d'un écoulement permanent sur toute la section du tuyau d'un fluide parfait et incompressible, une augmentation de vitesse du fluide en un point implique une diminution de la pression en ce même point.

■ Si le fluide est immobile, la relation de Bernoulli devient :

$$P_A + \rho \times g \times z_A = P_B + \rho \times g \times z_B \text{ soit : } P_B - P_A = \rho \times g \times (z_A - z_B).$$

On retrouve le principe fondamental de la statique des fluides (étudié en classe de 1re) qui est donc un cas particulier de l'équation de Bernoulli.

II Effet Venturi

■ On considère un **fluide incompressible** s'écoulant dans un tuyau à étranglement qui a deux sections différentes ($S_A = S_C > S_B$).

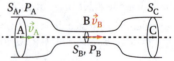

D'après le principe de continuité, le débit est conservé, donc on a :

$$D_A = D_B = D_C \text{ d'où } S_A \times v_A = S_B \times v_B.$$

Si $z_A = z_B$, la relation de Bernoulli devient $P_A - P_B = \frac{1}{2}\rho(v_B^2 - v_A^2)$.

Comme $S_A > S_B$, $v_B > v_A$, alors : $P_A > P_B$.

■ On en conclut que lorsqu'un fluide traverse une section de plus faible diamètre, la pression diminue et la vitesse augmente : ce phénomène est appelé **effet Venturi**.

Méthode

Calculer une vitesse d'écoulement

On considère un réservoir rempli d'eau à une hauteur $H = 2{,}5$ m. Un trou de vidange de diamètre $d_2 = 10$ mm est situé à sa base. Le réservoir à un diamètre d_1, tel que $d_1 \gg d_2$.

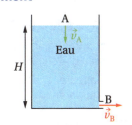

a. Quelles sont les valeurs de la pression à la surface de l'eau dans le réservoir P_A et à la sortie du trou de vidange P_B ?

b. Expliquer pourquoi on peut négliger v_A par rapport à v_B.

c. À partir de la relation de Bernoulli :

$$P_A + \frac{1}{2}\rho v_A^2 + \rho g z_A = P_B + \frac{1}{2}\rho v_B^2 + \rho g z_B,$$

calculer la vitesse v_B de l'eau lors de son écoulement par le trou de vidange.

Données : $P_{atm} = 1{,}0 \times 10^5$ Pa ; masse volumique de l'eau $\rho_{eau} = 1\,000$ kg·m^{-3} intensité de la pesanteur : g = 9,81 N·kg^{-1}.

 CONSEILS

a. La surface d'un fluide en contact avec l'atmosphère est à la pression atmosphérique : au niveau du trou de vidange, l'eau qui sort de la cuve subie la pression de l'air.
b. Servez-vous du principe de continuité pour exprimer v_A en fonction de v_B.
c. Exprimez la relation de Bernoulli en tenant compte des réponses aux questions précédentes. Veillez à ne pas oublier la racine carrée dans l'expression de v_B.

SOLUTION

a. La surface de l'eau du réservoir et l'eau à la sortie du trou de vidange sont à la pression atmosphérique, soit $P_A = P_B = P_{atm} = 1{,}0 \times 10^5$ Pa.

b. D'après le principe de continuité, nous avons $S_A \times v_A = S_B \times v_B$.
D'après l'énoncé, $d_1 \gg d_2$ soit $S_A \gg S_B$ et donc : $v_A \ll v_B$. On peut donc négliger v_A par rapport à v_B.

c. La relation de Bernoulli donne : $\dfrac{2(P_A - P_B)}{\rho} + 2 \times g \times (z_A - z_B) = (v_B^2 - v_A^2)$

Grâce aux questions précédentes, on peut simplifier l'expression :

$$\cancel{\frac{2(P_A - P_B)}{\rho}} + 2 \times g \times (z_A - z_B) = \left(v_B^2 - \cancel{v_A^2}\right)$$

On en déduit : $v_B^2 = 2 \times g \times (z_A - z_B)$.
D'où $v_B = \sqrt{2 \times g \times H}$. Soit $v_B = \sqrt{2 \times 9{,}81 \times 2{,}5} = 7{,}0$ m·s^{-1}.

▶ SE TESTER QUIZ

Vérifiez que vous avez bien compris les points clés des **fiches 39 à 41**.

1 Poussée d'Archimède
→ FICHE 39

Le poids apparent d'un solide dans un fluide dépend du poids du solide et de la poussée d'Archimède, on calcule sa valeur par :

☐ **a.** Poids apparent = Poussée d'Archimède − Poids du solide
☐ **b.** Poids apparent = Poussée d'Archimède + Poids du solide

2 Écoulement d'un fluide en régime permanent
→ FICHE 40

D'après le principe de continuité, quand un fluide passe dans un tuyau dont la section diminue :
☐ **a.** la vitesse d'écoulement est constante
☐ **b.** le débit volumique est constant

3 Relation de Bernoulli
→ FICHE 41

1. La relation de Bernoulli permet d'écrire en deux points d'une même ligne de courant que $P + \frac{1}{2}\rho v^2 + \rho g z$ = constante :

☐ **a.** vrai
☐ **b.** faux

2. L'effet Venturi est un phénomène au cours duquel un fluide qui s'écoule dans un tuyau dont la section diminue voit :

☐ **a.** sa pression et sa vitesse diminuer
☐ **b.** sa pression diminuer et sa vitesse augmenter
☐ **c.** sa pression augmenter et sa vitesse diminuer

▶ OBJECTIF BAC

4 Réservoir de fioul
50 min

> Ce sujet traite de toutes les notions vues en terminale pour un fluide au repos ou en mouvement. Outre faire manipuler les formules, il permet de réfléchir à la cohérence entre les résultats et les observations.

📄 LE SUJET

Un réservoir cylindrique, ouvert à l'air libre, a une section S_A de diamètre $d_A = 6{,}0$ m. Il est muni, à sa base, d'un trou pour vidange de section S_B et de diamètre $d_B = 1{,}6$ mm. Le réservoir est rempli de fioul liquide jusqu'à une hauteur $H = 2{,}5$ m.

Dans tout l'exercice, l'écoulement sera permanent et le fluide incompressible.

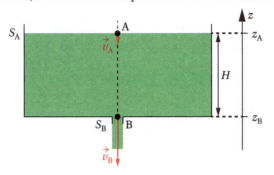

Données :
- masse volumique du fioul liquide $\rho_{\text{fioul liquide}}$ = 817 kg·m^{-3} ;
- intensité de la pesanteur g = 9,8 N·kg^{-1}.

On note $\alpha = \dfrac{S_B}{S_A}$.

Partie 1 Trou de vidange fermé
Le trou de vidange est fermé par un bouchon. Un objet métallique de masse volumique ρ_{objet} = 7 700 kg·m^{-3} est tombé au fond de la cuve, le niveau de fioul a augmenté de 0,40 cm.

1. a. Calculer la poussée d'Archimède subie par l'objet.
b. Calculer le poids de l'objet.
c. Ces résultats sont-ils cohérents avec les informations de l'énoncé ?

Partie 2 Trou de vidange ouvert
L'objet a été sorti et le trou de vidange est ouvert pour procéder à la vidange du réservoir. Le fioul s'écoule du réservoir. Sa vitesse moyenne d'écoulement au point A est notée v_A, et sa vitesse d'écoulement au niveau de l'orifice est notée v_B.

2. a. Écrire la relation de continuité. En déduire v_A en fonction de v_B et de $\alpha = \dfrac{S_B}{S_A}$.
b. Exprimer la pression P_B en fonction de P_A.
c. En appliquant la relation de Bernoulli entre A et B :
$$P_A + \frac{1}{2} \times \rho \times v_A^2 + \rho \times g \times z_A = P_B + \frac{1}{2} \times \rho \times v_B^2 + \rho \times g \times z_B$$
établir l'expression littérale de la vitesse v_B en fonction de g, H et α.
d. Calculer v_B (on négligera la variation de H).
e. Calculer le débit volumique D_V du fioul qui s'écoule à travers le trou de vidange.
f. Combien de temps faudrait-il pour vider totalement le réservoir, si le débit du fioul restait constant ?
g. L'approximation sur la très faible variation de H au cours du temps est-elle raisonnable ?

CORRIGÉS

▶ SE TESTER QUIZ

1 Poussée d'Archimède
Réponse a.

2 Écoulement d'un fluide en régime permanent
Réponse b.

3 Relation de Bernoulli
1. Réponse a.
2. Réponse b.

▶ OBJECTIF BAC

4 Réservoir de fioul

Partie 1 Trou de vidange fermé

1. a. Le volume de l'objet totalement immergé est égal au volume de fluide déplacé :

$$V_{objet} = V_{fioul\ déplacé} = S_A \times h_{niveau} = \pi \times \left(\frac{d_A}{2}\right)^2 \times h_{niveau}$$

$$V_{objet} = \pi \times \left(\frac{6{,}0}{2}\right)^2 \times 0{,}40 \times 10^{-2} = 1{,}1 \times 10^{-1}\ m^3.$$

L'objet a un volume de $1{,}1 \times 10^{-1}\ m^3$.

On calcule la poussée d'Archimède exercée par le fioul sur l'objet :

$P_A = \rho_{fioul} \times g \times V_{objet}$
$P_A = 817 \times 9{,}81 \times 1{,}1 \times 10^{-1} = 8{,}8 \times 10^2$ N.

La poussée d'Archimède exercée par le fioul sur l'objet est de $8{,}8 \times 10^2$ N.

b. On sait que $P_{objet} = m_{objet} \times g$ et que $\rho_{objet} = \dfrac{m_{objet}}{V_{objet}}$

On en déduit :

$P_{objet} = \rho_{objet} \times V_{objet} \times g$
$P_{objet} = 7\ 700 \times 1{,}1 \times 10^{-1} \times 9{,}81 = 8{,}3 \times 10^3$ N.

Le poids de l'objet est égal à $8{,}3 \times 10^3$ N.

c. D'après les calculs, $P_{objet} > P_A$, donc le poids apparent sera orienté vers le bas. D'après l'énoncé, l'objet est tombé au fond de la cuve : il est soumis à une accélération orientée vers le bas, son poids apparent est orienté vers le bas.
Les résultats sont en accord avec l'énoncé.

Partie 2 Trou de vidange ouvert

2. a. D'après le principe de continuité, on a $D_{V,A} = D_{V,B} = S_A \times v_A = S_B \times v_B$.

On en déduit $v_A = \dfrac{S_B \times v_B}{S_A}$. En identifiant le terme $\alpha = \dfrac{S_B}{S_A}$, on a : $v_A = \alpha \times v_B$.

b. Au point A comme au point B, le fioul est en contact avec l'air : $P_B = P_A = P_{atm}$.

c. À partir de la relation de Bernoulli, on obtient :
$$\frac{2}{\rho}(P_A - P_B) + 2 \times g \times (z_A - z_B) = v_B^2 - v_A^2.$$

En remplaçant les différents termes, on obtient :
$2 \times g \times H = v_B^2 - (\alpha \times v_B)^2$ soit $2 \times g \times H = v_B^2(1 - \alpha^2)$
$v_B = \sqrt{\dfrac{2 \times g \times H}{1 - \alpha^2}}$.

d. On calcule la vitesse d'écoulement au niveau de l'orifice :

$v_B = \sqrt{\dfrac{2 \times g \times H}{1 - \alpha^2}}$ avec $\alpha = \dfrac{S_B}{S_A} = \dfrac{\pi \times \left(\dfrac{d_B}{2}\right)^2}{\pi \times \left(\dfrac{d_A}{2}\right)^2} = \dfrac{d_B^2}{d_A^2}$

$v_B = \sqrt{\dfrac{2 \times 9{,}81 \times 2{,}5}{1 - \left[\dfrac{(1{,}6 \times 10^{-3})^2}{6{,}0^2}\right]^2}} = 7{,}0 \text{ m} \cdot \text{s}^{-1}$

La vitesse d'écoulement en B est de $7{,}0 \text{ m} \cdot \text{s}^{-1}$.

e. On calcule le débit volumique $D_{V,B}$ du fioul qui s'écoule à travers B :
$D_{V,B} = S_B \times v_B = \pi \times \left(\dfrac{d_B}{2}\right)^2 \times v_B$

$D_{V,B} = \pi \times \left(\dfrac{1{,}6 \times 10^{-3}}{2}\right)^2 \times 7{,}0 = 1{,}4 \times 10^{-5} \text{ m}^3 \cdot \text{s}^{-1}$

Le débit de fioul en B est égal à $1{,}4 \times 10^{-5} \text{ m}^3 \cdot \text{s}^{-1}$.

f. On cherche le temps t nécessaire pour vider totalement le réservoir avec un débit constant. On a : $D_{V,B} = \dfrac{V_{\text{fioul}}}{t}$. D'où :

$t = \dfrac{V_{\text{fioul}}}{D_{V,B}} = \dfrac{S_A \times H}{D_{V,B}} = \dfrac{\pi \times \left(\dfrac{d_A}{2}\right)^2 \times H}{D_{V,B}}$

$t = \dfrac{\pi \times \left(\dfrac{6{,}0}{2}\right)^2 \times 2{,}5}{1{,}4 \times 10^{-5}} = 5{,}0 \times 10^6 \text{ s}$

$t = \dfrac{5{,}0 \times 10^6}{3\,600} \text{ h} = 1\,389 \text{ h}$ soit près de 58 jours.

g. Le niveau du fioul dans la cuve baisse de 2,5 m en presque 58 jours : il est donc raisonnable de négliger la variation de H au cours du temps.

42 Le modèle du gaz parfait

En bref *Le gaz parfait est un modèle de gaz dans lequel les particules constitutives, modélisées par des points matériels, n'exercent aucune interaction entre elles, mis à part lors des chocs.*

I Lien entre grandeurs macroscopiques et microscopiques

■ À l'échelle macroscopique, un échantillon de gaz peut être décrit par 5 grandeurs, appelées aussi **variables d'états** : sa température thermodynamique T (en kelvins, K), sa quantité de matière n (en moles, mol), sa pression P (en pascals, Pa), son volume V (en mètres cubes, m³) et sa masse m (en kilogrammes, kg).

À NOTER
La température thermodynamique T en kelvins (K) est reliée à la température t en degrés Celsius (°C) par la relation : $T = t + 273$.

La masse et le volume déterminent la masse volumique du gaz :

$$\rho = \frac{m}{V}$$

ρ en kilogrammes par mètre cube (kg·m⁻³) ; m en kilogrammes (kg) ; V en mètres cubes (m³)

■ Certaines de ces grandeurs macroscopiques ont un lien avec des grandeurs microscopiques.

Grandeur macroscopique	quantité de matière	température thermodynamique	pression
Grandeur microscopique	nombre de particules	vitesse des particules	nombre de chocs sur les parois par unité de temps et de surface

II L'équation du gaz parfait

■ L'**équation d'état des gaz parfaits** est une relation entre 4 des variables d'état du gaz, pour un système gazeux isolé (pas d'échange de matière avec l'extérieur) :

$$P \times V = n \times R \times T$$

P en pascals (Pa) ; V en mètres cubes (m³) ;
n en moles (mol) ; T en kelvins (K) ;
R constante des gaz parfaits : $R = 8{,}31$ J·K⁻¹·mol⁻¹.

■ Le modèle du gaz parfait possède des limites, en dehors desquelles l'équation des gaz parfaits n'est plus applicable. Les cas où elle ne s'applique pas sont :
– les hautes pressions ;
– le volume propre des particules n'est plus négligeable ;
– le système n'est pas isolé : il échange de la matière avec l'extérieur.

COURS & MÉTHODES

Méthode

Exploiter l'équation des gaz parfaits

Un échantillon de gaz est enfermé dans un récipient dont on peut faire varier le volume. Les valeurs de la pression, du volume et de la température sont les suivantes : $P = 1{,}0 \times 10^5$ Pa ; $V = 2{,}0$ L ; $t = 25$ °C.
Le gaz est considéré comme étant parfait.

Donnée : constante des gaz parfaits : $R = 8{,}31$ J·K^{-1}·mol^{-1}.

a. Calculer la quantité de matière n de l'échantillon de gaz.

b. On fait varier le volume du récipient jusqu'à la valeur $V = 1{,}0$ L, la température restant constante. Calculer la nouvelle valeur de la pression P.

c. Comparer pour les deux expériences le produit $P \times V$. Comment se nomme la loi ainsi vérifiée ?

CONSEILS

a. Pensez à convertir le volume en mètres cubes et calculez la température thermodynamique en kelvins : 1 L $= 1 \times 10^{-3}$ m^3 et T (K) $= t$ (°C) $+ 273$.
b. Isolez la pression P dans l'équation des gaz parfaits.
c. Vous devez connaître cette loi étudiée en classe de Première.

SOLUTION

a. On isole la quantité de matière n dans l'équation des gaz parfaits :
$P \times V = n \times R \times T \Leftrightarrow n = \dfrac{P \times V}{R \times T}$.
On convertit le volume et on calcule la température thermodynamique :
$V = 2{,}0$ L $= 2{,}0 \times 10^{-3}$ m^3 et $T = 25 + 273 = 298$ K.
On calcule la quantité de matière n :
$n = \dfrac{1{,}0 \times 10^5 \times 2{,}0 \times 10^{-3}}{8{,}31 \times 298} = 8{,}1 \times 10^{-2}$ mol.

b. On isole la pression P dans l'équation des gaz parfaits :
$P \times V = n \times R \times T \Leftrightarrow P = \dfrac{n \times R \times T}{V}$.
On convertit le volume : $V = 1{,}0$ L $= 1{,}0 \times 10^{-3}$ m^3.
On calcule la pression P :
$P = \dfrac{8{,}1 \times 10^{-2} \times 8{,}31 \times 298}{1{,}0 \times 10^{-3}} = 2{,}0 \times 10^5$ Pa.

c. On calcule pour les deux expériences le produit $P \times V$:
- Expérience 1 : $P \times V = 1{,}0 \times 10^5 \times 2{,}0 \times 10^{-3} = 2{,}0 \times 10^2$ Pa·m^3.
- Expérience 2 : $P \times V = 2{,}0 \times 10^5 \times 1{,}0 \times 10^{-3} = 2{,}0 \times 10^2$ Pa·m^3.

Les deux produits sont égaux. La loi ainsi vérifiée est la loi de Mariotte.

43 Bilan d'énergie d'un système

En bref *Un système possède une énergie propre, appelée énergie interne U. Si le système n'échange pas de matière avec l'extérieur (système fermé), cette énergie est égale à la somme des énergies d'interaction et cinétique microscopiques entre les particules.*

I Le premier principe de la thermodynamique

■ Un système **fermé** (pas d'échange de matière avec l'extérieur) peut échanger avec l'extérieur de l'énergie sous forme de **travail** W si son volume V varie. Sa pression P ne varie pas et le travail a pour expression :

$$W = -P \times \Delta V$$
$$\Delta V = V_{final} - V_{initial}$$

W en joules (J) ; P en pascals (Pa) ; ΔV en mètres cubes (m³).

W est positif si le système voit son volume diminuer et négatif dans le cas contraire.

■ Un système fermé peut échanger avec un autre système de l'énergie sous forme d'**énergie thermique** Q lorsque les températures des deux systèmes sont différentes. Il s'agit d'un transfert thermique. L'énergie thermique est cédée par le système ayant la plus haute température au système ayant la plus basse température.

■ W et Q sont positifs si le système reçoit de l'énergie et négatifs s'il en cède.

■ **Premier principe de la thermodynamique.** La variation de l'énergie interne U d'un système entre un état initial et un état final est égale à la somme du travail W et de l'énergie thermique Q échangés entre ces deux états :

$$\Delta U = W + Q$$
$$\Delta U = U_{final} - U_{initial}$$

ΔU, W et Q en joules (J).

II Capacité thermique d'un système incompressible

■ La **capacité thermique** C d'un système est égale à l'énergie thermique qu'il faut lui fournir pour augmenter sa température d'un kelvin.

■ La variation d'énergie interne U d'un **système incompressible** (son volume ne varie pas), de capacité thermique C, et dont la variation de température entre un état initial et un état final est égale à ΔT a pour expression :

$$\Delta U = Q = C \times \Delta T$$
$$\Delta U = U_{final} - U_{initial}$$
$$\Delta T = T_{final} - T_{initial}$$

ΔU et Q en joules (J) ;
C en joules par kelvin (J·K⁻¹) ;
T en kelvins (K).

✎ À NOTER

- La variation de température ΔT est la même si les températures sont en kelvins ou en degrés Celsius : $\Delta T = T_{final} - T_{initial} = (t_{final} + 273) - (t_{initial} + 273) = t_{final} - t_{initial}$.
- Si le volume ne varie pas alors $W = 0$ car $\Delta V = 0$.

COURS & MÉTHODES

Méthode

Réaliser l'étude énergétique d'un système

Un système fermé subit des transformations dont les états initiaux et finaux sont décrits dans le tableau ci-dessous :

Transformation	État initial	État final
n° 1	$t_{initial} = 20\ °C$ $P = 1{,}0 \times 10^5$ Pa $V_{initial} = 5{,}0$ m^3	$t_{final} = 20\ °C$ $P = 1{,}0 \times 10^5$ Pa $V_{final} = 3{,}0$ m^3
n° 2	$t_{initial} = 20\ °C$ $P = 1{,}0 \times 10^5$ Pa $V_{initial} = 6{,}0 \times 10^{-3}$ m^3	$t_{final} = -15\ °C$ $P = 1{,}0 \times 10^5$ Pa $V_{final} = 6{,}0 \times 10^{-3}$ m^3

Donnée : capacité thermique du système : $C = 500$ J·K^{-1}.

a. Calculer la variation d'énergie interne du système pour les transformations n° 1 et n° 2.

b. Identifier si le système a perdu ou gagné de l'énergie.

CONSEILS

a. Identifiez le fait que les températures initiale et finale sont les mêmes et que soit le volume du système a varié, soit la température du système a varié.

b. Rappelez-vous que $\Delta U = U_{final} - U_{initial}$.

SOLUTION

a. Transformation n° 1. La température n'ayant pas varié entre l'état initial et l'état final, l'énergie thermique échangée avec l'extérieur est nulle : $Q = 0$ J.

On calcule le travail W échangé avec l'extérieur :
$W = -P \times \Delta V = -P \times (V_{final} - V_{initial})$
$W = -1{,}0 \times 10^5 \times (3{,}0 - 5{,}0) = 2{,}0 \times 10^5$ J.

On applique le premier principe de la thermodynamique :
$\Delta U = W + Q = 2{,}0 \times 10^5 + 0 = 2{,}0 \times 10^5$ J.

Transformation n° 2. Le volume n'ayant pas varié entre l'état initial et l'état final, le travail échangé avec l'extérieur est nul : $W = 0$ J.

On calcule l'énergie thermique Q échangée avec l'extérieur :
$Q = C \times \Delta T = C \times (T_{final} - T_{initial}) = 500 \times (-15 - 20) = -1{,}8 \times 10^4$ J.

On applique le premier principe de la thermodynamique :
$\Delta U = W + Q = 0 + (-1{,}8 \times 10^4) = -1{,}8 \times 10^4$ J.

b. Sachant que $\Delta U = U_{final} - U_{initial}$, on en en déduit que si la variation d'énergie interne est positive, l'énergie interne du système augmente (transformation n° 1) et elle diminue dans le cas où elle est négative (transformation n° 2).

44 Les transferts thermiques

En bref *Les échanges thermiques entre un système et l'extérieur peuvent se réaliser selon trois voies différentes : la conduction, la convection et le rayonnement.*

I Modes de transferts thermiques

■ La **convection thermique** est un transfert effectué grâce à un mouvement de matière dans les fluides. La matière se déplace des régions les plus chaudes vers les régions les plus froides.

■ La **conduction thermique** est un transfert ayant lieu entre deux corps à des températures différentes et en contact. Le transfert s'effectue de proche en proche grâce aux chocs incessants des molécules du corps le plus chaud vers le corps le plus froid. Il n'y a pas de déplacement de matière au cours de ce transfert.

■ Le **rayonnement thermique** est un transfert qui s'effectue sans contact, même dans le vide, porté par des rayonnements électromagnétiques (de longueurs d'onde comprises entre 0,1 μm et 100 μm). Il n'y a pas de déplacement de matière au cours de ce transfert.

II Flux thermique et résistance thermique

On considère une paroi plane de surface S et d'épaisseur L, dont les deux faces sont à des températures différentes, notées T_1 et T_2.

■ Le **flux thermique** Φ_Q est égal à l'énergie thermique traversant la paroi par seconde, de la face de température T_1 vers la face de température T_2.

$$\Phi_Q = -\frac{\Delta T}{R_{th}} = -\frac{(T_2 - T_1)}{R_{th}}$$

Φ_Q en watts (W) ; T_1 et T_2 en kelvins (K) ; R_{th} résistance thermique en K·W^{-1}.

Le flux thermique est d'autant plus faible en valeur absolue que la résistance thermique de la paroi est grande. Pour un matériau isolant thermique, on recherche la plus grande résistance thermique.

• Si $T_2 > T_1$ alors $\Phi_Q < 0$: l'énergie thermique est transférée de la paroi de température T_2 vers celle de température T_1.

• Si $T_2 < T_1$ alors $\Phi_Q > 0$: l'énergie thermique est transférée de la paroi de température T_1 vers celle de température T_2.

À NOTER
L'énergie thermique est toujours transférée du corps le plus chaud vers le corps le plus froid.

■ La **résistance thermique** dépend à la fois de la valeur de la surface S, de l'épaisseur L et de la nature du matériau de la paroi.

$$R_{th} = \frac{L}{\lambda \times S}$$

R_{th} en K·W^{-1} ; L en m ; S en m^2 ; λ conductivité thermique du matériau en W·K^{-1}·m^{-1}.

COURS & MÉTHODES

Méthode

Exploiter la relation entre le flux thermique et l'écart de température

On place une paroi de largeur $L = 3{,}6$ cm et de surface $S = 2{,}0$ m² entre deux thermostats aux températures respectives $t_1 = 20$ °C et $t_2 = 40$ °C.
On note Φ_Q le flux thermique traversant la paroi de la surface 1 vers la surface 2.
La résistance thermique R_{th} de la paroi est égale à 20 K·W^{-1}.

a. Calculer la valeur du flux thermique Φ_Q.

b. Déterminer la température t_2 de la paroi en degrés Celsius, dans le cas où le flux thermique Φ_Q à travers cette paroi est égal à 2,5 W.

c. La résistance thermique a pour expression : $R_{th} = \dfrac{L}{\lambda \times S}$ avec L en mètres, S en mètres carrés et λ en W·K^{-1}·m^{-1}. Déterminer la valeur de la conductivité thermique λ du matériau composant la paroi.

CONSEILS

a. Rappelez-vous que la différence entre deux températures est la même, que les températures soient en kelvins ou en degrés Celsius.
b. Utilisez la relation entre le flux thermique et la différence de température afin d'isoler la température thermodynamique T_2 en kelvins. Pour trouver t_2 en degrés Celsius, utilisez la relation : T (K) = t (°C) + 273.
c. Pensez à réaliser les conversions d'unité adéquates.

SOLUTION

a. Calculons le flux thermique :
$$\Phi_Q = -\dfrac{\Delta T}{R_{th}} = -\dfrac{(T_2 - T_1)}{R_{th}} = -\dfrac{(t_2 - t_1)}{R_{th}} = -\dfrac{(40 - 20)}{20} = -1{,}0 \text{ W}.$$

b. On a :
$$\Phi_Q = -\dfrac{\Delta T}{R_{th}} = -\dfrac{(T_2 - T_1)}{R_{th}} \Leftrightarrow -(T_2 - T_1) = \Phi_Q \times R_{th} \Leftrightarrow T_2 = T_1 - \Phi_Q \times R_{th}$$
$T_2 = T_1 - \Phi_Q \times R_{th} = (t_1 + 273) - \Phi_Q \times R_{th} = (20 + 273) - 2{,}5 \times 20$
$T_2 = 243$ K
$t_2 = T_2 - 273 = 243 - 273 = -30$ °C.

c. On isole la conductivité thermique à partir de la formule donnée de la résistance thermique :
$$R_{th} = \dfrac{L}{\lambda \times S} \Leftrightarrow \lambda = \dfrac{L}{R_{th} \times S}$$
On convertit L en mètres : $L = 3{,}6$ cm $= 3{,}6 \times 10^{-2}$ m.
On calcule la conductivité thermique du matériau :
$$\lambda = \dfrac{3{,}6 \times 10^{-2}}{20 \times 2{,}0} \Leftrightarrow \lambda = 9{,}0 \times 10^{-4} \text{ W·K}^{-1}\text{·m}^{-1}.$$

45 Bilan thermique du système Terre-atmosphère

En bref *Le système Terre-atmosphère reçoit et perd de l'énergie. L'énergie reçue provient du Soleil sous forme radiative. Cette énergie est en partie réfléchie par le système et en partie absorbée.*

I Bilan d'énergie de la Terre

■ L'énergie reçue par le système Terre-atmosphère est essentiellement de l'énergie radiative en provenance du Soleil.

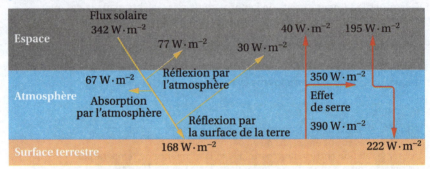

■ L'albedo est le rapport du flux réfléchi total (77 + 30 = 107 W·m^{-2}) sur le flux reçu, égal à environ 30 %.

■ La surface terrestre émet un rayonnement infrarouge en partie vers l'espace et en partie absorbé par l'atmosphère. L'atmosphère émet alors un rayonnement en direction de l'espace et vers la surface de la Terre. C'est l'effet de serre.

> **À NOTER**
> L'effet de serre est dû à certains gaz de l'atmosphère : vapeur d'eau, dioxyde de carbone, méthane.

■ Le bilan global radiatif du système Terre-atmosphère est nul car le flux d'énergie reçu depuis l'espace (342 W·m^{-2}) est égal au flux sortant (77 + 30 + 40 + 195 = 342 W·m^{-2}) : la température moyenne sur Terre reste constante au cours du temps.

II La température moyenne de la Terre

La formule de Stefan-Boltzmann permet de calculer la température de surface de la Terre à partir du flux radiatif émis par celle-ci (390 W·m^{-2}) :

$$\phi = \sigma \times T^4$$

ϕ puissance émise par unité de surface en W·m^{-2} ;
T en kelvins (K) ;
σ constante de Stefan-Boltzmann $\sigma = 5{,}67 \times 10^{-8}$ W·m^{-2}·K^{-4}

La température obtenue est égale à 288 K (15 °C). Le rayonnement émis vers l'espace est égal à 235 W·m^{-2} (= 40 + 195), ce qui donnerait une température de −18 °C. La différence est due à l'effet de serre.

Méthode

Effectuer un bilan quantitatif d'énergie et estimer une température

La surface terrestre reçoit un flux d'énergie qui est réparti de la façon suivante :

Flux	rayonnement UV, visible émis par le Soleil	rayonnement infrarouge émis par l'atmosphère
Valeur (W·m^{-2})	168	222

La surface terrestre émet un flux d'énergie qui est réparti de la façon suivante :

Flux	rayonnement infrarouge émis vers l'atmosphère	rayonnement infrarouge émis vers l'espace
Valeur (W·m^{-2})	350	40

a. Réaliser le bilan global d'énergie de la surface de la Terre.

b. Calculer la température de surface de la Terre, en degrés Celsius, la formule de Stefan-Boltzmann étant donnée : $\phi = \sigma \times T^4$ avec ϕ puissance émise par unité de surface en W·m^{-2} ; T en kelvins (K) ; σ constante de Stefan-Boltzmann $\sigma = 5{,}67 \times 10^{-8}$ W·m^{-2}·K^{-4}.

c. Pour quelle raison tout le rayonnement infrarouge émis par la surface de la Terre n'est-il pas émis vers l'espace ?

CONSEILS

a. Un bilan consiste à soustraire aux gains d'énergie, les pertes d'énergie.
b. La Terre émet des rayonnements infrarouges. Le lien entre la température thermodynamique T et la température t est : T (K) = t (°C) + 273.

SOLUTION

a. Le bilan global d'énergie de la surface de la Terre s'écrit :
$\Delta\phi$ = somme des flux d'énergies reçues − somme des flux d'énergies perdues
$\Delta\phi = (168 + 222) - (350 + 40) = 390 - 390 = 0$ W·m^{-2}.

b. Isolons la température T en kelvins dans la formule :
$\phi = \sigma \times T^4 \Leftrightarrow T^4 = \dfrac{\phi}{\sigma} \Leftrightarrow T = \left(\dfrac{\phi}{\sigma}\right)^{1/4}$.

Calculons le flux associé au rayonnement infrarouge :
$\phi = 350 + 40 = 390$ W·m^{-2}.

Calculons la température T : $T = \left(\dfrac{390}{5{,}67 \times 10^{-8}}\right)^{1/4} = 288$ K.

Déterminons la température t en degrés Celsius :
$T = t + 273 \Leftrightarrow t = T - 273 = 288 - 273 = 15$ °C.

c. Le rayonnement infrarouge est absorbé en partie par la vapeur d'eau, le méthane et le dioxyde de carbone de l'atmosphère : c'est l'effet de serre.

11 • L'énergie : conversions et transferts

46 Évolution de la température d'un système

En bref *Un système peut voir sa température T varier entre un état initial et un état final. Il existe un modèle mathématique qui permet de déterminer l'évolution temporelle de cette température.*

I Bilan d'énergie d'un système incompressible

■ Un système incompressible (c'est-à-dire dont le volume ne peut pas varier) et au contact d'un **thermostat** échange uniquement de l'énergie thermique Q. Si on note C la capacité thermique de ce système, le premier principe de la thermodynamique donne la variation de l'énergie interne U d'un tel système → FICHE 43 :

> **MOT CLÉ**
> Un **thermostat** est un système qui peut échanger de la chaleur afin de garder sa température constante au cours du temps.

$$\Delta U = Q = C \times \Delta T = C \times (T_{final} - T_{initial})$$

La température du système, initialement à une valeur $T_{initial} = T_0$, évolue pour atteindre la valeur $T_{final} = T_{thermostat}$.

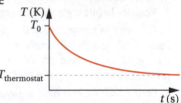

■ La **loi phénoménologique de Newton**, indique que la variation temporelle de la température T d'un système incompressible (c'est-à-dire dont le volume ne peut pas varier) est proportionnelle à la différence de température entre le système et le milieu environnant considéré comme un thermostat :

$$\frac{dT(t)}{dt} = -\alpha \times (T(t) - T_{thermostat})$$

T et $T_{thermostat}$ en kelvins (K) ;
α en s^{-1} ;
t en secondes (s).

α est une constante positive caractéristique du système.

II Modélisation de l'évolution de la température d'un système

■ La loi de Newton est une équation différentielle du premier ordre à coefficients constants avec un second membre constant :

$$\frac{dT(t)}{dt} = -\alpha \times (T(t) - T_{thermostat}) \Leftrightarrow \frac{dT(t)}{dt} + \alpha \times T(t) = \alpha \times T_{thermostat}$$

La solution d'une telle équation différentielle a pour expression :
$$T(t) = A + B \times e^{-\alpha t}$$

Les coefficients A et B sont déterminés à partir de la condition initiale et de la condition finale associées à la température $T(t)$: $T(0) = T_0$ et $T(t \to \infty) = T_{thermostat}$.

■ La solution de la loi de Newton a pour expression :

$$T(t) = T_{thermostat} + (T_0 - T_{thermostat}) \times e^{-\alpha t}$$

COURS & MÉTHODES

Méthode

Suivre et modéliser l'évolution d'une température

Un système incompressible possède une température initiale $t = 20\ °C$. On le met au contact d'un thermostat dont la température est égale à $40\ °C$.

a. Quelle sera la température finale du système ?

b. Déterminer l'expression de la température en fonction du temps, solution de l'équation différentielle associée à la loi de Newton :
$$\frac{dT(t)}{dt} = -\alpha \times (T(t) - T_{\text{thermostat}}).$$

c. Sachant que le coefficient α est égal à $0{,}30\ \text{min}^{-1}$, calculer la valeur de la température du système au bout d'une durée égale à 200 secondes.

CONSEILS

a. Rappelez-vous qu'un thermostat est un système dont la température reste constante au cours du temps.
b. Rappelez-vous que la solution générale a pour expression :
$T(t) = A + B \times e^{-\alpha t}$.
c. Pensez à convertir α en s^{-1} : $1\ \text{min}^{-1} = \dfrac{1}{60}\ \text{s}^{-1}$.

SOLUTION

a. La température finale du système est égale à celle du thermostat : $40\ °C$.

b. La solution générale a pour expression $T(t) = A + B \times e^{-\alpha t}$.

On exprime la condition initiale et la condition finale associées à la température $T(t)$ pour trouver A et B : $T(0) = T_0$ et $T(t \to \infty) = T_{\text{thermostat}}$

$T(0) = T_0 \Leftrightarrow A + B \times e^{-\alpha \times 0} = T_0 \Leftrightarrow A + B = T_0$

$\lim\limits_{t\to\infty}(A + B \times e^{-\alpha t}) = T_{\text{thermostat}} \Leftrightarrow A + B \times 0 = T_{\text{thermostat}} \Leftrightarrow A = T_{\text{thermostat}}$.

On en déduit : $A + B = T_0 \Leftrightarrow T_{\text{thermostat}} + B = T_0 \Leftrightarrow B = T_0 - T_{\text{thermostat}}$.

L'expression de $T(t)$ est donc :
$$T(t) = T_{\text{thermostat}} + (T_0 - T_{\text{thermostat}}) \times e^{-\alpha t}$$

c. On convertit α en s^{-1} :
$\alpha = 0{,}30\ \text{min}^{-1} = \dfrac{0{,}30}{60}\ \text{s}^{-1} = 5{,}0 \times 10^{-3}\ \text{s}^{-1}$.

La température en fonction du temps a pour expression :
$T(t) = 40 + (20 - 40) \times e^{-\alpha t} = 40 - 20 \times e^{-5{,}0 \times 10^{-3} \times t}$.

On calcule la température du système au bout d'une durée égale à 200 secondes :
$T(t = 200) = 40 - 20 \times e^{-5{,}0 \times 10^{-3} \times 200} = 33\ °C$.

11 • L'énergie : conversions et transferts

▶ OBJECTIF BAC

Étude d'un ballon-sonde

Ce sujet traite dans une première partie de la loi des gaz parfaits, dans une deuxième des échanges d'énergie et du premier principe de la thermodynamique et dans une troisième, de la modélisation de l'évolution de la température.

LE SUJET

Un ballon-sonde est utilisé en météorologie et en astronautique pour réaliser des mesures dans l'atmosphère, à haute altitude, jusqu'à 35 km. C'est un ballon libre qui embarque des instruments de mesure dans une nacelle appelée radiosonde. Les ballons-sondes standard sont gonflés à l'hélium (gaz plus léger que l'air) de manière à avoir une vitesse ascensionnelle de quelques mètres par seconde. Ils sont fermés, ce qui fait que la quantité de matière de gaz reste constante au cours de l'ascension.

Partie 1 Étude pendant l'ascension du ballon-sonde

On fournit les évolutions de la température et de la pression de l'atmosphère en fonction de l'altitude.

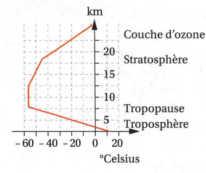
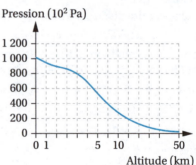

Au sol, juste avant le décollage, le ballon-sonde occupe un volume $V = 33{,}5$ m³, sa température étant égale à $22{,}0$ °C et sa pression P égale à $1{,}00 \times 10^5$ Pa.

1. Calculer la quantité de matière contenue dans le ballon-sonde.

2. La quantité de matière étant constante, comment varie le volume en fonction de la pression ? de la température ?

3. Déterminer le volume du ballon-sonde aux altitudes $h = 5{,}0$ km et $h = 10{,}0$ km. Quelle grandeur physique impose sa variation à ce volume lors de l'ascension ?

4. On donne ci-contre l'allure de la courbe du flux solaire mesuré par un appareil placé dans la nacelle emportée par le ballon-sonde, pour différentes altitudes h.

a. Indiquer les raisons pour lesquelles le flux mesuré augmente avec l'altitude.

b. La surface de la Terre réfléchit un flux égal à 30 W·m^{-2}. Quelle est la valeur du flux solaire absorbé par la surface de la Terre ?

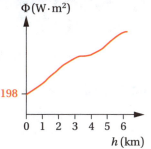

c. Sachant que le flux solaire incident est égal à 342 W·m^{-2} et que l'atmosphère réfléchi un flux égal à 77 W·m^{-2}, calculer l'albédo terrestre.

Partie 2 Étude en laboratoire du gaz du ballon-sonde

On enferme une quantité d'hélium dans un récipient hermétique et de volume variable, que l'on plonge dans une enceinte thermostatée dont la température peut être modifiée. La pression dans l'enceinte et dans le gaz est constante et égale à $P = 1{,}0 \times 10^5$ Pa. On réalise les expériences suivantes :

Expérience	1	2	3
État initial	$t = 20$ °C $V = 1{,}5$ dm^3	$t = 20$ °C $V = 1{,}5$ dm^3	$t = 20$ °C $V = 1{,}5$ dm^3
État final	$t = 90$ °C $V = 1{,}5$ dm^3	$t = 20$ °C $V = 10{,}0$ dm^3	$t = 50$ °C $V = 5{,}0$ dm^3

Donnée : capacité thermique de l'hélium dans le récipient : $C = 316$ J·K^{-1}.

5. Calculer la variation d'énergie interne pour les trois expériences.

6. Indiquer pour chaque expérience si l'énergie interne a augmenté ou diminué.

Partie 3 Étude des échanges thermiques pendant l'ascension

Le gaz est en enfermé dans une enveloppe sphérique de rayon R et d'épaisseur L. Au sol, le rayon R est égal à 2,0 m, il augmente au cours de l'ascension et, à une altitude de 35 km, atteint la valeur de 10,0 m. L'épaisseur L de la membrane en caoutchouc est égale à 1,0 mm. On note S la surface de l'enveloppe sphérique.

Donnée : conductivité thermique du caoutchouc : $\lambda = 0{,}25$ W·K^{-1}·m^{-1}.

7. La résistance thermique a pour expression : $R_{th} = \dfrac{L}{\lambda \times S}$ avec L en mètres, S en mètres carrés, et λ en W·K^{-1}·m^{-1}.

a. Comment évolue la résistance thermique au cours de l'ascension ?

b. Calculer la résistance thermique (en W·K^{-1}) de l'enveloppe du ballon au sol et à une hauteur de 35 km.

8. La température du gaz dans le ballon est égale à 20 °C et celle de l'extérieure est égale à −10 °C. Calculer la valeur du flux thermique Φ_Q, de l'intérieur du ballon vers l'extérieur ($R_{th} = 1{,}0 \times 10^{-5}$ K·W^{-1}).

9. Dans quel sens s'est effectué le transfert d'énergie ?

CORRIGÉS

▶ OBJECTIF BAC

■ Étude d'un ballon-sonde

Partie 1 Étude pendant l'ascension du ballon-sonde

1. On convertit la température en kelvins : $T = 273 + 22 = 295$ K
On calcule la quantité de matière : $n = \dfrac{1{,}00 \times 10^5 \times 33{,}5}{8{,}31 \times 295} = 1{,}37 \times 10^4$ mol.

2. On isole le volume V dans l'équation des gaz parfaits :
$P \times V = n \times R \times T \Leftrightarrow V = \dfrac{n \times R \times T}{P}$.
Le volume V est une fonction croissante de la température (car elle est au numérateur) et décroissante de la pression (car elle est au dénominateur).

3. À l'altitude $h = 5{,}0$ km $= 5{,}0 \times 10^3$ m, on détermine graphiquement :
$t = -20$ °C $= 273 - 20 = 253$ K et $P = 550 \times 10^2$ Pa.
$V = \dfrac{n \times R \times T}{P} = \dfrac{1{,}37 \times 10^4 \times 8{,}31 \times 253}{550 \times 10^2} = 5{,}24 \times 10^2$ m^3.
À l'altitude $h = 10{,}0$ km $= 1{,}0 \times 10^4$ m, on détermine graphiquement :
$t = -55$ °C $= 273 - 55 = 218$ K et $P = 250 \times 10^2$ Pa.
$V = \dfrac{n \times R \times T}{P} = \dfrac{1{,}37 \times 10^4 \times 8{,}31 \times 218}{250 \times 10^2} = 9{,}93 \times 10^2$ m^3.
La grandeur physique qui impose sa variation au volume du ballon-sonde lors de l'ascension est la pression qui diminue, alors que la température diminue.

4. a. Les raisons pour lesquelles le flux mesuré augmente avec l'altitude sont liées à l'absorption et à la réflexion du flux solaire par l'atmosphère. En effet la couche d'atmosphère étant plus fine, la partie réfléchie et absorbée par les couches inférieures sont à ajouter.

b. La surface de la Terre réfléchi un flux égal à 30 W·m^{-2}, la valeur du flux solaire absorbé par la surface de la Terre est égal à : $198 - 30 = 168$ W·m^{-2}.

c. L'albédo terrestre est égal à la fraction de flux solaire incident qui est réfléchi :
albédo $= \dfrac{77 + 30}{342} = 0{,}31 = 31$ %.

Partie 2 Étude en laboratoire du gaz du ballon-sonde

5. • **Expérience 1**
Le volume n'ayant pas varié entre l'état initial et l'état final, le travail échangé avec l'extérieur est nul : $W = 0$ J.
On calcule l'énergie thermique Q échangée avec l'extérieur :
$Q = C \times \Delta T = C \times (T_{\text{final}} - T_{\text{initial}}) = 316 \times (90 - 20) = 2{,}2 \times 10^4$ J.
On applique le premier principe de la thermodynamique :
$\Delta U = W + Q = 0 + (2{,}2 \times 10^4) = 2{,}2 \times 10^4$ J.

• **Expérience 2**
La température n'ayant pas varié entre l'état initial et l'état final ($t = 20$ °C), l'énergie thermique échangée avec l'extérieur est nulle : $Q = 0$ J.

On calcule le travail W échangé avec l'extérieur :
$W = -P \times \Delta V = -P \times (V_{final} - V_{initial})$
$W = -1,0 \times 10^5 \times (10,0 - 1,5) \times 10^{-3} = -8,5 \times 10^2$ J.
On applique le premier principe de la thermodynamique :
$\Delta U = W + Q = -8,5 \times 10^2 + 0 = -8,5 \times 10^2$ J.

> **CONSEILS**
> **5.** Le volume doit être exprimé en mètres cubes : 1 dm³ = 1 × 10⁻³ m³.

- **Expérience 3**

On calcule le travail W échangé avec l'extérieur :
$W = -P \times \Delta V = -P \times (V_{final} - V_{initial})$
$W = -1,0 \times 10^5 \times (5,0 - 1,5) \times 10^{-3} = -3,5 \times 10^2$ J.
On calcule l'énergie thermique Q échangée avec l'extérieur :
$Q = C \times \Delta T = C \times (T_{final} - T_{initial}) = 316 \times (50 - 20) = 9,4 \times 10^3$ J.
On applique le premier principe de la thermodynamique :
$\Delta U = W + Q = -3,5 \times 10^2 + 9,4 \times 10^3 = 9,1 \times 10^3$ J.

6. Sachant que $\Delta U = U_{final} - U_{initial}$, on en déduit que :
– dans l'expérience 1, la variation d'énergie interne est positive, donc l'énergie interne du système augmente ;
– dans l'expérience 2, la variation d'énergie interne est négative, donc l'énergie interne du système diminue ;
– dans l'expérience 3, la variation d'énergie interne est positive, donc l'énergie interne du système augmente.

Partie 3 Étude des échanges d'énergie pendant l'ascension

7. a. Au cours de l'ascension, le rayon R de l'enveloppe sphérique augmente, passant de 2,0 mètres au sol à 10,0 mètres à une altitude de 35 kilomètres. La surface S de celle-ci, égale à $4 \times \pi \times R^2$, augmente elle aussi. La surface S étant au dénominateur de la résistance thermique, L et λ restant constants, on en conclut que la résistance thermique au cours de l'ascension diminue au cours de l'ascension.
b. • Calculons la résistance thermique de l'enveloppe du ballon au sol :
On convertit L en mètres : $L = 1,0$ mm $= 1,0 \times 10^{-3}$ m.
On calcule S en mètres carrés : $S = 4 \times \pi \times R^2 = 4 \times \pi \times 2,0^2 = 50$ m².
$R_{th} = \dfrac{L}{\lambda \times S} \Leftrightarrow R_{th} = \dfrac{1,0 \times 10^{-3}}{0,25 \times 50} = 8,0 \times 10^{-5}$ W·K⁻¹.

• Calculons la résistance thermique de l'enveloppe du ballon à une altitude de 35 km :
on calcule S en mètres carrés : $S = 4 \times \pi \times R^2 = 4 \times \pi \times 10,0^2 = 1,26 \times 10^3$ m².
$R_{th} = \dfrac{L}{\lambda \times S} \Leftrightarrow R_{th} = \dfrac{1,0 \times 10^{-3}}{0,25 \times 1,26 \times 10^3} = 3,2 \times 10^{-6}$ W·K⁻¹.

8. Calculons la valeur du flux thermique Φ_Q, de l'intérieur du ballon vers l'extérieur :
$\Phi_Q = -\dfrac{\Delta T}{R_{th}} = -\dfrac{(T_2 - T_1)}{R_{th}} = -\dfrac{(t_2 - t_1)}{R_{th}} = -\dfrac{(-10 - 20)}{1,0 \times 10^{-5}} = 3,0 \times 10^6$ W.

9. Le flux thermique calculé étant positif, le transfert d'énergie s'est réalisé de l'intérieur de l'enveloppe du ballon vers l'extérieur.

11 • L'énergie : conversions et transferts

47 Intensité sonore et atténuation

En bref La sensation auditive d'un signal sonore peut être modélisée par le niveau d'intensité sonore qui dépend de l'intensité de ce signal. La diminution d'un tel signal est quantifiée par son atténuation qui peut être de deux sortes.

I Intensité sonore et niveau d'intensité sonore

■ Le son est une **onde mécanique progressive** qui se propage de proche en proche dans un milieu matériel (air, eau, acier...).

■ L'**intensité sonore**, notée I, est liée à l'amplitude de l'onde sonore. Elle est une fonction croissante de l'amplitude et s'exprime en watts par mètre carré (W·m^{-2}).

■ Le **seuil d'audibilité** d'un son est fixé à une valeur d'intensité sonore $I_0 = 1{,}0 \times 10^{-12}$ W·m^{-2}.

■ Le **niveau d'intensité sonore**, noté L, permet de prendre en compte la variation de la sensation auditive en fonction de l'intensité sonore :

$$L = 10 \times \log\left(\frac{I}{I_0}\right) \quad L \text{ en dB} ; I \text{ et } I_0 \text{ en W·m}^{-2}.$$

II Atténuation d'un signal sonore

■ L'**atténuation géométrique** d'un son est liée à l'éloignement progressif de l'onde de sa source au cours de la propagation. Pour une source ponctuelle, émettant une puissance sonore P_{source}, l'énergie se répartit sur des sphères dont le rayon r est de plus en plus grand.

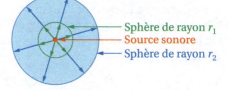
Sphère de rayon r_1
Source sonore
Sphère de rayon r_2

$$I(r) = \frac{P_{\text{source}}}{4\pi \times r^2} \quad I \text{ en W·m}^{-2} ; P_{\text{source}} \text{ en W} ; r \text{ en m}.$$

■ On peut aussi exprimer l'atténuation géométrique **en décibels** :

$$L(r) = L_{\text{source}} - 10 \times \log(4\pi) - 20 \times \log(r) \quad L \text{ en dB} ; r \text{ en m}.$$

■ L'**atténuation par absorption** d'un son est due aux chocs entre les molécules de l'air qui dissipent une partie de l'énergie sonore en la transformant en énergie thermique. Cette atténuation dépend de la fréquence de l'onde sonore : elle augmente avec la fréquence de l'onde (sons graves moins absorbés que sons aigus sur des longues distances). Elle s'ajoute à l'atténuation géométrique.

COURS & MÉTHODES

Méthode

Calculer et exploiter un niveau d'intensité sonore

Un sonomètre est un appareil de mesure qui permet de déterminer le niveau d'intensité sonore en un point, exprimé en décibels. On place des sonomètres à différentes distances d'un haut-parleur (source sonore) :

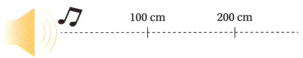

a. Calculer le niveau d'intensité sonore mesuré par le sonomètre placé à 100 cm sachant que l'intensité sonore est égale à $7{,}9 \times 10^{-9}$ W·m^{-2}.

b. Calculer le niveau d'intensité sonore mesuré par le sonomètre placé à 200 cm sachant que le niveau sonore au niveau du haut-parleur est égal à 50 dB.

c. Calculer l'intensité sonore I correspondant à un sonomètre qui mesure un niveau d'intensité sonore égal à 27 dB.

Donnée :
intensité sonore du seuil d'audibilité d'un son : $I_0 = 1{,}0 \times 10^{-12}$ W·m^{-2}.

> **CONSEILS**
> **a.** La valeur trouvée doit être donnée avec deux chiffres significatifs.
> **b.** Convertissez la distance en mètres avant d'appliquer la formule :
> 1 cm = 1×10^{-2} m.
> **c.** Il faut savoir que les fonctions log(x) et 10^x sont inverses l'une de l'autre :
> log(10^x) = x et $10^{\log(x)}$ = x.

SOLUTION

a. On applique la formule de l'intensité sonore :
$L = 10 \times \log\left(\dfrac{I}{I_0}\right) = 10 \times \log\left(\dfrac{7{,}9 \times 10^{-9}}{1{,}0 \times 10^{-12}}\right) = 39$ dB.

b. On applique la formule de l'atténuation géométrique, en convertissant la distance (notée r) en mètres : $r = 200$ cm $= 200 \times 10^{-2}$ m $= 2{,}00$ m.
$L(2{,}0 \text{ m}) = L_{\text{source}} - 10 \times \log(4\pi) - 20 \times \log(r)$
$L(2{,}0 \text{ m}) = 50 - 10 \times \log(4\pi) - 20 \times \log(2{,}00) = 33$ dB.

c. On exprime l'intensité sonore à partir de la formule du niveau d'intensité sonore :
$L = 10 \times \log\left(\dfrac{I}{I_0}\right) \Leftrightarrow \log\left(\dfrac{I}{I_0}\right) = \dfrac{L}{10} \Leftrightarrow \dfrac{I}{I_0} = 10^{\frac{L}{10}} \Leftrightarrow I = I_0 \times 10^{\frac{L}{10}}$
$I = I_0 \times 10^{\frac{L}{10}} = 1{,}0 \times 10^{-12} \times 10^{\frac{27}{10}} = 5{,}0 \times 10^{-10}$ W·m^{-2}.

48 Diffraction d'une onde

En bref Les ondes lumineuses ou mécaniques (son, vagues à la surface de l'eau...) voient leur direction de propagation changer lorsqu'elles rencontrent des obstacles ou des ouvertures : c'est le phénomène de diffraction.

I Condition de diffraction d'une onde

La diffraction est un phénomène qui se produit lorsqu'une onde périodique rencontre une ouverture ou un obstacle de **dimension inférieure ou de l'ordre de grandeur** de la longueur d'onde.

Exemple : une onde mécanique périodique de longueur d'onde λ, se propageant à la surface de l'eau et rencontrant une digue dans laquelle est pratiquée une ouverture de largeur a, peut être diffractée si $a < \lambda$.

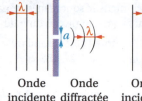
Onde incidente — Onde diffractée

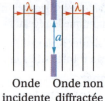
Onde incidente — Onde non diffractée

II Expérience de diffraction d'un faisceau lumineux

■ Pour une onde lumineuse monochromatique traversant une fente fine, on observe sur un écran une série de taches lumineuses entrecoupées d'extinction : c'est la **figure de diffraction** de l'onde à travers la fente.

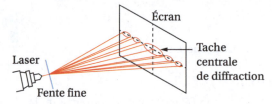

À NOTER
La figure de diffraction est perpendiculaire à l'axe de la fente.

■ Pour caractériser le phénomène de diffraction, on définit l'**écart angulaire** θ entre le centre de la tache centrale et la première extinction. Il peut s'exprimer en fonction de la longueur d'onde λ de la radiation lumineuse et de la largeur de la fente a :

$$\theta = \frac{\lambda}{a}$$

θ en rad ; a et λ en m.

COURS & MÉTHODES

Méthode

Déterminer la longueur d'onde d'une lumière laser

On éclaire avec une lumière laser de longueur d'onde λ une fente de largeur a égale à 32,5 µm. On obtient sur l'écran, situé à une distance $D = 2,00$ m, une figure de diffraction avec une tache centrale de longueur $L = 8,60$ cm.

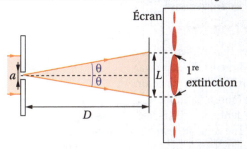

a. Exprimer l'écart angulaire θ en fonction de D et de L.
b. Identifier les deux expressions de l'écart angulaire et isoler la longueur d'onde.
c. Calculer la longueur d'onde en mètres.

> **CONSEILS**
> **a.** Dans le triangle rectangle où θ est un des angles, appliquez la formule de la tangente : $\tan(\theta) = \dfrac{\text{côté opposé}}{\text{côté adjacent}}$ puis utilisez la relation dans le cas des petits angles (applicable ici) : $\tan(\theta) \approx \theta$.
> **b.** Rappelez-vous de la formule de l'écart angulaire.
> **c.** Pensez à convertir toutes les longueurs en mètres. Les conversions suivantes doivent être connues : 1 µm = 1×10^{-6} m et 1 cm = 1×10^{-2} m.

SOLUTION

a. On applique la formule de la tangente dans le triangle rectangle suivant :

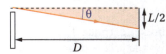

$\tan(\theta) = \dfrac{L/2}{D} = \dfrac{L}{2 \times D}$ avec $\theta \approx \tan(\theta)$ donc $\theta = \dfrac{L}{2 \times D}$.

b. On identifie les deux formules de l'écart angulaire afin d'exprimer la longueur d'onde :
$\theta = \dfrac{L}{2 \times D} = \dfrac{\lambda}{a} \Leftrightarrow \lambda = \dfrac{L \times a}{2 \times D}$.

c. On calcule la longueur d'onde après avoir converti dans les unités adéquates : $\lambda = \dfrac{L \times a}{2 \times D} = \dfrac{8{,}60 \times 10^{-2} \times 32{,}5 \times 10^{-6}}{2 \times 2{,}00} = 6{,}99 \times 10^{-7}$ m.

49 Interférences de deux ondes

En bref *Deux ondes se superposant peuvent additionner ou soustraire leurs amplitudes pour donner une tache lumineuse ou sombre (ondes lumineuses), ou bien un creux, une crête ou un plat (ondes à la surface de l'eau).*

I L'expérience des trous d'Young

■ La lumière monochromatique émise par une source de petite dimension passe par deux fentes fines et verticales. On place un écran derrière les deux fentes. La lumière, à la traversée de chaque fente, est diffractée. On obtient sur l'écran une zone atteinte par les lumières issues des deux fentes.

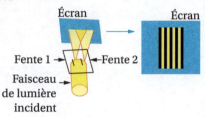

■ Le résultat attendu est un éclairage uniforme plus intense sur cette zone. On observe en fait une série régulière de bandes verticales alternativement sombres et brillantes, appelées franges : c'est le phénomène d'interférences lumineuses.

■ L'interfrange i d'une figure d'interférences est égale à la distance entre deux franges brillantes (ou sombres) successives. Elle dépend à la fois de la longueur d'onde λ commune aux ondes qui interfèrent et des paramètres du dispositif expérimental : la distance D entre le support des deux fentes et l'écran, et l'écartement a entre les deux fentes. Elle a pour expression :

$$i = \frac{\lambda \times D}{a}$$ i, λ, D et a en mètres (m).

II Interférences constructives et destructives

■ Deux ondes doivent être cohérentes pour pouvoir interférer.

MOT CLÉ
Deux ondes sont **cohérentes** si elles sont sinusoïdales, si leurs fréquences sont égales et si leur déphasage est constant au cours du temps.

• Si l'on obtient une frange brillante (onde lumineuse), une crête ou un creux (onde à la surface de l'eau), les interférences sont constructives.

• Si l'on obtient une frange sombre (onde lumineuse) ou un plat (onde à la surface de l'eau), les interférences sont destructives.

■ La différence de marche δ de l'onde entre les points source S_1 et S_2, et le point M où les ondes se superposent permet de savoir si les interférences sont constructives ou destructives : $\delta = S_1M - S_2M$.

Interférences constructives	$\delta = k \times \lambda$, avec k entier naturel.
Interférences destructives	$\delta = (2 \times k + 1) \times \lambda/2$ avec k entier naturel.

COURS & MÉTHODES

Méthode

Déterminer la longueur d'onde d'une lumière monochromatique

On réalise l'expérience des trous d'Young schématisée ci-dessous :

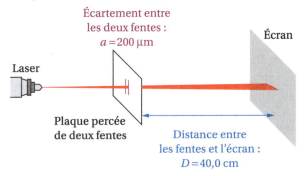

a. Donner l'expression de l'interfrange i.

b. Exprimer la longueur d'onde en fonction de l'interfrange et des paramètres de l'expérience.

c. Calculer la longueur d'onde en mètres, sachant que l'interfrange mesurée est égale à 0,875 mm.

> **CONSEILS**
> **a.** Appliquez la formule de l'interfrange.
> **c.** Convertissez toutes les longueurs en mètres.
> Les conversions suivantes doivent être connues :
> 1 µm = 1 × 10^{-6} m, 1 mm = 1 × 10^{-3} m et 1 cm = 1 × 10^{-2} m.

SOLUTION

a. L'expression de l'interfrange est : $i = \dfrac{\lambda \times D}{a}$.

b. On exprime la longueur d'onde à partir de l'expression précédente :
$i = \dfrac{\lambda \times D}{a} \Leftrightarrow \lambda = \dfrac{i \times a}{D}$.

c. On convertit toutes les longueurs en mètres :
$a = 200$ µm $= 200 \times 10^{-6}$ m ;
$D = 40{,}0$ cm $= 40{,}0 \times 10^{-2}$ m ;
$i = 0{,}875$ mm $= 0{,}875 \times 10^{-3}$ m.

On calcule la valeur de la longueur d'onde :
$\lambda = \dfrac{i \times a}{D} = \dfrac{0{,}875 \times 10^{-3} \times 200 \times 10^{-6}}{40{,}0 \times 10^{-2}} = 4{,}38 \times 10^{-7}$ m.

12 • Caractérisation des phénomènes ondulatoires

50 Effet Doppler

En bref L'effet Doppler correspond à la modification apparente de la fréquence d'une onde émise par une source en mouvement par rapport à un observateur.

I La fréquence perçue par l'observateur

■ On considère une source d'ondes périodiques de fréquence ν_{source} en mouvement rectiligne avec une vitesse V_{source} par rapport à un observateur fixe. On note c la célérité des ondes. La fréquence ν_{obs} perçue par l'observateur est donnée par :

$$\nu_{obs} = \frac{c}{c - V_{source}} \times \nu_{source}$$

ν_{obs} et ν_{source} en hertz (Hz) ;
c et V_{source} en mètres par seconde (m·s^{-1}).

■ Pour une source qui s'éloigne (fig. 1), la vitesse V_{source} est comptée **négativement**, ce qui implique : $\nu_{source} > \nu_{obs}$.

■ Pour une source qui se rapproche (fig. 2), la vitesse V_{source} est comptée **positivement**, ce qui implique : $\nu_{source} < \nu_{obs}$.

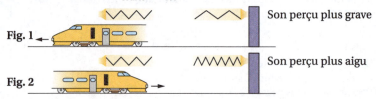

Fig. 1 — Son perçu plus grave
Fig. 2 — Son perçu plus aigu

II Application de l'effet Doppler à l'astrophysique

■ La célérité c d'une radiation lumineuse, de longueur d'onde λ et de fréquence ν, a pour expression :

$$c = \lambda \times \nu$$

c en m·s^{-1} ; λ en m ; ν en Hz.

On constate que la longueur d'onde et la fréquence sont inversement proportionnelles : si l'une augmente, l'autre diminue dans les mêmes proportions.

■ En 1929, Edwin Hubble a mis en évidence que la lumière émise par une galaxie comportait des radiations qui possédaient des longueurs d'onde toutes décalées vers de plus grandes valeurs : c'est le **décalage vers le rouge**.

> **À NOTER**
> Entre 400 nm et 800 nm, la couleur des radiations lumineuses passe du bleu au rouge.

■ Ce décalage vers le rouge implique que les fréquences associées diminuent : d'après l'effet Doppler, la galaxie doit alors **s'éloigner de nous**. C'est une preuve de l'expansion de l'Univers.

COURS & MÉTHODES

Méthode

Exploiter l'effet Doppler

Un son émis par un véhicule en mouvement est détecté par un microphone. Un système d'acquisition des données permet d'obtenir sur l'écran d'un ordinateur une visualisation du signal sonore.

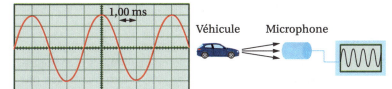

a. Déterminer la fréquence perçue à l'aide de l'enregistrement.

b. Donner l'expression de la vitesse du véhicule en fonction de la fréquence perçue par l'observateur et celle de la source, puis la calculer.

c. Le système s'éloigne-t-il ou s'approche-t-il de l'observateur ?

Données : • vitesse du son : $c = 340$ m·s^{-1} ;
• fréquence de la source : $\nu_{source} = 280$ Hz.

 CONSEILS

a. Pensez à convertir la période en secondes avant de calculer la fréquence.
b. Appliquez la formule puis isolez la vitesse V_{source}.
c. Rappelez-vous que le signe de la vitesse indique si la source s'éloigne ou se rapproche.

SOLUTION

a. Par lecture graphique on trouve la période T. On compte quatre divisions horizontales et une division correspond à 1,00 ms.
$T = 4 \times 1,00 = 4,00$ ms.
On calcule la fréquence : $\nu_{obs} = \dfrac{1}{T} = \dfrac{1}{4,00 \times 10^{-3}} = 2,50 \times 10^2$ Hz.

b. La formule de la fréquence perçue est :
$\nu_{obs} = \dfrac{c}{c - V_{source}} \times \nu_{source}$ (1)

On isole V_{source} :
$(1) \Leftrightarrow c - V_{source} = \dfrac{c \times \nu_{source}}{\nu_{obs}} \Leftrightarrow V_{source} = c - \dfrac{c \times \nu_{source}}{\nu_{obs}}$

$V_{source} = 340 - \dfrac{340 \times 280}{250} = -41$ m·s^{-1}.

c. La vitesse calculée étant négative, on en déduit que le véhicule s'éloigne.

OBJECTIF BAC

 CD, DVD et BR : des unités de stockage

Ce problème traite des phénomènes de diffraction et d'interférences lors de la lecture d'une unité de stockage (CD, DVD, BR). On utilisera les relations liées aux phénomènes de diffraction et d'interférence.

LE SUJET

Les CD, DVD et BR sont des unités de stockage de son ou d'images numériques. Les signaux sont codés sous la forme de creux et de plats se succédant selon une spirale, du centre vers le bord du disque.

Document 1 **La lecture d'un disque gravé**

La lecture est basée sur le phénomène des interférences lumineuses. Lorsque la lumière laser arrive sur un plat ou un creux, il se forme des interférences entre les faisceaux réfléchis. Les interférences sont :
– constructives entre deux faisceaux réfléchis sur un plat ou sur un creux ;
– destructives entre deux faisceaux réfléchis pour l'un sur un plat et pour l'autre sur un creux.

Document 2 **La diffraction de la lumière laser par un trou**

Document 3 **Les capacités de stockage des disques**

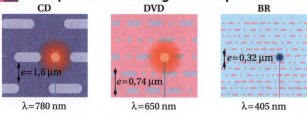

Lors de la lecture du disque, un faisceau laser balaie la surface du disque parsemée d'une succession de creux et de plat. L'écartement e des lignes est un paramètre associé à chaque type de disque et qui est en lien avec sa capacité de stockage.

a. À l'aide du schéma du document 1, montrer que les interférences sont constructives entre deux faisceaux réfléchis sur un plat.

b. Montrer que lorsque $h = \lambda/4$, les interférences entre deux faisceaux réfléchis pour l'un sur un plat et pour l'autre sur un creux sont destructives.

c. Quel phénomène explique l'étalement du faisceau laser sur la surface de lecture ?

d. Exprimer la largeur d de la tache centrale de diffraction du faisceau laser en fonction des autres grandeurs du document 2 (D, λ et a).

e. Calculer la largeur d pour le faisceau laser associé au CD (document 3), sachant que : $D = 1{,}0 \times 10^{-3}$ m et $a = 8{,}0 \times 10^{-4}$ m.

f. Montrer que le faisceau laser du CD ne pourrait pas être utilisé pour lire un DVD ou un BR.

CORRIGÉS

▶ OBJECTIF BAC

■ **CD, DVD et BR : des unités de stockage**

a. Soit deux faisceaux réfléchis sur un plat. La différence de marche δ entre ces deux faisceaux est égale à zéro, ce qui correspond alors à des interférences constructives.

b. La différence de marche entre deux faisceaux réfléchis pour l'un sur un plat et l'autre sur un creux est égale à deux fois la profondeur du creux h.
$\delta = 2 \times h = 2 \times \lambda/4 = \lambda/2$.
La différence de marche est égale à un nombre impair de demi-longueurs d'onde donc les interférences sont destructives.

c. Le phénomène qui explique l'étalement du faisceau laser sur la surface de lecture est la diffraction.

d. On identifie les deux formules de l'écart angulaire (document 2) puis on isole d :
$$\theta = \frac{d}{2 \times D} = \frac{1{,}22 \times \lambda}{a} \Leftrightarrow d = \frac{2 \times 1{,}22 \times D \times \lambda}{a}.$$

e. On calcule la largeur d pour le faisceau laser associé au CD de longueur d'onde λ égale à 780 nm (document 3) soit 780×10^{-9} m :
$$d = \frac{2 \times 1{,}22 \times 1{,}0 \times 10^{-3} \times 780 \times 10^{-9}}{8{,}0 \times 10^{-4}} = 2{,}4 \times 10^{-6} \text{ m}.$$

f. Pour pouvoir être utilisé, il faut que l'étalement du faisceau laser du CD soit inférieur strictement à deux fois l'écartement e du DVD ou du BR.
• Pour le DVD : $2 \times e = 2 \times 0{,}74$ µm $= 1{,}48$ µm.
On convertit la largeur du faisceau laser du CD en micromètres :
$d = 2{,}4 \times 10^{-6}$ m $= 2{,}4$ µm.
On constate que : $2{,}4$ µm $> 1{,}48$ µm.
Le laser du CD ne peut pas être utilisé pour lire un DVD.
• Pour le BR : $2 \times e = 2 \times 0{,}32$ µm $= 0{,}64$ µm.
On constate que : $2{,}4$ µm $> 0{,}64$ µm.
Le laser du CD ne peut pas être utilisé pour lire un BR.

51 La lunette astronomique

En bref *La lunette astronomique permet d'observer des objets très éloignés (considérés comme situés à l'infini) en augmentant leur diamètre apparent par rapport à une observation à l'œil nu.*

I Caractéristiques et principe

■ Une lunette astronomique est composée de **deux lentilles convergentes**.
• La lentille L_1 située à l'entrée de la lunette sert d'**objectif** : elle capte la lumière de l'astre et en forme une image en son foyer image. Elle a une très grande distance focale f'_1, de l'ordre du mètre.
• La lentille L_2, qui est placée en sortie de la lunette, a le rôle d'**oculaire** : elle grossit l'image obtenue par l'objectif et la rejette à l'infini pour qu'elle puisse être observée par l'œil. Elle a une distance focale f'_2 de l'ordre du centimètre.

■ L'objectif donne d'un objet AB situé **à l'infini**, une image A'B' située dans son plan focal image. Cette image a le rôle d'objet pour l'oculaire et se trouve également dans le plan focal objet de l'oculaire car les points F'_1 et F_2 sont confondus. L'image A''B'' donnée par la lunette est donc rejetée à l'infini. Ainsi, AB et A''B'' sont à l'infini : on dit que la lunette est un système afocal.

MOT CLÉ
Un objet (ou une image) situé(e) **à l'infini** a ses rayons lumineux qui arrivent (ou partent) tous parallèles entre eux sur (de) la lentille.

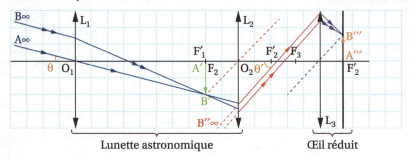

Lunette astronomique | Œil réduit

II Grossissement d'une lunette astronomique

■ Le **diamètre apparent** d'un objet est défini par l'angle formé par les points extrêmes de l'objet (A et B ou A'' et B'') et l'œil de l'observateur.

■ Le **grossissement** G d'une lunette astronomique est égal au rapport entre le diamètre apparent de l'astre observé à travers la lunette (θ') et le diamètre apparent de l'astre observé à l'œil nu (θ). C'est une caractéristique de la lunette :

$$G = \frac{\theta'}{\theta} = \frac{f'_1}{f'_2}$$

θ et θ' diamètres apparents en radians ; f'_1 et f'_2 distances focales de l'objectif et de l'oculaire de la lunette en mètres.

Méthode

Exprimer les diamètres apparents, en déduire le grossissement

On s'intéresse à une lunette astronomique dont les distances focales sont $f'_1 = 1{,}15$ m pour l'objectif (L_1) et $f'_2 = 25$ mm pour l'oculaire (L_2).

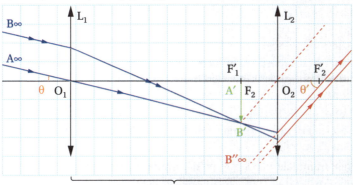

Lunette astronomique

a. Exprimer θ en fonction de A'B' et f'_1 et θ' en fonction de A'B' et f'_2.
b. Exprimer le grossissement de la lunette en fonction de f'_1 et f'_2.
c. Calculer la valeur du grossissement.

👍 CONSEILS

a. Souvenez-vous que deux droites parallèles coupées par une sécante forment des angles alternes-internes égaux et que deux angles opposés par leurs sommets sont égaux. Les angles θ et θ' étant très petits, appliquez l'**approximation des petits angles** : tan θ = θ et tan θ' = θ'.
b. Utilisez la réponse précédente pour remplacer les termes de la formule du grossissement.
c. Exprimez les valeurs d'une même grandeur toutes dans la même unité.

SOLUTION

a. Dans le triangle $O_1F'_1B'$: $\tan θ = \dfrac{A'B'}{O_1F'_1}$ avec A' et F'_1 confondus et $O_1F'_1 = f'_1$.

Dans le triangle O_2F_2B' : $\tan θ' = \dfrac{A'B'}{O_2F_2}$ avec A' et F_2 confondus et $O_2F_2 = f'_2$.

D'après l'approximation des petits angles : $θ = \tan θ = \dfrac{A'B'}{f'_1}$ et $θ' = \tan θ' = \dfrac{A'B'}{f'_2}$.

b. On sait que $G = \dfrac{θ'}{θ}$ soit $G = \dfrac{\frac{A'B'}{f'_2}}{\frac{A'B'}{f'_1}} = \dfrac{A'B'}{f'_2} \times \dfrac{f'_1}{A'B'}$ d'où $G = \dfrac{f'_1}{f'_2}$.

c. $G = \dfrac{f'_1}{f'_2} = \dfrac{1{,}15}{25 \times 10^{-3}} = 46$. La lunette a un grossissement de 46.

52 Effet photoélectrique et cellule photovoltaïque

En bref Un métal qui reçoit de la lumière peut libérer des électrons : c'est l'effet photoélectrique. Grâce à ce phénomène, les cellules photovoltaïques peuvent convertir l'énergie lumineuse en énergie électrique.

I L'effet photoélectrique

■ Quand un métal est exposé à la lumière (flux de photons), si des photons sont absorbés, des électrons peuvent être éjectés de la surface du métal et participer à un courant électrique : ce phénomène est appelé **effet photoélectrique**.

■ Pour que l'effet photoélectrique ait lieu, il faut que le photon incident ait une énergie **égale ou supérieure** à l'énergie minimale nécessaire pour extraire un électron d'un atome de métal.

■ Cette énergie minimale nécessaire pour extraire un électron d'un atome est appelée **travail d'extraction** (noté W_0), sa valeur dépend du métal considéré.

■ On appelle **fréquence seuil** la fréquence du photon pour laquelle son énergie est égale au travail d'extraction :

$$W_0 = h \times \nu_0$$

W_0 énergie en joules (J) ; ν_0 en hertz (Hz) ; h constante de Planck : $h = 6{,}63 \times 10^{-34}$ J·s.

■ Si l'énergie fournie par le photon est supérieure à W_0, l'excédent se retrouve sous forme d'**énergie cinétique** pour l'électron : $E_{c,\max} = h \times \nu - W_0$ avec $E_{c,\max}$ en J.

II Étude d'une cellule photovoltaïque

■ Les cellules photovoltaïques sont constituées d'un **métal semi-conducteur** qui libère des électrons lorsqu'il reçoit de l'énergie lumineuse (flux de photons) en quantité suffisante. Ces électrons en se déplaçant produisent un courant électrique.

■ Sous un éclairement donné, une cellule photovoltaïque est **caractérisée** par une courbe courant-tension et par une courbe puissance-tension.

■ La **puissance électrique produite** par une cellule photovoltaïque éclairée dépend de la tension aux bornes de la cellule U_c et du courant électrique généré par la cellule I_c : $P = U_c \times I_c$ avec P en watts (W), U en volts (V) et I en ampères (A).

■ La **puissance lumineuse reçue** par une cellule photovoltaïque $P_{\text{reçue}}$ dépend de l'éclairement E produit par la source lumineuse et de la surface S de la cellule : $P_{\text{reçue}} = E \times S$ avec $P_{\text{reçue}}$ en watts (W), E en W·m^{-2} et S en mètres carrés (m^2).

■ Le **rendement** η d'une cellule photovoltaïque s'écrit :

$$\eta = \frac{\text{Puissance électrique maximale produite}}{\text{Puissance lumineuse reçue}} = \frac{P_m}{E \times S} = \frac{U_{c,m} \times I_{c,m}}{E \times S}$$

Méthode

Calculer l'énergie cinétique d'un électron

Un métal exposé à une lumière monochromatique de longueur d'onde 600 nm émet des électrons. L'énergie d'extraction d'un électron de ce métal est $W_0 = 3{,}00 \times 10^{-19}$ J.

a. Faire le bilan d'énergie lorsque l'onde lumineuse arrive sur le métal.

b. Exprimer la vitesse maximale de l'électron en fonction de la longueur d'onde de la radiation.

c. Calculer la vitesse maximale d'un électron libéré par la radiation lumineuse.

Données :
- constante de Planck : $h = 6{,}63 \times 10^{-34}$ J·s ;
- masse de l'électron : $m_e = 9{,}12 \times 10^{-31}$ kg ;
- célérité des ondes lumineuses dans l'air et le vide : $c = 3{,}00 \times 10^8$ m·s^{-1}.

CONSEILS

a. Prenez en compte l'énergie fournie par un photon, le travail d'extraction et l'énergie de l'électron une fois qu'il a été libéré.

b. Utilisez la formule de l'énergie cinétique d'un corps de masse m et l'expression de l'énergie fournie par un photon pour en déduire l'expression de la vitesse en fonction des autres variables.

c. Pensez à prendre la racine carrée pour obtenir la valeur de la vitesse et non son carré.

SOLUTION

a. L'énergie fournie par un photon au métal sert d'une part à libérer un électron (énergie d'extraction) et d'autre part au mouvement de l'électron (énergie cinétique). On a donc : $E_{\text{photon}} = W_0 + E_{c,\text{max}}$.

b. On sait que $E_{\text{photon}} = h \times \nu = \dfrac{h \times c}{\lambda}$ et que $E_{c,\text{max}} = \dfrac{1}{2} \times m_{\text{électron}} \times v^2$, donc :

$$\dfrac{h \times c}{\lambda} = W_0 + \dfrac{1}{2} \times m_{\text{électron}} \times v^2$$

$$v = \sqrt{\dfrac{2\left(\dfrac{h \times c}{\lambda} - W_0\right)}{m_{\text{électron}}}}.$$

c. On calcule la vitesse maximale de l'électron libéré par la radiation de longueur d'onde λ égale à 600 nm :

$$v = \sqrt{\dfrac{2\left(\dfrac{h \times c}{\lambda} - W_0\right)}{m_{\text{électron}}}} = \sqrt{\dfrac{2\left(\dfrac{6{,}63 \times 10^{-34} \times 3{,}00 \times 10^8}{600 \times 10^{-9}} - 3{,}00 \times 10^{-19}\right)}{9{,}12 \times 10^{-31}}}$$

$v = 2{,}63 \times 10^5$ m·s^{-1}.

▶ SE TESTER QUIZ

Vérifiez que vous avez bien compris les points clés des **fiches 51 et 52**.

1 La lunette astronomique → FICHE 51

1. Une lunette astronomique est formée de :
☐ **a.** une lentille convergente, on peut aussi l'appeler loupe
☐ **b.** une lentille convergente et une lentille divergente, on peut aussi l'appeler lunette de Galilée
☐ **c.** deux lentilles convergentes, on peut aussi l'appeler lunette de Kepler

2. Le grossissement a pour expression :

☐ **a.** $G = \dfrac{\theta'}{\theta}$

☐ **b.** $G = \dfrac{\theta}{\theta'}$

☐ **c.** $G = \dfrac{f'_1}{f'_2}$

2 Effet photoélectrique et cellule photovoltaïque → FICHE 52

1. L'effet photoélectrique est :
☐ **a.** la libération de photons
☐ **b.** la libération d'électrons
☐ **c.** la transformation de photons en électrons

2. L'effet photoélectrique dépend :
☐ **a.** de l'énergie reçue par le métal
☐ **b.** de la fréquence de la radiation lumineuse
☐ **c.** de la vitesse de la radiation lumineuse

3. La longueur d'onde de seuil est la longueur d'onde qui correspond à une énergie du flux de photons égale au travail d'extraction. Elle correspond à la longueur d'onde :
☐ **a.** minimale que doit avoir le flux de photons pour libérer un ou plusieurs électrons par effet photoélectrique
☐ **b.** maximale que doit avoir le flux de photons pour libérer un ou plusieurs électrons par effet photoélectrique

4. Le rendement d'une cellule photovoltaïque est :

☐ **a.** $\eta = \dfrac{\text{Puissance lumineuse reçue}}{\text{Puissance électrique maximale produite}}$

☐ **b.** $\eta = \dfrac{\text{Puissance électrique produite}}{\text{Puissance lumineuse maximale reçue}}$

OBJECTIF BAC

3 Solar impulse 2 : un avion solaire
⏱ 30 min

> Ce sujet traite des caractéristiques du flux de photons qui permettent le fonctionnement de cellules photovoltaïques ainsi que du rendement des cellules photovoltaïques. En plus de faire manipuler les formules, il permet de travailler la compétence « savoir extraire des informations d'un document ».

📄 LE SUJET

Solar Impulse 2 est un avion presque entièrement recouvert de cellules photovoltaïques : 17 248 cellules réparties sur une surface totale de 270 m².

Les cellules photovoltaïques sont faites d'un matériau semi-conducteur dont la réponse dépend de la longueur d'onde des photons qu'il reçoit.

Solar Impulse 2 a atterri le jeudi 23 juin 2016 à Séville, après avoir décollé de New York le lundi 20 juin 2016, réussissant ainsi sa première traversée de l'Atlantique. Lors de cette traversée, pendant les 14 heures de vol de jour, la puissance lumineuse moyenne du rayonnement solaire réellement disponible était de 450 W·m⁻².

Document 1 Réponse spectrale du semi-conducteur constituant les panneaux photovoltaïques de Solar Impulse 2

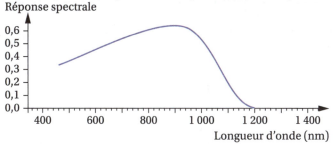

Document 2 Spectre des ondes électromagnétiques

Rayons gamma	Rayons X	UV	Infrarouge (IR)	Radars-microondes	FM	TV	SW	AM
10^{-14}	10^{-12} 10^{-10}	10^{-8}	10^{-6} 10^{-4}	10^{-2}	1	10^2		10^4

Longueur d'onde (mètres)

Domaine du visible

400 nm — 500 nm — 600 nm — 700 nm — 800 nm
Longueur d'onde (nanomètres)

13 • Lunette astronomique – Flux de photons

a. Déterminer la longueur d'onde des photons pour lesquels la réponse spectrale du semi-conducteur est maximale.

b. À quel domaine des ondes lumineuses ces photons appartiennent-ils ? Justifier.

c. En déduire l'énergie des photons permettant une utilisation optimale des cellules photovoltaïques de l'avion solaire.

d. Déterminer la puissance lumineuse reçue par l'ensemble des cellules photovoltaïques installées sur Solar Impulse 2.

e. Calculer dans ces conditions l'énergie solaire en kWh reçue par l'ensemble des cellules photovoltaïques en 14 heures de vol de jour.

f. Les mesures effectuées ont permis de montrer que l'énergie électrique disponible à la sortie des cellules photovoltaïques utilisées pour Solar Impulse 2 était de l'ordre de 370 kWh par jour.
En déduire le rendement de ces cellules photovoltaïques.

CORRIGÉS

▶ SE TESTER QUIZ

1 La lunette astronomique

1. Réponse c. Une lunette astronomique est formée de deux lentilles convergentes, on peut aussi l'appeler lunette de Kepler.

2. Réponses a et c. Le grossissement a pour expression :
$$G = \frac{\theta'}{\theta} = \frac{f'_1}{f'_2}.$$

2 Effet photoélectrique et cellule photovoltaïque

1. Réponse b. L'effet photoélectrique est la libération d'un ou plusieurs électron(s).

2. Réponses a et b. L'effet photoélectrique dépend de l'énergie reçue par le métal : si l'énergie du flux de photon incident est inférieure au travail d'extraction du métal, l'effet photoélectrique ne peut avoir lieu. L'énergie du photon est proportionnelle à la fréquence de la radiation lumineuse.

3. Réponse b. L'énergie d'une radiation est inversement proportionnelle à sa longueur d'onde, donc l'énergie minimale correspond à la longueur d'onde maximale. La longueur d'onde de seuil est la longueur d'onde maximale que doit avoir le flux de photon pour que l'effet photovoltaïque puisse avoir lieu.

4. Réponse b. Le rendement d'une cellule photovoltaïque est :
$$\eta = \frac{\text{Puissance électrique maximale produite}}{\text{Puissance lumineuse reçue}}.$$

OBJECTIF BAC

3 Solar impulse 2 : un avion solaire

a. Détermination graphique de la longueur d'onde des photons pour lesquels la réponse spectrale du semi-conducteur est maximale :

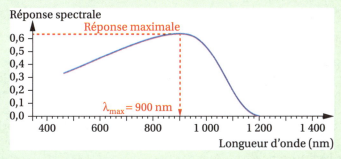

La réponse du semi-conducteur est maximale pour une radiation de longueur d'onde égale à 900 nm.

b. D'après le document 2, une radiation de longueur d'onde 900 nm appartient au domaine de l'infrarouge.

c. Calcul de l'énergie d'un photon de longueur d'onde 900 nm :

$$E_{photon} = \frac{h \times c}{\lambda} = \frac{6{,}63 \times 10^{-34} \times 3{,}00 \times 10^{8}}{900 \times 10^{-9}} = 2{,}21 \times 10^{-19} \text{ J.}$$

d. Calcul de la puissance lumineuse reçue :
$P = E \times S = 450 \times 270 = 1{,}21 \times 10^{2}$ kW.

> **À NOTER**
> **d.** L'éclairement est également appelé puissance lumineuse surfacique.

e. Calcul de l'énergie reçue :
$E_{reçue} = P \times t = 1{,}21 \times 10^{2} \times 14 = 1{,}7 \times 10^{3}$ kWh.

f. Calcul du rendement :
$$\eta = \frac{E_{disponible}}{E_{reçue}} = \frac{370}{1{,}70 \times 10^{3}} = 0{,}22 = 22\,\%.$$

Les panneaux photovoltaïques de Solar Impulse 2 ont un rendement de 22 %.

13 • Lunette astronomique – Flux de photons

53 Le condensateur

En bref *Les armatures d'un condensateur accumulent des charges électriques de signes opposés. L'intensité du courant est définie par la dérivée temporelle de la charge.*

I Modèle du condensateur

■ Un conducteur 1, portant un excès d'électrons, est approché d'un conducteur 2 relié à la terre. Par interaction électrostatique (voir programme de première), les charges négatives du conducteur 1 repoussent des électrons du conducteur 2 vers la terre ; des charges positives apparaissent alors sur la surface du conducteur 2 en regard du conducteur 1. Ce phénomène d'accumulation de charges, appelé condensation de l'électricité ou comportement capacitif, est d'autant plus important que les deux conducteurs sont proches.

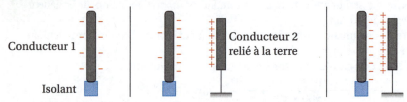

■ Un système de deux conducteurs métalliques ayant un comportement capacitif est modélisé par un dipôle électrique appelé condensateur. Les faces métalliques A et B en regard sont appelées armatures du condensateur.

Symbole du condensateur

■ Les charges électriques q_A et q_B portées par les armatures A et B sont de signes opposés : $q_A + q_B = 0$.

> **À NOTER**
> On appelle charge du condensateur la valeur absolue $|q_A| = |q_B|$.

II Intensité électrique

L'intensité électrique i traversant un dipôle est le débit de charge électrique, c'est-à-dire la charge traversant une section du dipôle par unité de temps. L'intensité i du courant (orienté vers l'armature A d'un condensateur) est la dérivée de la charge q_A par rapport à t :

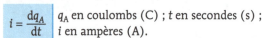

q_A en coulombs (C) ; t en secondes (s) ; i en ampères (A).

> **À NOTER**
> Cette définition est valide en régime continu (intensité constante) et en régime variable (intensité non constante).

Méthode

Déterminer l'intensité électrique traversant un condensateur

Les courbes I, II et III représentent, dans trois cas, l'évolution temporelle de la charge électrique q_A portée par l'armature A d'un condensateur.

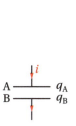
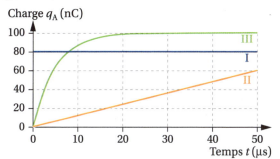

Pour chaque cas, indiquer si l'intensité est : constante ; croissante ; décroissante. Si l'intensité est constante et non nulle, déterminer sa valeur.

CONSEILS

Pensez à faire le lien entre la dérivée en un point et le coefficient directeur de la tangente à la courbe.

SOLUTION

L'intensité arrivant en A s'exprime par la dérivée : $i = \dfrac{dq_A}{dt}$.

• **Cas I.** La charge reste constante ($q_A = 80$ nC) donc $i = 0$, il n'y a pas de courant.

• **Cas II.** La représentation graphique de $q_A(t)$ est un segment de droite. La dérivée de cette charge est une constante égale au coefficient directeur : $i = \dfrac{\Delta q_A}{\Delta t} = \dfrac{60 \times 10^{-9}}{50 \times 10^{-6}}$ donc $i = 1{,}2 \times 10^{-3}$ A $= 1{,}2$ mA. Le régime est continu.

• **Cas III.** Graphiquement, la dérivée $i = \dfrac{dq_A}{dt}$ est le coefficient directeur de la tangente à la courbe $q_A(t)$ à la date considérée. En traçant plusieurs tangentes, on constate que l'intensité i (toujours positive) décroît jusqu'à une valeur nulle (tangente horizontale). Le régime est variable.

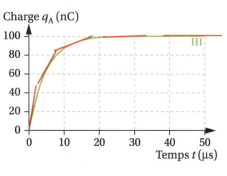

54 Capacité d'un condensateur

En bref — Le comportement capacitif d'un condensateur est traduit par la relation de proportionnalité entre la charge électrique accumulée sur ses armatures et la tension entre celles-ci. Le coefficient de proportionnalité est la capacité du condensateur ; elle dépend de sa géométrie.

I Définition et caractéristiques de la capacité

■ La charge d'un condensateur est proportionnelle à la tension entre ses armatures. Le coefficient de proportionnalité est la **capacité C du condensateur**, grandeur positive exprimée en farads (F).

$q_A = Cu_{AB}$ — C en farads (F) ; u_{AB} en volts (V) ; q_A en coulombs (C).

■ La capacité d'un condensateur dépend de sa **géométrie**. Elle est fonction croissante de la surface des armatures et fonction décroissante de la distance entre les armatures.

■ Dans le cas d'un **condensateur plan,** constitué de deux feuilles métalliques séparées par un matériau isolant, la capacité est proportionnelle à la surface S d'une armature et inversement proportionnelle à la distance e séparant les deux armatures : $C = \varepsilon \dfrac{S}{e}$ — C en F ; ε en F·m⁻¹ ; S en m² ; e en m.

ε est la permittivité diélectrique de l'isolant ; elle dépend de la nature du matériau.
Exemple : la permittivité diélectrique de l'air est ε = 8,9 × 10⁻¹² F·m⁻¹.

II Capteurs capacitifs

■ Le principe d'un **capteur capacitif** repose sur le fait qu'une grandeur physique (pression, accélération...) engendre une variation de la distance séparant les armatures A et B d'un condensateur et donc une variation de sa capacité.

■ Moyennant un étalonnage préalable, la mesure de la capacité permet une détermination indirecte de la grandeur physique recherchée.

Exemple : capteur de pression.

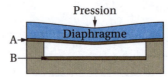

Méthode

Déterminer les caractéristiques d'un condensateur

Le condensateur représenté ci-après est constitué d'un enroulement de deux feuilles métalliques et de deux feuilles d'isolant d'épaisseur 57 µm. Ce condensateur a la forme d'un cylindre de 24 mm de diamètre et 50 mm de long.

Il est assimilable à un condensateur plan constitué de deux armatures planes de surface S et séparées par une feuille d'isolant d'épaisseur e. (Une seconde feuille d'isolant évite que les deux armatures soient en contact). Sa capacité s'exprime par la relation : $C = \varepsilon \dfrac{S}{e}$ avec $\varepsilon = 3,8 \times 10^{-11}$ F·m^{-1}.

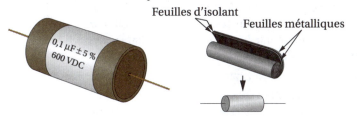

L'indication ± 5 % est la tolérance ; l'incertitude relative associée vaut $\dfrac{\pm 5}{\sqrt{3}}$ %.
DC inscrit à côté de 600 V signifie *direct current* (courant continu).

a. Déterminer la valeur de la charge électrique maximale du condensateur.
b. Évaluer la longueur de chaque feuille enroulée.

 CONSEILS
  a. Utilisez les informations inscrites sur le condensateur.
  b. Déterminez la surface d'une armature.

SOLUTION

a. La capacité du condensateur vaut $C = 0,1$ µF avec une tolérance de ± 5 % et la tension d'utilisation du condensateur est $u_{AB} = 600$ V. La charge maximale du condensateur est : $q_A = C u_{AB} = 0,1 \times 10^{-6} \times 600$ V $= 6 \times 10^{-3}$ C ou 6 mC.
Cette charge, proportionnelle à C, est exprimée comme C à ± $\dfrac{5}{\sqrt{3}}$ % près donc : $q_A = 6,0 \pm 0,2$ mC.

b. $C = \varepsilon \dfrac{S}{e}$ conduit à $S = \dfrac{Ce}{\varepsilon}$ avec : $C = 0,1 \times 10^{-6}$ F ; $e = 5,7 \times 10^{-5}$ m et $\varepsilon = 3,8 \times 10^{-11}$ F·m^{-1} donc $S = \dfrac{0,1 \times 10^{-6} \times 5,7 \times 10^{-5}}{3,8 \times 10^{-11}} = 0,15$ m^2.
Chaque feuille est rectangulaire et sa largeur est la longueur du cylindre, soit $L_{cy} = 50$ mm, donc une feuille a pour longueur $L = \dfrac{S}{L_{cyl}} = \dfrac{0,15}{0,05} = 3,0$ m.

On comprend aisément l'intérêt d'enrouler les feuilles pour réduire l'encombrement du condensateur.

55 Dipôle *RC* : charge d'un condensateur

En bref *Dans un circuit RC série, la charge du condensateur est régie par une équation différentielle du 1er ordre. Le temps caractéristique de la charge est égal au produit de la résistance par la capacité.*

I Modélisation de la charge d'un condensateur

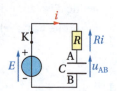

- L'association en série d'un conducteur ohmique de résistance R et d'un condensateur de capacité C constitue un dipôle *RC*.

- À $t = 0$, on ferme l'interrupteur K afin de connecter le dipôle *RC* à une source idéale de tension E. La tension u_{AB} croît alors jusqu'à la valeur E. On dit que le condensateur se charge et on parle d'un **régime transitoire**.

- Le régime est **stationnaire** lorsque la charge du condensateur n'évolue plus.

- Pour $t > 0$, la loi des mailles et la loi d'Ohm permettent d'écrire : $Ri + u_{AB} = E$. Par ailleurs, en combinant $i = \dfrac{dq_A}{dt}$ →FICHE 53 et $q_A = Cu_{AB}$ →FICHE 54, on obtient, sachant que C est une constante : $i = C\dfrac{du_{AB}}{dt}$. En reportant dans $Ri + u_{AB} = E$, on obtient l'équation différentielle du 1er ordre : $RC\dfrac{du_{AB}}{dt} + u_{AB} = E$.

- L'équation différentielle a pour solution :

$u_{AB}(t) = E\left(1 - e^{-\frac{t}{\tau}}\right)$ avec : $\tau = RC$ R en Ω ; C en F ; τ en s.

Au bout du temps caractéristique τ, appelé **constante de temps** du dipôle *RC*, le condensateur est chargé à 63 % : $u_{AB}(\tau) = E(1 - e^{-1}) = 0{,}63E$.

> ✎ **À NOTER**
> La signification de $\tau = RC$ est à rapprocher de celle du temps caractéristique $\tau = \dfrac{1}{\lambda}$ utilisé en radioactivité →FICHE 15.

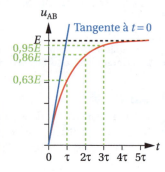

II Courant de charge

La relation $i = C\dfrac{du_{AB}}{dt}$ avec $u_{AB}(t) = E\left(1 - e^{-\frac{t}{\tau}}\right)$ donne :

$i(t) = \dfrac{CE}{\tau}e^{-\frac{t}{\tau}} = \dfrac{E}{R}e^{-\frac{t}{\tau}}$. Le courant de charge du condensateur décroît exponentiellement.

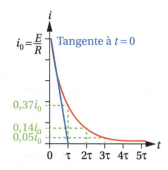

Méthode

Exploiter une courbe de charge d'un condensateur

On réalise le montage suivant, puis à la date $t = 0$, on ferme l'interrupteur K en déclenchant simultanément un chronomètre.
On relève la valeur de la tension u_{AB} à différentes dates :

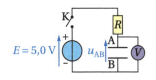

t (s)	0	5	10	20	30	40	50	60	70
u_{AB} (V)	0	1,0	1,8	3,0	3,7	4,2	4,5	4,7	4,8

En déduire la valeur de la capacité C du condensateur sachant que $R = 1{,}0 \times 10^4\ \Omega$.

 CONSEILS

Tracez la courbe représentative de $u_{AB} = f(t)$ et la droite d'équation $u_{AB} = E$.
Pour déterminer graphiquement la valeur de la constante de temps τ du dipôle RC, il y a deux méthodes.
- **Méthode 1.** Tracez la tangente à l'origine qui coupe la droite d'équation $u_{AB} = E$ au point d'abscisse τ.
- **Méthode 2.** Repérez le point d'ordonnée $u_{AB} = 0{,}63E$ qui a pour abscisse τ.
Enfin, calculez C en utilisant l'expression de τ.

SOLUTION

Par les deux méthodes, on obtient $\tau = 22$ s.

L'expression de la constante de temps $\tau = RC$ donne :

$$C = \frac{\tau}{R} = \frac{22}{1{,}0 \times 10^4} = 2{,}2 \times 10^{-3}\ \text{F soit } C = 2{,}2\ \text{mF}.$$

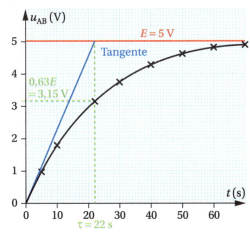

14 • Dynamique d'un système électrique

56 Dipôle *RC* : décharge d'un condensateur

En bref *L'équation différentielle du 1er ordre régissant la décharge du condensateur diffère de celle de la charge, mais le temps caractéristique (ou constante de temps) est identique.*

I Modélisation de la décharge d'un condensateur

■ À $t = 0$, les bornes d'un condensateur préalablement chargé ($u_{AB}(0) = E > 0$) sont reliées par l'intermédiaire d'un conducteur ohmique de résistance R. On constate que la tension u_{AB} décroît de E jusqu'à 0. On dit que le condensateur se décharge.

■ Pour $t > 0$, la loi des mailles et la loi d'Ohm permettent d'écrire : $Ri + u_{AB} = 0$.

 À NOTER
Le courant et les tensions sont orientés de la même manière que pour l'étude de la charge du condensateur → FICHE 55.

En combinant avec la relation $i = C\dfrac{du_{AB}}{dt}$ → FICHE 55 on obtient l'équation différentielle du premier ordre qui régit l'évolution de la tension aux bornes du condensateur au cours de sa décharge : $RC\dfrac{du_{AB}}{dt} + u_{AB} = 0$ ou bien $\dfrac{du_{AB}}{dt} + \dfrac{u_{AB}}{\tau} = 0$.

■ L'équation différentielle admet pour solution :
$u_{AB}(t) = Ee^{-\frac{t}{\tau}}$. Il s'agit d'une loi exponentielle décroissante analogue à la loi de décroissance radioactive → FICHE 15. Au bout du temps caractéristique τ : $u_{AB}(\tau) = Ee^{-1} = 0{,}37E$, c'est-à-dire que la charge du condensateur a chuté de 63 %.

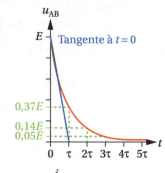

II Courant de décharge

■ La relation $Ri + u_{AB} = 0$ conduit à l'expression de l'intensité du courant de décharge : $i = -\dfrac{u_{AB}}{R}$ donc : $i(t) = -\dfrac{E}{R}e^{-\frac{t}{\tau}}$. En valeur absolue, l'intensité du courant de décharge décroît exponentiellement.

On a $i < 0$ car le sens réel du courant de décharge est l'opposé de celui du courant de charge.

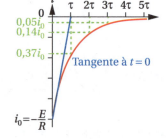

COURS & MÉTHODES

Méthode

Exploiter une courbe de décharge d'un condensateur

Un condensateur de capacité C, initialement chargé, est relié à un dipôle ohmique de résistance $R = 100$ kΩ. L'évolution temporelle de la charge q_A de l'armature A au cours de la décharge du condensateur est fournie sur le graphe suivant.

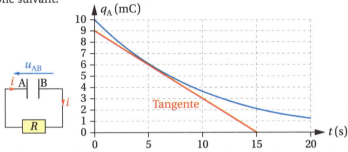

a. Déterminer graphiquement la valeur de l'intensité électrique i à la date $t = 5$ s.

b. Déterminer la valeur de la charge q_A et de la tension u_{AB} à $t = 5$ s.

c. En déduire la valeur de la capacité C.

👍 CONSEILS

a. Faites le lien entre la définition de i et la tangente tracée sur le graphique.
b. Pensez à la loi des mailles et la loi d'Ohm pour déterminer la valeur de u_{AB}.
c. Utilisez la relation entre q_A et u_{AB}.

SOLUTION

a. L'intensité du courant s'exprime par une dérivée : $i = \dfrac{dq_A}{dt}$.
Graphiquement, cette dérivée est le coefficient directeur de la tangente à la courbe $q_A(t)$. La tangente à la courbe au point d'abscisse $t = 5$ s passe par les points (5 s ; 6 mC) et (15 s ; 0), donc l'intensité à cette date est :
$i = \dfrac{6 \times 10^{-3} - 0}{5 - 15} = -6 \times 10^{-4}$ A soit $-0{,}6$ mA.

 À NOTER
$i < 0$; c'est-à-dire que le courant de décharge est de sens opposé au sens choisi sur le schéma.

b. À $t = 5$ s, la charge de l'armature A vaut $q_A = 6 \times 10^{-3}$ C. La loi des mailles et la loi d'Ohm permettent d'écrire : $Ri + u_{AB} = 0$ donc $u_{AB} = -Ri$ soit : $u_{AB} = -10^5 \times (-6 \times 10^{-4}) = 60$ V.

c. La capacité vaut donc : $C = \dfrac{q_A}{u_{AB}} = \dfrac{6 \times 10^{-3}}{60} = 10^{-4}$ F ou 100 µF.

14 • Dynamique d'un système électrique

▶ SE TESTER QUIZ

Vérifiez que vous avez bien compris les points clés des **fiches 53 à 56**.

1 Condensateur
→ FICHE 53

Parmi les affirmations suivantes, lesquelles sont vraies ?

☐ **a.** Les deux armatures d'un condensateur portent exactement la même charge électrique.

☐ **b.** La charge globale d'un condensateur est toujours nulle.

☐ **c.** L'intensité i du courant sortant de l'armature B s'exprime : $i = \dfrac{dq_B}{dt}$.

2 Capacité d'un condensateur
→ FICHE 54

Parmi les affirmations suivantes, lesquelles sont vraies ?

☐ **a.** La capacité d'un condensateur s'exprime en coulombs.

☐ **b.** La capacité d'un condensateur est un cœfficient de proportionnalité.

☐ **c.** La capacité d'un condensateur plan augmente avec la distance entre les armatures et l'aire des armatures.

3 Dipôle RC : charge d'un condensateur
→ FICHE 55

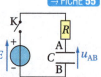

Initialement le condensateur est déchargé. À $t = 0$, on ferme l'interrupteur K.
Parmi les affirmations suivantes, lesquelles sont vraies ?

☐ **a.** La tension u_{AB} croît jusqu'à la valeur E.

☐ **b.** La charge q_A croît jusqu'à la valeur CE.

☐ **c.** Si on multiplie E par 2, la durée de charge du condensateur est doublée.

4 Dipôle RC : décharge d'un condensateur
→ FICHE 56

Initialement un condensateur de capacité C est chargé de telle manière que la tension initiale entre ses bornes soit $u_{AB}(0) > 0$.
À $t = 0$, on provoque sa décharge en le connectant sur un conducteur ohmique de résistance R.
Parmi les affirmations suivantes, lesquelles sont vraies ?

☐ **a.** La charge initiale $q_A(0)$ portée par l'armature A est positive.

☐ **b.** L'intensité i du courant de décharge garde une valeur constante.

☐ **c.** À $t = \tau = RC$, la tension aux bornes du condensateur est $u_{AB}(\tau) = 0,63\ u_{AB}(0)$.

COURS & MÉTHODES EXERCICES & SUJETS CORRIGÉS

▶ OBJECTIF BAC

5 Étude d'un airbag
⏱ 40 min

Ce sujet s'intéresse au principe de déclenchement de l'airbag d'un véhicule grâce à un capteur capacitif d'accélération. C'est l'occasion d'utiliser le modèle du dipôle RC et la constante de temps de charge d'un condensateur.

📄 LE SUJET

Un accéléromètre est un microsystème électromécanique (MEMS) constitué sur une même puce d'un capteur d'accélération et d'un circuit électronique. Il est entre autres utilisé pour déclencher le gonflage des airbags des véhicules en cas de choc brutal.

L'accéléromètre est constitué de deux pièces en forme de peignes complémentaires (voir figure page suivante). L'une est fixe et constitue le cadre, l'autre est mobile à l'intérieur de ce cadre, suspendue par une lamelle flexible, sans contact entre les deux parties. L'ensemble constitue un condensateur. En cas de choc brutal du véhicule, la partie mobile se déplace par inertie dans le sens opposé au mouvement, comme le passager d'un bus qui est debout et se trouve projeté en avant quand le bus freine.

Ce changement de distance entre le peigne mobile et le cadre modifie la capacité du condensateur. Dès que le circuit intégré détecte ce changement de capacité, il commande le gonflage de l'airbag, avant même que le conducteur et les passagers du véhicule ne soient projetés en avant.

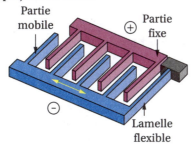

La modélisation du capteur d'accélération est la suivante : le peigne mobile et le cadre constituent un condensateur, de capacité $C = 100$ pF $= 1{,}0 \times 10^{-12}$ F, branché en série avec un dipôle ohmique de résistance R et un générateur idéal délivrant une tension $E = 5{,}0$ V.

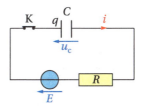

Partie 1 Comportement de l'accéléromètre en dehors de chocs

La mise sous tension de l'accéléromètre revient à fermer l'interrupteur K du montage modélisant le dispositif. Le condensateur étant préalablement déchargé, à l'instant $t = 0$, on ferme l'interrupteur. Les courbes représentant les variations de la tension aux bornes du condensateur et de l'intensité du courant en fonction du temps sont les suivantes :

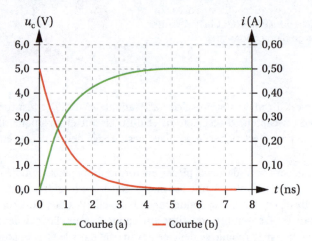

a. Identifier, en le justifiant qualitativement, la courbe correspondant à la tension et celle correspondant à l'intensité.
b. Déterminer graphiquement la valeur de la constante de temps du dipôle RC. Comparer cette valeur à la durée d'un choc de l'ordre de 200 ms.
c. En déduire la valeur de la résistance R.
d. Déterminer la valeur de la charge électrique du condensateur à la fin du processus de charge.

Partie 2 Déclenchement de l'airbag

e. En supposant que le modèle du condensateur plan est applicable, expliquer pourquoi le rapprochement des deux armatures, provoqué par un choc, entraîne une augmentation de la capacité du condensateur.
f. En tenant compte du fait que la constante de temps est très faible, on considérera que la valeur de la résistance est nulle. Établir l'expression de la tension aux bornes du condensateur u_C et de la charge q du condensateur avant le choc, en fonction de E.
g. En déduire que le choc a pour effet de faire augmenter la charge q du condensateur.
h. Indiquer sur le schéma suivant le sens de déplacement des électrons dans le circuit engendré par la variation de charge q du condensateur.

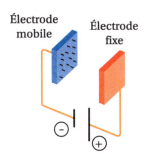
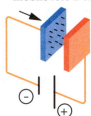

Électrode mobile — Électrode fixe — Rapprochement de l'électrode mobile lors d'un choc

i. Parmi les propositions suivantes, identifier, en le justifiant, celle qui est exacte. Le déclenchement du gonflage de l'airbag est commandé par la détection d'une variation :
- **proposition 1** : de tension aux bornes du condensateur ;
- **proposition 2** : d'intensité du courant dans le circuit ;
- **proposition 3** : de tension aux bornes du générateur.

CORRIGÉS

▶ SE TESTER QUIZ

1 Condensateur
Réponse b.

2 Capacité d'un condensateur
Réponse b.

3 Dipôle *RC* : charge d'un condensateur
Réponses a et b.

4 Dipôle *RC* : décharge d'un condensateur
Réponse a.

14 • Dynamique d'un système électrique   347

▶ OBJECTIF BAC

5 Étude d'un airbag

Partie 1 Comportement de l'accéléromètre en dehors de chocs

a. À l'instant $t = 0$, le condensateur est déchargé donc la tension à ses bornes est nulle. À la fermeture de l'interrupteur K, le condensateur se charge. La tension u_c à ses bornes augmente jusqu'à atteindre la valeur $E = 5{,}0$ V délivrée par le générateur. La courbe (a) représente donc la courbe $u_c = f(t)$.

Pendant cette charge, l'intensité électrique, maximale à $t = 0$, décroît jusqu'à atteindre une valeur nulle lorsque le condensateur est chargé. La courbe (b) représente donc la courbe $i = f(t)$.

b. Pour déterminer la valeur de la constante de temps, deux méthodes sont possibles → FICHE 55 :
• tracer la tangente à $t = 0$ coupant la droite d'équation $u_C = 5{,}0$ V au point d'abscisse τ ;
• repérer le point d'ordonnée :
$u_c = 0{,}63 \times 5{,}0 = 3{,}2$ V qui a pour abscisse τ.

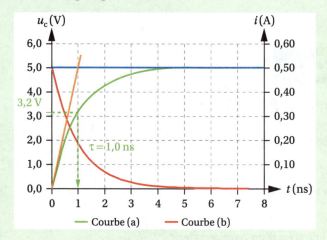

— Courbe (a) — Courbe (b)

Cette constante de temps $\tau = 1{,}0$ ns est très faible par rapport à la durée d'un choc (200 ms).

c. L'expression de la constante de temps $\tau = RC$ donne :
$R = \dfrac{\tau}{C} = \dfrac{1{,}0 \times 10^{-9}}{100 \times 10^{-12}} = 1{,}0 \times 10^1$ Ω soit une résistance $R = 10$ Ω.

d. La charge du condensateur est proportionnelle à la tension à ses bornes : $q = Cu_C$. Lorsque la charge est terminée : $q = CE$ donc $q = 100 \times 10^{-12} \times 5{,}0 = 5{,}0 \times 10^{-10}$ C c'est-à-dire $q = 0{,}50$ nC.

Partie 2 **Déclenchement de l'airbag**

e. La capacité du condensateur, supposé plan, s'exprime par la relation : $C = \varepsilon \dfrac{S}{e}$.

Lors du freinage, les deux armatures se rapprochent, c'est-à-dire que la distance e est réduite. Par conséquent la capacité C, inversement proportionnelle à e, augmente.

f. Avant le choc, l'interrupteur a été fermé au moment de la mise sous tension de l'accéléromètre.

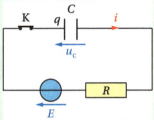

Comme la résistance R est négligeable, on a alors :
$u_C = E$ et $q = Cu_C = CE$.

g. Lors du choc, la capacité C augmente et la tension E reste inchangée. Par conséquent, la charge $q = CE$ augmente.

h. La charge du condensateur augmente donc des électrons se dirigent vers l'armature déjà chargée négativement et des électrons quittent l'armature chargée positivement.

i. La variation de la charge q lors du choc provoque l'apparition d'un courant dans le circuit. En revanche, la tension E délivrée par le générateur ne varie pas. Comme la tension aux bornes du condensateur chargé vaut E, elle ne varie pas non plus. Par conséquent, le déclenchement du gonflage de l'airbag est commandé par la détection d'une variation d'intensité du courant dans le circuit (**proposition 2**).

MATHS EXPERTES

TOUT LE PROGRAMME
- 15 fiches de cours
- Exercices et sujets corrigés

SOMMAIRE

Quand vous en avez fini avec une fiche ou un entraînement, cochez la case ☐ correspondante !

Maths expertes

1. Nombres complexes : points de vue algébrique et géométrique
- **1** Calculs dans $\mathbb{C}$ .... 354 ☐
- **2** Image et affixe d'un nombre complexe .... 356 ☐
- **3** Différentes écritures d'un nombre complexe .... 358 ☐
- **4** Propriétés du module et des arguments d'un nombre complexe .... 360 ☐
- **EXERCICES, SUJETS & CORRIGÉS** .... 362 ☐

2. Application des nombres complexes
- **5** Trigonométrie, formules d'Euler et de Moivre .... 372 ☐
- **6** Équations du second degré dans $\mathbb{C}$ à coefficients réels .... 374 ☐
- **7** Polynômes et racines n-ièmes de l'unité .... 376 ☐
- **EXERCICES, SUJETS & CORRIGÉS** .... 378 ☐

3. Arithmétique
- **8** Divisibilité et congruences .... 388 ☐
- **9** PGCD de deux entiers .... 390 ☐
- **10** Entiers premiers entre eux .... 392 ☐
- **11** Nombres premiers .... 394 ☐
- **EXERCICES, SUJETS & CORRIGÉS** .... 396 ☐

4. Graphes et matrices
- **12** Matrices et opérations .... 404 ☐
- **13** Puissance et inverse d'une matrice – Matrices colonnes ...... 406 ☐
- **14** Sommets, arêtes et chaînes d'un graphe .... 408 ☐
- **15** Chaînes de Markov .... 410 ☐
- **EXERCICES, SUJETS & CORRIGÉS** .... 412 ☐

1 Calculs dans $\mathbb{C}$

En bref *Il existe un ensemble de nombres plus grand que $\mathbb{R}$, l'ensemble des nombres complexes, noté $\mathbb{C}$, dans lequel on peut aussi définir les quatre opérations pour pouvoir effectuer des calculs algébriques.*

I Forme algébrique d'un nombre complexe

■ Tout **nombre complexe** z s'écrit de façon unique $z = a + ib$ où a et b sont deux nombres réels, et où le nombre i vérifie $i^2 = -1$.
L'écriture $a + ib$ est la **forme algébrique** du nombre complexe z.
On note $a = \text{Re}(z)$ la **partie réelle** de z, et $b = \text{Im}(z)$ la **partie imaginaire** de z.

■ Soient deux nombres complexes $z = a + ib$ et $z' = a' + ib'$, où a, b, a', b' sont quatre nombres réels. L'unicité de la forme algébrique se traduit par l'équivalence :

$$z = z' \Leftrightarrow a = a' \text{ et } b = b'$$

■ *Cas particuliers :*
- Si $b = 0$, z est un nombre réel.
- Si $a = 0$ (et $b \neq 0$), z est un **imaginaire pur**.

II Opérations et règles de calcul dans $\mathbb{C}$

Soient les deux nombres complexes $z = a + ib$ et $z' = a' + ib'$, avec a, b, a', b' quatre nombres réels.

■ Tout nombre complexe admet un **opposé** dans $\mathbb{C}$.
L'opposé de z est le nombre complexe $-z = -a - bi$.

■ Tout nombre complexe **non nul** z admet un **inverse** dans $\mathbb{C}$, noté $\frac{1}{z}$.

■ On définit les opérations dans $\mathbb{C}$ de la façon suivante :
- $z + z' = (a + a') + i(b + b')$
- $z \times z' = (aa' - bb') + i(ab' - a'b)$
- $z - z' = (a - a') + i(b - b')$
- $\dfrac{z}{z'} = z \times \dfrac{1}{z'}$, avec $z' \neq 0$

■ On a les **identités remarquables** :
- $(z + z')^2 = z^2 + 2zz' + z'^2$
- $(z - z')^2 = z^2 - 2zz' + z'^2$
- $z^2 - z'^2 = (z - z')(z + z')$

> ✏️ **À NOTER**
> D'une façon générale, les règles de calcul connues dans $\mathbb{R}$ s'appliquent aussi dans $\mathbb{C}$ en tenant compte de $i^2 = -1$.

■ Pour tout $n \in \mathbb{N}$, on a la formule du **binôme de Newton** :

$$(z + z')^n = \sum_{k=0}^{n} \binom{n}{k} z^{n-k} z'^k$$
$$= \binom{n}{0} z^n + \binom{n}{1} z^{n-1} z'^1 + \binom{n}{2} z^{n-2} z'^2 + \ldots + \binom{n}{n-1} z^1 z'^{n-1} + \binom{n}{n} z'^n$$

III Nombres complexes conjugués

■ Le **nombre complexe conjugué** de $z = a + ib$, $(a\,;b) \in \mathbb{R}^2$, est le nombre complexe $a - ib$. On note $\overline{z} = \overline{a + ib} = a - ib$.

■ *Cas particuliers :*
- $\overline{z} = z$ si et seulement si z est un nombre réel.
- $\overline{z} = -z$ si et seulement si z est un nombre imaginaire pur.

■ Soient z et z' deux nombres complexes.
- $\overline{(\overline{z})} = z$
- $\overline{z + z'} = \overline{z} + \overline{z'}$
- $\overline{zz'} = \overline{z}\,\overline{z'}$
- $\overline{\left(\dfrac{1}{z}\right)} = \dfrac{1}{\overline{z}}$ ($z \neq 0$)
- $\overline{\left(\dfrac{z}{z'}\right)} = \dfrac{\overline{z}}{\overline{z'}}$ ($z' \neq 0$)
- $\overline{z^n} = \overline{z}^n$ ($z \neq 0, n \in \mathbb{Z}$)

Méthode

Calculer avec des nombres complexes

a. Calculer $z = (2 + 3i)\overline{(1 + 4i)} - 5 + 2i$.
b. Donner la forme algébrique du nombre complexe $z' = \dfrac{(1 + 2i)(-4 + i)}{2 + i}$.
c. Soit $\alpha = 1 + i\sqrt{2}$. Démontrer que $\alpha^2 - 5\alpha = 3\overline{\alpha} - 9$.

CONSEILS

a. Donnez l'expression du nombre complexe conjugué, puis effectuez la multiplication en utilisant les mêmes règles de calcul que dans $\mathbb{R}$, mais en tenant compte du fait que $i^2 = -1$.
b. Développez et réduisez le numérateur, puis multipliez le numérateur et le dénominateur par le nombre complexe conjugué du dénominateur (astuce à connaître !) de façon à obtenir un réel au dénominateur.
c. Calculez chaque membre séparément pour démontrer l'égalité ou calculez le premier membre en faisant apparaître l'expression du deuxième membre.

SOLUTION

a. $z = (2 + 3i)\overline{(1 + 4i)} - 5 + 2i = (2 + 3i)(1 - 4i) - 5 + 2i$
$= 2 - 8i + 3i - 12i^2 - 5 + 2i = 2 - 8i + 3i + 12 - 5 + 2i = 9 - 3i$

À NOTER

Sans précisions, le résultat doit être donné sous la forme algébrique $a + ib$ avec $(a\,;b) \in \mathbb{R}^2$.

b. $z' = \dfrac{(1 + 2i)(-4 + i)}{2 + i} = \dfrac{-4 + i - 8i - 2}{2 + i} = \dfrac{-6 - 7i}{2 + i} = \dfrac{(-6 - 7i)(2 - i)}{(2 + i)(2 - i)}$
$= \dfrac{-12 + 6i - 14i - 7}{2^2 - i^2} = \dfrac{-19 - 8i}{4 + 1} = \dfrac{-19 - 8i}{5} = -\dfrac{19}{5} - \dfrac{8}{5}i$

c. $\alpha^2 - 5\alpha = \left(1 + i\sqrt{2}\right)^2 - 5\left(1 + i\sqrt{2}\right) = 1 + 2i\sqrt{2} - 2 - 5 - 5i\sqrt{2}$
$= -6 - 3i\sqrt{2} = 3 - 3i\sqrt{2} - 9 = 3\left(1 - i\sqrt{2}\right) - 9 = 3\overline{\alpha} - 9$

1 • Nombres complexes : points de vue algébrique et géométrique

2 Image et affixe d'un nombre complexe

En bref *Les nombres complexes peuvent être représentés graphiquement dans le plan orienté muni d'un repère orthonormé direct. À tout nombre complexe, on peut associer un unique point du plan.*

Le plan orienté est muni d'un repère orthonormé direct $(O\,;\vec{u},\vec{v})$, c'est-à-dire orienté dans le sens inverse des aiguilles d'une montre.

I Image d'un nombre complexe et affixe d'un point

■ Soit un nombre complexe $z = a + ib$ avec $(a\,;b) \in \mathbb{R}^2$.
Le point M de coordonnées $(a\,;b)$ dans le repère $(O\,;\vec{u},\vec{v})$ est appelé l'**image** du nombre complexe z dans le plan.

■ Soit M un point de coordonnées $(a\,;b)$ dans le repère $(O\,;\vec{u},\vec{v})$.
Le nombre complexe $z = a + ib$ est appelé l'**affixe** du point M.

■ On peut résumer ce qui précède par :

> M est l'image de z ⇔ z est l'affixe de M

On peut donc noter sans ambiguïté M(z) le point M d'affixe z.
Cette équivalence permet de considérer le plan orienté muni d'un repère orthonormé direct comme une « représentation » de l'ensemble des nombres complexes. On le nomme aussi parfois **plan complexe**.

> **À NOTER**
> L'axe des abscisses est appelé l'**axe réel** (tous ses points ont une affixe réelle) et l'axe des ordonnées est appelé l'**axe imaginaire pur** (tous ses points ont une affixe imaginaire pure).

II Affixe d'un vecteur

■ Soit $\vec{w}$ un vecteur de coordonnées $(a\,;b)$ dans le repère $(O\,;\vec{u},\vec{v})$.
Le nombre complexe $z = a + ib$ est appelé l'**affixe du vecteur** $\vec{w}$, noté $\vec{w}(z)$.
En particulier, si M a pour affixe z, alors $\overrightarrow{OM}$ a aussi pour affixe z.
Les vecteurs $\vec{w}$ et $\overrightarrow{OM}$ sont les **images vectorielles** de z.

■ Soient $\vec{w_1}(z_1)$ et $\vec{w_2}(z_2)$ deux vecteurs.
Le vecteur $\vec{w_1} + \vec{w_2}$ a pour affixe $z_1 + z_2$.

■ Soient $M_1(z_1)$ et $M_2(z_2)$ deux points.
• Le vecteur $\overrightarrow{M_1M_2}$ a pour affixe $z_2 - z_1$.
• Le **milieu** I du segment $[M_1M_2]$ a pour affixe à $z_1 = \dfrac{z_1 + z_2}{2}$.

Méthode

1. Déterminer des affixes

On considère les points M_1 d'affixe $z_1 = 3 - 3i$ et M_2 d'affixe $z_2 = -5 + i$.

a. Calculer l'affixe du point M'_1, le symétrique de M_1 par rapport à l'axe des réels.
b. On pose $\vec{w} = \overrightarrow{OM_1}$. Déterminer l'affixe du vecteur $\vec{w}$?
c. Déterminer l'affixe z_I du milieu I de $[M_1M_2]$.

> **CONSEILS**
> **a.** Si le point M a pour affixe z, son symétrique M' par rapport à l'axe des réels a pour affixe $\bar{z}$.

SOLUTION

a. Si le point M_1 a pour affixe $z_1 = 3 - 3i$, son symétrique M'_1 par rapport à l'axe des réels a pour affixe $\overline{z_1} = 3 + 3i$.

b. L'affixe de $\vec{w}$ est celui de $\overrightarrow{OM_1}$, c'est-à-dire $z_1 = 3 - 3i$.

c. Le milieu I de $[M_1M_2]$ a pour affixe
$$z_I = \frac{z_1 + z_2}{2} = \frac{3 - 3i + (-5 + i)}{2} = -1 - i.$$

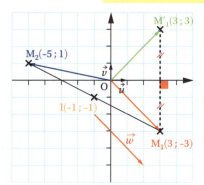

2. Déterminer des images et des affixes

a. Placer les images A, B, C, D des nombres complexes :
$z_A = 1 + 3i$; $z_B = -2 + i$; $z_C = -3 - 2i$ et $z_D = 1 - 3i$.
b. Déterminer l'affixe $z_{\overrightarrow{BD}}$ du vecteur $\overrightarrow{BD}$ et l'affixe z_I du milieu I de [AC].

> **CONSEILS**
> Pour les deux questions, utilisez les définitions et propriétés du cours.

SOLUTION

a. Le point A est l'image du nombre complexe $z_A = 1 + 3i$, donc A a pour coordonnées (1 ; 3). Le point B est l'image du nombre complexe $z_B = -2 + i$, donc B a pour coordonnées (−2 ; 1). De même, on obtient C(−3 ; −2) et D(1 ; −3).

b. $z_{\overrightarrow{BD}} = z_D - z_B = 1 - 3i - (-2 + i)$
$= 1 - 3i + 2 - i = 3 - 4i$

$z_I = \dfrac{z_A + z_C}{2} = \dfrac{1 + 3i - 3 - 2i}{2} = \dfrac{-2 + i}{2} = -1 + \dfrac{1}{2}i.$

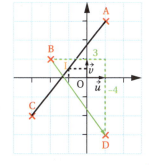

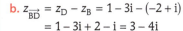

3. Différentes écritures d'un nombre complexe

En bref *Les nombres complexes ont été définis par leur forme algébrique. Mais tout nombre complexe non nul admet une autre forme, dite forme trigonométrique, qui permet de simplifier certains calculs dans $\mathbb{C}$.*

Le plan orienté est muni d'un repère orthonormé direct $(O\,;\vec{u},\vec{v})$.

I Module et argument d'un nombre complexe non nul

Soit $z = a + ib$ avec $(a\,;b) \in \mathbb{R}^2$ un nombre complexe non nul et M son image dans le plan complexe.

■ Le **module** du nombre complexe z, noté $|z|$, est le réel $|z| = \sqrt{a^2 + b^2} = OM$.

■ Un **argument** du nombre complexe z est une mesure, en radians, de l'angle orienté de vecteurs $(\vec{u}\,;\overrightarrow{OM})$. On le note $\arg(z)$ et $\arg(z) = (\vec{u}\,;\overrightarrow{OM}) = \theta$ à 2π près.

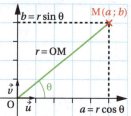

 À NOTER
Si θ est un argument de z, alors $\theta + 2k\pi$ (k entier relatif) est aussi un argument de z.

■ *Cas particuliers* :
• $\arg(z) = 0 \Leftrightarrow z \in \mathbb{R}^*$
• $\arg(z) = \dfrac{\pi}{2}[\pi] \Leftrightarrow z$ est imaginaire pur.

II Forme trigonométrique et notation exponentielle

■ Tout nombre complexe z non nul peut s'écrire sous la forme :

$$z = r(\cos\theta + i\sin\theta)$$

où $r = |z|$ et θ est un argument de z. C'est la **forme trigonométrique** de z.

■ Si $z = r(\cos\theta + i\sin\theta)$ où r et θ sont deux réels avec $r > 0$, alors $r = |z|$ et θ est un argument de z.

■ En notant $e^{i\theta} = \cos\theta + i\sin\theta$, alors $z = r(\cos\theta + i\sin\theta)$ s'écrit :

$$z = re^{i\theta}$$

C'est la **notation exponentielle** de z.

 À NOTER
$\mathbb{U} = \{e^{i\theta}, \theta \in \mathbb{R}\}$ est l'ensemble des nombres complexes de module 1.
Pour le point M(z) du plan complexe : $z \in \mathbb{U} \Leftrightarrow$ M est sur le cercle trigonométrique.

COURS & MÉTHODES

Méthode

1 | Passer de la forme algébrique à la forme trigonométrique

Déterminer la forme trigonométrique et la notation exponentielle de chacun des nombres complexes :

a. $z = 2 - 2i\sqrt{3}$ **b.** $z' = -5$

> **CONSEILS**
>
> Pour trouver la forme trigonométrique de $z = a + ib$ où a et b sont des réels :
>
> **Étape 1** On calcule $|z| = r = \sqrt{a^2 + b^2}$ ($z \neq 0$ donc $r \neq 0$).
>
> **Étape 2** On factorise l'expression par r : on a $z = r\left(\dfrac{a}{r} + i\dfrac{b}{r}\right)$.
>
> **Étape 3** On détermine un réel θ tel que $\cos\theta = \dfrac{a}{r}$ et $\sin\theta = \dfrac{b}{r}$.

a. Étape 1 $|z| = |2 - 2i\sqrt{3}| = \sqrt{2^2 + (-2\sqrt{3})^2} = \sqrt{4 + 12} = \sqrt{16} = 4$.

Étape 2 En factorisant l'expression de z par son module $r = 4$, on obtient :

$z = 4\left(\dfrac{2 - 2i\sqrt{3}}{4}\right) = 4\left(\dfrac{1}{2} - i\dfrac{\sqrt{3}}{2}\right) = 4\left(\dfrac{1}{2} + i\left(-\dfrac{\sqrt{3}}{2}\right)\right)$.

Étape 3 On cherche un réel θ tel que $\cos\theta = \dfrac{1}{2}$ et $\sin\theta = -\dfrac{\sqrt{3}}{2}$.

On obtient $\theta = -\dfrac{\pi}{3} + 2k\pi$, avec $k \in \mathbb{Z}$.

Ainsi $z = 4\left(\cos\left(-\dfrac{\pi}{3}\right) + i\sin\left(-\dfrac{\pi}{3}\right)\right) = 4e^{-i\frac{\pi}{3}}$.

> **À NOTER**
>
> z a pour argument $-\dfrac{\pi}{3} \in \,]-\pi\,;\pi]$, mais aussi $-\dfrac{\pi}{3} + 2\pi = \dfrac{5\pi}{3} \in [0\,;2\pi[$ par exemple.

b. De même, on trouve :

$z' = 5(-1 + 0 \times i) = 5(\cos\pi + i\sin\pi) = 5e^{i\pi}$.

2 | Passer de la forme trigonométrique à la forme algébrique

Écrire chacun des nombres complexes suivants sous forme algébrique.

a. $z = \sqrt{3}\left(\cos\left(\dfrac{5\pi}{6}\right) + i\sin\left(\dfrac{5\pi}{6}\right)\right)$ **b.** $z' = \sqrt{2}e^{i\frac{\pi}{4}}$

> **CONSEILS**
>
> Si $z = re^{i\theta} = r(\cos\theta + i\sin\theta)$ avec $r > 0$, alors la forme algébrique de z est $z = a + ib$ avec $a = r\cos\theta$ et $b = r\sin\theta$.

SOLUTION

a. $z = \sqrt{3}\left(\cos\left(\dfrac{5\pi}{6}\right) + i\sin\left(\dfrac{5\pi}{6}\right)\right) = \sqrt{3}\left(-\dfrac{\sqrt{3}}{2} + i\dfrac{1}{2}\right) = -\dfrac{3}{2} + i\dfrac{\sqrt{3}}{2}$.

b. $z' = \sqrt{2}e^{i\frac{\pi}{4}} = \sqrt{2}\left(\cos\left(\dfrac{\pi}{4}\right) + i\sin\left(\dfrac{\pi}{4}\right)\right) = \sqrt{2}\left(\dfrac{\sqrt{2}}{2} + i\dfrac{\sqrt{2}}{2}\right) = 1 + i$.

4 Propriétés du module et des arguments d'un nombre complexe

En bref Les propriétés du module et des arguments d'un nombre complexe permettent de simplifier de nombreux calculs dans $\mathbb{C}$.

Le plan orienté est muni d'un repère orthonormé direct $(O\,;\vec{u},\vec{v})$.

I Propriétés du module

■ Pour tous nombres complexes z et z' :
- $|z| = |-z| = |\bar{z}|$
- $|zz'| = |z||z'|$
- $\left|\dfrac{1}{z}\right| = \dfrac{1}{|z|}$ ($z \neq 0$)
- $\left|\dfrac{z}{z'}\right| = \dfrac{|z|}{|z'|}$ ($z' \neq 0$)

> **À NOTER**
> L'ensemble $\mathbb{U} = \{e^{i\theta}, \theta \in \mathbb{R}\}$ est donc stable par produit et par inverse, c'est-à-dire que, pour tout $(z\,;z') \in \mathbb{U}^2$, on a $zz' \in \mathbb{U}$ et $\dfrac{1}{z} \in \mathbb{U}$. → **FICHE 3**

- $|z + z'| \leq |z| + |z'|$ (inégalité triangulaire)
- Pour tout entier relatif n, $|z^n| = |z|^n$
- Égalité du produit conjugué : $z\bar{z} = |z|^2$

■ Soient $A(z_A)$, $B(z_B)$ et $C(z_C)$ trois points différents du plan complexe.
- $AB = \left\|\overrightarrow{AB}\right\| = |z_B - z_A|$
- $\dfrac{AC}{AB} = \dfrac{|z_C - z_A|}{|z_B - z_A|}$

II Propriétés des arguments

■ Pour tous nombres complexes z et z' non nuls, on a les égalités suivantes à 2π près :
- $\arg(-z) = \pi + \arg(z)$
- $\arg(\bar{z}) = -\arg(z)$
- $\arg(zz') = \arg(z) + \arg(z')$
- $\arg\left(\dfrac{1}{z}\right) = -\arg(z)$
- $\arg\left(\dfrac{z}{z'}\right) = \arg(z) - \arg(z')$
- pour tout entier relatif n, $\arg(z^n) = n\arg(z)$

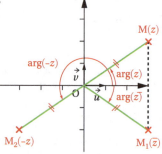

■ Soient $A(z_A)$, $B(z_B)$ et $C(z_C)$ trois points différents du plan complexe.
- $(\vec{u}\,;\overrightarrow{AB}) = \arg(z_B - z_A)$
- $(\overrightarrow{AB}\,;\overrightarrow{AC}) = \arg\left(\dfrac{z_C - z_A}{z_B - z_A}\right)$

Méthode

Calculer un cosinus et un sinus particuliers

Le plan orienté est muni d'un repère orthonormé direct $(O\,;\vec{u},\vec{v})$.

On considère les nombres complexes : $a = e^{i\frac{\pi}{3}}$, $b = \sqrt{2} + i\sqrt{2}$ et $c = ab$.

a. Écrire chacun des deux nombres complexes b et c sous la forme $re^{i\theta}$ où r est un nombre réel strictement positif et θ un nombre réel.

b. Donner la forme algébrique de chacun des deux nombres a et c.

c. En déduire la valeur exacte de $\cos\frac{7\pi}{12}$ et de $\sin\frac{7\pi}{12}$.

> **CONSEILS**
> **a.** Déterminez la forme trigonométrique de b. → FICHE 3
> Utilisez ensuite les propriétés du module et de l'argument pour déterminer la notation exponentielle du produit $c = ab$.
> **b.** Utilisez les formes algébriques de a et b pour calculer c. → FICHE 1
> **c.** Utilisez l'unicité de la forme algébrique d'un nombre complexe.

SOLUTION

a. $|b| = \sqrt{(\sqrt{2})^2 + (\sqrt{2})^2} = \sqrt{2+2} = \sqrt{4} = 2$.

Donc $b = 2\left(\frac{\sqrt{2}}{2} + i\frac{\sqrt{2}}{2}\right) = 2\left(\cos\frac{\pi}{4} + i\sin\frac{\pi}{4}\right) = 2e^{i\frac{\pi}{4}}$.

On a $c = ab = e^{i\frac{\pi}{3}} \times 2e^{i\frac{\pi}{4}} = 2e^{i\left(\frac{\pi}{3}+\frac{\pi}{4}\right)} = 2e^{i\left(\frac{4\pi}{12}+\frac{3\pi}{12}\right)} = 2e^{i\frac{7\pi}{12}}$.

> **À NOTER**
> Pour θ et θ' deux nombres réels :
> $e^{i\theta} \times e^{i\theta'} = e^{i(\theta+\theta')}$.
> → FICHE 5

b. $a = e^{i\frac{\pi}{3}} = \cos\left(\frac{\pi}{3}\right) + i\sin\left(\frac{\pi}{3}\right) = \frac{1}{2} + \frac{\sqrt{3}}{2}i$.

On a $c = ab = \left(\frac{1}{2} + \frac{\sqrt{3}}{2}i\right)(\sqrt{2} + i\sqrt{2})$

$= \frac{\sqrt{2}}{2} + \frac{\sqrt{2}}{2}i + \frac{\sqrt{3}\times\sqrt{2}}{2}i - \frac{\sqrt{3}\times\sqrt{2}}{2} = \frac{\sqrt{2}-\sqrt{6}}{2} + i\frac{\sqrt{2}+\sqrt{6}}{2}$ car $i^2 = -1$.

c. D'après la question **a.** : $c = 2e^{i\frac{7\pi}{12}} = 2\left(\cos\left(\frac{7\pi}{12}\right) + i\sin\left(\frac{7\pi}{12}\right)\right)$.

D'après la question **b.** : $c = \frac{\sqrt{2}-\sqrt{6}}{2} + i\frac{\sqrt{2}+\sqrt{6}}{2}$.

Par identification des parties réelles et imaginaires de c, on obtient :

$2\cos\left(\frac{7\pi}{12}\right) = \frac{\sqrt{2}-\sqrt{6}}{2}$ et $2\sin\left(\frac{7\pi}{12}\right) = \frac{\sqrt{2}+\sqrt{6}}{2}$,

soit $\cos\left(\frac{7\pi}{12}\right) = \frac{\sqrt{2}-\sqrt{6}}{4}$ et $\sin\left(\frac{7\pi}{12}\right) = \frac{\sqrt{2}+\sqrt{6}}{4}$.

1 • Nombres complexes : points de vue algébrique et géométrique

▶ SE TESTER QUIZ

*Vérifiez que vous avez bien compris les points clés des **fiches 1 à 4**.*

Le plan orienté est muni d'un repère orthonormé direct $(O\,;\vec{u},\vec{v})$.

1 Calculs dans $\mathbb{C}$ → FICHE 1

1. Si $z = 1+i$, alors z^2 est égal à :

☐ **a.** $2+2i$ ☐ **b.** 0 ☐ **c.** $2i$

2. La forme algébrique du nombre complexe $z = \dfrac{2+i}{1-i}$ est :

☐ **a.** $z = \dfrac{3}{2}+\dfrac{3}{2}i$ ☐ **b.** $z = \dfrac{1}{2}+\dfrac{3}{2}i$ ☐ **c.** $z = \dfrac{1}{2}+\dfrac{1}{2}i$

2 Image et affixe d'un nombre complexe → FICHE 2

Les points A, B, C, D et E sont donnés sur la figure ci-contre.

1. L'affixe du vecteur $\overrightarrow{AE}$ est :

☐ **a.** $-2+2i$ ☐ **b.** $(-2\,;2)$
☐ **c.** $2+3i$

2. L'image du nombre complexe $z = -\overline{z_A}$ est :

☐ **a.** C   ☐ **b.** z_D
☐ **c.** D   ☐ **d.** z_C

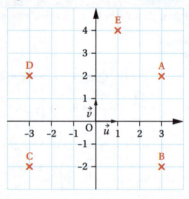

3 Différentes écritures d'un nombre complexe → FICHE 3

1. La notation exponentielle du nombre complexe $z = 2+2i$ est :

☐ **a.** $z = 2\sqrt{2}e^{i\frac{\pi}{4}}$ ☐ **b.** $z = 2e^{i\frac{\pi}{4}}$ ☐ **c.** $z = \sqrt{2}e^{i\frac{\pi}{4}}$

2. La forme algébrique du nombre complexe $z = 2e^{-i\frac{\pi}{3}}$ est :

☐ **a.** $z = -1-i\sqrt{3}$ ☐ **b.** $z = 1-i\sqrt{3}$ ☐ **c.** $z = \dfrac{\sqrt{3}}{2}-\dfrac{1}{2}i$

4 Propriétés du module et des arguments → FICHE 4

Si un argument du nombre complexe z est $-\dfrac{\pi}{6}$, alors un argument de $\overline{z}$ est :

☐ **a.** $\dfrac{5\pi}{6}$ ☐ **b.** $-\dfrac{\pi}{6}$ ☐ **c.** $\dfrac{\pi}{6}$

DÉMONSTRATIONS CLÉS

5 Démontrer des propriétés du produit conjugué → FICHE 1

Montrer que, pour tous $(z\,;z') \in \mathbb{C}^2$ et $n \in \mathbb{Z}$:
a. $\overline{zz'} = \overline{z}\,\overline{z'}$
b. $\overline{\left(\dfrac{1}{z}\right)} = \dfrac{1}{\overline{z}}$ $(z \neq 0)$
c. $\overline{z^n} = \overline{z}^n$ $(z \neq 0)$

6 Démontrer la formule du binôme de Newton → FICHE 2

Montrer que, pour tous $(z\,;z') \in \mathbb{C}^2$ et $n \in \mathbb{N}$:
$$(z+z')^n = \sum_{k=0}^{n} \binom{n}{k} z^{n-k} z'^k$$
$$= \binom{n}{0}z^n + \binom{n}{1}z^{n-1}z'^1 + \binom{n}{2}z^{n-2}z'^2 + \ldots + \binom{n}{n-1}z^1 z'^{n-1} + \binom{n}{n}z'^n.$$

7 Démontrer des propriétés du module → FICHE 4

Montrer que, pour tous $(z\,;z') \in \mathbb{C}^2$ et $n \in \mathbb{N}$:
a. $z\overline{z} = |z|^2$
b. $|zz'| = |z||z'|$
c. $|z^n| = |z|^n$

À NOTER
$z\overline{z} = |z|^2$ s'appelle égalité du produit conjugué.

▶ S'ENTRAÎNER

 8 Démontrer des propriétés géométriques à l'aide des différentes formes d'écriture des nombres complexes   → FICHES **1** à **4**

> Dans ce sujet, il s'agit d'écrire des nombres complexes sous différentes formes pour démontrer des propriétés de géométrie. Vous constaterez que les nombres complexes sont un outil très puissant pour cela.

LE SUJET

Soit le nombre complexe $z_1 = 3\left(\cos\left(\dfrac{\pi}{6}\right) + i\sin\left(\dfrac{\pi}{6}\right)\right)$.

On pose $z_2 = \overline{z_1}$; $z_3 = -z_1$ et $z_4 = z_1 e^{i\frac{2\pi}{3}}$.

1. Déterminer la forme algébrique des nombres complexes z_1, z_2 et z_3.

2. Déterminer le module et un argument des nombres complexes z_1, z_2 et z_3.

3. a. Démontrer que $z_4 = 3e^{i\frac{5\pi}{6}}$.

b. En déduire le module et un argument du nombre complexe z_4.

c. Quelle est la forme algébrique de z_4 ?

4. Le plan complexe est muni d'un repère orthonormé $(O\,;\vec{u},\vec{v})$ dont l'unité graphique est 2 cm.
On considère les points A, B, C et D d'affixes respectives z_1, z_2, z_3 et z_4.

a. Démontrer que les points A, B, C et D sont situés sur un même cercle dont on précisera le centre et le rayon. Construire ce cercle.

b. Placer les points A, B, C et D en utilisant leurs ordonnées.

c. Calculer les distances AC et BD.

d. Quelle est la nature du quadrilatère ABCD ?

👁 LIRE LE SUJET

1. Il s'agit d'écrire z_1, z_2 et z_3 sous la forme $z = a + bi$ où $(a\,;b) \in \mathbb{R}^2$.

2. Il faut déterminer $|z_2|$, $|z_3|$, $\arg(z_2)$ et $\arg(z_3)$ à 2π près.

3. a. On demande d'écrire z_4 avec la notation exponentielle.
b. Il faut déterminer $|z_4|$ et $\arg(z_4)$ à 2π près.
c. Il s'agit d'écrire z_4 sous la forme $z = a + bi$ où $(a\,;b) \in \mathbb{R}^2$.

4. a. Il faut montrer que les points A, B, C et D sont à la même distance d'un cinquième point.
c. Il s'agit de calculer les distances AC et BD en utilisant des modules.
d. À partir des propriétés déterminées dans les questions précédentes, il faut trouver la nature du quadrilatère ABCD la plus précise possible.

▶▶▶ **LA FEUILLE DE ROUTE**

1. Déterminer la forme algébrique d'un nombre complexe → FICHE 3
Commencez par déterminer la forme algébrique du nombre complexe z_1, puis déduisez-en celle des nombres complexes z_2 et z_3.

2. Déterminer le module et un argument d'un nombre complexe → FICHE 3
Utilisez les propriétés du nombre conjugué, puis demandez-vous ce que vaut $\arg(z) - \arg(-z)$, à 2π près, pour trouver $\arg(z_3)$.

3. a. Déterminer la notation exponentielle d'un nombre complexe → FICHE 3
Utilisez la notation exponentielle de z_1 et effectuez la multiplication.

b. Lire le module et un argument d'un nombre complexe → FICHE 3
On déduit les réponses de la question précédente.

c. Calculer la forme algébrique d'un nombre complexe → FICHE 3

4. a. Démontrer que des points sont sur un même cercle → FICHE 3
Calculez les modules $|z_1|$, $|z_2|$, $|z_3|$ et $|z_4|$ des quatre nombres complexes.

b. Placer des points sur un même cercle → FICHE 2
D'après la question **a.**, les quatre points appartiennent à un cercle.

c. Calculer des distances avec des nombres complexes → FICHE 4
Rappelez-vous que, par exemple, AC = $|z_C - z_A|$.

d. Déterminer la nature d'un quadrilatère → FICHE 1
Étudiez les milieux des segments [AC] et [BD].

CORRIGÉS

▶ SE TESTER QUIZ

1 Calculs dans $\mathbb{C}$

1. Réponse c. On a $z = 1 + i$, donc $z^2 = (1+i)^2 = 1^2 + 2i + i^2 = 1 + 2i - 1 = 2i$, en utilisant une identité remarquable et car $i^2 = -1$.

2. Réponse b.
$z = \dfrac{2+i}{1-i} = \dfrac{(2+i)(1+i)}{(1-i)(1+i)} = \dfrac{2+2i+i-1}{1^2-i^2} = \dfrac{1+3i}{2} = \dfrac{1}{2} + \dfrac{3}{2}i$, en commençant par multiplier le numérateur et le dénominateur par le conjugué de $1 - i$ et car $i^2 = -1$.

2 Image et affixe d'un nombre complexe

1. Réponse a. L'affixe du vecteur $\overrightarrow{AE}$ est :
$z_{\overrightarrow{AE}} = z_E - z_A = 1 + 4i - (3 + 2i) = 1 + 4i - 3 - 2i = -2 + 2i$.

2. Réponse c. L'image du nombre complexe $\overline{z_A}$ est le symétrique par rapport à l'axe des abscisses du point A, c'est donc le point B.
Ensuite, l'image du nombre complexe $z = -\overline{z_A}$ est le symétrique par rapport à l'origine du point B, donc le point D.
De façon algébrique, on a : $\overline{z_A} = 3 - 2i$, donc $z = -\overline{z_A} = -3 + 2i$ dont l'image est le point D.

3 Différentes écritures d'un nombre complexe

1. Réponse a. Pour $z = 2 + 2i$, on a $|z| = \sqrt{2^2 + 2^2} = \sqrt{4+4} = \sqrt{8} = \sqrt{4 \times 2} = 2\sqrt{2}$.

$z = 2 + 2i = 2\sqrt{2}\left(\dfrac{2}{2\sqrt{2}} + \dfrac{2}{2\sqrt{2}}i\right) = 2\sqrt{2}\left(\dfrac{1}{\sqrt{2}} + \dfrac{1}{\sqrt{2}}i\right) = 2\sqrt{2}\left(\dfrac{\sqrt{2}}{2} + \dfrac{\sqrt{2}}{2}i\right)$

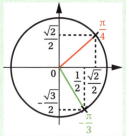

$z = 2\sqrt{2}(\cos\theta + i\sin\theta)$ avec $\cos\theta = \dfrac{\sqrt{2}}{2}$ et $\sin\theta = \dfrac{\sqrt{2}}{2}$.
On a donc $\theta = \dfrac{\pi}{4} + 2k\pi$, avec $k \in \mathbb{Z}$, en observant le cercle trigonométrique.
La notation exponentielle du nombre complexe $z = 2 + 2i$ est $z = 2\sqrt{2}e^{i\frac{\pi}{4}}$.

2. Réponse b. 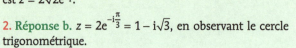 $z = 2e^{-i\frac{\pi}{3}} = 1 - i\sqrt{3}$, en observant le cercle trigonométrique.

4 Propriétés du module et des arguments

Réponse c. Si un argument du nombre complexe z est $-\dfrac{\pi}{6}$, alors un argument de $\bar{z}$ est $\arg(\bar{z}) = -\arg(z) = \dfrac{\pi}{6}$.

DÉMONSTRATIONS CLÉS

5 Démontrer des propriétés du conjugué

Soient $z = a + bi$ et $z' = a' + b'i$, avec $(a\,;b\,;a'\,;b') \in \mathbb{R}^4$, deux nombres complexes et $n \in \mathbb{Z}$.

a. D'une part, on a $\overline{zz'} = \overline{(a+bi)(a'+b'i)} = \overline{aa' + ab'i + a'bi - bb'}$ car $i^2 = -1$
$= \overline{aa' - bb' + (ab' + a'b)i} = aa' - bb' - (ab' + a'b)i$.

D'autre part, on a $\overline{z}\,\overline{z'} = (a - bi)(a' - b'i) = aa' - ab'i - a'bi - bb'$ car $i^2 = -1$
$= aa' - bb' - (ab' + a'b)i$.

Finalement, $\overline{zz'} = \overline{z}\,\overline{z'}$ pour tout $(z\,;z') \in \mathbb{C}^2$.

b. On suppose que $z \neq 0$.

$\dfrac{1}{z} \times z = 1$ donc $\overline{\dfrac{1}{z} \times z} = \overline{1} = 1$. De plus, $\overline{\left(\dfrac{1}{z}\right)} \times \overline{z} = \overline{\dfrac{1}{z} \times z} = 1$ d'après la propriété **a**.

En divisant les deux membres par $\overline{z}$ (qui est non nul), on obtient $\overline{\left(\dfrac{1}{z}\right)} = \dfrac{1}{\overline{z}}$.

Finalement, $\overline{\left(\dfrac{1}{z}\right)} = \dfrac{1}{\overline{z}}$ pour tout $z \in \mathbb{C}$, $z \neq 0$.

c. On suppose que $z \neq 0$.

• On commence par montrer par récurrence que $\overline{z^n} = \overline{z}^n$ pour tout $n \in \mathbb{N}$.

Initialisation :
$\overline{z^0} = \overline{1} = 1$ et $\overline{z}^0 = 1$, donc le résultat est vrai au rang 0.

Hypothèse de récurrence :
Soit $k \in \mathbb{N}$.
Supposons que $\overline{z^k} = \overline{z}^k$ et montrons que $\overline{z^{k+1}} = \overline{z}^{k+1}$.
$\overline{z^{k+1}} = \overline{z^k \times z} = \overline{z^k} \times \overline{z} = \overline{z}^k \times \overline{z} = \overline{z}^{k+1}$ d'après la propriété démontrée à la question **a**. et l'hypothèse de récurrence.
On a donc $\overline{z^n} = \overline{z}^n$ pour tout $n \in \mathbb{N}$.

• Montrons le résultat pour $n \in \mathbb{Z} \setminus \mathbb{N}$.

Soit $n \in \mathbb{Z} \setminus \mathbb{N}$. On a $\overline{z^n} = \overline{\left(\dfrac{1}{z}\right)^{-n}} = \overline{\left(\dfrac{1}{z}\right)}^{-n} = \left(\dfrac{1}{\overline{z}}\right)^{-n} = \overline{z}^n$ car $-n \in \mathbb{N}$ et $\overline{\left(\dfrac{1}{z}\right)} = \dfrac{1}{\overline{z}}$.

On a donc $\overline{z^n} = \overline{z}^n$ pour tout $n \in \mathbb{Z} \setminus \mathbb{N}$.

Finalement, $\overline{z^n} = \overline{z}^n$ pour tout $z \in \mathbb{C}$ et tout $n \in \mathbb{Z}$.

À NOTER

Chacune des formules démontrées peut être synthétisée en une phrase :
• Le conjugué du produit est égal au produit des conjugués.
• Le conjugué de l'inverse est égal à l'inverse du conjugué.
• Le conjugué de la puissance n est égal à la puissance n du conjugué.

6 Démontrer la formule du binôme de Newton

Montrons la formule du binôme de Newton par récurrence.

Initialisation :
$(z + z')^0 = 1$ et $\binom{0}{0} z^0 z'^0 = 1$, donc le résultat est vrai au rang 0.

Hypothèse de récurrence : Soit $n \in \mathbb{N}$. On suppose que :
$$(z + z')^n = \sum_{k=0}^{n} \binom{n}{k} z^{n-k} z'^k$$
$$= \binom{n}{0} z^n + \binom{n}{1} z^{n-1} z'^1 + \binom{n}{2} z^{n-2} z'^2 + \ldots + \binom{n}{n-1} z^1 z'^{n-1} + \binom{n}{n} z'^n.$$

Montrons que la propriété est vraie au rang $n + 1$, c'est-à-dire que :
$$(z + z')^{n+1} = \sum_{k=0}^{n+1} \binom{n+1}{k} z^{n+1-k} z'^k$$
$$= \binom{n+1}{0} z^{n+1} + \binom{n+1}{1} z^n z'^1 + \ldots + \binom{n+1}{n} z^1 z'^n + \binom{n+1}{n+1} z'^{n+1}.$$

On a $(z + z')^{n+1} = (z + z')(z + z')^n = (z + z') \sum_{k=0}^{n} \binom{n}{k} z^{n-k} z'^k$

d'après l'hypothèse de récurrence, puis :

$$(z + z')^{n+1} = z \sum_{k=0}^{n} \binom{n}{k} z^{n-k} z'^k + z' \sum_{k=0}^{n} \binom{n}{k} z^{n-k} z'^k$$
$$= \sum_{k=0}^{n} \binom{n}{k} z^{n+1-k} z'^k + \sum_{k=0}^{n} \binom{n}{k} z^{n-k} z'^{k+1}$$
$$= \sum_{k=0}^{n} \binom{n}{k} z^{n+1-k} z'^k + \sum_{k=1}^{n+1} \binom{n}{k-1} z^{n-(k-1)} z'^{(k-1)+1}$$

en effectuant le changement de variable k devient $k - 1$ dans la deuxième somme

$$(z + z')^{n+1} = \binom{n}{0} z^{n+1} z'^0 + \sum_{k=1}^{n} \binom{n}{k} z^{n+1-k} z'^k$$
$$+ \sum_{k=1}^{n} \binom{n}{k-1} z^{n+1-k} z'^k + \binom{n}{n} z^{n-(n+1-1)} z'^{(n+1-1)+1}$$
$$= \binom{n}{0} z^{n+1} z'^0 + \sum_{k=1}^{n} \binom{n}{k} z^{n+1-k} z'^k + \sum_{k=1}^{n} \binom{n}{k-1} z^{n+1-k} z'^k + \binom{n}{n} z^0 z'^{n+1}$$
$$= \binom{n}{0} z^{n+1} z'^0 + \sum_{k=1}^{n} \left[\binom{n}{k} + \binom{n}{k-1} \right] z^{n+1-k} z'^k + \binom{n}{n} z^0 z'^{n+1}$$
$$= \binom{n+1}{0} z^{n+1} z'^0 + \sum_{k=1}^{n} \binom{n+1}{k} z^{n+1-k} z'^k + \binom{n+1}{n+1} z^0 z'^{n+1}$$

car $\binom{n}{k} + \binom{n}{k-1} = \binom{n+1}{k}$ d'après la formule de Pascal, $\binom{n}{0} = \binom{n+1}{0}$ et $\binom{n}{n} = \binom{n+1}{n+1}$

Ainsi $(z + z')^{n+1} = \sum_{k=0}^{n+1} \binom{n+1}{k} z^{n+1-k} z'^k$

La propriété est donc vraie au rang $k + 1$.

Finalement, $(z+z')^n = \sum_{k=0}^{n}\binom{n}{k}z^{n-k}z'^k$

$$= \binom{n}{0}z^n + \binom{n}{1}z^{n-1}z'^1 + \binom{n}{2}z^{n-2}z'^2 + \ldots$$
$$+ \binom{n}{n-1}z^1 z'^{n-1} + \binom{n}{n}z'^n$$

pour tout $(z\,;z') \in \mathbb{C}^2$ et $n \in \mathbb{N}$.

7 Démontrer des propriétés du module

Soient $z = a + bi$ et $z' = a' + b'i$, avec $(a\,;b\,;a'\,;b') \in \mathbb{R}^4$, deux nombres complexes et $n \in \mathbb{N}$.

a. $|z|^2 = |a+bi|^2 = a^2 + b^2$ et $z\bar{z} = (a+bi)(a-bi) = a^2 + b^2$ en utilisant une identité remarquable et car $i^2 = 1$.
Finalement, $z\bar{z} = |z|^2$ pour tout $z \in \mathbb{C}$.

b. $|zz'|^2 = zz'\overline{zz'} = zz'\bar{z}\bar{z}' = z\bar{z}z'\bar{z}' = |z|^2|z'|^2 = (|z||z'|)^2$, d'après les propriétés du conjugué et la propriété de la question **a**.
On en déduit que $|zz'| = |z||z'|$ car les modules sont des valeurs positives.
Finalement, $|zz'| = |z||z'|$ pour tous $(z\,;z') \in \mathbb{C}^2$.

c. Montrons par récurrence que $|z^n| = |z|^n$ pour tout $n \in \mathbb{N}$.

Initialisation :
$|z^0| = |1| = 1$ et $|z|^0 = 1$, donc le résultat est vrai au rang 0.

Hypothèse de récurrence :
Soit $k \in \mathbb{N}$. Supposons que $|z^k| = |z|^k$ et montrons que $|z^{k+1}| = |z|^{k+1}$.
$|z^{k+1}| = |z^k \times z| = |z^k| \times |z| = |z|^k \times |z| = |z|^{k+1}$ d'après la propriété de la question **b**. et l'hypothèse de récurrence.
On a donc $|z^n| = |z|^n$ pour tout $n \in \mathbb{N}$.

 À NOTER
Chacune des formules démontrées peut être synthétisée en une phrase :
• Le produit d'un nombre complexe par son conjugué est égal au carré du module de ce nombre complexe.
• Le module du produit est égal au produit des modules.
• Le module de la puissance n est égal à la puissance n du module.

▶ S'ENTRAÎNER

8 Démontrer des propriétés géométriques à l'aide des différentes formes d'écriture des nombres complexes

1. • $z_1 = 3\left(\cos\left(\dfrac{\pi}{6}\right) + i\sin\left(\dfrac{\pi}{6}\right)\right) = 3\left(\dfrac{\sqrt{3}}{2} + \dfrac{1}{2}i\right) = \dfrac{3\sqrt{3}}{2} + \dfrac{3}{2}i.$

• $z_2 = \overline{z_1} = \dfrac{3\sqrt{3}}{2} - \dfrac{3}{2}i$, par définition d'un nombre complexe conjugué.

• $z_3 = -z_1 = -\left(\dfrac{3\sqrt{3}}{2} + \dfrac{3}{2}i\right) = -\dfrac{3\sqrt{3}}{2} - \dfrac{3}{2}i.$

2. • $z_1 = 3\left(\cos\left(\dfrac{\pi}{6}\right) + i\sin\left(\dfrac{\pi}{6}\right)\right) = 3e^{i\frac{\pi}{6}}$, donc le **module de z_1 est 3** et un **argument de z_1 est $\dfrac{\pi}{6}$** à 2π près.

• $z_2 = \overline{z_1} = 3e^{-i\frac{\pi}{6}}$, donc le **module de z_2 est 3** et un **argument de z_2 est $-\dfrac{\pi}{6}$** à 2π près.

• $-1 = e^{i\pi}$ et $e^{i\theta} \times e^{i\theta'} = e^{i(\theta+\theta')}$ pour tous réels $(\theta\,;\theta') \in \mathbb{R}^{*2}$,

donc $z_3 = -z_1 = -3e^{i\frac{\pi}{6}} = 3e^{i\pi}e^{i\frac{\pi}{6}} = 3e^{i\left(\frac{\pi}{6}+\pi\right)} = 3e^{i\frac{7\pi}{6}}.$

Le **module de z_3 est 3** et un **argument de z_3 est $\dfrac{7\pi}{6}$** à 2π près.

3. a. $z_4 = z_1 e^{i\frac{2\pi}{3}} = 3e^{i\frac{\pi}{6}}e^{i\frac{2\pi}{3}} = 3e^{i\left(\frac{\pi}{6}+\frac{2\pi}{3}\right)} = 3e^{i\left(\frac{\pi}{6}+\frac{4\pi}{6}\right)} = 3e^{i\frac{5\pi}{6}}.$

b. Le **module de z_4 est 3** et un **argument de z_4 est $\dfrac{5\pi}{6}$** à 2π près.

c. $z_4 = 3e^{i\frac{5\pi}{6}} = 3\left(\cos\left(\dfrac{5\pi}{6}\right) + i\sin\left(\dfrac{5\pi}{6}\right)\right) = 3\left(-\dfrac{\sqrt{3}}{2} + \dfrac{1}{2}i\right) = -\dfrac{3\sqrt{3}}{2} + \dfrac{3}{2}i.$

📝 À NOTER

$\dfrac{5\pi}{6} = \pi - \dfrac{\pi}{6}$ et $\dfrac{\pi}{6}$ est une valeur remarquable.

4. a. Les nombres complexes z_1, z_2, z_3 et z_4 sont tous de module 3 donc, par définition, OA = OB = OC = OD = 3.
Ainsi les points A, B, C et D appartiennent au cercle $\mathscr{C}$ de rayon O et de rayon 3 (voir ci-après).

b. • Le point A a pour ordonnée $\frac{3}{2}$ et une abscisse positive, ce qui permet de le placer sur le cercle $\mathcal{C}$.
• De même, le point B a pour ordonnée $-\frac{3}{2}$ et une abscisse positive, ce qui permet de le placer sur le cercle $\mathcal{C}$.
• Le point C a pour ordonnée $-\frac{3}{2}$ et une abscisse négative, ce qui permet de le placer sur le cercle $\mathcal{C}$.
• Le point D a pour ordonnée $\frac{3}{2}$ et une abscisse négative, ce qui permet de le placer sur le cercle $\mathcal{C}$.

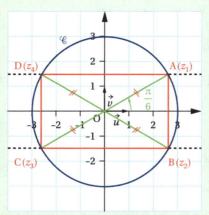

c. • $AC = |z_3 - z_1| = |-z_1 - z_1| = |-2z_1| = |2z_1| = 2|z_1| = 6$.
• $BD = |z_4 - z_2| = \left|-\frac{3\sqrt{3}}{2} + \frac{3}{2}i - \left(\frac{3\sqrt{3}}{2} - \frac{3}{2}i\right)\right| = \left|-\frac{3\sqrt{3}}{2} + \frac{3}{2}i - \frac{3\sqrt{3}}{2} + \frac{3}{2}i\right|$
$= |-3\sqrt{3} + 3i| = \sqrt{\left(-3\sqrt{3}\right)^2 + 3^2} = \sqrt{27 + 9} = \sqrt{36} = 6$.

d. On conjecture que ABCD est un rectangle.
Démontrons que les diagonales du quadrilatère ABCD se coupent en leur milieu :
$\frac{z_1 + z_3}{2} = \frac{z_1 - z_1}{2} = 0 = z_O$, donc le point O est le milieu du segment [AC].
De même, $\frac{z_4 + z_2}{2} = \frac{-\frac{3\sqrt{3}}{2} + \frac{3}{2}i + \frac{3\sqrt{3}}{2} - \frac{3}{2}i}{2} = 0 = z_O$.
Ainsi le point O est le milieu du segment [BD].

 À NOTER

I est le milieu de [AB] équivaut à $z_I = \frac{z_A + z_B}{2}$. → **FICHE 2**

Les diagonales du quadrilatère ABCD se coupent en leur milieu O, donc c'est un parallélogramme.
D'après la question **4. c.**, les diagonales ont aussi même longueur, donc le **quadrilatère ABCD est bien un rectangle**.

5 Trigonométrie, formules d'Euler et de Moivre

En bref *Utilisées dans $\mathbb{C}$, les formules d'Euler et de Moivre permettent de simplifier des calculs trigonométriques dans $\mathbb{R}$.*

I Formules de trigonométrie

Pour tous $(x\,;y) \in \mathbb{R}^2$, on a les formules suivantes :

■ Formules d'addition
- $\cos(x+y) = \cos x \cos y - \sin x \sin y$
- $\cos(x-y) = \cos x \cos y + \sin x \sin y$
- $\sin(x+y) = \sin x \cos y + \sin y \cos x$
- $\sin(x-y) = \sin x \cos y - \sin y \cos x$

■ Formules de duplication
- $\cos(2x) = \cos^2 x - \sin^2 x = 2\cos^2 x - 1 = 1 - 2\sin^2 x$
- $\sin(2x) = 2\sin x \cos x$

II Formules d'Euler et de Moivre

1 Exponentielle imaginaire

■ Soit $z \in \mathbb{U}$, c'est-à-dire tel que z est un nombre complexe de module 1.
$z = \cos\theta + i\sin\theta$ et, en notant $e^{i\theta} = \cos\theta + i\sin\theta$, on a $z = e^{i\theta}$.
$e^{i\theta}$ est la notation de l'exponentielle du nombre complexe z d'argument θ.

■ **Propriétés :** Soient $(\theta\,;\theta') \in \mathbb{R}^2$ et $n \in \mathbb{Z}$.

- $e^{i\theta} \times e^{i\theta'} = e^{i(\theta+\theta')}$
- $\dfrac{e^{i\theta}}{e^{i\theta'}} = e^{i(\theta-\theta')}$
- $\left(e^{i\theta}\right)^n = e^{in\theta}$
- $e^{i\theta} = e^{i(\theta+2n\pi)}$
- $\overline{e^{i\theta}} = e^{-i\theta} = \dfrac{1}{e^{i\theta}}$
- $e^{2i\pi} = e^{0i} = 1$
- $e^{i\pi} = -1$
- $e^{i\frac{\pi}{2}} = i$

À NOTER Les propriétés des puissances s'appliquent à l'exponentielle imaginaire.

2 Formules d'Euler

Soit $\theta \in \mathbb{R}$. On a :

- $\cos\theta = \dfrac{e^{i\theta} + e^{-i\theta}}{2}$
- $\sin\theta = \dfrac{e^{i\theta} - e^{-i\theta}}{2i}$

3 Formule de Moivre

Soient $\theta \in \mathbb{R}$ et $n \in \mathbb{Z}$.
On a $\left(e^{i\theta}\right)^n = e^{in\theta}$, d'où, pour tout $n \in \mathbb{Z}$:

$$(\cos\theta + i\sin\theta)^n = \cos(n\theta) + i\sin(n\theta)$$

À NOTER Les formules d'Euler et de Moivre permettent de **linéariser** des expressions trigonométriques et donc de simplifier certains calculs.

Méthode

1 | Démontrer les formules d'Euler

Montrer que, pour tout $\theta \in \mathbb{R}$:
$\cos\theta = \dfrac{e^{i\theta} + e^{-i\theta}}{2}$ **(1)** et $\sin\theta = \dfrac{e^{i\theta} - e^{-i\theta}}{2i}$ **(2)**.

CONSEILS
Exprimez $e^{i\theta}$ et $e^{-i\theta}$ en fonction de $\cos\theta$ et de $\sin\theta$, puis déduisez-en les formules. → FICHE 3

SOLUTION

Soit $\theta \in \mathbb{R}$.
On a $e^{i\theta} = \cos\theta + i\sin\theta$ et $e^{-i\theta} = \cos(-\theta) + i\sin(-\theta) = \cos\theta - i\sin\theta$.
$e^{i\theta} + e^{-i\theta} = \cos\theta + i\sin\theta + \cos\theta - i\sin\theta = 2\cos\theta$ et on obtient **(1)**.
$e^{i\theta} - e^{-i\theta} = \cos\theta + i\sin\theta - (\cos\theta - i\sin\theta) = 2i\sin\theta$ et on obtient **(2)**.

2 | Démontrer une formule de duplication

Montrer les deux égalités $\cos^2 x = \dfrac{1 + \cos(2x)}{2}$ et $\sin^2 x = \dfrac{1 - \cos(2x)}{2}$.
À partir de chacun des résultats, retrouver et montrer une formule de duplication de $\cos(2x)$.

CONSEILS
Pour les deux égalités, pensez à utiliser les formules d'Euler.

SOLUTION

• Soit $x \in \mathbb{R}$. D'après les formules d'Euler, on a $\cos x = \dfrac{e^{ix} + e^{-ix}}{2}$.

On a donc $(\cos x)^2 = \left(\dfrac{e^{ix} + e^{-ix}}{2}\right)^2 = \dfrac{1}{4}(e^{ix} + e^{-ix})^2$

$= \dfrac{1}{4}(e^{2ix} + 2 \times e^{ix} \times e^{-ix} + e^{-2ix})$

$= \dfrac{1}{4}(e^{2ix} + e^{-2ix} + 2)$

$= \dfrac{1}{2}\left(\dfrac{e^{2ix} + e^{-2ix}}{2} + 1\right) = \dfrac{\cos(2x) + 1}{2}$ car $\cos(2x) = \dfrac{e^{2ix} + e^{-2ix}}{2}$.

À NOTER
$(e^{ix})^2 = e^{2ix}$; $(e^{-ix})^2 = e^{-2ix}$;
$e^{ix} \times e^{-ix} = e^{ix-ix} = e^0 = 1$.

On en déduit que $\cos(2x) + 1 = 2\cos^2 x$, donc que $\cos(2x) = 2\cos^2 x - 1$.

• Soit $x \in \mathbb{R}$. D'après les formules d'Euler, on a $\sin x = \dfrac{e^{ix} - e^{-ix}}{2i}$.

On a donc $(\sin x)^2 = \left(\dfrac{e^{ix} - e^{-ix}}{2i}\right)^2 = -\dfrac{1}{4}(e^{ix} - e^{-ix})^2$

$= -\dfrac{1}{4}(e^{2ix} - 2 \times e^{ix} \times e^{-ix} + e^{-2ix}) = -\dfrac{1}{4}(e^{2ix} + e^{-2ix} - 2)$

$= \dfrac{1}{2}\left(1 - \dfrac{e^{2ix} + e^{-2ix}}{2}\right) = \dfrac{1 - \cos(2x)}{2}$

car $(2i)^2 = -4$ et $\cos(2x) = \dfrac{e^{2ix} + e^{-2ix}}{2}$.

On en déduit que $1 - \cos(2x) = 2\sin^2 x$, donc que $\cos(2x) = 1 - 2\sin^2 x$.

6 Équations du second degré dans $\mathbb{C}$ à coefficients réels

En bref *Certaines équations du second degré n'ont pas de solution dans $\mathbb{R}$. Dans $\mathbb{C}$, toutes ont deux solutions, distinctes ou confondues, donc tout trinôme du second degré peut être factorisé.*

I Forme canonique d'un trinôme $az^2 + bz + c = 0$, $a \neq 0$

■ Une **équation du second degré dans $\mathbb{C}$ à coefficients réels** est une équation de la forme $az^2 + bz + c = 0$, où a, b et c sont trois nombres réels avec $a \neq 0$, et où l'inconnue z est un nombre complexe.

■ La **forme canonique** du trinôme du second degré $az^2 + bz + c$ est :

$$az^2 + bz + c = a\left(\left(z + \frac{b}{2a}\right)^2 - \frac{b^2 - 4ac}{4a^2}\right) = a\left(\left(z + \frac{b}{2a}\right)^2 - \frac{\Delta}{4a^2}\right)$$

où $\Delta = b^2 - 4ac$ est le discriminant de l'équation (ou du trinôme) du second degré.

II Résolution dans $\mathbb{C}$ de l'équation $az^2 + bz + c = 0$, $a \neq 0$

On étudie le signe du discriminant $\Delta = b^2 - 4ac$.

■ **1er cas : $\Delta > 0$**

$$az^2 + bz + c = a\left(z - \frac{-b + \sqrt{\Delta}}{2a}\right)\left(z - \frac{-b - \sqrt{\Delta}}{2a}\right) \text{ car } \Delta = (\sqrt{\Delta})^2.$$

Les solutions sont $z_1 = \dfrac{-b + \sqrt{\Delta}}{2a}$ et $z_2 = \dfrac{-b - \sqrt{\Delta}}{2a}$, qui sont deux nombres réels distincts.

■ **2e cas : $\Delta = 0$**

$$az^2 + bz + c = a\left(z + \frac{b}{2a}\right)^2.$$

La solution, dite double, est $z_0 = \dfrac{-b}{2a}$, qui est un nombre réel.

■ **3e cas : $\Delta < 0$**

Dans ce cas, $-\Delta > 0$ et $\Delta = -1 \times (-\Delta) = i^2 \times (\sqrt{-\Delta})^2$, soit $\Delta = (i\sqrt{-\Delta})^2$.

$$az^2 + bz + c = a\left(z - \frac{-b + i\sqrt{-\Delta}}{2a}\right)\left(z - \frac{-b - i\sqrt{-\Delta}}{2a}\right)$$

Les solutions sont $z_1 = \dfrac{-b + i\sqrt{-\Delta}}{2a}$ et $z_2 = \overline{z_1} = \dfrac{-b - i\sqrt{-\Delta}}{2a}$, qui sont deux nombres complexes conjugués.

COURS & MÉTHODES

Méthode

Résoudre une équation du second degré dans $\mathbb{C}$

a. Résoudre dans $\mathbb{C}$ l'équation $z^2 - 2\sqrt{2}z - 2 = 0$.

b. Résoudre dans $\mathbb{C}$ l'équation $z^2 + z + 1 = 0$.

c. Résoudre dans $\mathbb{C}$ l'équation $z^2 - 6z + 9 = 0$.

CONSEILS

Étape 1 On calcule le discriminant de l'équation.
Étape 2 En fonction du signe du discriminant, on déduit le nombre de solutions de l'équation du second degré dans $\mathbb{C}$.
Étape 3 On donne l'expression de la (ou des) solution(s) de l'équation du second degré dans $\mathbb{C}$ en utilisant les valeurs numériques de a, b et c.

SOLUTION

a. **Étape 1** Le discriminant est $\Delta = \left(-2\sqrt{2}\right)^2 - 4 \times 1 \times (-2) = 8 + 8 = 16$.

Étape 2 $\Delta > 0$ donc, dans $\mathbb{C}$, l'équation $z^2 - 2\sqrt{2}z - 2 = 0$ admet deux solutions réelles distinctes.

Étape 3 Ces deux solutions réelles sont :
$$z_1 = \frac{2\sqrt{2} + \sqrt{16}}{2} = \sqrt{2} + 2 \text{ et } z_2 = \frac{2\sqrt{2} - \sqrt{16}}{2} = \sqrt{2} - 2.$$

b. **Étape 1** Le discriminant est $\Delta = 1^2 - 4 \times 1 \times 1 = -3$.

Étape 2 $\Delta < 0$ donc l'équation $z^2 + z + 1 = 0$ admet deux solutions dans $\mathbb{C}$, qui sont des nombres complexes conjugués.

Étape 3 Ces deux solutions complexes conjuguées sont :
$$z_1 = \frac{-1 + i\sqrt{3}}{2} = -\frac{1}{2} + \frac{\sqrt{3}}{2}i \text{ et } z_2 = \frac{-1 - i\sqrt{3}}{2} = -\frac{1}{2} - \frac{\sqrt{3}}{2}i.$$

À NOTER

L'équation du second degré $z^2 + z + 1 = 0$ n'a pas de solution dans $\mathbb{R}$.

c. **Étape 1** Le discriminant est $\Delta = (-6)^2 - 4 \times 1 \times 9 = 36 - 36 = 0$.

Étape 2 $\Delta = 0$ donc, dans $\mathbb{C}$, l'équation $z^2 - 6z + 9 = 0$ admet une solution réelle double.

Étape 3 Cette solution est $z_0 = \frac{6}{2} = 3$.

7 Polynômes et racines n-ièmes de l'unité

En bref *Nous allons donner des propriétés des racines de polynômes de degré n, puis déterminer les solutions du polynôme $P(z) = z^n - 1$, qui sont les racines n-ièmes de l'unité.*

I Racines de polynômes de degré n

■ On appelle polynôme de degré $n \geq 1$ à coefficients réels une fonction P définie sur $\mathbb{C}$ (et à valeurs dans $\mathbb{C}$) par :

$$P(z) = a_n z^n + a_{n-1} z^{n-1} + \ldots + a_1 z + a_0 \text{ et } (a_n, a_{n-1}, \ldots, a_1, a_0) \in \mathbb{R}^{n+1}.$$

■ *Propriétés :*

Soient $a \in \mathbb{C}$ et P un polynôme de degré n.
- P est la fonction nulle si et seulement si tous ses coefficients sont nuls.
- Le polynôme $z^n - a^n$ peut être factorisé par $z - a$.
- Si $P(a) = 0$, le polynôme P peut être factorisé par $z - a$.
- P, qui est un polynôme de degré n, admet au plus n racines.

II Racines n-ièmes de l'unité

Soit $n \in \mathbb{N}$ tel que $n \geq 2$.

■ Une **racine n-ième de l'unité** est un nombre complexe vérifiant $z^n = 1$.

■ L'ensemble $\mathbb{U}_n = \{z \in \mathbb{C} \text{ tel que } z^n = 1\}$ des racines n-ièmes de l'unité est :

$$\mathbb{U}_n = \left\{ e^{\frac{2ik\pi}{n}} \text{ avec } k \in \{0\,;1\,;2\,;\ldots;n-1\} \right\} = \left\{ 1\,; e^{\frac{2i\pi}{n}}\,; e^{\frac{4i\pi}{n}}\,; \ldots\,; e^{\frac{2(n-1)i\pi}{n}} \right\}.$$

Leur module est 1 et un de leurs arguments est $\dfrac{2k\pi}{n}$, donc leurs images sont les sommets d'un polygone régulier à n côtés inscrit dans le cercle trigonométrique.

■ *Exemples :*

On a notamment :
- $\mathbb{U}_2 = \{z \in \mathbb{C} \text{ tel que } z^2 = 1\} = \{1\,; -1\}$.
- $\mathbb{U}_3 = \left\{ e^{\frac{2ik\pi}{3}} \text{ avec } k \in \{0\,;1\,;2\} \right\}$
$= \left\{ e^0 = 1\,; e^{\frac{2i\pi}{3}} = -\dfrac{1}{2} + i\dfrac{\sqrt{3}}{2}\,; e^{\frac{4i\pi}{3}} = -\dfrac{1}{2} - i\dfrac{\sqrt{3}}{2} \right\}$
- $\mathbb{U}_4 = \{z \in \mathbb{C} \text{ tel que } z^4 = 1\} = \{1\,; -1\,; i\,; -i\}$.

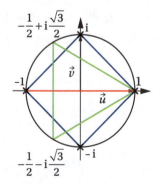

COURS & MÉTHODES

Méthode

1 | Déterminer les racines d'un polynôme de degré 4

Pour tout $z \in \mathbb{C}$, on pose $P(z) = z^4 - 16z^3 + 90z^2 - 16z + 89$.

a. Montrer que, pour tout $z \in \mathbb{C}$, $P(z) = (z^2 + 1)(z^2 - 16z + 89)$.

b. En déduire les quatre solutions de l'équation $P(z) = 0$.

> **CONSEILS**
>
> **a.** Développez l'expression $(z^2 + 1)(z^2 - 16z + 89)$, pour tout $z \in \mathbb{C}$.
> **b.** Résolvez deux équations du second degré en remarquant notamment que $z^2 + 1 = z^2 - i^2$. → FICHE 6

SOLUTION

a. Pour tout $z \in \mathbb{C}$, $(z^2 + 1)(z^2 - 16z + 89) = z^4 - 16z^3 + 89z^2 + z^2 - 16z + 89$
$= z^4 - 16z^3 + 90z^2 - 16z + 89 = P(z)$.

b. $P(z) = 0 \Leftrightarrow (z^2 + 1)(z^2 - 16z + 89) = 0$
$\Leftrightarrow z^2 + 1 = 0$ ou $z^2 - 16z + 89 = 0$
$\Leftrightarrow z^2 - i^2 = (z - i)(z + i) = 0$ ou $z^2 - 16z + 89 = 0$

L'équation $z^2 - 16z + 89 = 0$ est une équation du second degré.

$\Delta = (-16)^2 - 4 \times 1 \times 89$
$= 256 - 356 = -100$
$= (10i)^2$ car $i^2 = -1$.

> **À NOTER**
> $\Delta < 0$ donc les solutions de l'équation du second degré sont des nombres complexes conjugués. → FICHE 6

On a $z_1 = \dfrac{16 - 10i}{2} = 8 - 5i$ et $z_2 = \dfrac{16 + 10i}{2} = 8 + 5i$.

Finalement, les solutions de l'équation $P(z) = 0$ sont $S = \{i \, ; -i \, ; 8 - 5i \, ; 8 + 5i\}$.

2 | Déterminer les racines quatrièmes de l'unité

Montrer que $\mathbb{U}_4 = \{1 \, ; -1 \, ; i \, ; -i\}$.

> **CONSEILS**
>
> Factoriser l'expression $z^4 - 1$ à l'aide d'une identité remarquable.

SOLUTION

$\mathbb{U}_4 = \{z \in \mathbb{C}$ tel que $z^4 = 1\}$. Soit $z \in \mathbb{C}$.
$z \in \mathbb{U}_4 \Leftrightarrow z^4 = 1 \Leftrightarrow (z^2)^2 - 1^2 = 0 \Leftrightarrow (z^2 - 1)(z^2 + 1) = 0$
$\Leftrightarrow (z - 1)(z + 1)(z^2 - i^2) = 0$ car $i^2 = -1$
$\Leftrightarrow (z - 1)(z + 1)(z - i)(z + i) = 0$
$\Leftrightarrow z \in \{1 \, ; -1 \, ; i \, ; -i\}$.

On obtient bien $\mathbb{U}_4 = \{1 \, ; -1 \, ; i \, ; -i\}$.

2 • Applications des nombres complexes

▶ SE TESTER QUIZ

*Vérifiez que vous avez bien compris les points clés des **fiches 5 à 7**.*

Le plan orienté est muni d'un repère orthonormé direct $(O\,;\vec{u},\vec{v})$.

1 Trigonométrie, formules d'Euler et de Moivre → FICHE 5

1. Pour tout $\theta \in \mathbb{R}$, le nombre complexe $e^{i\theta} + \dfrac{1}{e^{i\theta}}$ est égal à :

☐ **a.** 1 ☐ **c.** $2\cos\theta$
☐ **b.** $\cos\theta + i\sin\theta$ ☐ **d.** $2i\sin\theta$

2. Pour $\theta \in [0\,;2\pi[$, on pose $Z(\theta) = 1 + e^{i\theta}$. On a $Z(\theta) = 2\cos\left(\dfrac{\theta}{2}\right) e^{i\frac{\theta}{2}}$.

☐ **a.** Vrai ☐ **b.** Faux

2 Résoudre dans $\mathbb{C}$ une équation du second degré → FICHE 6

1. Dans $\mathbb{C}$, si le discriminant d'une équation du second degré à coefficients réels est strictement négatif, alors l'équation :

☐ **a.** n'admet pas de solution
☐ **b.** admet deux solutions complexes conjuguées
☐ **c.** admet deux solutions complexes opposées

2. Dans $\mathbb{C}$, les solutions de l'équation $z^2 - 4z - 5 = 0$ sont :

☐ **a.** deux nombres réels
☐ **b.** un nombre complexe et un nombre réel
☐ **c.** deux nombres complexes non réels

3. $z_1 = 1 + i\sqrt{2}$ et $z_2 = 1 - i\sqrt{2}$ sont les solutions de l'équation :

☐ **a.** $z^2 - 2z - 3 = 0$ ☐ **b.** $z^2 - 2z + 3 = 0$ ☐ **c.** $z^2 + 2z + 3 = 0$

3 Polynômes et racines n-ièmes de l'unité → FICHE 7

1. Soient $n \in \mathbb{N}^*$ et $z \neq 1$ une racine n-ième de l'unité. $1 + z + z^2 + \ldots + z^{n-1}$ est égal à :

☐ **a.** i ☐ **b.** 1 ☐ **c.** 0 ☐ **d.** $1 - z$

2. Les racines troisièmes de l'unité sont 1, $j = e^{i\frac{\pi}{3}}$ et j^2.

☐ **a.** Vrai ☐ **b.** Faux

DÉMONSTRATIONS CLÉS

Démontrer une des formules d'addition de trigonométrie

→ FICHES 5

Démontrer que, pour tous $(x\,;y) \in \mathbb{R}^2$, on a :
$\cos(x+y) = \cos x \cos y - \sin x \sin y$.

CONSEILS

Considérez les points $X(\cos(x)\,;\sin(x))$ et $Y(\cos(y)\,;\sin(y))$ situés sur le cercle trigonométrique ci-contre, puis utilisez l'égalité $(\overrightarrow{OY}\,;\overrightarrow{OX}) = x - y\ [2\pi]$ et exprimez de deux façons $\overrightarrow{OY} \cdot \overrightarrow{OX}$:
- avec les coordonnées de $\overrightarrow{OX}$ et de $\overrightarrow{OY}$;
- avec la formule utilisant le cosinus.

Dans l'égalité obtenue, il suffit alors de remplacer y par $-y$ pour obtenir l'égalité recherchée.

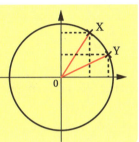

Démontrer des propriétés des racines de polynômes

→ FICHE 7

Soient $n \in \mathbb{N}^*$, $a \in \mathbb{R}$ et P un polynôme défini sur les nombres complexes.
Démontrer les propriétés suivantes :
a. **Propriété 1** : On peut factoriser $z^n - a^n$ par $z - a$.
b. **Propriété 2** : On peut factoriser $P(z)$ par $z - a$ si $P(a) = 0$.
c. **Propriété 3** : Le nombre de solutions d'une équation polynomiale est inférieur ou égal à son degré.

CONSEILS

Propriété 1 : Démontrez le résultat par récurrence.
Propriété 2 : Commencez par montrer que $P(z) - P(a)$ peut être factorisé par $z - a$.
Propriété 2 : Démontrez le résultat en raisonnant par l'absurde.

Déterminer les racines n-ièmes de l'unité

→ FICHE 7

Soit $n \in \mathbb{N}^*$.
Montrer que l'ensemble $\mathbb{U}_n = \{z \in \mathbb{C}$ tel que $z^n = 1\}$ des racines n-ièmes de l'unité est $\mathbb{U}_n = \left\{ e^{\frac{2ik\pi}{n}} \text{ avec } k \in \{0\,;1\,;2\,;\ldots;n-1\} \right\} = \left\{ e^{0i} = 1\,; e^{\frac{2i\pi}{n}}\,; e^{\frac{4i\pi}{n}}\,; \ldots; e^{\frac{2(n-1)i\pi}{n}} \right\}$.

CONSEILS

Posez $z = re^{i\theta}$ où $r > 0$ et θ sont deux réels, et identifiez les modules et arguments (à 2π près) de z^n et de 1 notés sous la forme exponentielle.

2 • Applications des nombres complexes

▶ S'ENTRAÎNER

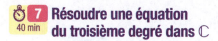

7 Résoudre une équation du troisième degré dans $\mathbb{C}$
40 min

→ FICHES **1** à **4, 6** et **7**

> Dans ce sujet, il s'agit de résoudre une équation du troisième degré dans $\mathbb{C}$ et de déterminer les propriétés du triangle formé par les images dans le plan complexe des trois solutions de cette équation.

📄 LE SUJET

Partie A

On considère, dans l'ensemble des nombres complexes, l'équation (E) :
$$z^3 - 27 = 0.$$

1. Montrer que 3 est une solution de (E).

2. Montrer que (E) peut s'écrire sous la forme $(z-3)(az^2 + bz + c) = 0$ où a, b et c sont trois réels que l'on déterminera.

3. Résoudre l'équation (E).

Partie B

Le plan complexe est muni d'un repère orthonormé $(O\,;\vec{u},\vec{v})$ d'unité graphique 2 cm. On considère dans le plan complexe les points A, B et C d'affixes respectives $z_A = -\dfrac{3}{2} + \dfrac{3\sqrt{3}}{2}i$, $z_B = 3$ et $z_C = -\dfrac{3}{2} - \dfrac{3\sqrt{3}}{2}i$.

1. Donner la notation exponentielle de z_A et de z_C.

2. a. Placer les points A, B et C dans le plan complexe.

b. Déterminer la nature du triangle ABC.

👁 LIRE LE SUJET

Partie A

2. Il faut montrer que l'on peut factoriser $z^3 - 27$ par $z - 3$.

3. Il s'agit de résoudre l'équation $z^3 - 27 = 0$, c'est-à-dire donner ses éventuelles solutions en plus de la solution 3.

Partie B

1. Il faut déterminer $|z_A|$ et $\arg(z_A)$ à 2π près, puis faire de même avec z_C.

2. a. Pour chaque nombre complexe, il s'agit de déterminer son image puis la placer dans le plan complexe.

b. Il faut déterminer les propriétés particulières du triangle ABC formé.

▶▶▶ LA FEUILLE DE ROUTE

Partie A

1. Vérifier qu'une valeur est solution d'une équation → FICHE 6
Remplacez z par la valeur 3 dans l'expression $z^3 - 27$.

2. Factoriser une expression → FICHES 1 et 7
D'après la question **1.**, il est possible de factoriser l'expression $z^3 - 27$ par $(z - 3)$. À l'aide d'un développement et d'une identification, déduisez-en les valeurs de a, b et c.

3. Résoudre dans $\mathbb{C}$ une équation du second degré → FICHE 6
Une fois les valeurs de a, b et c trouvées, résolvez dans $\mathbb{C}$ l'équation du second degré.

Partie B

1. Déterminer la notation exponentielle d'un nombre complexe → FICHE 3
Déterminez le module et un argument de chacun des nombres complexes, pour trouver d'abord leur forme trigonométrique.

2. a. Représenter géométriquement un nombre complexe → FICHE 2
Remarquez que deux des nombres complexes sont des nombres conjugués et que le troisième est un nombre réel.

b. Calculer des distances avec les nombres complexes → FICHE 4
Calculez les trois distances AB, BC et AC.

CORRIGÉS

▶ SE TESTER QUIZ

1 Trigonométrie, formules d'Euler et de Moivre

1. Réponse c. Pour tout $\theta \in \mathbb{R}$, $e^{i\theta} + \dfrac{1}{e^{i\theta}} = e^{i\theta} + e^{-i\theta} = 2\cos\theta$, d'après la formule d'Euler relative au cosinus.

2. Réponse a. D'après la formule d'Euler relative au cosinus, on a $\cos\left(\dfrac{\theta}{2}\right) = \dfrac{e^{i\frac{\theta}{2}} + e^{-i\frac{\theta}{2}}}{2}$.

On a donc $2\cos\left(\dfrac{\theta}{2}\right)e^{i\frac{\theta}{2}} = \left(e^{i\frac{\theta}{2}} + e^{-i\frac{\theta}{2}}\right) \times e^{i\frac{\theta}{2}} = e^{i\frac{\theta}{2}} \times e^{i\frac{\theta}{2}} + e^{-i\frac{\theta}{2}} \times e^{i\frac{\theta}{2}}$

$= e^{i\left(\frac{\theta}{2} + \frac{\theta}{2}\right)} + e^{i\left(-\frac{\theta}{2} + \frac{\theta}{2}\right)} = e^{i\theta} + e^{0i} = e^{i\theta} + 1 = Z(\theta)$.

La proposition est donc vraie.

À NOTER
$e^{i\theta} \times e^{i\theta'} = e^{i(\theta+\theta')}$ pour tout $(\theta ; \theta') \in \mathbb{R}^2$. → FICHE 5

2 • Applications des nombres complexes

2 Résoudre dans ℂ une équation du second degré

1. Réponse b. Dans ℂ, si le discriminant d'une équation du second degré à coefficients réels est strictement négatif, alors l'équation admet deux solutions complexes conjuguées.

2. Réponse a. Le discriminant Δ de l'équation du second degré $z^2 - 4z - 5 = 0$ est $\Delta = (-4)^2 - 4 \times 1 \times (-5) = 16 + 20 = 36$. On a $\Delta > 0$.
L'équation du second degré $z^2 - 4z - 5 = 0$ admet donc pour solution deux nombres réels.

3. Réponse b. Si les nombres complexes $z_1 = 1 + i\sqrt{2}$ et $z_2 = 1 - i\sqrt{2}$ sont les deux solutions d'une équation du second degré, alors cette équation est de la forme $(z - z_1)(z - z_2) = 0$.
On a :
$$(z - z_1)(z - z_2) = 0 \Leftrightarrow z^2 - z_2 z - z_1 z + z_1 z_2 = 0$$
$$\Leftrightarrow z^2 - (z_1 + z_2)z + z_1 z_2 = 0$$
$$\Leftrightarrow z^2 - 2z + 3 = 0 \text{ car } z_1 + z_2 = 2$$
et $z_1 z_2 = (1 + i\sqrt{2})(1 - i\sqrt{2}) = 1^2 - (i\sqrt{2})^2 = 1 + 2 = 3$.
Les nombres complexes $z_1 = 1 + i\sqrt{2}$ et $z_2 = 1 - i\sqrt{2}$ sont les deux solutions de l'équation du second degré $z^2 - 2z + 3 = 0$.

> **À NOTER**
> Une autre méthode (plus longue) consiste à vérifier, pour chaque équation, si les valeurs z_1 et z_2 sont solutions.

3 Polynômes et racines n-ièmes de l'unité

1. Réponse c. Soient $n \in \mathbb{N}^*$ et $z \neq 1$ une racine n-ième de l'unité.
$(1 - z)(1 + z + z^2 + \ldots + z^{n-1}) = 1 + z + z^2 + \ldots + z^{n-1} - (z + z^2 + \ldots + z^n)$
$= 1 - z^n = 0$
car z est une racine n-ième de l'unité, c'est-à-dire que $z^n = 1$.
Dans ℂ, on a aussi la propriété suivante : un produit est nul si et seulement si un de ses facteurs est nul.
Puisque $z \neq 1$, on a $1 + z + z^2 + \ldots + z^{n-1} = 0$.

2. Réponse b.
On a $\mathbb{U}_3 = \left\{ e^{\frac{2ik\pi}{3}} \text{ avec } k \in \{0 ; 1 ; 2\} \right\} = \left\{ e^0 = 1 ; e^{\frac{2i\pi}{3}} ; e^{\frac{4i\pi}{3}} \right\}$.
La proposition est donc fausse.

DÉMONSTRATIONS CLÉS

4 Démontrer une des formules d'addition de trigonométrie

Soient $(x\,;y) \in \mathbb{R}^2$.
Dans la figure ci-dessous, on considère les points $X(\cos(x)\,;\sin(x))$ et $Y(\cos(y)\,;\sin(y))$ sur le cercle trigonométrique.

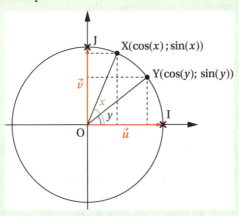

Par construction, on a $(\vec{u}\,;\overrightarrow{OX}) = x\ [2\pi]$ et $(\vec{u}\,;\overrightarrow{OY}) = y\ [2\pi]$.
On a donc $(\overrightarrow{OY}\,;\overrightarrow{OX}) = (\vec{u}\,;\overrightarrow{OX}) - (\vec{u}\,;\overrightarrow{OY})$
$\phantom{On a donc (\overrightarrow{OY}\,;\overrightarrow{OX})} = x - y\ [2\pi]$.

On exprime le produit scalaire $\overrightarrow{OY} \cdot \overrightarrow{OX}$ de deux façons :

• à l'aide des normes :
$\overrightarrow{OY} \cdot \overrightarrow{OX} = \|\overrightarrow{OY}\| \times \|\overrightarrow{OX}\| \cos(\overrightarrow{OY}\,;\overrightarrow{OX}) = \cos(x - y)$
car $\|\overrightarrow{OY}\| = \|\overrightarrow{OX}\| = 1$ puisque les points X et Y sont situés sur le cercle trigonométrique.

• à l'aide des coordonnées :
$\overrightarrow{OY} \cdot \overrightarrow{OX} = \cos(x)\cos(y) + \sin(x)\sin(y)$ car les coordonnées des vecteurs sont $\overrightarrow{OX}\,(\cos(x)\,;\sin(x))$ et $\overrightarrow{OY}\,(\cos(y)\,;\sin(y))$.

On obtient donc : $\cos(x - y) = \cos(x)\cos(y) + \sin(x)\sin(y)$.
En remplaçant y par $-y$ dans cette égalité, on obtient :
$\cos(x + y) = \cos(x)\cos(-y) + \sin(x)\sin(-y)$, soit
$\cos(x + y) = \cos(x)\cos(y) - \sin(x)\sin(y)$
Finalement, pour tous $(x\,;y) \in \mathbb{R}^2$, on a $\cos(x + y) = \cos x \cos y - \sin x \sin y$.

 À NOTER
$\cos(-y) = \cos(y)$ et $\sin(-y) = -\sin(y)$.

5 Démontrer des propriétés des racines de polynômes

a. Propriété 1 :
Montrons par récurrence sur $\mathbb{N}^*$ que l'on peut factoriser $z^n - a^n$ par $z - a$.
Initialisation :
Pour $n = 1$, $z^1 - a^1 = z - a$ est factorisable par $z - a$ (on a $z - a = 1(z - a)$).
Hérédité :
Soit $k \in \mathbb{N}^*$. On suppose que $z^k - a^k$ peut être factorisé par $z - a$.
Montrons que $z^{k+1} - a^{k+1}$ peut être factorisé par $z - a$.
$z^{k+1} - a^{k+1} = z \times z^k - a \times a^k$
$= z \times (z^k - a^k) + z \times a^k - a \times a^k$ en introduisant l'expression $z^k - a^k$
$= z \times (z^k - a^k) + a^k(z - a)$
Or, par hypothèse, $z^k - a^k$ peut être factorisé par $z - a$, donc il existe un polynôme Q tel que $z^k - a^k = Q(z)(z - a)$ pour tout $z \in \mathbb{C}$.
Pour tout $z \in \mathbb{C}$, on a donc :
$z^{k+1} - a^{k+1} = z \times Q(z)(z - a) + a^k(z - a) = (z \times Q(z) + a^k)(z - a)$.
R défini par $R(z) = z \times Q(z) + a^k$ est un polynôme donc $z^{k+1} - a^{k+1}$ peut être factorisé par $z - a$.
Finalement, pour tout $n \in \mathbb{N}^*$, $z^n - a^n$ peut être factorisé par $z - a$.

b. Propriété 2 :
Soit P un polynôme défini sur les nombres complexes et $a \in \mathbb{R}$.
Commençons par montrer que $P(z) - P(a)$ peut être factorisé par $z - a$.
P est un polynôme défini sur les nombres complexes, donc il existe $n \in \mathbb{N}^*$ et $n + 1$ coefficients réels $\alpha_0, \alpha_1, ..., \alpha_{n-1}$ et $\alpha_n \neq 0$ tels que :
$P(z) = \alpha_n z^n + \alpha_{n-1} z^{n-1} + ... + \alpha_1 z + \alpha_0$ pour tout $z \in \mathbb{C}$.
Pour tout $z \in \mathbb{C}$, on a donc :
$P(z) - P(a) = \alpha_n z^n + \alpha_{n-1} z^{n-1} + ... + \alpha_1 z + \alpha_0 - (\alpha_n a^n + \alpha_{n-1} a^{n-1} + ... + \alpha_1 a + \alpha_0)$
$= \alpha_n(z^n - a^n) + \alpha_{n-1}(z^{n-1} - a^{n-1}) + ... + \alpha_1(z - a)$

Or, d'après la **propriété 1**, $z^k - a^k$ peut être factorisé par $z - a$ pour tout $k \in \mathbb{N}^*$, donc tous les termes $z^k - a^k$ pour $k \in \{1 ; 2 ; ... ; n\}$ de l'expression de $P(z) - P(a)$ peuvent être factorisés par $z - a$.
Finalement, $P(z) - P(a)$ peut être factorisé par $z - a$ et il existe un polynôme Q défini sur les nombres complexes tel que :
$$P(z) - P(a) = Q(z)(z - a) \text{ pour tout } z \in \mathbb{C}.$$
Si $P(a) = 0$, on a donc $P(z) = Q(z)(z - a)$ pour tout $z \in \mathbb{C}$ et $P(z)$ peut être factorisé par $z - a$.
Finalement, pour P un polynôme défini sur $\mathbb{C}$ et $a \in \mathbb{R}$, on peut factoriser $P(z)$ par $z - a$ si $P(a) = 0$.

c. Propriété 3 :
Démontrons par l'absurde que le nombre de solutions d'une équation polynomiale est inférieur ou égal à son degré.
Soit P un polynôme défini sur les nombres complexes et de degré $n \in \mathbb{N}^*$.
Supposons que le nombre de solutions de l'équation $P(z) = 0$ est $p \in \mathbb{N}^*$ avec $p > n$.

Il existe donc p nombres complexes $a_1, a_2, ..., a_{p-1}$ et a_p, tous différents, qui sont solutions de l'équation $P(z) = 0$.
Or, d'après la **propriété 2**, si $P(a_1) = P(a_2) = ... = P(a_p) = 0$, alors $P(z)$ peut être factorisé par $z - a_k$ pour tout $k \in \{1; 2; 3; ...; p\}$, donc par leur produit $(z - a_1)(z - a_2)...(z - a_{p-1})(z - a_p)$.
$(z - a_1)(z - a_2)...(z - a_{p-1})(z - a_p)$ est un polynôme de degré $p > n$. Or un polynôme de degré n ne peut être factorisé par un polynôme de degré strictement supérieur. L'hypothèse de départ est donc fausse.
Le nombre de solutions d'une équation polynomiale est donc inférieur ou égal à son degré.

6 Déterminer les racines n-ièmes de l'unité

Soit $n \in \mathbb{N}^*$. Déterminons l'ensemble $\mathbb{U}_n = \{z \in \mathbb{C} \text{ tel que } z^n = 1\}$ des racines n-ièmes de l'unité.
Soit $z \in \mathbb{C}$. On pose $z = re^{i\theta}$ où $r > 0$ et θ sont deux réels.
$z \in \mathbb{U}_n \Leftrightarrow z^n = 1 \Leftrightarrow (re^{i\theta})^n = 1 \Leftrightarrow r^n(e^{i\theta})^n = 1 \Leftrightarrow r^n e^{in\theta} = 1 = e^{0i}$

$z \in \mathbb{U}_n \Leftrightarrow \begin{cases} r^n = 1 \\ n\theta = 0 + 2k\pi \text{ avec } k \in \mathbb{Z} \end{cases}$

$z \in \mathbb{U}_n \Leftrightarrow \begin{cases} r = 1 \text{ car } r > 0 \text{ est un nombre réel} \\ \theta = \dfrac{2k\pi}{n} \text{ avec } k \in \mathbb{Z} \end{cases}$

$z \in \mathbb{U}_n \Leftrightarrow z \in \left\{e^{0i} = 1; e^{\frac{2i\pi}{n}}; e^{\frac{4i\pi}{n}}; ...; e^{\frac{2(n-1)i\pi}{n}}\right\}$ car $e^{2\pi i} = e^{0i} = 1$

$z \in \mathbb{U}_n \Leftrightarrow z \in \left\{e^{\frac{2ik\pi}{n}} \text{ avec } k \in \{0; 1; 2; ...; n-1\}\right\}$.

On a donc :
$\mathbb{U}_n = \left\{e^{\frac{2ik\pi}{n}} \text{ avec } k \in \{0; 1; 2; ...; n-1\}\right\} = \left\{e^0 = 1; e^{\frac{2i\pi}{n}}; e^{\frac{4i\pi}{n}}; ...; e^{\frac{2(n-1)i\pi}{n}}\right\}$.

▶ S'ENTRAÎNER

7 Résoudre une équation du troisième degré dans $\mathbb{C}$

Partie A

1. En substituant 3 à z dans l'expression $z^3 - 27$, on a $z^3 - 27 = 3^3 - 27 = 0$.
Donc 3 est solution de l'équation (E).

2. • Le nombre 3 étant solution de l'équation (E), le polynôme $z^3 - 27$ peut être factorisé par $(z - 3)$:
$z^3 - 27 = (z - 3)(az^2 + bz + c)$ où a, b et c sont des nombres réels.
• Déterminons a, b et c en développant l'expression $(z - 3)(az^2 + bz + c)$:
$(z-3)(az^2 + bz + c) = az^3 + bz^2 + cz - 3az^2 - 3bz - 3c$
$\qquad\qquad\qquad\qquad = az^3 + (b - 3a)z^2 + (c - 3b)z - 3c.$

Par identification, on obtient $\begin{cases} a = 1 \\ b - 3a = 0, \\ -3c = -27 \end{cases}$ soit $\begin{cases} a = 1 \\ b - 3 = 0, \\ c = 9 \end{cases}$ puis $\begin{cases} a = 1 \\ b = 3. \\ c = 9 \end{cases}$

On a donc $z^3 - 27 = (z - 3)(z^2 + 3z + 9)$ pour tout $z \in \mathbb{C}$.

3. D'après la question **1.**, nous savons que $z = 3$ est solution de l'équation (E).
Les autres solutions de l'équation sont les solutions dans $\mathbb{C}$ de l'équation du second degré à coefficients réels $z^2 + 3z + 9 = 0$.
Son discriminant est $\Delta = 3^2 - 4 \times 1 \times 9 = 9 - 36 = -27 < 0$.
On a $-27 = (\sqrt{27}i)^2 = (3\sqrt{3}i)^2$.
On a $z_1 = \dfrac{-3 + 3\sqrt{3}i}{2} = -\dfrac{3}{2} + i\dfrac{3\sqrt{3}}{2}$ et $z_2 = \dfrac{-3 - 3\sqrt{3}i}{2} = -\dfrac{3}{2} - i\dfrac{3\sqrt{3}}{2}$.

Finalement, l'ensemble des solutions est $\mathcal{S} = \left\{3\,;\, -\dfrac{3}{2} + i\dfrac{3\sqrt{3}}{2}\,;\, -\dfrac{3}{2} - i\dfrac{3\sqrt{3}}{2}\right\}$.

Partie B

1. On commence par déterminer le module et un argument des nombres complexes z_A et z_C qui sont deux nombres complexes conjugués.

$|z_A| = |z_C| = \left|-\dfrac{3}{2} + i\dfrac{3\sqrt{3}}{2}\right| = \sqrt{\left(-\dfrac{3}{2}\right)^2 + \left(\dfrac{3\sqrt{3}}{2}\right)^2}$

$\qquad\quad = \sqrt{\dfrac{9}{4} + \dfrac{27}{4}} = \sqrt{\dfrac{36}{4}} = \sqrt{9} = 3.$

Ainsi $z_A = -\dfrac{3}{2} + i\dfrac{3\sqrt{3}}{2} = 3\left(-\dfrac{1}{2} + i\dfrac{\sqrt{3}}{2}\right)$. On pose $\theta = \arg(z_A)$ à 2π près.

Alors $z_A = 3\left(-\dfrac{1}{2} + i\dfrac{\sqrt{3}}{2}\right) = 3(\cos\theta + i\sin\theta)$, d'où : $\cos\theta = -\dfrac{1}{2}$ et $\sin\theta = \dfrac{\sqrt{3}}{2}$, donc $\theta = \dfrac{2\pi}{3}$ à 2π près, en observant le cercle trigonométrique.

On en déduit que $z_A = 3e^{i\frac{2\pi}{3}}$ et $z_C = \overline{z_A} = 3e^{-i\frac{2\pi}{3}}$.

2. a. z_A et z_C sont de module 3, donc les points A et C appartiennent au cercle $\mathscr{C}$ de centre O et de rayon 3.

Un argument du nombre complexe z_A est $\dfrac{2\pi}{3}$ à 2π près, donc A est le point du cercle $\mathscr{C}$ tel que $(\vec{u}\,;\overrightarrow{OA}) = \dfrac{2\pi}{3} + 2k\pi$, avec $k \in \mathbb{Z}$.

Un argument du nombre complexe z_C est $-\dfrac{2\pi}{3}$ à 2π près, donc C est le point du cercle $\mathscr{C}$ tel que $(\vec{u}\,;\overrightarrow{OC}) = -\dfrac{2\pi}{3} + 2k\pi$, avec $k \in \mathbb{Z}$.

Le point B a pour coordonnées (3 ; 0).

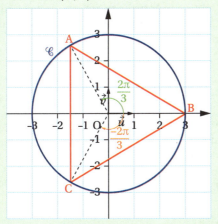

b. • $AB = |z_B - z_A| = \left|3 - \left(-\dfrac{3}{2} + i\dfrac{3\sqrt{3}}{2}\right)\right| = \left|3 + \dfrac{3}{2} - i\dfrac{3\sqrt{3}}{2}\right| = \left|\dfrac{9}{2} - i\dfrac{3\sqrt{3}}{2}\right|$

$= \sqrt{\left(\dfrac{9}{2}\right)^2 + \left(-\dfrac{3\sqrt{3}}{2}\right)^2} = \sqrt{\dfrac{81}{4} + \dfrac{27}{4}} = \sqrt{\dfrac{108}{4}} = \sqrt{27} = 3\sqrt{3}$.

• $CB = |z_B - z_C|$.

z_C et z_A sont deux nombres complexes conjugués, donc $z_C = \overline{z_A}$ et z_B est un nombre réel, donc $\overline{z_B} = z_B$.

Ainsi $CB = |z_B - z_C| = |\overline{z_B} - \overline{z_A}| = |\overline{z_B - z_A}| = |z_B - z_A| = 3\sqrt{3}$.

• $CA = |z_A - z_C| = \left|-\dfrac{3}{2} + i\dfrac{3\sqrt{3}}{2} - \left(-\dfrac{3}{2} - i\dfrac{3\sqrt{3}}{2}\right)\right|$

$= \left|-\dfrac{3}{2} + i\dfrac{3\sqrt{3}}{2} + \dfrac{3}{2} + i\dfrac{3\sqrt{3}}{2}\right| = |3\sqrt{3}i| = 3\sqrt{3}$.

• $AB = CB = CA$ donc **ABC est un triangle équilatéral**.

8 Divisibilité et congruences

En bref *La relation de congruence est l'une des bases de l'arithmétique modulaire. Au lieu de considérer les entiers, on raisonne suivant leur reste dans la division euclidienne par un entier fixé.*

I Divisibilité dans $\mathbb{Z}$

■ **Définitions :** Si a et b sont deux entiers relatifs, on dit que *b divise a* ou que *b est un diviseur de a* ou que *a est un multiple de b* ou que *a est divisible par b* lorsqu'il existe un entier relatif k tel que $a = kb$.
On note $b|a$.

■ **Propriétés**
- Tout entier relatif non nul n possède un nombre fini de diviseurs, compris entre $-n$ et n.
- Soit a, b et c trois **entiers relatifs**, avec $a \neq 0$ et $b \neq 0$. Si a divise b et b divise c, alors a divise c.
- Soit a, b et c trois entiers relatifs, avec $a \neq 0$. Si a divise b et c, alors a divise tout nombre de la forme $mb + nc$, où m et n sont des entiers relatifs.

MOT CLÉ
$\mathbb{Z}$ est l'ensemble des entiers relatifs, $\mathbb{N}$ est l'ensemble des entiers naturels.
$\mathbb{N}$ est inclus dans $\mathbb{Z}$, on note $\mathbb{N} \subset \mathbb{Z}$.

II Division euclidienne

Soit a un entier relatif et b un entier naturel non nul.

■ **Théorème :** Il existe un unique couple $(q\,;r)$ d'entiers relatifs tels que :
$$a = bq + r \text{ et } 0 \leq r < b.$$

■ **Définitions :** a est le **dividende**, b est le **diviseur**, q est le **quotient**, r est le **reste** dans la division euclidienne de a par b.

III Congruences

■ **Définition :** Soit a et b deux entiers relatifs et n un entier naturel non nul. On dit que a et b sont **congrus modulo n** lorsque a et b ont le même reste dans la division euclidienne par n. On note $a \equiv b\ [n]$.

■ **Propriétés :** Soit a, a', b, b' et c des entiers relatifs et n un entier naturel non nul.
- a et b sont congrus modulo n si et seulement si $b - a$ est divisible par n.
- Si $a \equiv b\ [n]$ et $b \equiv c\ [n]$, alors $a \equiv c\ [n]$.
- Si $a \equiv b\ [n]$ et $a' \equiv b'\ [n]$, alors $a + a' \equiv b + b'\ [n]$ et $aa' \equiv bb'\ [n]$.
- Si $a \equiv b\ [n]$ alors, pour tout entier relatif c, $a + c \equiv b + c\ [n]$.
- Si $a \equiv b\ [n]$ alors, pour tout entier naturel non nul p, $a^p \equiv b^p\ [n]$.

COURS & MÉTHODES

Méthode

1. Construire et utiliser un tableau de congruences

Pour tout entier relatif n, on pose $g(n) = n^2 - 3n + 6$.

On veut déterminer les entiers n tels que $g(n)$ soit divisible par 5.

a. Étudier suivant le reste de n dans la division euclidienne par 5 (on dit « reste de n modulo 5 ») le reste de $g(n)$ modulo 5. Consigner les résultats dans un tableau.

b. Conclure à l'aide du tableau de la question précédente.

> **CONSEILS**
> **a.** Utilisez les propriétés des congruences.
> **b.** Utilisez l'équivalence « $g(n)$ est divisible par 5 $\Leftrightarrow g(n) \equiv 0\ [5]$ ».

SOLUTION

a. On peut dresser le tableau suivant.

Reste de n modulo 5	0	1	2	3	4
Reste de $g(n)$ modulo 5	1	4	4	1	0

Remarque : On dit qu'on raisonne **par disjonction des cas** : on considère de manière exhaustive tous les cas possibles.

Par exemple : si $n \equiv 3\ [5]$, alors $n^2 - 3n + 6 \equiv 9 - 9 + 6\ [5]$, donc $g(n) \equiv 6\ [5]$, donc $g(n) \equiv 1\ [5]$.

On raisonne de la même manière pour les autres cas.

b. D'après le tableau précédent, on constate que $g(n) \equiv 0\ [5]$ si et seulement si $n \equiv 4\ [5]$. Les entiers n tels que $g(n)$ soit divisible par 5 sont **les entiers n de la forme $4 + 5k$, avec k entier**.

2. Montrer une divisibilité à l'aide de congruences

Montrer que, pour tout entier naturel n, $5^{2n} - 14^n$ est divisible par 11.

> **CONSEILS**
> Utilisez des congruences modulo 11.

SOLUTION

$5^2 = 25$, donc $5^2 \equiv 3\ [11]$ ($25 = 11 \times 2 + 3$), donc, pour tout entier naturel n, $5^{2n} \equiv 3^n\ [11]$ (1).

$14 = 11 + 3$, donc $14 \equiv 3\ [11]$, donc $14^n \equiv 3^n\ [11]$ (2).

Des relations (1) et (2) on déduit, par soustraction, que, pour tout entier naturel n, $5^{2n} - 14^n \equiv 0\ [11]$, ce qui signifie que **$5^{2n} - 14^n$ est divisible par 11**.

9 PGCD de deux entiers

En bref *La détermination du PGCD de deux entiers permet, entre autres, en mathématiques de simplifier des écritures fractionnaires, et dans la vie courante d'optimiser des pavages ou des répartitions.*

I Détermination du PGCD de deux entiers

1 Définition

Le **PGCD** – ou plus grand commun diviseur – de deux entiers relatifs a et b non tous les deux nuls est le plus grand des diviseurs positifs communs à a et à b. On le note $\text{PGCD}(a\,;b)$ ou bien $a \wedge b$.

Remarque : $\text{PGCD}(a\,;b) = \text{PGCD}(|a|\,;|b|)$. Dans la suite, on pourra ne considérer que des entiers naturels.

> **À NOTER**
> Les calculatrices disposent d'une fonction, parfois notée GCD, permettant d'obtenir le PGCD de deux entiers donnés.

2 L'algorithme d'Euclide

■ Cette méthode est basée sur la « **propriété fondamentale** » suivante :

> Soit a et b deux entiers naturels tels que $0 < b < a$.
> Si $a = bq + r$ avec b et r entiers naturels, alors $\text{PGCD}(a\,;b) = \text{PGCD}(b\,;r)$.

■ **Principe de l'algorithme d'Euclide**

a et b entiers naturels tels que $0 < b < a$; $d = \text{PGCD}(a\,;b)$.
• On fait la division euclidienne de a par b : $a = bq_1 + r_1$ avec q_1 et r_1 entiers naturels, $0 \leq r_1 < b$. $d = \text{PGCD}(b\,;r_1)$. Si $r_1 = 0$, alors $b|a$ et $d = b$. Sinon...
• On fait la division euclidienne de b par r_1 : $b = r_1q_2 + r_2$ avec q_2 et r_2 entiers naturels, $0 \leq r_2 < r_1$. $d = \text{PGCD}(r_1\,;r_2)$. Si $r_2 = 0$, alors $r_1|b$ et $d = r_1$. Sinon...
• On fait la division euclidienne de r_1 par r_2 : $r_1 = r_2q_3 + r_3$ avec q_3 et r_3 entiers naturels, $0 \leq r_3 < r_2$. $d = \text{PGCD}(r_2\,;r_3)$. Si $r_3 = 0$, alors $r_2|r_1$ et $d = r_2$.
Sinon, on continue les divisions...

■ Au bout d'un nombre fini d'étapes (nombre variable suivant les nombres a et b), on obtient un reste nul, l'algorithme s'arrête. **d est le dernier reste non nul.**

II Propriétés

■ Les diviseurs communs à deux entiers relatifs non nuls sont les diviseurs de leur PGCD.

■ Si a et b sont deux entiers relatifs non tous les deux nuls et $k \in \mathbb{N}^*$:
$$\text{PGCD}(ka\,;kb) = k \times \text{PGCD}(a\,;b).$$

Méthode

1 | Déterminer un PGCD à l'aide de l'algorithme d'Euclide

Déterminer à l'aide de l'algorithme d'Euclide le PGCD d de $a = 12\,458$ et $b = 3\,772$.

 CONSEILS
Effectuez des divisions successives, en commençant par la division euclidienne de a par b.

SOLUTION

$$12\,458 = 3\,772 \times 3 + 1\,142$$
$$3\,772 = 1\,142 \times 3 + 346$$
$$1\,142 = 346 \times 3 + 104$$
$$346 = 104 \times 3 + 34$$
$$104 = 34 \times 3 + 2$$
$$34 = 2 \times 17 + 0$$

$$\text{PGCD}(12\,458\,;\,3\,772) = \text{PGCD}(3\,772\,;\,1\,142)$$
$$= \text{PGCD}(1\,142\,;\,346)$$
$$= \text{PGCD}(346\,;\,104)$$
$$= \text{PGCD}(104\,;\,34)$$
$$= \text{PGCD}(34\,;\,2) = 2.$$

Le PGCD de 12 458 et 3 772 est 2.

2 | Déterminer un rangement optimal

On dispose d'une caisse ayant la forme d'un parallélépipède rectangle de base carrée de côté 882 cm, de hauteur 945 cm, que l'on souhaite remplir, sans laisser d'espace, avec des cubes tous identiques d'arête d (en cm), avec d entier naturel.

a. Déterminer la plus grande valeur (entière) possible de d.
b. Déterminer toutes les valeurs entières possibles de d.

CONSEILS
Déterminez le PGCD de 945 et 882.

SOLUTION

Toute valeur de d qui convient est un diviseur commun à 945 et 882.

a. Le PGCD de 945 et 882 est 63 (calculatrice ou algorithme d'Euclide), donc la plus grande valeur possible de d est 63.

b. Les valeurs entières possibles de d sont les diviseurs de 63, c'est-à-dire : 1, 3, 7, 9, 21 et 63.

3 • Arithmétique

10 Entiers premiers entre eux

En bref *Les théorèmes de Bézout et de Gauss ont de nombreuses applications, en particulier dans les problèmes de chiffrement. Ils permettent, par exemple, d'établir des conditions pour qu'un chiffrement soit utilisable.*

I Définition et propriété

■ **Définition :** Deux entiers relatifs non nuls a et b sont **premiers entre eux** si et seulement si leur PGCD est égal à 1.
Cela revient à dire que le seul diviseur (positif) commun à a et b est 1.

■ **Propriété :** Si a et b sont deux entiers relatifs non nuls et $d = \text{PGCD}(a\,;b)$, alors il existe deux entiers relatifs a' et b' premiers entre eux tels que $a = da'$ et $b = db'$.

II Théorème de Bézout

■ **Identité de Bézout**
Si a et b sont deux entiers relatifs non nuls et $d = \text{PGCD}(a\,;b)$, alors il existe deux entiers relatifs u et v tels que $au + bv = d$.

■ **Théorème de Bézout**
Soit a et b deux entiers relatifs non nuls. a et b sont premiers entre eux si et seulement si il existe deux entiers relatifs u et v tels que $au + bv = 1$.

> **À NOTER**
> Ce théorème a été en réalité démontré par Bachet de Méziriac en 1624. Bézout (1730-1783) l'a ensuite généralisé.

III Théorème de Gauss

■ **Théorème**
a, b et c sont trois entiers relatifs non nuls.
Si a divise bc et a est premier avec b, alors a divise c.

■ **Corollaires**
• **Corollaire 1 :** Soit a, b et c trois entiers. Si a et b sont premiers entre eux et divisent c, alors ab divise c.

> **À NOTER**
> Dans ce corollaire, l'hypothèse « a et b sont premiers entre eux » est fondamentale. La conclusion peut être fausse si a et b ne sont pas premiers entre eux. Par exemple, 6 et 4 divisent 60, mais 24 ne divise pas 60.

• **Corollaire 2 :** Si un entier b est premier avec k entiers $a_1, a_2, ..., a_k$, alors b est premier avec le produit $a_1 a_2 ... a_k$.

COURS & MÉTHODES

Méthode

Résoudre une équation diophantienne

Les équations diophantiennes ont été ainsi nommées en référence au mathématicien grec Diophante d'Alexandrie qui a vraisemblablement vécu au IIIe siècle de notre ère, et a écrit sur ces équations des ouvrages qui ont marqué l'histoire des mathématiques.

On considère l'équation (E) : $7x - 11y = 3$, où x et y sont deux entiers relatifs.

a. Montrer que le couple $(13\,;8)$ est solution de cette équation.

b. Déterminer toutes les solutions.

CONSEILS

b. Écrivez que (E) équivaut à $7x - 11y = 7 \times 13 - 11 \times 8$, puis utilisez le théorème de Gauss.

SOLUTION

a. On a $7 \times 13 = 91$ et $11 \times 8 = 88$, donc $7 \times 13 - 11 \times 8 = 3$, et le couple **(13 ; 8) est solution de l'équation (E).**

b. ■ (E) équivaut à $7x - 11y = 7 \times 13 - 11 \times 8$, soit :
$$7(x - 13) = 11(y - 8) \quad (*).$$

Donc, si un couple $(x\,;y)$ d'entiers est solution de cette équation, alors 11 divise $7(x - 13)$.

Comme 11 est premier avec 7, d'après le théorème de Gauss, 11 divise $(x - 13)$, donc il existe un entier k tel que $x - 13 = 11k$, c'est-à-dire $x = 13 + 11k$.

Alors, en remplaçant dans $(*)$: $7 \times 11k = 11(y - 8)$, soit $y - 8 = 7k$, donc $y = 8 + 7k$.

Donc tout couple solution est de la forme $(13 + 11k\,;8 + 7k)$, avec $k \in \mathbb{Z}$.

■ **Réciproquement**, si $(x\,;y) = (13 + 11k\,;8 + 7k)$, avec $k \in \mathbb{Z}$, alors :
$7x - 11y = 7(13 + 11k) - 11(8 + 7k) = 91 + 77k - 88 - 77k$, donc $7x - 11y = 3$, donc $(x\,;y)$ est solution de (E).

■ On en déduit finalement que les solutions de (E) sont les couples **$(13 + 11k\,;8 + 7k)$, avec k entier relatif.**

À NOTER

On a raisonné par condition nécessaire (tout couple solution vérifie nécessairement...), la réciproque est donc obligatoire.

11 Nombres premiers

En bref *La recherche de nombres premiers de plus en plus grands mobilise depuis des siècles certains passionnés. Les « grands » nombres premiers sont utilisés dans des procédés de cryptage, comme par exemple le système RSA.*

I Nombres premiers

■ **Définition :** On appelle **nombre premier** tout entier naturel non nul qui possède exactement deux diviseurs positifs : 1 et lui-même.

■ Un entier naturel distinct de 0 et 1 et non premier est dit **composé**.

■ L'ensemble des nombres premiers est **infini**.

À NOTER
Ce résultat a été démontré par Euclide au IIIe siècle avant Jésus-Christ.

II Divisibilité et nombres premiers

■ Tout entier naturel autre que 1 admet un diviseur premier.

■ Si p est un nombre premier et a un entier non divisible par p, alors a et p sont premiers entre eux.

■ Si un nombre premier p divise le produit ab de deux entiers, alors p divise a ou p divise b.

III Décomposition d'un entier en produit de nombres premiers

Théorème de décomposition : Tout entier naturel autre que 0 et 1 est premier ou se décompose de manière unique, à l'ordre près, en produit de nombres premiers.

IV Le petit théorème de Fermat

■ **Théorème :** Si p est un nombre premier et a un entier naturel non divisible par p, alors $a^{p-1} \equiv 1 \ [p]$.

■ **Énoncé équivalent**
Si p est un nombre premier, alors, pour tout entier naturel a, $a^p \equiv a \ [p]$.

À NOTER
Ce théorème a été énoncé par Fermat (1607-1665) en 1640, mais Fermat n'en a laissé aucune démonstration. Les premières démonstrations en sont attribuées à Leibniz (1646-1716) et Euler (1707-1783).

Méthode

Utiliser la décomposition d'entiers en produit de nombres premiers

a. Déterminer la décomposition en produit de nombres premiers des entiers $A = 17\,640$ et $B = 4\,116$.

b. En déduire PGCD$(A ; B)$, puis l'écriture de $\dfrac{A}{B}$ sous forme de fraction irréductible.

c. Donner le nombre et la liste des diviseurs (positifs) de B.

> **CONSEILS**
>
> **b.** Utilisez le fait que, si d est un diviseur commun à A et B, et si p est un nombre premier apparaissant dans la décomposition de d, alors p divise A et B, donc p apparaît dans les décompositions de A et de B en produits de nombres premiers.
> Le quotient $\dfrac{A}{B}$ peut être simplifié par tout diviseur commun à A et à B.
>
> **c.** Comme à la question précédente, utilisez le fait que, si d est un diviseur de B et p un nombre premier apparaissant dans sa décomposition, alors p divise B, donc p est également présent dans la décomposition de B en produit de nombres premiers.

SOLUTION

a. On a : $A = 2^3 \times 3^2 \times 5 \times 7^2$ et $B = 2^2 \times 3 \times 7^3$.

b. Soit $d = $ PGCD$(A ; B)$. $d|A$ et $d|B$, donc tout diviseur premier de d est aussi un diviseur premier de A et de B, donc les diviseurs premiers de d sont 2, 3 et 7. On en déduit que $d = 2^\alpha \times 3^\beta \times 7^\gamma$.

α doit être le plus grand possible pour que 2^α divise A et B, donc $\alpha = 2$ (en effet, 2^3 divise A mais pas B) ; de même, $\beta = 1$ et $\gamma = 2$.

Donc $d = 2^2 \times 3 \times 7^2$, soit $d = \mathbf{588}$.

$A = 588 \times 30$ et $B = 588 \times 7$, donc $\dfrac{A}{B} = \dfrac{588 \times 30}{588 \times 7}$, donc $\dfrac{A}{B} = \dfrac{30}{7}$.

30 et 7 sont premiers entre eux, donc la fraction $\dfrac{30}{7}$ est une fraction irréductible.

c. Tout diviseur (positif) de B est de la forme $2^m \times 3^n \times 7^q$, avec m, n, q entiers, $0 \leq m \leq 2$, $0 \leq n \leq 1$ et $0 \leq q \leq 2$. On a donc 3 valeurs possibles pour m, 2 valeurs pour n et 3 valeurs pour q. Le nombre de diviseurs (positifs) de B est donc $3 \times 2 \times 3$, soit **18**.

Ces 18 diviseurs sont : **1, 2, 3, 4, 6, 7, 12, 14, 21, 196, 294, 343, 588, 686, 1 029, 1 372, 2 058, 4 116.**

3 • Arithmétique

SE TESTER QUIZ

*Vérifiez que vous avez bien compris les points clés des **fiches 8 à 11**.*

1 Divisibilité et congruences
→ FICHE 8

1. a est un entier naturel non nul ; on pose $b = 8a$. On peut dire que :

☐ **a.** a est un multiple de b ☐ **b.** a est un diviseur de b
☐ **c.** a est divisible par b

2. Dans la division euclidienne de 134 par 7, le reste r est :

☐ **a.** $r = 8$ ☐ **b.** $r = 3$ ☐ **c.** $r = 1$

3. x est un entier naturel tel que $7 \equiv x \ [4]$. On peut avoir :

☐ **a.** $x = 0$ ☐ **b.** $x = 5$ ☐ **c.** $x = 11$

2 PGCD de deux entiers
→ FICHE 9

1. Soit a et b deux entiers naturels tels que $0 < a < b$, et $d = \text{PGCD}(a\,;b)$. On a toujours :

☐ **a.** $a \leq d \leq b$ ☐ **b.** $d \geq b$ ☐ **c.** $d \leq a$

2. Le PGCD de 616 et 52 est :

☐ **a.** 2   ☐ **b.** 4   ☐ **c.** 8

3 Entiers premiers entre eux
→ FICHE 10

1. L'équation $3x + 2y = 1$ admet pour solutions des couples d'entiers relatifs qui sont :

☐ **a.** toujours premiers entre eux ☐ **b.** parfois premiers entre eux
☐ **c.** jamais premiers entre eux

2. a, b et c sont trois entiers relatifs non nuls tels que a divise bc. Alors :

☐ **a.** a divise b et a divise c
☐ **b.** si b et c sont premiers entre eux, alors a divise c
☐ **c.** si a et b sont premiers entre eux, alors a divise c

4 Nombres premiers
→ FICHE 11

1. La décomposition en produit de facteurs premiers de 12 978 est :

☐ **a.** $6 \times 7 \times 103$ ☐ **b.** $2 \times 3 \times 7 \times 103$ ☐ **c.** $2 \times 3^2 \times 7 \times 103$

2. n est un entier naturel. On pose $A = n^2 + 8n + 15$. Le nombre A :

☐ **a.** est premier
☐ **b.** est premier pour deux valeurs de n
☐ **c.** n'est jamais premier

DÉMONSTRATIONS CLÉS

5 Montrer que le PGCD d de deux entiers a et b peut s'écrire sous la forme $ax + by$, avec x et y entiers
→ FICHES 9 et 10

a. On définit les entiers a' et b' par $a = da'$ et $b = db'$.
Montrer qu'il existe deux entiers relatifs u et v tels que :
$$a'u + b'v = 1.$$
b. En déduire l'existence de deux entiers x et y tels que $ax + by = d$.
c. Déterminer un couple $(x\,;y)$ qui convient lorsque $a = 4\,510$ et $b = 3\,444$.

6 Démontrer le théorème de Gauss
→ FICHE 10

Soit a, b et c trois entiers relatifs non nuls. On suppose que a divise bc et que a est premier avec b.
a. Montrer, en utilisant le théorème de Bézout, qu'il existe trois entiers k, u et v tels que $acu + kav = c$.
b. En déduire que a divise c.

7 Montrer qu'il existe une infinité de nombres premiers
→ FICHE 11

On suppose qu'il n'existe qu'un nombre fini de nombres premiers distincts $p_1, p_2, ..., p_r$, avec $p_1 < p_2 < ... < p_r$. On pose $N = p_1 p_2 ... p_r + 1$.
a. Soit p un diviseur premier de N. Montrer que p n'est égal à aucun des nombres $p_1, p_2, ..., p_r$.
b. Conclure.

MOT CLÉ
On fait un **raiasonnement par l'absurde** : pour montrer qu'une propriété est vraie, on suppose qu'elle est fausse et on aboutit à une contradiction.

8 Démontrer le petit théorème de Fermat
→ FICHES 8 et 10

Soit p un nombre premier et a un entier naturel non divisible par p.
a. Montrer que tout nombre de la forme ka, avec k entier tel que $1 \leq k \leq p-1$ est premier avec p.
b. Montrer que les restes de la division euclidienne de $a, 2a, ..., (p-1)a$ par p sont tous les entiers $1, 2, ..., p-1$.
c. Montrer que $1 \times 2 \times ... \times (p-1)a^{p-1} \equiv 1 \times 2 \times ... \times (p-1) \ [p]$.
d. En déduire que $a^{p-1} \equiv 1 \ [p]$.
e Montrer que, si p est un nombre premier et a un entier naturel quelconque, alors $a^p \equiv a \ [p]$.

3 • Arithmétique

▶ S'ENTRAÎNER

 9 Étudier un procédé de codage affine
50 min

> Dans le codage affine, chaque lettre est remplacée par une unique autre lettre. Dans ce sujet, on étudie un procédé de codage utilisant une fonction affine et des congruences modulo 26, mais aussi le procédé de décodage associé.

LE SUJET

Partie A Un algorithme

On considère l'algorithme ci-contre :

```
C ← 0
Tant que A ⩾ B
  A ← A − B
  C ← C + 1
Fin Tant que
```

1. Faire fonctionner cet algorithme avec $A = 13$ et $B = 4$, en consignant les résultats successifs dans un tableau d'étapes.

2. Que permet de calculer cet algorithme ?

Partie B Codage

À chaque lettre de l'alphabet on associe, grâce au tableau ci-dessous, un entier compris entre 0 et 25 :

A	B	C	D	E	F	G	H	I	J	K	L	M
0	1	2	3	4	5	6	7	8	9	10	11	12
N	O	P	Q	R	S	T	U	V	W	X	Y	Z
13	14	15	16	17	18	19	20	21	22	23	24	25

On définit un procédé de codage de la façon suivante :
• à la lettre que l'on veut coder, on associe le nombre m correspondant dans le tableau ;
• on calcule le reste p de la division euclidienne de $9m + 5$ par 26 ;
• on code la lettre initiale par la lettre associée à p.

1. Coder la lettre U.

2. Modifier l'algorithme de la partie A pour que, pour une valeur de m, il donne la valeur correspondante de p selon le procédé précédent.

Partie C Décodage

On cherche à mettre au point un procédé permettant de décoder un message codé par le procédé précédent.

1. Déterminer un entier x tel que $9x \equiv 1\ [26]$.

2. Montrer que $9m + 5 \equiv p\ [26] \Leftrightarrow m \equiv 3p - 15\ [26]$.

3. Décoder la lettre B.

👁 LIRE LE SUJET

Partie A Un algorithme
1. Reporter dans un tableau les valeurs successivement contenues dans les variables A, B et C.
2. Indiquer ce que représente le contenu des variables à chaque étape de la boucle « Tant que ».

Partie B Codage
1. Lire dans le tableau le nombre m associé à U, calculer $9m+5$ puis son reste modulo 26 noté p (on a $0 \leq p \leq 25$), et enfin trouver dans le tableau la lettre associée à p.
2. L'algorithme doit, quand on lui donne une valeur de m, déterminer le reste modulo 26 de $9m+5$.

Partie C Décodage
1. $9x$ est un multiple de 9 ; il doit être de la forme $1+26k$, avec k entier.
2. La démonstration se fait en deux parties : on montre que $9m+5 \equiv p\ [26]$ entraîne $m \equiv 3p - 15\ [26]$, puis on montre la réciproque.

▶▶▶ LA FEUILLE DE ROUTE

Partie A

1. Dresser un tableau d'étapes d'un algorithme
À chaque étape, A diminue et C augmente de 1 ; B reste inchangé tout au long de l'algorithme. Celui-ci s'arrête lorsque la valeur de A est devenue inférieure ou égale à celle de B.

2. Interpréter le fonctionnement d'un algorithme
Indiquez en particulier ce que contiennent les variables A et C lorsque l'algorithme s'arrête.

Partie B

1. Utiliser un procédé de codage affine → FICHES 8
Si la lettre à coder est la lettre U, alors $9m+5$ est égal à 186, et son reste modulo 26 est 4.

2. Modifier un algorithme → FICHES 8
Les variables utilisées ici ne sont pas les mêmes que dans l'algorithme initial. On continue à opérer par soustractions successives.

Partie C

1. Déterminer un nombre vérifiant une congruence → FICHES 8
La valeur de x trouvée sera utilisée à la question suivante.

2. Montrer une équivalence → FICHES 8
Utilisez les propriétés des congruences, en particulier la « compatibilité » avec l'addition et la multiplication.

3. Élaborer un procédé de décodage → FICHES 8
Utilisez l'équivalence établie à la question précédente.

CORRIGÉS

▶ SE TESTER QUIZ

1 Divisibilité et congruences

1. Réponse b. b est le produit de a par un entier, donc b est divisible par a, b est un multiple de a et a est un diviseur de b.

2. Réponse c. $134 = 7 \times 19 + 1$. La réponse **a.** pouvait être écartée d'emblée, car dans une division euclidienne par 7, le reste est inférieur ou égal à 6.

3. Réponse c. $7 \equiv x \ [4]$ équivaut à $x = 4k + 7$, avec k entier relatif.
11 est de cette forme avec $k = 1$; 0 et 5 ne sont pas de cette forme.

2 PGCD de deux entiers

1. Réponse c. d est un diviseur de a et de b, parce que a et b sont positifs, d est nécessairement inférieur ou égal à chacun de ces deux nombres.

2. Réponse b. La réponse **c.** pouvait être écartée d'emblée, car 8 n'est pas un diviseur de 52.

3 Entiers premiers entre eux

1. Réponse a. C'est le théorème de Bézout : si $3x + 2y = 1$, alors x et y sont nécessairement premiers entre eux.

> **À NOTER**
> L'équation $3x + 2y = 1$ admet une infinité de solutions, par exemple (1 ; −1), (3 ; −4), (−3 ; 5)…

2. Réponse c. C'est le théorème de Gauss.
La réponse **a.** est fausse ; on peut donner comme contre-exemple $a = 6, b = 3, c = 4$: 6 divise 12 mais 6 ne divise ni 3, ni 4.
La réponse **b.** est fausse ; on peut prendre le même contre-exemple : 6 divise 12, 3 et 4 sont premiers entre eux mais 6 ne divise pas 4.

4 Nombres premiers

1. Réponse c. La réponse **a.** pouvait être écartée d'emblée, 6 n'est pas un nombre premier.

2. Réponse c. En déterminant les racines réelles du trinôme $x^2 + 8x + 15$, on obtient que, pour tout entier naturel n :
$$A = n^2 + 8n + 15 = (n + 3)(n + 5).$$
Donc A est le produit de deux nombres entiers supérieurs ou égaux à 3 (car $n \geq 0$) donc A n'est jamais un nombre premier, quel que soit l'entier naturel n.

DÉMONSTRATIONS CLÉS

5 **Montrer que le PGCD d de deux entiers a et b peut s'écrire sous la forme $ax + by$, avec x et y entiers**

a. Puisque $d = \text{PGCD}(a\,;b)$, $a = da'$ et $b = db'$, et a' et b' sont premiers entre eux.
Donc d'après le théorème de Bézout, il existe deux entiers relatifs u et v tels que $a'u + b'v = 1$.

b. En multipliant par d la relation précédente, on peut écrire :
$da'u + db'v = d$, soit $au + bv = d$.
En prenant $x = u$ et $y = v$, on peut donc en déduire l'existence de deux entiers x et y tels que $ax + by = d$.

c. Si on exécute l'algorithme d'Euclide (divisions successives) avec $a = 4\,510$ et $b = 3\,444$, on obtient :
$$4\,510 = 3\,444 \times 1 + 1\,066$$
$$3\,444 = 1\,066 \times 3 + 246$$
$$1\,066 = 246 \times 4 + 82$$
$$246 = 82 \times 3.$$
Donc $d = \text{PGCD}(4\,510\,;3\,444) = 82$ et :
$$82 = 1\,066 - 246 \times 4 = 1\,066 - (3\,444 - 1\,066 \times 3) \times 4.$$
D'où :
$82 = 1\,066 - 4 \times 3\,444 + 12 \times 1\,066$
$82 = 13 \times 1\,066 - 4 \times 3\,444$
$82 = 13(4\,510 - 3\,444) - 4 \times 3\,044$
$82 = 13 \times 4\,510 - 17 \times 3\,444$.
Avec $a = 4\,510$, $b = 3\,444$ et $d = 82$, on a $ax + by = d$ avec $(x\,;y) = (13\,;-17)$.

6 **Démontrer le théorème de Gauss**

a. Puisque a divise bc, il existe un entier relatif k tel que $bc = ka$.
D'autre part, puisque a et b sont premiers entre eux, d'après le théorème de Bézout, il existe deux entiers relatifs u et v tels que $au + bv = 1$.
En multipliant par c, on en déduit $acu + bcv = c$. En remplaçant bc par ka, on en déduit finalement : $acu + kav = c$.

b. On a donc $c = a(cu + kv)$. k, u, v et c sont des entiers, donc $cu + kv$ est un entier, donc c est un multiple de a, et donc a divise c.

7 **Montrer qu'il existe une infinité de nombres premiers**

a. Soit p un diviseur premier de N.
p divise N, donc p ne divise pas $N - 1$, donc p ne divise pas le produit $p_1 p_2 \ldots p_r$, donc, puisque p est premier, p n'est égal à aucun des nombres $p_1, p_2, \ldots, p_r$.

b. Il existe donc un nombre premier p autre que $p_1, p_2, \ldots, p_r$, ce qui est en contradiction avec le fait que $p_1, p_2, \ldots, p_r$ sont les seuls nombres premiers. Donc si on suppose qu'il n'y a qu'un nombre fini de nombres premiers, on arrive à une contradiction.
On en déduit qu'il existe une infinité de nombres premiers.

8 Démontrer le petit théorème de Fermat

a. p est premier, donc il ne divise aucun entier naturel non nul qui lui est strictement inférieur. Donc, pour tout entier k tel que $1 \leq k \leq p-1$, p ne divise pas k ; comme p ne divise pas non plus a par hypothèse, p ne divise pas ka, donc ka et p sont premiers entre eux.

b. D'après la question précédente, si k est un entier tel que $1 \leq k \leq p-1$, le reste de la division euclidienne de ka par p n'est pas nul, il est donc compris entre 1 et $p-1$. Montrons que, si k et k' sont deux entiers tels que $1 \leq k < k' \leq p-1$, alors les restes des divisions euclidiennes de ka et de $k'a$ par p sont distincts.
Si ces restes étaient égaux, on aurait $k'a \equiv ka\ [p]$, donc on aurait $p|(k'a-ka)$, soit $p|(k'-k)a$. Comme p est premier avec a, p diviserait $k'-k$, ce qui est absurde, car $1 \leq k'-k \leq p-1$.
Donc les restes des divisions euclidiennes de a, $2a$, ..., $(p-1)a$ par p sont $(p-1)$ entiers distincts compris entre 1 et $(p-1)$, **ce sont donc tous les entiers de 1 à $(p-1)$**.

c. On déduit de la question précédente que chacun des facteurs du produit $1 \times 2 \times ... \times (p-1)$ est congru modulo p à un unique facteur du produit $a \times 2a \times ... \times (p-1)a$.
Donc $a \times 2a \times ... \times (p-1)a \equiv 1 \times 2 \times ... \times (p-1)\ [p]$, c'est-à-dire :
$$1 \times 2 \times ... \times (p-1)a^{p-1} \equiv 1 \times 2 \times ... \times (p-1)\ [p].$$

d. De la question précédente, on déduit que :
p divise $1 \times 2 \times ... \times (p-1)a^{p-1} - 1 \times 2 \times ... \times (p-1)$,
donc p divise $1 \times 2 \times ... \times (p-1)(a^{p-1} - 1)$.
Or p est premier avec le produit $1 \times 2 \times ... \times (p-1)$ car il est premier avec chacun de ses facteurs, donc p divise $a^{p-1} - 1$, donc $a^{p-1} \equiv 1\ [p]$.

e. Soit p un nombre premier et a un entier naturel quelconque, alors $a^p - a = a(a^{p-1} - 1)$. De deux choses l'une :
• soit p divise a, alors p divise $a(a^{p-1} - 1)$, donc p divise $a^p - a$;
• soit p ne divise pas a, il est alors premier avec a et d'après le résultat établi à la question précédente, p divise $a^{p-1} - 1$; on en déduit que p divise $a(a^{p-1} - 1)$, donc p divise $a^p - a$. Dans tous les cas, p divise $a^p - a$, donc $a^p \equiv a\ [p]$.

▶ S'ENTRAÎNER

9 Étudier un procédé de codage affine

Partie A Un algorithme

1. Tableau d'étapes avec $A = 13$ et $B = 4$:

C	0	1	2	3
A	13	9	5	1
B	4	4	4	4
Condition $A \geq B$	oui	oui	oui	non

2. Cet algorithme permet d'effectuer, par soustractions successives, la **division euclidienne de A par B**. À la fin de son exécution, la variable C contient le quotient (nombre de soustractions effectuées) et la variable A contient le reste. On a ici : $13 = 4 \times 3 + 1$.

Partie B Codage

1. La lettre U est associée à $m = 20$; puis $9m + 5 = 185$.
On effectue, par exemple avec l'algorithme précédent, la division euclidienne de 185 par 26 : $185 = 26 \times 7 + 3$. On en déduit $p = 3$. La lettre associée au nombre 3 est D, la lettre U est codée par **la lettre D**.

2. Pour que l'algorithme donne la valeur de p associée à une valeur de m donnée, on peut le modifier de la manière suivante.

> $p \leftarrow 9m + 5$
> Tant que $p \geqslant 26$
> $\quad p \leftarrow p - 26$
> Fin Tant que

Remarque : On n'a pas besoin du quotient de la division euclidienne de $9m + 5$ par 26, il n'est donc pas nécessaire dans cet algorithme d'introduire une variable C qui « compte » le nombre de soustractions effectuées.

Partie C Décodage

1. Chercher un entier x tel que $9x \equiv 1\ [26]$ revient à chercher un multiple de 9 de la forme $26k + 1$, avec k entier.
On s'aperçoit que 27 convient : $9 \times 3 \equiv 1\ [26]$. On peut donc prendre $x = 3$.

2. Pour montrer que les deux propriétés sont équivalentes, on montre que chacune des deux entraîne l'autre :
• Si $9m + 5 \equiv p\ [26]$, alors, en multipliant par 3 : $27m + 15 \equiv 3p\ [26]$.
Or $27m = 26m + m$, donc $27m \equiv m\ [26]$, donc $m + 15 \equiv 3p\ [26]$, c'est-à-dire, en soustrayant 15 de chaque côté : $m \equiv 3p - 15\ [26]$.
• Réciproquement, on suppose $m \equiv 3p - 15\ [26]$.
Alors, en multipliant par 9, on a :
$$9m \equiv 27p - 135\ [26],\ \text{puis}\ 9m + 135 \equiv 27p\ [26].$$
Or $135 \equiv 5\ [26]$ et $27p \equiv p\ [26]$, donc $9m + 5 \equiv p\ [26]$.
On a donc bien $9m + 5 \equiv p\ [26] \Leftrightarrow m \equiv 3p - 15\ [26]$.
On peut donc trouver p à partir de m (codage), mais aussi trouver m à partir de p (décodage).

3. Pour décoder la lettre B, on doit trouver la valeur de m associée à $p = 1$.
D'après ce qui précède : $m \equiv -12\ [26]$, donc $m \equiv 14\ [26]$.
La lettre associée à $m = 14$ est O ; donc **si la lettre codée est B, la lettre en clair était O**.

12 Matrices et opérations

En bref *Les matrices sont des tableaux de nombres que l'on peut additionner, multiplier par un réel et multiplier entre eux dans certaines conditions.*

I Définitions et représentation

■ **Définitions** : Soient n et p deux entiers naturels non nuls.
• Une **matrice** M de **format** $n \times p$ associe à tout couple d'entiers (i, j) tels que $1 \leqslant i \leqslant n$ et $1 \leqslant j \leqslant p$, un nombre m_{ij} appelé **coefficient**.

• Si $n = 1$, M est une matrice **ligne** ; si $p = 1$, M est une matrice **colonne** et si $p = n$, M est une matrice **carrée** d'ordre n.
• Soit A une matrice carrée d'ordre n de coefficients a_{ij} : on appelle **diagonale** de la matrice A les coefficients $a_{11}, a_{22}, ..., a_{nn}$.

■ **Représentation** : On représente une matrice par un tableau de nombres à n lignes et p colonnes ; m_{ij} étant alors le coefficient de la i-ième ligne et j-ième colonne de la matrice :
$$\begin{pmatrix} m_{11} & \cdots & m_{1p} \\ \vdots & \ddots & \vdots \\ m_{n1} & \cdots & m_{np} \end{pmatrix}.$$

II Opérations sur les matrices carrées

■ **Définitions** : Soient $n \in \mathbb{N}^*$, $p \in \mathbb{N}^*$, A et B des matrices de format $n \times p$.
• La matrice **somme** des matrices A et B a pour coefficients $a_{ij} + b_{ij}$.
• La matrice **opposée** de la matrice A a pour coefficients $-a_{ij}$.
• La matrice **produit** de la matrice A **par le réel** λ a pour coefficients λa_{ij}.
• Soit $m \in \mathbb{N}^*$ et soit C une matrice de format $p \times m$. La **matrice BC produit** des matrices B et C a pour coefficients $b_{i1}c_{1j} + b_{i2}c_{2j} + ... + b_{ip}c_{pj}$.

■ **Propriétés** : Soient A, B et C des matrices carrées de même ordre n, $n \in \mathbb{N}^*$, k et k' des réels.

$A + B = B + A$ $\qquad A + (B + C) = (A + B) + C$ $\qquad A(BC) = (AB)C$
$(k + k')A = kA + k'A$ $\qquad k(A + B) = kA + kB$ $\qquad (kk')A = k(k'A)$
$(kA)B = A(kB) = k(AB)$ $\qquad A(B + C) = AB + AC$ $\qquad (A + B)C = AC + BC$

• Si I_n est la matrice identité d'ordre n et O_n la matrice nulle d'ordre n alors :
$$AI_n = I_nA = A \text{ et } AO_n = O_nA = O_n.$$

 À NOTER
En général $AB \neq BA$ et il se peut que $AB = O_n$, alors que $A \neq O_n$ et $B \neq O_n$.

COURS & MÉTHODES

Méthode

1 | Déterminer le format et certains coefficients d'une matrice

On considère les matrices $A = \begin{pmatrix} 1 & 2 & 3 \\ 0 & 4 & -1 \end{pmatrix}$, $B = \begin{pmatrix} 1 & 0 & 0 \\ 0 & 2 & 0 \\ 0 & 0 & 0 \end{pmatrix}$, $C = \begin{pmatrix} 1 \\ 0 \\ -1 \end{pmatrix}$ et $D = \begin{pmatrix} 1 & 1 & -5 \end{pmatrix}$.

a. Déterminer le format de chacune des matrices.

b. Que valent a_{21} et b_{12} ? Que peut-on dire de la matrice B ?

> **CONSEILS**
> **a.** Il faut déterminer le nombre de lignes et le nombre de colonnes.
> **b.** Le coefficient m_{ij} se situe sur la i-ième ligne et la j-ième colonne.

> **SOLUTION**
>
> **a.** La matrice A a 2 lignes et 3 colonnes, elle est de **format 2×3**. La matrice B est une **matrice carrée**, la matrice C est une **matrice colonne** et la matrice D est une **matrice ligne**, elles ont toutes trois pour ordre 3.
>
> **b.** Le coefficient de la deuxième ligne et de la première colonne de A est 0 donc $a_{21} = 0$. On a de même $b_{12} = 0$. La matrice B est une **matrice diagonale** car tous ses coefficients hors de la diagonale sont nuls.

2 | Additionner et multiplier des matrices

En utilisant les matrices définies ci-dessus, calculer AB, CD, DC et $DB + 2D$.

> **CONSEILS**
> Le coefficient de la i-ième ligne et la j-ième colonne d'un produit s'obtient en multipliant la i-ième ligne de la première matrice par la j-ième colonne de la seconde.

> **SOLUTION**
>
> On a $AB = \begin{pmatrix} 1 & 2 & 3 \\ 0 & 4 & -1 \end{pmatrix} \begin{pmatrix} 1 & 0 & 0 \\ 0 & 2 & 0 \\ 0 & 0 & 0 \end{pmatrix} = \begin{pmatrix} 1 & 4 & 0 \\ 0 & 8 & 0 \end{pmatrix}$, avec $1 \times 1 + 2 \times 0 + 3 \times 0 = 1$.
>
> $CD = \begin{pmatrix} 1 \\ 0 \\ -1 \end{pmatrix} \begin{pmatrix} 1 & 1 & -5 \end{pmatrix} = \begin{pmatrix} 1 & 1 & -5 \\ 0 & 0 & 0 \\ -1 & -1 & 5 \end{pmatrix}$ et $DC = \begin{pmatrix} 1 & 1 & -5 \end{pmatrix} \begin{pmatrix} 1 \\ 0 \\ -1 \end{pmatrix} = \begin{pmatrix} 6 \end{pmatrix}$.
>
> $DB + 2D = \begin{pmatrix} 1 & 1 & -5 \end{pmatrix} \begin{pmatrix} 1 & 0 & 0 \\ 0 & 2 & 0 \\ 0 & 0 & 0 \end{pmatrix} + 2 \begin{pmatrix} 1 & 1 & -5 \end{pmatrix}$
>
> $= \begin{pmatrix} 1 & 2 & 0 \end{pmatrix} + \begin{pmatrix} 2 & 2 & -10 \end{pmatrix} = \begin{pmatrix} 3 & 4 & -10 \end{pmatrix}$.

13 Puissance et inverse d'une matrice matrices colonnes

En bref *Comme pour les réels, on peut définir les puissances et les inverses de matrices carrées. De même, les suites de matrices colonnes s'apparentent aux suites de nombres réels.*

I Puissance entière d'une matrice carrée

■ **Définition :** Soient $n \in \mathbb{N}^*$, $p \in \mathbb{N}^*$, $p \geq 2$, A une matrice carrée d'ordre n. On note A^p le produit de p matrices égales à A, on pose $A^1 = A$ et $A^0 = I_n$.

■ **Propriétés**
• Soit A et B deux matrices carrées, m et p deux entiers naturels non nuls.

$$A^m A^p = A^{m+p} \text{ et } (A^m)^p = A^{mp}$$

À NOTER
En général $(AB)^n \neq A^n B^n$ et $(A+B)^2 \neq A^2 + 2AB + B^2$.

• Si D est une matrice diagonale de coefficients diagonaux d_i alors D^p est la matrice diagonale de coefficients diagonaux d_i^p.

II Matrices carrées inversibles

■ **Définition :** Soit $n \in \mathbb{N}^*$, une matrice carrée A d'ordre n est **inversible** si et seulement s'il existe une matrice carrée B d'ordre n telle que $BA = AB = I_n$.

■ La matrice B est unique : c'est la **matrice inverse** de A, on la note A^{-1}.
On admet qu'il suffit que $AB = I_n$ ou que $BA = I_n$ pour que A soit inversible et que $A^{-1} = B$.

■ **Propriétés :** Soit $n \in \mathbb{N}^*$ et soient A et B deux matrices carrées inversibles d'ordre n.
• A^{-1} est inversible et $(A^{-1})^{-1} = A$.
• La matrice AB est inversible et $(AB)^{-1} = B^{-1}A^{-1}$.

III Matrices colonnes définies par récurrence

■ Soit $m \in \mathbb{N}^*$, soit A une matrice carrée d'ordre m et soit C une matrice colonne de taille m. On peut alors définir la **suite (U_n) de matrices colonnes** de taille m par son premier terme une matrice colonne U_0 de taille m et la relation de récurrence : pour tout entier naturel n, $U_{n+1} = AU_n + C$.

■ **Propriété :** Si C est nulle, alors on a pour tout entier naturel n : $U_n = A^n U_0$.

Remarque : Pour une suite de matrice ligne (L_n) de taille m définie pour tout entier naturel n par $L_{n+1} = L_n A$, on a pour tout entier naturel n : $L_n = L_0 A^n$.

À NOTER
Cette propriété se démontre par récurrence.

Méthode

1 | Calculer une puissance d'une matrice carrée

Soit la matrice carrée $B = \begin{pmatrix} 1 & 1 \\ 0 & 2 \end{pmatrix}$.

Montrer par récurrence que pour tout $n \in \mathbb{N}^*$, $B^n = \begin{pmatrix} 1 & 2^n - 1 \\ 0 & 2^n \end{pmatrix}$.

> **CONSEILS**
> Pour démontrer l'hérédité, on peut écrire $B^{n+1} = B^n \times B$ puis utiliser l'hypothèse de récurrence.

SOLUTION

■ **Initialisation :** Pour $n = 1$, $\begin{pmatrix} 1 & 2^n - 1 \\ 0 & 2^n \end{pmatrix} = \begin{pmatrix} 1 & 2 - 1 \\ 0 & 2 \end{pmatrix} = B$, la proposition est donc vraie au rang 1.

■ **Hérédité :** Supposons que pour un entier $n \in \mathbb{N}^*$, $B^n = \begin{pmatrix} 1 & 2^n - 1 \\ 0 & 2^n \end{pmatrix}$.
On a :
$B^{n+1} = \begin{pmatrix} 1 & 2^n - 1 \\ 0 & 2^n \end{pmatrix} \times \begin{pmatrix} 1 & 1 \\ 0 & 2 \end{pmatrix} = \begin{pmatrix} 1 & 1 + 2^n \times 2 - 2 \\ 0 & 2^n \times 2 \end{pmatrix} = \begin{pmatrix} 1 & 2^{n+1} - 1 \\ 0 & 2^{n+1} \end{pmatrix}$.

■ **Conclusion :** Pour tout $n \in \mathbb{N}^*$, $B^n = \begin{pmatrix} 1 & 2^n - 1 \\ 0 & 2^n \end{pmatrix}$.

2 | Calculer l'inverse d'une matrice carrée

Soient la matrice $A = \begin{pmatrix} 2 & 1 \\ -1 & 1 \end{pmatrix}$ et la matrice $B = \begin{pmatrix} 1 & -1 \\ 1 & 2 \end{pmatrix}$.

Calculer $A \times B$. En déduire que A est inversible et déterminer sa matrice inverse.

> **CONSEILS**
> On cherche une matrice carrée C telle que $A \times C = \begin{pmatrix} 1 & 0 \\ 0 & 1 \end{pmatrix}$.

SOLUTION

On a $\begin{pmatrix} 2 & 1 \\ -1 & 1 \end{pmatrix}\begin{pmatrix} 1 & -1 \\ 1 & 2 \end{pmatrix} = \begin{pmatrix} 3 & 0 \\ 0 & 3 \end{pmatrix}$.

On en déduit donc que $A \times \frac{1}{3}B = \begin{pmatrix} 1 & 0 \\ 0 & 1 \end{pmatrix}$.

La matrice A est inversible et $A^{-1} = \frac{1}{3}B = \begin{pmatrix} \frac{1}{3} & -\frac{1}{3} \\ \frac{1}{3} & \frac{2}{3} \end{pmatrix}$.

14 Sommets, arêtes et chaînes d'un graphe

En bref Un graphe permet de représenter de manière très synthétique une expérience aléatoire ou encore un type de relation entre les objets d'une famille.

I Définitions et vocabulaire

■ **Définition :** Un **graphe** (simple non orienté) est déterminé par la donnée, d'une part, d'un ensemble fini dont les éléments sont appelés **sommets** et, d'autre part, d'un ensemble de paires de sommets appelées **arêtes**.

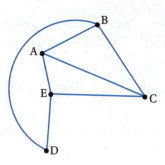

■ **Représentation**

On représente les sommets d'un graphe par des points et les arêtes par des segments ou des arcs de courbes.

■ **Vocabulaire**

• Deux **sommets adjacents** sont deux sommets d'une même arête. On dit qu'ils sont **reliés** par une arête.
• Le **degré** d'un sommet est le nombre de sommets qui lui sont adjacents.
• L'**ordre** d'un graphe est le nombre de ses sommets.
• La **matrice d'adjacence** d'un graphe de sommets numérotés de 1 à n est la matrice carrée d'ordre n de coefficients a_{ij} qui valent 1 si les sommets numérotés i et j forment une arête et 0 sinon.

■ **Théorème :** La somme des degrés des sommets d'un graphe vaut le double du nombre de ses arêtes.

> **À NOTER**
> La somme des degrés des sommets d'un graphe est nécessairement paire.

II Chaînes d'un graphe

■ **Définitions**

• Une **chaîne ou chemin** d'un graphe est une liste ordonnée de sommets telle que chaque sommet de la liste est adjacent au suivant.
• La **longueur** d'une chaîne est le nombre d'arêtes qui la compose.
• Un graphe est **connexe** si toute paire de sommets fait partie d'une chaîne.
• Un graphe est **complet** si toute paire de sommets forme une arête.

> **À NOTER**
> Tout graphe complet est connexe.

■ **Théorème :** Soit un graphe de matrice d'adjacence M. Le nombre de chemins de longueur n ($n \in \mathbb{N}^*$), d'un sommet i à un sommet j est égal au coefficient de M^n de la ligne i et de la colonne j → FICHE 15.

Méthode

1 | Déterminer le degré de chaque sommet d'un graphe

Donner le degré de chaque sommet du graphe représenté ci-contre.

Donner la matrice d'adjacence de ce graphe.

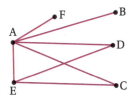

> **CONSEILS**
> Élaborez un tableau donnant le degré de chaque sommet et numéroter les sommets par ordre alphabétique pour déterminer la matrice d'adjacence.

SOLUTION

Le degré de chaque sommet est résumé par le tableau ci-dessous.

Sommet	A	B	C	D	E	F
Degré	5	1	2	2	3	1

De plus, en numérotant les sommets par ordre alphabétique, la matrice d'adjacence du graphe est la matrice M définie ci-contre.

$$M = \begin{pmatrix} 0 & 1 & 1 & 1 & 1 & 1 \\ 1 & 0 & 0 & 0 & 0 & 0 \\ 1 & 0 & 0 & 0 & 1 & 0 \\ 1 & 0 & 0 & 0 & 1 & 0 \\ 1 & 0 & 1 & 1 & 0 & 0 \\ 1 & 0 & 0 & 0 & 0 & 0 \end{pmatrix}$$

2 | Déterminer le nombre de chemins entre deux sommets

On considère le graphe représenté ci-contre. Déterminer le nombre de chemins de longueur 4 entre les sommets A et B.

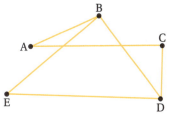

> **CONSEILS**
> Numérotez les sommets par ordre alphabétique et calculez la puissance quatrième de sa matrice d'adjacence.

SOLUTION

En numérotant les sommets A, B, C, D et E : 1, 2, 3, 4 et 5, on obtient la matrice d'adjacence $M = \begin{pmatrix} 0 & 1 & 1 & 0 & 0 \\ 1 & 0 & 0 & 1 & 1 \\ 1 & 0 & 0 & 1 & 0 \\ 0 & 1 & 1 & 0 & 1 \\ 0 & 1 & 0 & 1 & 0 \end{pmatrix}$, et $M^4 = \begin{pmatrix} 9 & 3 & 1 & 11 & 6 \\ 3 & 15 & 11 & 7 & 8 \\ 1 & 11 & 9 & 3 & 6 \\ 11 & 7 & 3 & 15 & 8 \\ 6 & 8 & 6 & 8 & 8 \end{pmatrix}$.

Le nombre de chemins de longueur 4 entre les sommets A et B et le coefficient de M^4 de la ligne 1 et de la colonne 2 : **il y a 3 chemins**.

4 • Graphes et matrices

15 Chaînes de Markov

En bref *Les chaînes de Markov étudiées ont 2 ou 3 états et sont définies par leur état initial et par leur matrice de transition.*

I Notions de chaînes de Markov

1 Théorème et définitions

■ **Définition** : Une **chaîne de Markov** (homogène) à **3 états** (notés 1, 2 et 3) est définie par la loi de probabilité de son **état initial** donné par une matrice ligne π_0 de taille 3 et par sa **matrice de transition** Q de format 3×3.

À NOTER
On définit de manière analogue une chaîne de Markov à **2 états**.

■ Soit n un entier naturel, si X_n décrit l'état du processus après n transitions, alors $\pi_0 = \begin{pmatrix} P(X_0 = 1) & P(X_0 = 2) & P(X_0 = 3) \end{pmatrix}$ et les coefficients p_{ij} de la matrice Q sont les **probabilités de transition** de i vers j définies pour tout entier naturel n par : $p_{ij} = P_{X_n = i}(X_{n+1} = j)$.

2 Graphe pondéré d'une chaîne de Markov

■ **Définitions** : Un graphe est **orienté** si ses arêtes, appelées **arcs**, sont des couples (donc orientés) de sommets (pas forcément distincts). Une **boucle** est un arc reliant un sommet à lui-même. Un graphe est **pondéré** si chacune de ses arêtes (orienté ou non) est associée à un nombre réel appelé **poids**.

■ Le **graphe associé** à une chaîne de Markov admet pour sommets l'ensemble de ses états (2 ou 3) et pour arcs les couples (i, j) pour i et j variant de 1 à 2 ou 3 pondéré par la **probabilité de transition** p_{ij} de i vers j.

À NOTER
La **matrice de transition** est une matrice stochastique, c'est-à-dire que sur chacune de ses lignes la somme des coefficients vaut 1.

II État au bout de *n* transitions et état invariant

■ **Théorèmes** : Soit n un entier naturel et soit une chaîne de Markov de loi de probabilité de l'état initial π_0 et de matrice de transition Q.
• Le coefficient de la i-ième ligne et j-ième colonne de Q^n est $P_{X_0 = i}(X_n = j)$.
• La loi de probabilité de l'état du système à l'instant n est définie par :
$\pi_n = \begin{pmatrix} P(X_n = 1) & P(X_n = 2) & P(X_n = 3) \end{pmatrix}$ et on a $\pi_n = \pi_0 Q^n$.

■ **Définition** : Un état π est appelé **invariant** (**stationnaire** ou **stable**) pour une chaîne de Markov de matrice de transition Q si $\pi = \pi Q$.

■ *Remarque* : L'état invariant π se détermine en résolvant le système
$$\begin{cases} \begin{pmatrix} x & y & z \end{pmatrix} = \begin{pmatrix} x & y & z \end{pmatrix} Q \\ x + y + z = 1 \end{cases}.$$

COURS & MÉTHODES

Méthode

1 | Décrire un processus de Markov par des matrices

Une cage comporte 3 compartiments C_1, C_2 et C_3. On place une souris dans le compartiment C_1. Elle se déplace d'un compartiment à un autre en empruntant de manière équiprobable une ouverture du compartiment où elle se trouve. Modéliser le déplacement de la souris à l'aide de matrices.

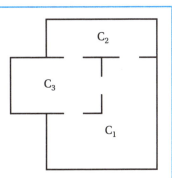

CONSEILS

Déterminez la matrice ligne de taille 3 décrivant l'état initial puis la matrice carrée de transition d'ordre 3 dont les coefficients sont les probabilités que la souris passe d'un compartiment à un autre.

SOLUTION

On note X_n le numéro du compartiment où se trouve la souris après n déplacement. On a tout d'abord $P(X_0 = 1) = 1$; $P(X_0 = 2) = 0$ et $P(X_0 = 3) = 0$, puisque la souris se trouve au départ dans C_1. L'état initial est donc donné par la matrice ligne $\pi_0 = \begin{pmatrix} 1 & 0 & 0 \end{pmatrix}$.

Ensuite, si la souris se trouve dans C_1, elle emprunte une des trois ouvertures de C_1 de manière équiprobable : l'une mène dans C_2 et les deux autres mènent dans C_3 donc $P_{X_n=1}(X_{n+1} = 2) = \dfrac{1}{3}$ et $P_{X_n=1}(X_{n+1} = 3) = \dfrac{2}{3}$.

On démontre de même que $P_{X_n=2}(X_{n+1} = 1) = \dfrac{1}{2}$ et $P_{X_n=2}(X_{n+1} = 3) = \dfrac{1}{2}$ et que $P_{X_n=3}(X_{n+1} = 1) = \dfrac{2}{3}$ et $P_{X_n=3}(X_{n+1} = 2) = \dfrac{1}{3}$.

La matrice de transition associée est donc $Q = \begin{pmatrix} 0 & 1/3 & 2/3 \\ 1/2 & 0 & 1/2 \\ 1/3 & 2/3 & 0 \end{pmatrix}$.

2 | Décrire l'état d'un processus au bout de plusieurs étapes

La souris se déplaçant comme ci-dessus, déterminer l'arrondi au millième de la probabilité a qu'elle soit dans le compartiment C_2 après 10 déplacements.

CONSEILS

Les coefficients de Q^{10} sont les probabilités qu'a la souris de se trouver dans le compartiment j au bout de 10 déplacements sachant qu'elle était dans le compartiment i au départ.

SOLUTION

D'après la calculatrice, le coefficient de la première ligne et de la deuxième colonne de Q^{10} est 0,342 arrondi au millième donc $a = 0{,}342$.

4 • Graphes et matrices

▶ SE TESTER QUIZ

*Vérifiez que vous avez bien compris les points clés des **fiches 12 à 15**.*

1 Calcul matriciel → FICHES 12 et 13

1. Soient les matrices $A = \begin{pmatrix} 1 & -1 \\ 0 & 1 \end{pmatrix}$ et $B = \begin{pmatrix} 2 & 1 \\ 2 & -4 \end{pmatrix}$. On a :

☐ **a.** $AB = \begin{pmatrix} 2 & -1 \\ 0 & -4 \end{pmatrix}$ ☐ **b.** $2A + B = \begin{pmatrix} 4 & -1 \\ 2 & -2 \end{pmatrix}$ ☐ **c.** $BA = AB$

2. La matrice $J = \begin{pmatrix} 4 & 2 \\ 2 & 2 \end{pmatrix}$ est inversible et sa matrice inverse est :

☐ **a.** $J^{-1} = \begin{pmatrix} 0{,}25 & 0{,}5 \\ 0{,}5 & 0{,}5 \end{pmatrix}$ ☐ **b.** $J^{-1} = \begin{pmatrix} 0{,}5 & -0{,}5 \\ -0{,}5 & 1 \end{pmatrix}$ ☐ **c.** $J^{-1} = J$

2 Matrice d'adjacence d'un graphe → FICHE 14

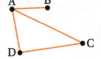

1. En numérotant les sommets par ordre alphabétique, le graphe ci-contre a pour matrice d'adjacence :

☐ **a.** $\begin{pmatrix} 0 & 1 & 1 & 0 \\ 1 & 0 & 0 & 0 \\ 1 & 0 & 0 & 1 \\ 0 & 0 & 1 & 0 \end{pmatrix}$ ☐ **b.** $\begin{pmatrix} 1 & 1 & 1 & 1 \\ 1 & 1 & 0 & 0 \\ 1 & 0 & 1 & 1 \\ 1 & 0 & 1 & 1 \end{pmatrix}$ ☐ **c.** $\begin{pmatrix} 0 & 1 & 1 & 1 \\ 1 & 0 & 0 & 0 \\ 1 & 0 & 0 & 1 \\ 1 & 0 & 1 & 0 \end{pmatrix}$

2. Le nombre de chemins de longueur 3 entre les sommets A et C est :

☐ **a.** 4 ☐ **b.** 5 ☐ **c.** 6

3 Chaînes de Markov → FICHE 15

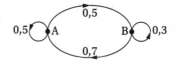

Soit le graphe ci-contre associé à une chaîne Markov.

1. Sachant qu'au départ, le processus se trouve dans l'état A, l'état initial est décrit par la matrice ligne :

☐ **a.** $\pi_0 = \begin{pmatrix} 0{,}5 & 0{,}3 \end{pmatrix}$ ☐ **b.** $\pi_0 = \begin{pmatrix} 1 & 0 \end{pmatrix}$ ☐ **c.** $\pi_0 = \begin{pmatrix} 0{,}5 & 0{,}7 \end{pmatrix}$

2. La matrice de transition du processus est :

☐ **a.** $\begin{pmatrix} 0{,}5 & 0{,}5 \\ 0{,}7 & 0{,}3 \end{pmatrix}$ ☐ **b.** $\begin{pmatrix} 0{,}5 & 0{,}7 \\ 0{,}5 & 0{,}3 \end{pmatrix}$ ☐ **c.** $\begin{pmatrix} 0{,}7 & 0{,}5 \\ 0{,}3 & 0{,}5 \end{pmatrix}$

3. L'état invariant du système est :

☐ **a.** $\pi = \begin{pmatrix} 1 & 0 \end{pmatrix}$ ☐ **b.** $\pi = \begin{pmatrix} 0{,}5 & 0{,}5 \end{pmatrix}$ ☐ **c.** $\pi = \begin{pmatrix} 7/12 & 5/12 \end{pmatrix}$

4. L'état du système au bout de 4 étapes est décrit par la matrice ligne :

☐ **a.** $\pi_4 = \begin{pmatrix} 1 & 0 \end{pmatrix}$ ☐ **b.** $\pi_4 = \begin{pmatrix} 0{,}5 & 0{,}5 \end{pmatrix}$ ☐ **c.** $\pi_4 = \begin{pmatrix} 0{,}584 & 0{,}416 \end{pmatrix}$

DÉMONSTRATIONS CLÉS

4 Déterminer le nombre de chemins entre deux sommets → FICHE 14

Soit p un entier naturel non nul. On considère un graphe $\mathcal{G}$ à p sommets numérotés de 1 à p et notés $A_1, A_2, ..., A_p$. Soient i et j des entiers compris entre 1 et p.
On se propose de démontrer par récurrence que pour tout entier naturel n non nul, le nombre de chemins de longueur n entre les sommets A_i et A_j est égal au coefficient de la i-ième ligne et j-ième colonne de la matrice M^n, coefficient que l'on note $(M^n)_{ij}$.

1. Que représente le coefficient $(M^1)_{ij}$?
2. Soit $n \in \mathbb{N}^*$. On suppose que le nombre de chemins de longueur n entre deux sommets quelconques A_i et A_j est égal à $(M^n)_{ij}$.
Tout chemin de longueur $n+1$ entre deux sommets A_i et A_j est constitué d'un chemin de longueur n entre le sommet A_i et un sommet A_k ($1 \leq k \leq p$) suivi de l'arête $A_k - A_j$.
a. Soit k un entier compris entre 1 et p. Que représente $(M^n)_{ik} \times (M^1)_{kj}$?
b. En déduire le nombre de chemins de longueur $n+1$ entre les sommets A_i et A_j.
3. Conclure.

5 Exprimer la matrice ligne des états après plusieurs transitions → FICHE 15

Soit n un entier naturel et X_n décrivant l'état d'un processus de Markov à 2 états après n transitions. On note Q la matrice de transition de ce processus.
La loi de probabilité de l'état du système à l'instant n est définie par :
$$\pi_n = \begin{pmatrix} P(X_n = 1) & P(X_n = 2) \end{pmatrix}.$$
a. Démontrer que pour tout entier naturel n, $\pi_{n+1} = \pi_n Q$.
b. Démontrer par récurrence que pour tout entier naturel n, $\pi_n = \pi_0 Q^n$.

S'ENTRAÎNER

6 Pertinence d'une page web → FICHES 12 à 15
50 min

> Ce sujet fait partie de la liste de problèmes au programme. Il donne une idée du modèle mathématique utilisé par certains moteurs de recherche pour classer les pages web selon leur pertinence.

LE SUJET

Le réseau informatique interne à une petite entreprise est formé de 4 pages P_1, P_2, P_3 et P_4.
Les liens entre ces pages sont représentés par le graphe orienté ci-dessous.
Un robot, qui navigue de manière aléatoire sur le réseau, est utilisé pour déterminer les indices de pertinence p_1, p_2, p_3 et p_4 de chacune des pages P_1, P_2, P_3 et P_4.

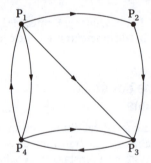

Soient i et j des entiers compris entre 1 et 4, la probabilité que le robot se trouvant sur la page P_i aille sur la page P_j est noté a_{ij} et on a :
- s'il n'y a aucun lien sur la page P_i pointant vers la page P_j, $a_{ij} = 0{,}04$;
- sinon, $a_{ij} = 0{,}04 + \dfrac{0{,}84}{n_i}$, où n_i est le nombre de liens issus de la page P_i.

a. Montrer que $a_{21} = 0{,}04$ et que $a_{41} = 0{,}46$.

b. Donner la matrice M carrée d'ordre 4 de coefficients a_{ij}, pour i et j compris entre 1 et 4.
Vérifier que la somme des coefficients de chaque ligne de M vaut 1 (M est donc une matrice stochastique suivant les lignes).

c. Soit n un entier naturel, on note a_n, b_n, c_n et d_n les probabilités respectives que le robot se trouve aux pages P_1, P_2, P_3 et P_4 à la n-ième navigation et on pose $\pi_n = \begin{pmatrix} a_n & b_n & c_n & d_n \end{pmatrix}$.
Justifier l'égalité $a_{n+1} = 0{,}04(a_n + b_n + c_n) + 0{,}46 d_n$ et exprimer π_{n+1} en fonction de π_n et de M.

d. Déterminer l'état invariant P de la suite de matrices (π_n).
On admet que la suite (π_n) converge vers l'état invariant P et on définit les indices de pertinence des pages P_1, P_2, P_3 et P_4 par les nombres p_1, p_2, p_3 et p_4 tels que $P = \begin{pmatrix} p_1 & p_2 & p_3 & p_4 \end{pmatrix}$.

e. Donner, arrondi au centième, l'indice de pertinence de chaque page du réseau.

👁 LIRE LE SUJET

a. La page P_2 ne contient pas de lien vers la page P_1 et a_{21} est la probabilité que le robot se déplace de la page P_2 à la page P_1. La page P_4 contient 2 liens vers d'autres pages et a_{41} est la probabilité que le robot se déplace de la page P_4 à la page P_1.

b. La matrice M est la matrice de transition associée aux mouvements aléatoires du robot : ses coefficients se déduisent en raisonnant comme à la question **a**.

c. a_{n+1} est la probabilité que le robot se trouve à la page P_1 après $n+1$ mouvements ; π_{n+1} est la matrice ligne des probabilités que le robot se trouve aux pages P_1, P_2, P_3 et P_4 après $n+1$ mouvements, ces probabilités dépendent des probabilités a_{ij}.

d. On cherche les coefficients d'une matrice ligne π telle que $\pi M = \pi$.

e. L'indice de pertinence de chaque page a été calculé à la question **d**.

▶▶▶ LA FEUILLE DE ROUTE

a. Calculer des probabilités de transitions → FICHE 15
Lorsqu'il n'y a pas de lien d'une page vers une autre, la probabilité est constante, sinon elle dépend du nombre de liens qui partent de la page où se trouve le robot.

b. Déterminer une matrice de transition → FICHES 14 et 15
On calcule la probabilité que le robot qui se trouve sur la page P_i aille sur la page P_j. C'est le coefficient de la i-ième ligne et j-ième colonne de M.

c. Donner la loi de probabilité de l'état d'un processus → FICHE 15
On utilise la formule des probabilités totales en considérant qu'après n mouvements le robot se trouve sur l'une des pages P_1, P_2, P_3 ou P_4.

d. et e. Déterminer l'état stationnaire → FICHE 15
Il suffit de résoudre le système $\begin{cases} \begin{pmatrix} a & b & c & d \end{pmatrix} M = \begin{pmatrix} a & b & c & d \end{pmatrix} \\ a + b + c + d = 1 \end{cases}$.

CORRIGÉS

▶ SE TESTER QUIZ

1 Calcul matriciel

1. Réponse b. On a $\begin{pmatrix} 1 & -1 \\ 0 & 1 \end{pmatrix} \times \begin{pmatrix} 2 & 1 \\ 2 & -4 \end{pmatrix} = \begin{pmatrix} 0 & 5 \\ 2 & -4 \end{pmatrix}$ donc $AB \neq \begin{pmatrix} 2 & -1 \\ 0 & -4 \end{pmatrix}$,

$\begin{pmatrix} 2 & 1 \\ 2 & -4 \end{pmatrix}\begin{pmatrix} 1 & -1 \\ 0 & 1 \end{pmatrix} = \begin{pmatrix} 2 & -1 \\ 2 & -6 \end{pmatrix}$ donc $AB \neq BA$ et :

$$2\begin{pmatrix} 1 & -1 \\ 0 & 1 \end{pmatrix} + \begin{pmatrix} 2 & 1 \\ 2 & -4 \end{pmatrix} = \begin{pmatrix} 2 & -2 \\ 0 & 2 \end{pmatrix} + \begin{pmatrix} 2 & 1 \\ 2 & -4 \end{pmatrix} = \begin{pmatrix} 4 & -1 \\ 2 & -2 \end{pmatrix}.$$

2. Réponse b. On a $\begin{pmatrix} 4 & 2 \\ 2 & 2 \end{pmatrix} \times \begin{pmatrix} 0,5 & -0,5 \\ -0,5 & 1 \end{pmatrix} = \begin{pmatrix} 1 & 0 \\ 0 & 1 \end{pmatrix}$ donc la matrice J est inversible de matrice inverse $\begin{pmatrix} 0,5 & -0,5 \\ -0,5 & 1 \end{pmatrix}$.

2 Matrice d'adjacence d'un graphe

1. Réponse c. Les sommets A, B, C et D étant numérotés 1, 2, 3, et 4, les coefficients a_{ij} de la matrice d'adjacence valent 1 si les sommets i et j sont les extrémités d'une arête et 0 sinon : par exemple, $a_{41} = 1$, $a_{42} = 0$, $a_{43} = 1$ et $a_{44} = 0$ car D-A et D-C sont les seules arêtes comprenant D.

2. Réponse a. Le nombre de chemins de longueur 3 entre les sommets A et C est donné par le coefficient de la première ligne et de la troisième colonne de la matrice

$\begin{pmatrix} 0 & 1 & 1 & 1 \\ 1 & 0 & 0 & 0 \\ 1 & 0 & 0 & 1 \\ 1 & 0 & 1 & 0 \end{pmatrix}^3 = \begin{pmatrix} 2 & 3 & 4 & 4 \\ 3 & 0 & 1 & 1 \\ 4 & 1 & 2 & 3 \\ 4 & 1 & 3 & 2 \end{pmatrix}$, il y en a 4.

3 Chaînes de Markov

1. Réponse b. En notant X_n l'état du système au bout de n étapes : on a $P(X_0 = A) = 1$ et $P(X_0 = B) = 0$ donc $\pi_0 = \begin{pmatrix} 1 & 0 \end{pmatrix}$.

2. Réponse a. La matrice de transition Q du système a pour coefficient p_{ij}, la probabilité de passer de l'état i à l'état j.
On a d'après le graphe :
$P_{X_n=A}(X_{n+1} = A) = 0,5$; $P_{X_n=A}(X_{n+1} = B) = 0,5$;
$P_{X_n=B}(X_{n+1} = A) = 0,7$ et $P_{X_n=B}(X_{n+1} = B) = 0,3$.

On en déduit $Q = \begin{pmatrix} 0,5 & 0,5 \\ 0,7 & 0,3 \end{pmatrix}$.

📝 **À NOTER**
On vérifie que les sommes des coefficients des lignes de la matrice de transition sont égales à 1.

3. Réponse c. On cherche des réels x et y tels que $(x\ y)Q = (x\ y)$ et $x + y = 1$,

soit $\begin{cases} 0,5x + 0,7y = x \\ 0,5x + 0,3y = y \\ x + y = 1 \end{cases}$ ou encore $\begin{cases} 0,7y = 0,5x \\ x + y = 1 \end{cases}$ puis $\begin{cases} y = \dfrac{5}{7}x \\ \dfrac{12}{7}x = 1 \end{cases}$;

finalement $x = \dfrac{7}{12}$ et $y = \dfrac{5}{12}$.

4. Réponse c. L'état du système au bout de 4 étapes est décrit par la matrice ligne π_4 telle que $\pi_4 = \pi_0 Q^4$.
La calculatrice donne :

$$\begin{pmatrix} 0,5 & 0,5 \\ 0,7 & 0,3 \end{pmatrix}^4 = \begin{pmatrix} 0,584 & 0,416 \\ 0,5824 & 0,4176 \end{pmatrix}.$$

Donc $\pi_4 = (0,584\ \ 0,416)$.

▶ DÉMONSTRATIONS CLÉS

4 Déterminer le nombre de chemins entre deux sommets

1. Le coefficient $(M^1)_{ij}$ est le coefficient de la i-ième ligne et j-ième colonne de la matrice d'adjacence du graphe $\mathcal{G}$: il vaut 1 si A_i et A_j forment une arête et 0 sinon. C'est donc **le nombre de chemin de longueur 1 entre A_i et A_j.**

2. a. D'après la supposition, $(M^n)_{ik}$ est le nombre de chemins de longueur n entre les sommets A_i et A_k et d'après la question **1.**, $(M^1)_{kj} = 1$ si A_k et A_j forment une arête et 0 sinon.
Donc $(M^n)_{ik} \times (M^1)_{kj}$ **est le nombre de chemin de longueur $n + 1$ dont la dernière arête est $A_k - A_j$.**

b. On en déduit, en considérant tous les sommets du graphe, que le nombre de chemins de longueur $n + 1$ entre les sommets A_i et A_j est :

$$(M^n)_{i1} \times (M^1)_{1j} + (M^n)_{i2} \times (M^1)_{2j} + \ldots + (M^n)_{ip} \times (M^1)_{pj}.$$

C'est-à-dire le produit de la i-ième ligne de M^n par la j-ième colonne de M ou encore **le coefficient $(M^{n+1})_{ij}$.**

3. On a donc **démontré par récurrence la proposition énoncée en préambule** : la question **1.** étant l'initialisation et la question **2. b.** l'hérédité.

5 Exprimer la matrice ligne des états après plusieurs transitions

1. Pour un entier naturel n, $\pi_{n+1} = (P(X_{n+1} = 1)\ \ P(X_{n+1} = 2))$ et :
$P(X_{n+1} = 1) = P((X_{n+1} = 1) \cap (X_n = 1)) + P((X_{n+1} = 1) \cap (X_n = 2))$
$\phantom{P(X_{n+1} = 1)} = P_{X_n=1}(X_{n+1} = 1)P(X_n = 1) + P_{X_n=2}(X_{n+1} = 1)P(X_n = 2)$.

De même :
$P(X_{n+1} = 2) = P_{X_n=1}(X_{n+1} = 2)P(X_n = 1) + P_{X_n=2}(X_{n+1} = 2)P(X_n = 2)$.
Ceci signifie que :
$(P(X_{n+1} = 1) \; P(X_{n+1} = 2)) = (P(X_n = 1) \; P(X_n = 2)) \times Q$ puisque les coefficients de Q sont $P_{X_n=i}(X_{n+1} = j)$
On a donc $\pi_{n+1} = \pi_n Q$.

2. Démontrons par récurrence que pour tout entier naturel n, $\pi_n = \pi_0 Q^n$.
Initialisation : La matrice Q^0 est la matrice identité donc on a $\pi_0 = \pi_0 Q^0$.
Hérédité : Supposons que pour un entier naturel n, $\pi_n = \pi_0 Q^n$.
Alors $\pi_{n+1} = \pi_n Q$ d'après la question **1.** donc $\pi_{n+1} = \pi_0 Q^n \times Q$ d'après l'hypothèse de récurrence.
Ainsi, $\pi_{n+1} = \pi_0 Q^{n+1}$.
On conclut que **pour tout** $n \in \mathbb{N}$, $\pi_{n+1} = \pi_n Q$.

> **À NOTER**
> On procède de même pour une chaîne de Markov à 3 états.

▶ S'ENTRAÎNER

6 Pertinence d'une page web

a. Il n'y a aucun lien sur la page P_2 pointant vers la page P_1, donc la probabilité que le robot aille de la page P_2 à la page P_1 est $a_{21} = 0{,}04$.
La page P_4 possède deux liens (l'un vers la page P_1, l'autre vers la page P_3) donc $a_{41} = 0{,}04 + \dfrac{0{,}84}{2}$, donc $a_{41} = \mathbf{0{,}46}$.

b. On détermine de même les autres coefficients de M et on a :

$$M = \begin{pmatrix} 0{,}04 & 0{,}32 & 0{,}32 & 0{,}32 \\ 0{,}04 & 0{,}04 & 0{,}88 & 0{,}04 \\ 0{,}04 & 0{,}04 & 0{,}04 & 0{,}88 \\ 0{,}46 & 0{,}04 & 0{,}46 & 0{,}04 \end{pmatrix}$$

On vérifie que la somme de chaque ligne vaut 1 :
$0{,}04 + 3 \times 0{,}32 = 1$; $3 \times 0{,}04 + 0{,}88 = 1$ et $2 \times 0{,}46 + 2 \times 0{,}04 = 1$.

c. En notant, pour un entier i compris entre 1 et 4, E_i l'événement : « le robot se trouve sur la page i à la n-ième navigation » et E'_i l'événement : « le robot se trouve sur la page i à la $(n+1)$-ième navigation », on a d'après la formule des probabilités totales :

$$P(E'_1) = P_{E_1}(E'_1)P(E_1) + P_{E_2}(E'_1)P(E_2) + P_{E_3}(E'_1)P(E_3) + P_{E_4}(E'_1)P(E_4).$$

On a donc, avec les notations de l'énoncé : $a_{n+1} = a_{11}a_n + a_{21}b_n + a_{31}c_n + a_{41}d_n$, soit avec les valeurs trouvées précédemment :
$$a_{n+1} = 0,04(a_n + b_n + c_n) + 0,46d_n.$$
On montre des égalités analogues pour b_{n+1}, c_{n+1} et d_{n+1}, d'où :

$$\begin{pmatrix} a_{n+1} & b_{n+1} & c_{n+1} & d_{n+1} \end{pmatrix} = \begin{pmatrix} a_n & b_n & c_n & d_n \end{pmatrix} \begin{pmatrix} 0,04 & 0,32 & 0,32 & 0,32 \\ 0,04 & 0,04 & 0,88 & 0,04 \\ 0,04 & 0,04 & 0,04 & 0,88 \\ 0,46 & 0,04 & 0,46 & 0,04 \end{pmatrix}, \text{ soit } \pi_{n+1} = \pi_n M.$$

d. L'état stable est la matrice ligne $P = \begin{pmatrix} a & b & c & d \end{pmatrix}$ telle que $PM = P$ avec $a + b + c + d = 1$ (le robot se trouve forcément sur une des quatre pages). Donc :

$$PM = P \Leftrightarrow \begin{cases} 0,04a + 0,04b + 0,04c + 0,46(1 - a - b - c) = a \\ 0,32a + 0,04b + 0,04c + 0,04(1 - a - b - c) = b \\ 0,32a + 0,88b + 0,04c + 0,46(1 - a - b - c) = c \\ 0,32a + 0,04b + 0,88c + 0,04(1 - a - b - c) = (1 - a - b - c) \end{cases}$$

$$\Leftrightarrow \begin{cases} 71a + 21b + 21c = 23 \\ -7a + 25b = 1 \\ 7a - 21b + 71c = 23 \\ 32a + 25b + 46c = 24 \end{cases}$$

En utilisant le calcul matriciel on peut alors résoudre le système (S) :
$$\begin{cases} 71a + 21b + 21c = 23 \\ -7a + 25b = 1 \\ 7a - 21b + 71c = 23 \end{cases}.$$

En utilisant une calculatrice on trouve que la matrice $\begin{pmatrix} 71 & 21 & 21 \\ -7 & 25 & 0 \\ 7 & -21 & 71 \end{pmatrix}$ est inversible. Son inverse vaut :

$$\begin{pmatrix} 71 & 21 & 21 \\ -7 & 25 & 0 \\ 7 & -21 & 71 \end{pmatrix}^{-1} = \begin{pmatrix} \dfrac{1775}{135\,874} & -\dfrac{966}{67\,937} & -\dfrac{525}{135\,874} \\ \dfrac{497}{135\,874} & \dfrac{2\,447}{67\,937} & -\dfrac{147}{135\,874} \\ -\dfrac{14}{67\,937} & \dfrac{819}{67\,937} & \dfrac{961}{67\,937} \end{pmatrix}.$$

On en déduit que :

$$(S) \Leftrightarrow \begin{pmatrix} 71 & 21 & 21 \\ -7 & 25 & 0 \\ 7 & -21 & 71 \end{pmatrix} \begin{pmatrix} a \\ b \\ c \end{pmatrix} = \begin{pmatrix} 23 \\ 1 \\ 23 \end{pmatrix}$$

$$\Leftrightarrow \begin{pmatrix} a \\ b \\ c \end{pmatrix} = \begin{pmatrix} 71 & 21 & 21 \\ -7 & 25 & 0 \\ 7 & -21 & 71 \end{pmatrix}^{-1} \begin{pmatrix} 23 \\ 1 \\ 23 \end{pmatrix}$$

$$\Leftrightarrow \begin{pmatrix} a \\ b \\ c \end{pmatrix} = \begin{pmatrix} \dfrac{13\,409}{67\,937} \\ \dfrac{6\,472}{67\,937} \\ \dfrac{22\,600}{67\,937} \end{pmatrix}.$$

On vérifie que les réels a, b et c trouvés sont solutions de la quatrième équation du système de départ :
$32a + 25b + 46c = 24$.

On trouve alors $d = 1 - \dfrac{13\,409}{67\,937} - \dfrac{6\,472}{67\,937} - \dfrac{22\,600}{67\,937}$ soit $d = \dfrac{25\,456}{67\,937}$.

Finalement, l'état stable est :

$$P = \begin{pmatrix} \dfrac{13\,409}{67\,937} & \dfrac{6\,472}{67\,937} & \dfrac{22\,600}{67\,937} & \dfrac{25\,456}{67\,937} \end{pmatrix}.$$

e. On déduit de la question précédente les indices de pertinence des pages du réseau arrondis au centième :

$$p_1 = 0{,}20 \,;\, p_2 = 0{,}10 \,;\, p_3 = 0{,}33 \text{ et } p_4 = 0{,}37.$$

GRAND ORAL

L'ÉPREUVE ORALE
- Les 8 fiches de méthode
- 2 sujets guidés et corrigés

SOMMAIRE

Quand vous en avez fini avec une fiche ou un entraînement, cochez la case ☐ correspondante !

Préparer le Grand Oral

1. Choisir une question orale en maths ou en physique-chimie .... 422 ☐
2. Concevoir sa présentation .... 424 ☐
3. Préparer efficacement l'exposé .... 426 ☐
4. Présenter la question au jury .... 428 ☐
5. Répondre aux questions en lien avec la présentation .... 430 ☐
6. Défendre son projet d'orientation .... 432 ☐
7. Retenir l'attention du jury .... 434 ☐
8. S'exprimer de manière claire et fluide .... 436 ☐

Les sujets guidés et corrigés

SUJET 1 Comment l'astronomie, la navigation et le calcul bancaire sont-ils à l'origine de l'invention des logarithmes ?
Simulation d'un Grand Oral sur une question de maths .... 438 ☐

SUJET 2 En quoi le développement de la médecine nucléaire est-il lié à la modélisation des transformations radioactives ?
Simulation d'un Grand Oral sur une question de physique-chimie .... 441 ☐

1 Choisir une question orale en maths ou en physique-chimie

En bref Selon le BO du 13 février 2020, qui définit le « Grand Oral », vous devez choisir une question pour chacune de vos deux spécialités. Vous serez interrogé(e) sur l'une de ces deux questions le jour de l'épreuve.

I Le « cahier des charges »

Le choix de la question doit répondre à ces **trois conditions** :

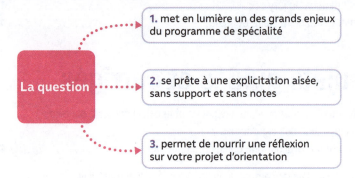

II Des idées de sujets en maths

1 Questions en lien avec une autre discipline

■ **Physique-chimie**

– Comment étudier l'évolution au cours du temps d'une population de noyaux radioactifs, et quelles sont les applications d'une telle étude ?

– Quelles équations différentielles permettent d'étudier le mouvement d'une particule dans un champ électrique ?

■ **Numérique et sciences informatiques**

– Comment exploiter les logarithmes pour étudier le coût d'exécution, en temps ou en mémoire, d'un programme ?

– En quoi la notion de récurrence intervient-elle dans l'élaboration et le fonctionnement d'un programme récursif ?

■ **Sciences économiques et sociales**

– Comment la courbe de Lorenz et le coefficient de Gini permettent-ils d'étudier la répartition des revenus dans une population ?

– Comment différencier et calculer le taux d'intérêt nominal et le taux d'intérêt réel d'un placement ou d'un emprunt ?

FICHES DE MÉTHODE — SUJETS GUIDÉS

2 | Questions sur une partie spécifique du programme de maths

Des sujets **historiques** ou des d'« **approfondissement** » sont possibles.
– Comment donner une approximation d'un nombre réel à l'aide de suites ?
– Comment l'astronomie, la navigation et le calcul bancaire sont-ils à l'origine de l'invention des logarithmes ? → SUJET 1
– Par quelles méthodes peut-on déterminer une valeur approchée de l'aire sous la courbe d'une fonction ?
– Quelles sont les grandes étapes de l'élaboration de la notion de vecteur ?
– Comment l'équation logistique modélise-t-elle l'évolution d'une population ?
– Comment démontrer en utilisant des suites adjacentes qu'un nombre n'est pas un nombre rationnel ?

III Des idées de sujets en physique-chimie

1 | Questions en lien avec une autre discipline

■ **Sciences de la vie et de la Terre**
– Comment la chimie dite « verte » est-elle au service de la protection de l'environnement ?
– Comment les progrès de la physique-chimie et les innovations technologiques contribuent-ils à réduire l'émission des gaz à effet de serre ?

> **À NOTER**
> Ce type de questions nécessite souvent d'adosser le discours à plusieurs parties du programme du cycle terminal.

■ **Sciences de l'ingénieur**
– Comment la physique contribue-t-elle au développement raisonné de l'utilisation des sources d'énergie renouvelables ?
– Comment les capteurs capacitifs d'une tablette fonctionnent-ils ?

■ **Maths**
Comment Newton s'est-il appuyé sur les travaux de Galilée et de Kepler pour établir sa théorie de la gravitation universelle ?

2 | Questions sur une partie spécifique du programme de physique-chimie

– Comment les techniques expérimentales de laboratoire permettent-elles d'appréhender les paramètres influençant une transformation chimique et d'élaborer des stratégies de synthèse limitant l'impact environnemental ?
– En quoi le développement de la médecine nucléaire est-il intimement lié à la compréhension des transformations radioactives et à leur modélisation ? → SUJET 2
– Comment le décalage vers le rouge mis en évidence par Hubble a constitué la première preuve expérimentale en faveur du modèle de l'expansion de l'Univers ?

2 Concevoir sa présentation

En bref *Les recherches sur les questions choisies peuvent débuter assez rapidement dans l'année. Pour chacune, vous devez vous documenter et organiser vos idées, au fur et à mesure, en vue d'un exposé structuré.*

I Se documenter, chercher des idées

1 Se constituer une bibliographie pertinente

■ Pour chaque question, établissez une liste de mots-clés : ils vont vous permettre d'interroger Internet mais aussi le catalogue de votre CDI ou de la médiathèque de votre quartier.

■ Consultez les documents ainsi sélectionnés, des plus généraux (manuels, encyclopédies) aux plus spécialisés.

■ Dans le cas de recherches sur Internet, pensez à vérifier les sites que vous consultez à l'aide de ces questions :
1. Qui est l'auteur du site ? Quelle est son expertise sur le sujet ?
2. De quand datent les informations ?
3. L'exposé est-il clairement construit, solidement argumenté ?

> **CONSEILS**
> Commencez par lire les informations données par la page de présentation du site, souvent intitulée « À propos ».

2 Garder la trace de ses recherches

■ « Fichez » chacun des documents consultés : le support peut être, selon votre préférence, physique (fiche Bristol) ou numérique.

■ Reformulez les idées qui vous paraissent essentielles, en distinguant bien les arguments des exemples.

■ Pour les documents qui vous paraissent essentiels, pensez à rechercher le document original (article scientifique, livre…)

FICHE DOCUMENT
Source :

Sujet :

Idées clés :
•
•
•

Citation :

> **CONSEILS**
> Notez précisément la source : le titre de l'ouvrage ou du site, le nom de l'auteur, la date de publication, ainsi que les pages consultées.

FICHES DE MÉTHODE

II Organiser ses idées

1 Plusieurs méthodes de classement

■ Au fil de vos prises de notes, vous allez être conduit(e) à regrouper vos idées autour de lignes directrices : une organisation de votre exposé se dessine progressivement. Essayez de la traduire sous forme de « carte mentale ».

■ Si vous avez du mal à faire émerger les grands axes, vous pouvez recourir à la **méthode des post-it**.

1. Écrivez une idée clé par post-it.
2. Ajouter, le cas échéant, des exemples sur des post-it d'une autre couleur.
3. Sur un mur, déplacez les post-it jusqu'à ce qu'ils s'enchaînent logiquement.

2 Le choix du plan

Votre plan dépend de la question et du type de réflexion proposé. Le plus souvent, cependant, vous avez le choix entre un plan thématique et un plan dialectique.

	Objectif	Question
Plan thématique	Il permet d'approfondir les différents aspects d'un sujet.	Il correspond à une question qui se subdivise en différentes sous-questions.
Plan dialectique	Il oppose deux thèses puis opère une synthèse des points de vue.	Il correspond à une question qui implique une discussion, un dilemme.

zoOm

Mettre son plan sous forme de carte mentale

❶ Prenez une feuille blanche A4, en format paysage.

❷ Notez la question au centre, dans un « noyau ».

❸ Créez autant de « branches » que de grands axes (une couleur par axe).

❹ Ramifiez les branches de manière à faire apparaître les idées clés.

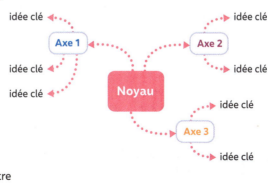

3 Préparer efficacement l'exposé

En bref *Le jour J, vous devrez faire votre présentation en cinq minutes, sans notes. Cela suppose un travail préparatoire important : de rédaction, de mémorisation et d'entraînement à la prise de parole.*

I Rédiger une trame précise

Une fois que vous êtes au clair sur la structure générale de votre exposé, vous devez mettre par écrit le déroulement de votre argumentation, sous la forme d'un plan semi-rédigé.

1 L'introduction

■ L'introduction doit montrer :
- que votre sujet est intéressant ;
- que vous l'avez bien cerné ;
- que votre plan découle de la question posée et y répond.

■ Elle comprend trois étapes qui s'enchaînent logiquement.

1. L'accroche	En une ou plusieurs phrases, amenez progressivement votre sujet.
2. La question	Posez clairement la question à laquelle vous allez répondre et explicitez-la.
3. Le plan	Annoncez les deux ou trois grands axes, de manière que le jury comprenne d'emblée l'organisation de l'exposé.

2 Le corps de l'exposé

■ Recopiez le plan que vous avez établi et remplissez-le de manière télégraphique, à l'aide de listes à puces.

■ N'oubliez pas d'appuyer chaque argument par un exemple vérifié.

■ Distinguez bien les informations nécessaires à la bonne compréhension du sujet de celles qui sont secondaires et que vous pourrez préciser dans l'entretien.

3 La conclusion

■ Rédigez complètement la conclusion de l'exposé pour être sûr(e) qu'elle marque votre auditoire.

■ Elle se compose de deux parties :

CONSEILS
Une fois cette trame mise au point, oralisez-la, de manière à vérifier qu'elle tient à peu près en 5 minutes.

1. Le bilan	Reprenez les étapes du développement et répondez à la question.
2. L'ouverture	Élargissez le champ de la réflexion à l'aide d'une citation, d'un fait d'actualité, d'une question proche.

FICHES DE MÉTHODE — SUJETS GUIDÉS

II — Mémoriser la présentation, puis simuler l'épreuve

Vous êtes désormais au clair sur le contenu de votre exposé. Il s'agit maintenant de préparer sa restitution orale.

1 | Faire travailler sa mémoire

■ Vous devez posséder votre exposé « sur le bout des doigts », de telle manière que les idées se rappelleront à vous naturellement le jour de l'épreuve et que vous pourrez consacrer toute votre attention à votre auditoire.

■ Pour ce faire, sollicitez vos différentes mémoires (visuelle, auditive, kinesthésique…) pour fixer le déroulement de l'exposé puis récitez-le plusieurs fois, de manière à vous en souvenir durablement.

> **À NOTER**
> Des chercheurs ont prouvé qu'il faut refaire au moins sept fois le chemin vers un souvenir pour l'ancrer durablement.

2 | Simuler un Oral blanc

■ C'est à ce moment-là, quand vous avez mémorisé votre exposé, que vous devez faire appel à votre entourage – vos professeurs, vos parents ou vos amis – pour leur demander de constituer votre premier auditoire.

> **À NOTER**
> S'enregistrer puis réécouter son exposé peut être aussi très utile.

■ Demandez-leur d'évaluer votre présentation selon ces trois principaux critères :

1. Pertinence	Ai-je bien répondu à la question posée ?
2. Clarté	Qu'est-ce qui était clair ? moins clair ?
3. Efficacité	Ai-je retenu votre attention ? Comment puis-je le faire mieux ?

■ N'hésitez pas également à leur demander de vous poser des questions sur le contenu de la présentation : cela vous entraînera pour l'entretien qui suit.

zoOm — Comment fonctionne la mémoire ?

■ La mémorisation est le résultat d'un processus biochimique dans lequel les neurones jouent un rôle essentiel.

■ Elle se déroule en trois étapes.
❶ L'encodage : enregistrement d'une nouvelle information
❷ Le stockage : rangement, consolidation de l'information
❸ Le rappel : recherche du souvenir afin de le restituer

■ Plus on rappelle un souvenir, plus on l'ancre durablement dans la mémoire.

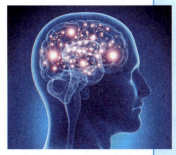

4 Présenter la question au jury

En bref *Votre présentation doit être synthétique et rendre compte efficacement du questionnement. Le jury vous évalue principalement sur la solidité de vos connaissances et votre capacité à argumenter.*

I Optimiser le temps de préparation

Le jury vient de choisir l'une des deux questions préparées. Vous avez alors 20 minutes pour mettre en ordre vos idées et préparer – si vous vous sentez suffisamment sûr(e) de vous – un support pour le jury.

1 | Mettre en ordre vos idées au brouillon

20 minutes de préparation, c'est à la fois long et court. Comment les utiliser ?

🟢 Pensez à…	🔴 Évitez de…
rédiger l'introduction et la conclusion	rédiger tout l'exposé
noter le plan	noter des idées en désordre
résumer les principales idées	ajouter du contenu au dernier moment

2 | Préparer un support pour le jury

■ Si vous avez bien en tête votre exposé, mettez à profit les 20 minutes pour préparer un support pour le jury.

■ L'objectif est de permettre à votre auditoire de mieux suivre votre présentation. Votre support peut ainsi prendre des formes variées.

👍 CONSEILS
Bien que non évalué, le support doit être pertinent et lisible pour bien disposer le jury.

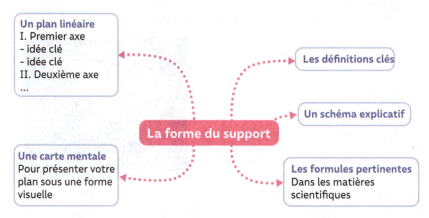

Un plan linéaire
I. Premier axe
- idée clé
- idée clé
II. Deuxième axe
…

Une carte mentale
Pour présenter votre plan sous une forme visuelle

La forme du support

Les définitions clés

Un schéma explicatif

Les formules pertinentes
Dans les matières scientifiques

FICHES DE MÉTHODE — SUJETS GUIDÉS

II — Faire une présentation claire et fluide

1 — Soigner les étapes clés de l'exposé

■ Vous devez prêter une attention particulière à l'introduction et à la conclusion.

L'introduction	La conclusion
• amène la question • pose clairement la question • annonce le plan	• fait le bilan des recherches • répond à la question • ouvre de nouvelles perspectives

■ Lorsque vous annoncez le plan, vous pouvez recourir à des formules telles que :
- Tout d'abord nous nous intéresserons…
- Puis nous étudierons…, avant de montrer que…

2 — Mettre en évidence la progression de l'exposé

■ Plus encore qu'à l'écrit, vous devez être attentif(ve) aux **transitions** de manière que votre auditoire comprenne bien la progression de votre présentation.

Les passages d'une partie à l'autre doivent être ainsi explicités :
- Nous venons de voir que…
- Nous allons maintenant essayer de comprendre comment ce processus…

 CONSEILS
Tout au long de votre présentation, n'hésitez pas à rappeler le fil conducteur en reprenant les mots-clés de la question.

■ Les **liens entre les idées** d'une partie doivent être clarifiés au moyen de connecteurs logiques : de cause (*car, en effet…*), de conséquence (*donc, c'est pourquoi…*), d'opposition (*mais, cependant…*), de concession (*certes… mais…*), d'addition (*de plus, en outre…*).

zoOm — Parler debout

■ Placez-vous face à votre jury, bien **au centre**.

■ Ancrez **vos pieds au sol**, de manière à avoir une assise stable.

■ Placez dès le départ **vos mains à hauteur de votre ventre**, sans les laisser pendre le long du corps. Vous pouvez les croiser devant vous et les dénouer lorsqu'il sera nécessaire d'appuyer le propos.

Image extraite du film *À voix haute* de Ladj Ly et Stéphane de Freitas, 2017.

5 Répondre aux questions en lien avec la présentation

En bref *Lors de la deuxième partie de l'épreuve, le jury revient sur la présentation et évalue plus largement vos connaissances dans les disciplines correspondant à vos spécialités.*

I Anticiper les questions

1 Les questions sur la présentation

■ Le jury va en premier lieu revenir sur certains points de la présentation pour vous **demander des précisions**.

- Vous avez affirmé que… : pouvez-vous donner un exemple ?
- Vous avez cité… : quelle est votre source ?
- Comment définissez-vous le mot … ?

■ Afin de ne pas être surpris(e), efforcez-vous de les anticiper lors de l'élaboration de l'exposé.

2 Les questions sur le programme

■ Cependant le jury peut aussi vous poser des questions sur d'autres thèmes de vos **programmes de spécialité**.

ATTENTION
Ces questions peuvent porter sur des thèmes hors du programme limitatif de l'épreuve écrite.

■ C'est pourquoi vous devez travailler tout au long de l'année les notions au programme, en imaginant cette interrogation. Voici quatre conseils clés :

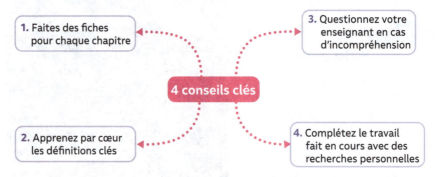

1. Faites des fiches pour chaque chapitre
2. Apprenez par cœur les définitions clés
3. Questionnez votre enseignant en cas d'incompréhension
4. Complétez le travail fait en cours avec des recherches personnelles

4 conseils clés

CONSEILS
Cette préparation vous servira également pour l'écrit !

FICHES DE MÉTHODE — SUJETS GUIDÉS

II Développer une posture d'échange

1 Faire des réponses appropriées

■ Un seul des deux membres du jury est un spécialiste des domaines concernés par votre question. Votre réponse doit donc être **précise mais pas trop jargonneuse**.

■ D'autres conseils utiles :

🟢 Pensez à…	🔴 Évitez de…
prendre quelques secondes pour « ingérer » la question	vous précipiter : vous risquez de ne pas répondre à la question
donner des réponses brèves pour des précisions, plus longues pour un avis personnel	répondre par oui ou par non, ne pas développer
vous appuyer sur des connaissances précises, des chiffres, des dates…	rester dans les généralités, utiliser le pronom « on »

2 Gérer les difficultés

■ Si vous n'êtes **pas sûr(e) de comprendre** la question :
- reformulez-la à voix haute pour vérifier que vous avez bien compris ;
  Vous me demandez si… Vous voulez savoir comment…
- demandez des précisions ou un exemple.
  Qu'entendez-vous par… ? Pouvez-vous me donner un exemple ?

■ Si vous **ne savez pas quoi répondre**, osez le dire : vous pouvez toutefois commencer par faire remarquer la pertinence de la question.
Ce point me semble en effet très intéressant, mais je n'ai pas eu le temps de l'approfondir.

---

zoOm — Éviter les gestes parasites

Apprenez à identifier les gestes que vous effectuez pour vous rassurer en situation de stress : ils brouillent la communication et traduisent votre inconfort.

Passer la main dans ses cheveux

Remonter ses manches, tirer dessus

Toucher sa montre, un bijou

Se gratter avec insistance

6 Défendre son projet d'orientation

En bref *Au cours de cette partie de l'épreuve, vous exposez votre projet d'orientation : quel domaine vous intéresse, depuis quand, quels choix vous avez faits pour vous en rapprocher.*

I Faire le lien entre la question traitée et son projet d'orientation

■ Le jury va commencer par vous demander en quoi le travail sur la question traitée **a nourri votre réflexion sur votre projet d'orientation**. Voici quelques éléments de réponse, à adapter en fonction de votre sujet et de votre projet :

• En travaillant sur ce sujet au croisement de deux disciplines, j'ai acquis la certitude que je souhaitais continuer à les étudier l'une et l'autre : d'où le choix d'un cursus réunissant...

• La préparation de cet oral m'a permis de rencontrer des personnes travaillant dans le domaine de ..., qui m'ont donné envie de suivre leur voie ; c'est pourquoi j'ai choisi des études dans la filière...

CONSEILS
Même si vous avez évidemment envisagé plusieurs choix, mettez plutôt l'accent sur celui permettant d'établir un lien avec la question traitée. Ainsi votre démarche paraîtra cohérente.

■ Vous pouvez aussi analyser les **compétences acquises** lors de la préparation de cette épreuve : mener un travail de recherche, confronter des données, faire un travail de synthèse, faire un exposé oral et montrer qu'elles vous seront **utiles pour la suite de vos études**.

II Expliquer les étapes de son projet d'orientation

1 Projet professionnel ou projet de poursuite d'études ?

■ Si vous avez une idée de métier précise, vous pouvez partir de ce **projet professionnel**, expliquer pourquoi il vous attire ; puis faire le lien avec les études qui y mènent.

CONSEILS
Quand vous vous êtes inscrit(e) sur Parcoursup ou si vous avez candidaté à des écoles, vous avez dû rédiger des lettres de motivation. Utilisez-les pour préparer cette partie de l'oral.

■ Mais vous avez le droit, à 17-18 ans, de ne pas savoir quel métier vous aimeriez exercer. Contentez-vous alors d'expliquer quel domaine vous intéresse et **quels choix d'études** après le bac vous avez faits en conséquence.

■ Si vous hésitez encore entre **deux voies**, vous pouvez exposer les différentes possibilités envisagées.

FICHES DE MÉTHODE — SUJETS GUIDÉS

2 | La genèse et la mise en œuvre du projet

■ Pour retracer la genèse du projet, expliquez :
- comment l'idée de ce projet d'orientation vous est venue ;
- comment elle a guidé vos choix de spécialités ;
- comment elle s'est renforcée à travers différentes activités et expériences.

CONSEILS
N'hésitez pas à détailler des expériences vécues ou à rapporter une anecdote pour rendre votre présentation plus personnelle.

■ Mentionnez la filière choisie, l'école ou l'université que vous souhaiteriez intégrer et les enseignements qui vous attendent. Décrivez concrètement la manière dont vous souhaitez mener ce projet : cursus envisagé, diplôme visé.

■ Faites le bilan de vos atouts et de vos limites pour le domaine envisagé. Montrez que vous disposez d'une bonne connaissance de vous-même et de vos capacités.

zoOm — Développer une argumentation personnelle

Pour mieux convaincre le jury de votre motivation, vous devez mettre en évidence que ce projet est vraiment le vôtre.

Les composantes personnelles de votre projet

1. scolaires
- vos spécialités de 1re et Tle
- vos préférences pour certaines matières
- vos compétences scolaires

2. extrascolaires
- votre stage de 3e
- vos engagements (comme délégué de classe, dans un projet…)
- vos centres d'intérêt, vos convictions

7 Retenir l'attention du jury

En bref *Lors de l'épreuve orale, il ne suffit pas de maîtriser son sujet, il faut aussi communiquer de manière efficace pour convaincre le jury. Le visage et ses expressions, ainsi que la gestuelle, sont alors essentiels pour renforcer le propos.*

I Établir le contact

Le premier contact est essentiel. Dès l'entrée dans la salle, donnez l'impression d'être ouvert à l'échange, avenant, sans être trop familier.

■ Le sourire est l'atout indispensable pour détendre l'atmosphère et gagner la sympathie du jury. Il ne s'agit pas de rire faussement ou de sourire en permanence mais d'afficher une attitude aimable.

■ La politesse est de mise, même si parfois le stress fait oublier les fondamentaux de la courtoisie : saluer vos interlocuteurs, remercier, attendre d'y être invité avant de s'asseoir ou avant de partir.

■ Laissez à vos examinateurs le temps de s'installer et montrez-vous à l'écoute de leurs attentes, sans foncer tête baissée dans votre exposé.

II Communiquer efficacement

1 Regarder l'examinateur

■ Se retrouver face à face avec un jury composé de deux professeurs inconnus peut vous paraître impressionnant. Cependant votre réussite à l'oral repose aussi sur votre capacité à surmonter ce stress et à vous adresser réellement à vos interlocuteurs à travers ce que vous dites mais aussi par le regard.

■ Ne fixez pas vos interlocuteurs, mais accordez-leur des regards réguliers, afin de capter leur attention.

 CONSEILS
Évitez de regarder ailleurs : de fixer vos pieds, le plafond, ou encore le mur au fond de la salle : vous donneriez l'impression d'être fuyant.

2 Soigner la gestuelle

■ Évitez de rester trop statique pendant votre intervention mais ne surchargez pas non plus votre intervention par des gestes répétitifs ou sans lien avec le propos.

■ Vos gestes doivent intervenir à des moments essentiels de votre prise de parole afin d'appuyer ce que vous dites. Ils doivent donc coïncider avec ce que vous cherchez à exprimer : enthousiasme, opposition, implication personnelle...

FICHES DE MÉTHODE — SUJETS GUIDÉS

3 | Éviter la monotonie

■ **Variez les intonations** pour donner de la vivacité à ce que vous dites et ne pas ennuyer votre jury.

■ **Insistez sur les aspects essentiels** en appuyant sur certains segments de phrases ; marquez les interrogations ou les exclamations par une intonation expressive.

■ **Ayez l'air convaincu(e)** de ce que vous affirmez en adoptant une voix claire et en apparaissant sûr(e) de vous.

> **CONSEILS**
> La relation interpersonnelle est un phénomène complexe. Les variations de la voix, la gestuelle comptent pour beaucoup dans la bonne réception du message de fond. Les acteurs le savent bien.

---

zOOm — Appuyer son propos par des gestes signifiants

Il est important d'appuyer son discours par des gestes qui retiennent l'attention et soulignent les moments clés.

■ **Mains tendues vers l'auditoire :** impliquer le public.

■ **Mains à gauche puis à droite :** souligner une opposition.

■ **Compter avec ses doigts :** énumérer.

■ **Mains écartées ou rapprochées :** exprimer l'union ou la désunion.

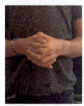

■ **Lever ou baisser un doigt :** exprimer un doute ou un questionnement.

■ **Main sur la poitrine :** montrer son implication personnelle.

8 S'exprimer de manière claire et fluide

En bref *Si une bonne partie de la communication repose sur l'attitude non verbale, il ne faut évidemment pas négliger l'aspect verbal.*

I Utiliser un vocabulaire juste et précis

1 Choisir ses mots

■ Vous êtes jugé(e) sur la qualité de votre expression, d'où l'importance de bien choisir vos mots. Il est parfois difficile de trouver la bonne formulation : prenez le temps de chercher les termes les plus appropriés.

■ Si un terme familier vous échappe, reformulez dans un registre plus soutenu. Évitez les contractions (« j'sais pas », « j'pense ») : prononcez correctement les négations en incluant un « ne » audible.

2 Varier son expression

L'examinateur appréciera que vous fassiez un effort pour varier les tournures que vous utilisez.

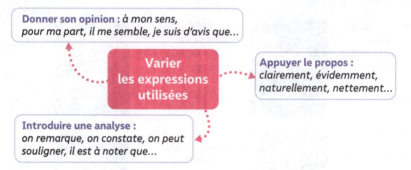

3 Bannir les tics de langage

Ces petits marqueurs de la communication sont à proscrire le jour de votre oral.

■ Commencez par repérer ceux que vous employez le plus souvent et essayez de vous en débarrasser lors de vos prises de parole. Il peut s'agir :

• d'expressions en vogue (« du coup », « genre », « carrément », « trop », « j'avoue »…) ;

• de mots de liaison (« donc », « alors », « et voilà », « en fait »…) ;

• d'onomatopées (« euh », « ben », « bah… »).

■ Bannissez également la mise entre guillemets (geste à l'appui).

 CONSEILS
Ne commencez pas votre réponse par un segment de phrase qui vous fait perdre toute crédibilité : « Je ne sais pas, mais… », « Je ne suis pas sûr, mais… ».

FICHES DE MÉTHODE — SUJETS GUIDÉS

II Soigner son élocution

■ **Parlez distinctement** en articulant pour être bien compris(e). Faites particulièrement attention à ne pas « avaler » les fins de phrases et les fins de mots.

■ **Adaptez le volume de votre voix** en fonction de la proximité avec votre auditoire. Ni trop fort, ni pas assez, vous devez trouver le juste équilibre. N'hésitez pas à demander si l'on vous entend.

 CONSEILS
Parler face à un public ne s'improvise pas et, pour éviter de bafouiller, il est nécessaire d'exercer sa voix et de s'entraîner.

III Adopter le bon rythme

■ Ne parlez **ni trop lentement**, pour avoir le temps de tout dire, **ni trop vite**, pour laisser au jury la possibilité d'intégrer ce que vous dites et de prendre des notes.

■ Trouvez le juste équilibre en ralentissant ou en accélérant le débit **selon la nature de votre propos** :
• ralentissez lorsque vous présentez le plan, lorsque vous abordez un aspect essentiel, lorsque vous voulez particulièrement retenir l'attention ;
• accélérez au moment des exemples, des énumérations, des citations.

■ Faites des phrases courtes pour soutenir l'attention de votre auditoire et éviter un discours trop monocorde.

■ N'hésitez pas à **reformuler** plusieurs fois un aspect important de votre intervention et à **faire des pauses** entre deux idées.

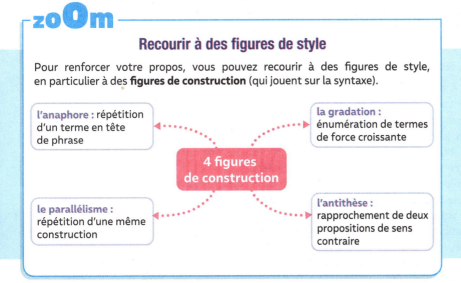

zoOm — Recourir à des figures de style

Pour renforcer votre propos, vous pouvez recourir à des figures de style, en particulier à des **figures de construction** (qui jouent sur la syntaxe).

4 figures de construction

- **l'anaphore** : répétition d'un terme en tête de phrase
- **la gradation** : énumération de termes de force croissante
- **le parallélisme** : répétition d'une même construction
- **l'antithèse** : rapprochement de deux propositions de sens contraire

▶ SUJET 1 PRÉSENTATION, SUIVIE D'UN ENTRETIEN

 Comment l'astronomie, la navigation et le calcul bancaire sont-ils à l'origine de l'invention des logarithmes ?

> L'étude de l'apparition d'un nouveau concept mathématique, le logarithme, et ses liens avec les applications qu'il suscite pourraient intéresser un élève curieux d'histoire des sciences, d'astronomie et d'économie !

1. PRÉSENTATION D'UNE QUESTION (5 MIN)

Introduction

[Accroche] Au XVIIe siècle, l'essor de la navigation et le développement du commerce sont à l'origine de nombreux problèmes de calculs numériques. Certains mathématiciens tentent de trouver des méthodes de calculs rapides et sûres.
[Présentation du sujet] Très intéressé(e) par l'astronomie, je me suis souvent demandé(e) comment les « anciens » pouvaient prévoir avec tant de précision certains phénomènes naturels, qui demandent d'effectuer de nombreux calculs.
[Annonce du plan] J'expliquerai d'abord comment les logarithmes inventés par John Napier (1550-1617) permettent d'effectuer des multiplications de grands nombres en minimisant le temps et le risque d'erreurs, j'évoquerai ensuite les idées mathématiques qui ont permis cette découverte et je donnerai enfin de nombreux exemples d'applications de ce procédé qui soulagea tant de scientifiques.

I. Multiplier à l'aide des logarithmes

 À une époque où tous les calculs se font à la main, la longueur de certains est un obstacle majeur à l'avancée du progrès scientifique. On peut notamment citer les calculs de trigonométrie en astronomie, les calculs d'intérêts composés effectués par les banquiers…

 À NOTER
Choisissez un plan simple, en deux ou trois parties, en commençant par expliquer la propriété fondamentale des logarithmes qui est le cœur du sujet.

Les logarithmes inventés par l'Écossais John Napier en 1614 ont comme « merveilleuse » propriété de transformer les produits en sommes et de simplifier les calculs.
■ Voici un aperçu du principe de la méthode de Napier pour multiplier deux nombres A et B. Par l'intermédiaire de tables, on associe à ces deux nombres leurs logarithmes, notés respectivement $LN(A)$ et $LN(B)$. Ces logarithmes possèdent la propriété suivante : $LN(A) + LN(B) = LN(A \times B)$. Ainsi, pour déterminer une valeur approchée du produit $A \times B$, par lecture inverse des tables, il suffit d'effectuer l'addition $LN(A) + LN(B)$.

II. Définir les logarithmes

■ L'idée majeure de Napier est de mettre en correspondance une progression géométrique (*logos*) et une progression arithmétique (*arithmos*) de manière à généraliser à des exposants non entiers la propriété $q^a \times q^b = q^{a+b}$.

■ Par l'intermédiaire de tables, Napier donne un moyen de faire correspondre un « logarithme » qui possède cette propriété à chaque nombre positif. Napier procède par approximations, et obtient des valeurs d'une très grande précision, à l'aide de calculs simples et faciles à vérifier.

■ À son époque, la notion de fonction n'existe pas. Pourtant, cette mise en correspondance est bien une « fonction » : l'opposé de la fonction logarithme népérien, nommée en l'honneur de Napier (Neper en français).

■ S'il a fallu quarante ans à Napier pour établir sa théorie et ses tables, une fois connues, elles ont fait gagner énormément de temps aux scientifiques.

À NOTER
Il est bon de faire une phrase de transition entre deux parties successives.

III. Utiliser les logarithmes

■ Le temps de calcul que demande une multiplication est bien supérieur à celui d'une addition, et ce, d'autant plus que les nombres considérés sont grands. En effet, une multiplication demande d'effectuer environ autant d'additions qu'il y a de chiffres dans les nombres considérés. Le fait de transformer les produits en sommes a donc pour avantages la simplicité et la rapidité d'exécution. Comme le dira plus tard Laplace, « l'invention des logarithmes [...] double pour ainsi dire la vie des astronomes ».

■ Les contemporains de Napier apprécient rapidement ce nouvel outil de calcul. **Henry Briggs**, professeur de mathématiques à Londres, engagé dans de difficiles calculs astronomiques, reconnaît l'intérêt des logarithmes et va faciliter leur utilisation. L'Allemand **Johannes Kepler** les utilise pour calculer des éphémérides astronomiques. Les **marins** s'en emparent et les utilisent pour calculer des distances. Pour un **banquier**, il devient facile de connaître le temps qu'il faut à un capital pour doubler lorsqu'il est placé à intérêts composés.

À NOTER
Pour chaque exemple cité, vous devez être en mesure de répondre à d'éventuelles demandes de précisions de la part du jury.

Conclusion

Toute activité scientifique nécessite du calcul numérique. Les logarithmes de Napier sont une avancée historique notoire qui sera suivie en 1624 par la définition de Briggs des logarithmes décimaux, plus adaptés à la numération en base dix. Aujourd'hui la fonction ln, héritée des travaux de Napier, est étudiée en terminale. L'échelle logarithmique est d'un emploi courant dans de nombreux domaines : en chimie (le pH), en acoustique (le décibel), en sismologie (l'échelle de Richter), etc. Et les logarithmes sont encore sujet de recherche, notamment en cryptographie, avec le logarithme discret.

2. ÉCHANGE AVEC LE CANDIDAT (10 min)

Voici quelques-unes des questions que le jury pourrait poser à la suite de la présentation ainsi que des réponses possibles (à développer le jour dit).

■ **Pouvait-on utiliser les logarithmes pour d'autres calculs fastidieux ?**

Oui, bien sûr, les logarithmes transforment les quotients en différences, les carrés en doubles, les racines carrées en moitiés, etc.

Par exemple, pour calculer la racine carrée d'un nombre strictement positif X, on déterminait à l'aide des tables $LN(X)$ que l'on divisait par 2. Le nombre obtenu, mettons Y, est tel que $Y = LN(R)$ où R est la racine cherchée que l'on détermine par lecture inverse de la table.

 À NOTER
Cette question permet au jury de juger de votre niveau de compréhension du sujet.

■ **Quel lien existe-t-il entre logarithme décimal et logarithme népérien et dans quel domaine le logarithme décimal est-il utilisé ?**

Le logarithme décimal, noté log, est le logarithme népérien divisé par $\ln(10)$: $\log(x) = \dfrac{\ln(x)}{\ln(10)}$, $x > 0$. On a donc $\log(10) = 1$ et $\log(10^n) = n$, pour n entier.

On l'utilise par exemple en chimie pour le potentiel hydrogène noté pH qui vaut $-\log[H^3O^+]$ et qui mesure l'acidité d'une solution.

■ **Quel est le lien entre l'aire sous la courbe de la fonction inverse et la fonction ln ?**

La fonction ln admet sur $]0\,;+\infty[$ pour fonction dérivée la fonction inverse. Pour tout $x > 1$, $\int_1^x \dfrac{1}{t}\,dt = \ln x$. Donc $\ln x$ est, en unité d'aire, l'aire sous courbe de la fonction inverse entre 1 et x.

 3. ÉCHANGE SUR LE PROJET D'ORIENTATION (5 min)

Comment avez-vous choisi le sujet de votre exposé ? En quoi est-il en lien avec votre projet d'orientation ?

J'ai choisi ce sujet car j'ai toujours été intrigué·e par l'apparition de nouveaux concepts mathématiques et leurs utilisations éventuelles en sciences de l'ingénieur. Je me suis rapidement aperçu que les théorèmes de géométrie (Pythagore, Thalès…) étaient très utiles en architecture, que les fonctions exponentielles et trigonométriques permettaient d'étudier les phénomènes vibratoires, etc. Je pense poursuivre mes études en classe préparatoire afin d'intégrer une école d'ingénieurs pour travailler dans le domaine de la recherche astronomique.

 À NOTER
Ce sujet peut être mis en lien avec d'autres projets d'études, notamment en histoire des sciences, enseignement, informatique (cryptographie, algorithmique), architecture, géologie…

FICHES DE MÉTHODE — SUJETS GUIDÉS

▶ SUJET 2 | OBJECTIF BAC

PRÉSENTATION, SUIVIE D'UN ENTRETIEN

⏱ 20 min **En quoi le développement de la médecine nucléaire est-il intimement lié à la compréhension de la radioactivité ?**

> Le but est de faire le lien entre les avancées scientifiques majeures depuis la découverte de la radioactivité et les innovations technologiques en matière de diagnostic médical, de radiothérapie et de radioprotection.

📄 1. PRÉSENTATION D'UNE QUESTION (5 MIN)

Introduction

[Accroche] Tout commence à l'Académie des sciences le lundi 24 février 1896 ! Ce jour-là, Henri Becquerel présente sa découverte d'un rayonnement hyperphosphorescent issu de l'uranium. C'est ce sujet que Marie Curie choisit en 1897 pour sa thèse de doctorat. Elle montre les propriétés ionisantes de l'hyperphosphorescence qu'elle renomme radioactivité !

[Présentation du sujet] On connaît aujourd'hui ses applications médicales pour diagnostiquer des cancers et les soigner. En quoi le développement de la médecine nucléaire est-il intimement lié à la compréhension de la radioactivité et à sa modélisation ? C'est le sujet de mon exposé que je vais structurer en deux parties.

[Annonce du plan] Premièrement, je parlerai de la naissance de la médecine nucléaire en lien avec les progrès de la physique. Puis, à partir de l'exemple de la tomographie par émission de positons (TEP), j'expliquerai pourquoi la mise en œuvre de cette imagerie nécessite l'utilisation de fluor 18 et j'évoquerai la question de la mesure de la dose à injecter au patient.

> 👍 **CONSEILS**
> Ce sujet balaie tous les contenus du programme sur la radioactivité. Débutez par une présentation historique, en citant des exemples marquants. Puis choisissez de ne développer que la TEP et les propriétés ionisantes des rayonnements.

I. Quelques repères d'histoire des sciences

■ Ce qui marque les prémices de la médecine nucléaire, c'est la découverte en 1934, par Irène et Frédéric Joliot-Curie, de la radioactivité artificielle. La production de radio-isotopes artificiels permet les premières applications cliniques. Ainsi l'iode 131, radioélément β^- de demi-vie 8 jours, est utilisé dès 1942 dans le traitement du cancer de la thyroïde.

■ Les années 1950-1960 voient la mise au point des premières scintigraphies. La médecine nucléaire naît officiellement au début des années 1970.
[**Transition**] La TEP est un bel exemple d'imagerie médicale par injection d'un produit radioactif, en général le fluor 18.

II. Les principes de la TEP

Du ^{18}FDG, c'est-à-dire du glucose marqué par du fluor 18, est injecté par voie intraveineuse au patient.

■ **Pourquoi injecte-t-on ce glucose radioactif au patient ?** Car le glucose est absorbé par les organes énergivores comme le cerveau et le cœur, mais surtout par les cellules cancéreuses qui ont besoin d'énergie pour se multiplier.

■ **Et pourquoi choisit-on le fluor 18 ?** Il y a trois raisons essentielles à cela.
• Primo, le fluor 18 est un émetteur β^+. C'est une condition indispensable pour une TEP car le positon émis lors de la désintégration s'annihile avec un électron des tissus du patient en produisant deux photons γ émis dans des directions opposées. Ces deux photons sont reçus par un système de capteurs disposés en anneau tout autour du patient. Cela permet de localiser précisément la tumeur cancéreuse et d'en obtenir une image en 3D.

• Deuzio, la demi-vie du fluor 18 est d'environ 2 h. Cela est assez court pour que le patient ne soit pas exposé aux radiations trop longtemps, et assez long pour la mise en œuvre de la tomographie, qui dure plusieurs heures.

> 👍 **CONSEILS**
> N'hésitez pas à joindre le geste à la parole pour visualiser les directions d'émission des photons, puis l'anneau de capteurs.

• Tertio, le noyau est issu de la désintégration du fluor 18 est l'oxygène 18 qui est stable. Cela est fondamental pour ne pas accroître l'irradiation du patient.

■ **Comment un préparateur en radiologie fait-il pour savoir quelle dose injecter au patient ?** Pour répondre, je vais utiliser la notion d'activité radioactive car c'est la grandeur qui doit être mesurée. Les médecins estiment qu'il faut injecter au patient une activité de 7 MBq par kilogramme de masse corporelle, environ deux heures avant le début de la TEP. Ainsi pour un patient de 70 kg, il faudra injecter une activité de 490 MBq. Le préparateur doit donc prélever la solution de ^{18}FDG et vérifier par une mesure, avec un compteur de radioactivité, que l'activité de la solution contenue dans la seringue est conforme à la valeur attendue. Bien sûr le manipulateur doit réaliser tout cela en se protégeant au maximum des rayonnements ionisants.

Conclusion

[**Bilan**] Je conclurai mon exposé en pointant l'importance de la recherche fondamentale en physique. C'est grâce aux travaux, de la famille Curie en particulier, sur la radioactivité dès la fin du XIXe siècle et jusqu'à la Seconde Guerre mondiale qu'est née la médecine nucléaire. Les techniques de diagnostic du cancer et de radiothérapie ont depuis prodigieusement progressé.

[**Ouverture**] Toutes ces avancées fondamentales et appliquées ont aussi permis d'améliorer la compréhension des dangers liés aux rayonnements ionisants.

FICHES DE MÉTHODE — SUJETS GUIDÉS

2. ÉCHANGE AVEC LE CANDIDAT (10 MIN)

Voici quelques-unes des questions que le jury pourrait poser en lien avec votre présentation ainsi que des réponses possibles.

■ **Le neutron a été découvert en 1932, plusieurs années après l'électron et le proton. Comment expliquez-vous cette découverte tardive ?**
L'électron et le proton sont des particules chargées : elles peuvent donc être accélérées et déviées par un champ électrique. C'est pourquoi elles peuvent être mises en évidence plus facilement que le neutron, une particule neutre.

> 👍 **CONSEILS**
> Ici, le jury veut vérifier que le candidat a une connaissance précise de la structure de l'atome et de la déviation des particules chargées par un champ électrique.

■ **Vous avez évoqué la demi-vie radioactive et l'activité radioactive. Comment se définissent ces deux grandeurs ? L'activité est-elle dépendante de la valeur la demi-vie ?** La demi-vie radioactive $t_{1/2}$ est le temps nécessaire pour qu'un nombre N de noyaux radioactifs soit divisé par 2. L'activité A est le nombre de désintégrations par seconde ; elle est proportionnelle au nombre N. La relation entre A et N est : $A = \lambda N$. D'après la relation $t_{1/2} = \dfrac{\ln 2}{\lambda}$, la constante radioactive λ est inversement proportionnelle à la demi-vie. L'activité dépend donc de la valeur de la demi-vie. Plus la demi-vie est petite, plus l'activité est grande, autrement dit, plus le nombre de désintégrations par seconde est important.

■ **Les différents types de radioactivité ont-ils tous la même origine ?**
Il faut distinguer les radioactivités α, β⁻ et β⁺, dont l'origine est la désintégration spontanée d'un noyau avec émission d'une particule chargée (noyau d'hélium, électron ou positon) et la radioactivité γ, qui résulte de la désexcitation d'un noyau avec libération d'énergie sous forme d'un photon γ associé à un rayonnement électromagnétique de très haute fréquence.

3. ÉCHANGE SUR LE PROJET D'ORIENTATION (5 MIN)

Comment avez-vous choisi le sujet de votre exposé ? Celui-ci est-il en lien avec votre projet d'orientation ?

Je suis passionnée par l'histoire de la physique. La radioactivité étudiée dans le programme d'enseignement scientifique de 1ʳᵉ et dans le programme de spécialité de Terminale m'a beaucoup intéressée. Comme, j'envisage de devenir médecin, sans avoir une idée précise de la spécialité que je choisirai, ce sujet m'a semblé bien adapté à mes centres d'intérêt et mon souhait de poursuite d'étude.

> **À NOTER**
> Cette réponse n'est qu'un exemple et bien d'autres arguments auraient pu être avancés : intérêt pour la recherche scientifique, souhait de devenir manipulateur en radiologie ou oncologue ou ingénieur en physique nucléaire…

CRÉDITS ICONOGRAPHIQUES

7	ph ©	Arcaid/Universal Images Group/Getty Images
177	ph ©	Alexander Raths - stock.adobe.com
351	ph ©	NicoElNino - stock.adobe.com
421	ph ©	DEEPOL by plainpicture
	Doc.	Ma Thèse en 180 secondes : la science pour les nuls
429	ph ©	pankajstock123 - stock.adobe.com
431	Coll.	Prod DB © Ingrid Chabert - My Box Productions/DR
435	ph ©	DEEPOL by plainpicture

Iconographie : Hatier Illustration

Hatier s'engage pour l'environnement en réduisant l'empreinte carbone de ses livres. Celle de cet exemplaire est de : 1.8 kg éq. CO_2
Rendez-vous sur
www.hatier-durable.fr

Achevé d'imprimer en Italie
par La Tipografica Varese Srl, Varese
Dépôt légal n° 06453-9/01 - Août 2020